上海计算机应用能力测评教学系列丛书

办公自动化

（第七版）

BANGONG ZIDONGHUA

陈 信 主编

陈 信 顾爱红 盛英洁 吴 兵 编撰

复旦大學 出版社

内容提要

本书介绍了近来最新的办公自动化基本技术，共分五篇：办公自动化基础知识、操作系统、字处理软件、电子表格处理软件和办公自动化网络使用基础。具体是：第一篇介绍了办公自动化的基本概念和现代办公技术工具；第二、三、四篇分别详细介绍了以中文Windows 7为主的操作系统、字处理软件中文Word 2010、电子表格处理软件中文Excel 2010的操作使用方法和常用技巧；第五篇介绍办公自动化网络使用基础，其中包括：计算机网络的常识和在中文Windows 7平台上的网络基本应用，浏览器软件中文Internet Explorer 9，电子邮件软件，常用下载工具及通讯工具的使用方法和基本技巧，网络安全基础与系统优化，办公新应用等。

本书内容新颖实用，它不仅适合领导干部了解最新的办公自动化理念和技术，而且也是各级各类办公人员学习办公自动化的实用教材。

编 者 的 话

自 1993 年起的近二十年来,上海计算机应用能力测评与上海地区的信息化建设和 IT 培训共同发展,与时俱进。

上海计算机应用能力测评自 1994 年 1 月开始第一次考核,至今已有 500 余万上海市民参加了各课程的考核,其中 250 余万人次取得了相应课程的合格证书。考核项目从开始一个项目发展至今已有初级、中级、办公自动化、信息技术应用基础等多个考核项目。

《办公自动化》是上海计算机应用能力测评中"办公自动化"项目的主教材,自 1995 年 5 月推出以来,截至 2012 年底,有 200 余万人次参加了该项目考试,160 余万人获得了"办公自动化"证书,取得了良好的社会效益,既推动了上海各行各业应用现代信息技术,普及现代办公技术,又为上海这座城市的发展、学习型社会的构建激发了活力。

随着信息技术的飞速发展,办公自动化技术也在不断变化、更新和发展。1997 年 5 月编者对原书进行了改版(即第二版),1999 年 5 月推出了第三版,2002 年 4 月推出了第四版,2005 年 1 月推出了第五版,2010 年 5 月推出了第六版,每次改版都充实了当时办公室自动化领域中新的概念、观点、技术与应用。多年来,许多具有初中以上文化程度的各级各类办公人员纷纷参加"办公自动化"的培训和考核,不少高等院校(含民办)、高职高专、中职中专等学校也都把《办公自动化》作为课程安排在教学计划中,强化学生技能训练,参加计算机应用能力"办公自动化"考核既可以获得相关证书,同时又可以取得相应学分。学习和运用办公自动化技术已形成一股热潮。

本次推出的《办公自动化(第七版)》一书,在第六版体系和框架的基础上进行了全面的改版,基本内容有了较大的变动。本书的编写组成员在专家组的指导下对编写内容进行了系统的分析和深入的讨论,力求新颖实用,特别是在软件版本的选择上,从实际出发,既充分考虑到软件本身用户群体的广泛性及应用情况的普遍性,同时又兼顾新版软件的稳定性和使用的便利性,以及广大用户的使用习惯。本书对操作系统的介绍主要选择中文 Windows 7,并兼顾目前办公系统比较流行的移动设备操作系统 Android、iOS、Windows 8 等;Office 选择了 2010 版;IE 则选择了应用较为广泛的 9.0 版。基于应用的需要及需求驱动,本书还对其他一些非常实用、又得到普遍应用的软件(如下载工具软件、通讯工具软件等)进行了简要介绍。由于这些实用软件一直都在不断地升级更新,因此在介绍中以最新的正式版本为主(不采用版本更高的测试版),有的只是重点提一下它们的功能和基本使用,淡化不同版本的操作界面。因为这些软件在使用方法上都大同小异,况且操作界面也越来越友好,学会了基本方法就能够触类旁通、举一反三了。

本教材第一篇为基础知识,介绍了办公自动化的基本概念和现代办公技术工具,以切实反映出最新的办公自动化领域所使用的硬件和软件技术。第二篇介绍了以中文 Windows 7 为主的中文操作系统的使用与操作技巧。第三、四篇分别介绍的是文字处理软件中文 Word 2010 和电子表格处理软件中文 Excel 2010 的基本使用。第五篇介绍了办公自动化网络使用基础,其中包括:计算机网络常识,在中文 Windows 7 环境下的网络资源共享,连入 Internet 的方法,电子邮件软件和浏览器软件中文 Internet Explorer 9 的基本使用方法与技巧,以及网络安全基础及系统优化,办公云应用和移动应用等。我们认为对这些实用软件和技术的掌握和运用,已经成为目前办公自动化领域中办公人员不可缺少的技能。

本书由上海电视大学陈信教授主编,顾爱红副研究员、盛英洁副研究员、吴兵博士参与编写。其中:第一篇由陈信编撰,第三篇由顾爱红编撰,第四篇由盛英洁编撰,第二篇和第五篇由吴兵编撰,全书由陈信统稿。

由于技术发展日新月异,编写出版时间较短以及作者水平有限,书中难免有欠妥或疏漏之处,恳望读者不吝指出。

编　者

2013 年 7 月

目　录

第三篇 字处理软件基础——中文 Word 2010

第四篇　电子表格处理软件——中文 Excel 2010

第五篇　办公自动化网络应用基础

第一篇

基础知识

第1章 办公自动化概述

办公自动化(Office Automation,简称OA)于20世纪50年代提出,在80~90年代随着现代信息技术(IT)的日新月异,得到了飞速的发展。办公自动化作为一门学科已广泛得到应用并越来越受到人们的重视。它是以现代信息技术、系统科学和行为科学为支柱,在人们日常办公活动中普遍应用各种先进的科学技术,这些先进的技术在时间和空间上极大地延伸了人们的大部分办公活动,从而减轻了人们的劳动强度,提高了办公效率和质量,同时又促使人们在办公活动中建立新的规范和制度。随着移动技术、无线通信技术、网络技术、数据库技术、多媒体技术、虚拟现实技术等飞速发展,人们的日常办公活动正进一步突破时间和空间的限制,变得更加灵活,快捷,使办公自动化的发展又呈现出新的景象。

1.1 办公自动化的定义、特点和发展状况

1.1.1 办公自动化的定义和特点

科学技术的飞速发展使办公活动这一传统的以人工(脑力劳动和体力劳动的紧密结合)为主的领域内的劳动方式发生了巨大的变化,今天的办公活动已从古老的低级的手工形式向现代高级自动化、信息化形式发展,办公室中传统的文房四宝(笔、墨、纸、砚)、算盘及计算器等,已被各类现代化的技术和办公设备所替代,不但减轻或节省了人们的劳动强度,而且大大提高了办公效率,改善了办公环境,使人们从原先非常繁重的、重复性、例行性、地域性的大量办公事务中解放出来,不仅节省了大量费用,而且可以腾出更多的时间和精力来思考和处理许多重要问题。

办公自动化作为一门学科,在短短的几十年间突飞猛进,其内涵和外延在不断地扩大,目前尚未形成一个严格、统一的定义。不同时期,人们对办公自动化的认识也在不断深化。可以认为:办公自动化是以先进的科学技术——现代信息技术、系统科学和行为科学为支柱的一门综合技术性的新型学科,它是以管理科学为前提,系统科学为理论基础,行为科学为主导,涉及社会科学、管理科学、系统工程等多门学科,综合运用现代信息技术(包括微电子技术、自动化技术、计算机技术、网络技术和现代通信技术等)完成各种办公业务,充分有效地利用好信息资源,以提高生产效率、工作效率和工作质量,辅助决策,促使办公活动规范化和制度化,以达到既定目标,求得更好的效果。

办公自动化主要包含三大特点:

① 在使用的手段上,办公自动化综合运用了包括计算机、网络、通信和自动化等高新技术在内的现代信息技术,它涉及行政管理、电子、文秘、机械、物理等领域,因而它本身是一门综合性的技术;

② 办公自动化服务的对象是办公室工作,信息加工和处理是整个办公活动中的主要业务特征。因此,办公自动化综合体现了人、设备和技术、信息资源之间的关系,即信息是加工和处理的对象,同时又是人们决策的重要依据;设备和技术是加工和处理的工具;而人则是加工处理过程中的设计者、指挥者和结果的

享用者。所以,设备和技术是重要的条件,而人是决定因素。

③ 办公自动化最终的目的是提高办公工作的质量和效率,促使办公工作规范化、制度化,并延伸办公的时空,提高办公人员的决策质量,为决策人员提供更多有关、有用和有效的信息以及决策方案。

1.1.2 办公自动化的发展状况

半个多世纪以来,随着计算机信息处理技术和现代通信技术的发展,办公自动化已走过了初级应用之路,正由成熟期向高速发展迈进。作为世界信息产业的发源地,美国信息化及办公自动化的发展具有显著的代表性及方向性。

一、美国的办公自动化技术应用与发展

1. 第一阶段:20 世纪 50 年代~70 年代中期

尽管在 20 世纪 50 年代,开始提出了办公自动化的概念,但当时仅仅是用于国防部门。20 世纪 60 年代以来,计算机开始进入办公领域,但那时的计算机基本上是以中、大型机作为主机使用,处理方式以多道程序批处理方式完成,用户对计算机可望而不可及,有神秘的不可亲近的感觉,再加上计算机系统价格昂贵,影响了它的推广使用。20 世纪 70 年代初期计算机开始有分时操作系统,出现联机多终端系统,缩短了人-机之间的距离,改善了人-机界面。20 世纪 70 年代中期发展的系列化的小型计算机,则大大地促进了办公室信息自动化处理的应用。这一阶段的特点是以单项办公设备为基础完成单项办公业务的自动化。

2. 第二阶段:20 世纪 70 年代中期~80 年代中期

随着 20 世纪 70 年代末期微型计算机的发展,促成了办公自动化技术大量普及应用。在美国的公司和企业中,办公自动化比政府部门发展得早,应用较为广泛,并且具有较高的水平。这是由于这些公司、企业要进行生产或商业竞争,必须增强竞争手段机制、加强管理、及时掌握有关的信息和情报,提高办公效率和科学的决策水平,作为其生存和发展的必要条件。一些从事办公自动化设备研制和生产的大型企业,如 IBM 公司、DEC 公司、XEROX 公司、AT&T 公司等,更是在这方面率先应用,并建立试验性的系统,积累和推广有关技术。美国联邦政府和各州政府,在这期间建立起用计算机网络联系的办公室信息系统。如 1982 年前已在五十个州内全部完成了计算机网络通信系统。办公信息网络化,广泛利用局域网、区域网、加强办公信息通信联系是这一阶段的一个特点。另一个特点是随着计算机硬件设备和软件以及系统集成的研究开发,推动了有关办公管理科学方面的研究,如分析办公流程、研究办公系统模型,开展对办公自动化系统的系统设计、系统分析、系统效益、系统评估等理论方面研究,从而把办公自动化从事务处理级向信息管理级和计算机辅助决策级提升。

3. 第三阶段:20 世纪 80 年代中期以后

进一步完善计算机网络通信体系,建立起全球范围的信息高速公路,电子数据交换(EDI)技术得到了广泛的应用,并大力发展综合业务数字网络技术的应用。计算机和通信技术的高度结合,是这一时期办公自动化技术发展的主导思想。

4. 第四阶段:20 世纪 90 年代中期以后

办公自动化发展的目标是整个办公室高度自动化,以及办公自动化系统的智能化。信息技术的进一步发展也推动了信息处理和信息通信两种技术的紧密结合,从而统一到广义的信息处理概念中,形成一体化的大型信息管理系统,移动办公、无线办公的兴起又进一步延伸了办公的时空,使办公更加灵活、方便,正逐步从办公自动化走向办公信息化。

二、我国办公自动化发展情况

面对世界新技术革命及社会信息化的挑战,我国自 20 世纪 80 年代中期起,掀起了办公自动化热潮,从中央到地方的各级政府部门率先引入办公自动化技术,以此提高政府的办公效率、办公质量及决策的科学化水平。我国办公自动化发展大体可以划分为四个阶段:

1. 第一阶段:20 世纪 80 年代初期~80 年代中期

这个阶段主要在典型试点的基础上开发某些办公自动化系统,探讨中国发展办公自动化的模式,制定我国办公自动化的发展规划。普遍采用一些单项的办公自动化设备,如传真机、打字机、复印机等,实现单项业务的自动化。

2. 第二阶段：20 世纪 80 年代中期~90 年代初期

在全国范围内开展办公自动化试点,建立一批能体现我国最高水平的国家一级办公自动化系统。如国务院办公厅办公自动化系统;在引进国外先进的办公自动化设备的同时,国产的办公自动化设备生产企业初具规模,产品质量和生产能力大大提高,同时对全国通信网络着手进行大规模改造,办公自动化的标准工作也取得很大进展。这个阶段的主要标志是办公过程中普遍使用电脑和打印机,通过电脑和打印机进行文字处理,表格处理、文件排版输出和进行人事财务等信息的管理等。

3. 第三阶段：90 年代中后期的快速发展阶段

从中央到地方,全国市级以上的机关和大中型企事业单位都不同程度地实现了办公自动化,办公自动化已经渗透到经济社会的各个领域。上海市人民政府的办公系统,使用超级小型机联成通信网络,使用局域网连接多台微机构成整个系统,在办公事务方面开发了文字处理、行文管理、文档管理、办公日程管理、轻印刷、电子邮件系统、机关事务处理等软件包。办公效益显著提高。又如,"三金"工程(即"金卡"、"金关"和"金桥"),其实现的主要结果之一就是发展办公自动化。其中:"金卡"工程使人们不必带现金就可上街购物,外出旅行,受付、转账等都可以使用电子货币,无现金交易,从而为企业降低资金成本,加快资金周转,提高经济效益,促进金融业和商业与国际接轨;"金关"工程实现的电子数据交换,免去各种繁琐表格的重复填写,而完全由计算机联网处理,实现无纸贸易;"金桥"工程是金卡、金关以及其他一切"金"字工程(如金企工程、金税工程等)的基础,是指建设国家信息化社会的基础设施(Infrastructure),即建设国家公用经济信息网,作为国家"中速的信息国道"。换句话说,"金桥"工程的实施已为我国发展办公自动化事业奠定坚实的物质基础。这个阶段的主要标志是办公过程中网络技术的普遍使用,实现了文件共享、网络打印共享、网络数据库管理等。

4. 第四阶段：21 世纪以来的高速发展阶段

这一阶段,网络技术(包括无线网络、移动通信等)、群件系统、数据库技术和各种面向对象开发工具等技术和产品日渐成熟而被广泛应用,同时由于国内经济的飞速发展引发市场竞争的日趋激烈,以及政府管理职能的扩大与优化,导致政府和企业对办公自动化产品的需求有了快速增长。Internet/Intranet 在国内得到了普及,人与人之间的交流和联系方式发生了本质的变化,电子化的信息交流方式逐渐成为主流。国内专门从事软件开发的公司也逐渐成长起来,并专门为政府和企业"度身定做"办公自动化系统,由于这些系统是根据用户的具体需求开发的,所以功能比较完善,并能较好地满足用户的实际需要。

总之,办公自动化的发展在很大程度上取决于现代信息技术的发展,新一代的办公室管理中引入知识管理的理念,办公活动应充分利用组织内外的知识资源,提高员工的办公效率和质量。可以认为,现代办公技术工具(软硬设备)将朝着高性能、多功能、复合化、信息化、智能化、系统化以及使用方便等方向发展,办公自动化的发展趋势将朝着数字化、无纸化、集成化、多媒体化、信息一体化、移动化、综合化等方向发展,通信在办公自动化系统中的地位将进一步增强,Internet、微波通信、卫星通信、移动通信、有线电视、IPTV、高清数字电视、无线网络等技术的应用将进一步加快办公自动化的发展的步伐。

1.2　办公自动化系统的要素、目标和技术核心

1.2.1　办公自动化系统的要素和目标

办公自动化系统(OAS,简称 OA 系统)与办公自动化(OA)是两个不同的概念,其内涵是：人们在各自的办公机构、办公制度、办公环境和办公习惯下,利用现代信息技术(微电子技术、自动化技术、计算机技术和通信技术和各种现代化的办公设备)优质高效地综合处理各类办公事务(诸如文字处理、文档管理、数据处理、电子通信以及人事、财务、设备的管理,等等)。因此,办公自动化系统就是由这些方面所涉及的各种高新技术与办公人员构成服务于某种目标的人机信息处理系统。整个办公活动是以处理信息为主要业务特征、与社会伴生的一种重要活动。各种设备和辅助工具实施对信息的传递、加工等处理,办公人员既可以是各种信息的创建者、设计者和指挥者,也可以是享用者。

作为一个人机信息处理系统,办公自动化系统主要包括：办公人员、办公机构、办公制度、办公技术工

具、办公信息以及办公环境六大要素。

一、办公人员

办公人员是办公的第一要素,是办公自动化系统的最终用户。根据办公的性质和处理内容,办公人员可分为领导决策人员、专业管理人员、辅助工作人员。在一个宽松的办公环境中,无论是一个企业还是一个事业单位,人们更注重团队的力量、集体的贡献。在办公活动中,人与人之间最基本的联系是沟通(Communication)、协调(Cooperation)和控制(Control)——3C。新技术的不断涌现,进一步方便了人们的工作和联系,解放生产力,帮助人们在"沟通、协调和控制"上提供辅助手段,这也充分体现了以人为本的思想。

1. 领导决策人员

这里所指的领导决策人员包括各级行政首长,如政府部门的各级领导人员;公司及企业的董事长、总裁、总经理;事业单位的行政首长,如学校的校长和医院的院长等。一般而言,就每一个相对独立的行政部门,其行政长官就是该部门的领导决策人员。他们需要掌握正确的信息和情报,综合分析本部门和有关单位的各种动态,对本部门的发展、建设、规划、战略等重大方向性问题作出判断和决策。决策活动表现是指运用办公自动化技术和设施将原始数据处理成为信息,以其中有用的信息为科学依据,或者在办公会议上作出的决议并以文件形式转发到各有关部门和人员,或者对文件形成批示意见,或者对所管地区、单位的视察或听取汇报后的提出意见(包括口头指示)。他们的工作和活动是相对没有规律的,较为复杂的。

2. 专业管理人员

专业管理人员是行政机关内负责社会、经济、政治、法律、技术等各项业务的工作人员。他们是负责生产、经营、销售、研究和技术发展的各类人员。他们要负责处理大量的信息和文件,对具体的业务活动和日常工作进行直接的管理。他们要收集整理资料,综合分析有关信息和情报,为领导决策人员提供辅助决策材料或决策方案,同时,在他们各自职能范围内担负责任,对问题作出决策和判断。这类办公活动在行政部门和企业部门有很大程度的不同。

对于行政部门,如国家管理部门的各部、委、办、司、厅、局等,主要担负国民经济、社会、政治、法律等各个领域信息管理和控制任务,如计划、财政、物价、建设等。完成这些任务的共性活动包括请示汇报、接受指示、执行政策、向下传达、指导检查、协调平衡、调查研究、听取汇报和召开工作会议等活动。

对企业而言,围绕生产和销售任务,专业管理人员的办公活动包括生产计划管理、生产作业管理、生产技术管理、产品质量管理、辅助生产管理、物资供应管理、成本核算管理、产品销售管理、市场预测管理、财务会计管理、劳动工资管理、人事保卫管理、市场预测和分析等。各类专业管理人员分布在企业的各职能科室,各司其职,担任着某一办公系统的管理控制任务。

3. 辅助工作人员

行政机构和企业单位的基层办事员、文秘人员、后勤人员或一般办公人员,从事着有规律的事务性工作,其中包括:会务文件准备、会议纪要整理、议事日程安排、来信来函登记、文档资料保管等,并为办公设备正常运行和安全进行联系和协调。这些辅助工作人员的任务较为单纯,工作也较为简单,但也是办公人员中不可缺少的组成部分。

二、办公机构

在我国,行业众多,单位林立,部门不少,存在名目繁多的办公机构,如要对其分类,又存在着多种划分方法,如按管理职能划分法、按管辖区域划分法、按服务对象划分法等。工矿企业则有按行业和产品划分法、按工艺流程划分法等。

按管理职能划分,可把办公部门划分成部、委(办)、司、厅(局)、处、科和股等不同级别的办公机构。如政府部门设有外交部、工业和信息化部、教育部等;在企业中设有生产车间、劳动人事科、信息中心等。

按管辖区域划分,如我国行政区域的省(直辖市、自治区)、地、市、区、县、镇(街道)、乡等的划分,某些活动区域分散的企业,如铁路系统、电信系统等独立自主地处理管辖区内的有关事务。

按行业和产品划分适用于经济生产性的管理单位及文教、卫生、体育等管理机构,如体育司、教育局等。

按服务对象划分则有如政府部门的侨务办、港澳办等机构,企业中的退管会、后勤服务部等部门。

办公机构的设置反映了其现有的管理体制和运作机制,也直接影响办公自动化系统的总体机构和办公效率。传统的办公机构设置是宝塔式的,从上到下层次分明,但最高领导要了解底层情况并不容易,有时机构臃肿,人浮于事。信息技术的发展为扁平式的管理模式提供了有力的支撑,从而使最高领导及时、方便、直接地了解下设机构的动态并实施管理。随着办公自动化程度的不断提高,办公机构也要不断精兵简政,灵活高效。在一个信息化社会里,办公机构的设置应当充分反映出业务流的合理性,不能在低层次上以高新技术去适应传统的业务流,而应当主动积极地利用高新技术去改造传统的业务流。这样,办公机构就应当按照新的业务流来规划和设置。因此,扁平式的管理模式将对今后办公机构设置产生重要影响。

三、办公制度

为了使各类办公人员都能各司其职,各尽其责,以及协调各办公机构的职能,使各类办公人员活动规范化,必须建立起保障办公活动正常进行的各种规章制度,以保证办公系统的正常运行。有些部门是管理、监督部门,有些是办理、服务部门,通过"管办分离、审批分离"等运行机制,可以避免集"裁判员"和"运动员"于一身,明确各部门人员的工作责任和分工。办公制度决定了办公业务,甚至影响到办公流程(如其他人的办公活动)。因此,办公制度需要在实践过程中不断修订,逐步完善,应用办公自动化新技术,促进办公制度的改革和创新,使其跟上国际潮流和时代步伐。

四、办公技术工具

办公技术工具是支持各类办公人员进行各种办公活动的工具、设施、设备和技术手段。以现代信息技术(IT)为主体的各类现代化的办公工具和设备已成为办公的主要技术手段。例如,用于处理办公信息的复印机、各类联网计算机等;用于通信的传真机、可视电话、数字摄像设备、无线通信设备和计算机网络系统等。近年来,办公技术工具的飞速发展扩大了信息处理技术的应用,也使办公室信息处理技术向更广范围、更深层次发展。信息高速公路的飞速发展和广泛应用,天网和地网的互联,PDA、上网本、平板电脑、智能手机等移动设备的出现,已使相隔任意距离的办公室之间能随时沟通,远程办公、异地办公或移动办公成为可能,从而超越时间和空间的界限。数据库存取、电子邮件、多媒体数据文件传送、虚拟现实等新技术的应用,Evernote、Google Docs、Office 365 等云办公软件的应用,不但使办公自动化技术上升到一个新的技术境界,也为办公活动注入了新的活力,带来了崭新的形式,增添了多种先进手段,使办公面貌焕然一新,办公效率大大提高。

五、办公信息

办公活动是以处理信息为主要业务特征,即对各类信息进行采集、输入、加工、传递以及输出和利用,经过反馈、修正,如此循环往复,甚至圆满地完成预期目标的过程。

六、办公环境

办公环境包括物质的和抽象的、内部和外部环境,它受到办公机构、办公技术工具等诸多因素的制约。物质环境,如办公楼的地理分布和周边环境。抽象环境,如本办公系统与其管辖的各种实体之间及与其他办公系统的相互制约、影响、领导与被领导等关系。办公活动要受到办公环境的约束,改善办公环境将提高办公活动效率。

Internet、Intranet、无线接入和卫星通信等技术的广泛应用也在延伸和改变着人们的办公环境和办公习惯,从而出现了虚拟办公环境和移动办公环境。

综上所述,在构成办公自动化系统中,各类办公人员的素质、人际关系、行为规范将直接影响到办公的水平;而办公机构、办公制度、特别是办公信息将直接影响着办公自动化系统的总体设计;办公环境,尤其是办公工具和设备直接关系到办公的质量、工作效率和决策水平。办公自动化系统的最终目标就是为了最大限度地提高办公效率和办公质量以及改善工作环境。

1.2.2　办公自动化系统的技术核心

OA 系统就是将当代各种先进的技术应用于办公室中各类办公人员的各种办公活动中,使办公活动实现自动化,从而能最大限度地提高工作质量和工作效率以及改善工作环境。它与生产自动化系统不同,虽然先进的技术和设备是 OA 系统的重要组成部分,但并不意味着办公人员最终将被设备所取代。OA 系统运行的效果受办公人员、办公机构、办公制度、办公技术工具、办公信息和办公环境六大要素的制约。因此,OA 系统是一个由人控制、操作和使用的人机信息系统,应当有一个友好的、方便的人机操作界面,更好地实现人机交互。

OA 系统的技术核心是办公信息处理技术,即利用计算机及计算机网络系统处理各种办公信息。因此,用于办公信息处理的软件(OA 软设备)和硬件是办公自动化系统的主要技术工具。

OA 系统的硬件设备主要有:① 以计算机和计算机网络及其各种先进的外部设备(如打印机、图像扫描仪、绘图仪、语音识别器和发生器、光笔、数字相机、智能手机等)为主的信息处理设备,是办公自动化系统的主要设备;② 以各种通信设备(如传真机、电话机、交换机、计算机网络、移动电话等)为主的信息传输设备;③ 以缩微胶片系统、磁盘、U 盘、移动硬盘、光盘存储系统等为主的信息存储设备;④ 以复印机为主的纸质文档处理设备以及其他各类专用设备。办公自动化设备的发展趋向是:高性能、多功能、复合化、信息化、智能化和系统化。

OA 系统的软件主要有:① 以操作系统、网络操作系统、手机操作系统、网络管理软件和数据库管理系统为主的基本软件;② 为大多数 OA 系统用户所公用的、商品化的 OA 通用软件(如文字处理软件、电子表格处理软件、文档管理软件、电子出版系统、图形和图像处理软件、语音处理软件、统计报表软件、会议日程管理软件等);③ 面向特定单位或部门,针对其办公应用的特点开发的 OA 专用软件,既有用于日常办公事务处理的(如事业机关工资奖金发放、基建预算、车辆调度和人事材料管理等),也有结合经营业务的(如对于公司企业,编制经营计划、处理供销业务、库存统计、市场动态分析和财务收支分析等)。

随着网络通讯技术、计算机技术和数据库技术的日趋成熟,世界上 OA 系统已进入到新的层次,在新的层次中 OA 系统具有四个新的特点:

① 集成化。软硬件及网络产品的集成,人与系统的集成,单一办公系统与社会公众信息系统的集成,组成了"无缝集成"的开放式系统。

② 智能化。面向日常事务处理,辅助人们完成智能性劳动,如:文字(汉字)识别,对公文内容的理解和深层处理,辅助决策及处理意外等。

③ 多媒体化。包括对文字、数字、声音、图像和动画的综合处理。

④ 电子数据交换(EDI)技术的运用。通过数据通讯网,在计算机间进行交换和自动化处理。

1.3　办公自动化系统的功能

1.3.1　文字处理

文字处理一直是办公室的主要工作之一。长期以来,办公人员都是依靠纸和笔来完成文字工作的,诸如拟文稿、做记录、写报告、发公函等。办公人员为要拟一份完善的文字材料,必须反复修改几次,修改后还要誊写,耗费大量精力和时间。打字机的出现,虽然对文字工作有某些改善,但要修改打错的字也是十分麻烦,使用涂改液将使文档质量下降,尤其对于要一式几份的文档或在几份报告中都有一部分相同文字时,重复操作不可避免。20 世纪 70 年代微型计算机的出现,使文字工作有了根本的改观,极大地提高了文字工作的效率。也正是文字工作的需要,才把计算机引入了办公室,开始了电子文字处理的新时代。

目前,在办公自动化环境下,人们都普遍使用微型计算机配上相应的软件来进行各种文字处理(包括输入、纠错、修改和排版等)。

20 世纪 70 年代末,就出现了 WordStar 文字处理软件,之后又有了 Word Perfect、Microsoft Word、Lotus Ami Pro、SmartSuite 软件包中的 WordPro 以及 WPS 等,这些软件紧随着操作系统平台的更新和用户要求的不断提高而不断升级和更新。

中国的文字处理对象主要是汉字。汉字是一种象形文字,汉字的处理与西文不同,需要有中文操作系统或中文平台的支持。例如,2001 年美国 Microsoft 公司推出的中文视窗 XP Professional(专业版),就是一种具有广大用户群的汉字操作系统或中文操作平台(将在本书的第二篇进行介绍)。近年来,操作系统平台更新升级的速度越来越快,之后,Microsoft 又推出了 Vista、Windows 7、Windows 8 等,不断进行升级换代。

在办公软件方面,以世界公认的文字处理软件 Microsoft Word 为例,它也随着 Windows 操作系统软件的不断升级而更新,从原来的 2.0 版升级到中文 Word 2013,从而使 Word 这种文字处理软件不仅具备编辑、修改、存储、排版和复制等基本的文字处理功能,而且更加优秀、实用以及使用方便,并增加了扩展的智能感知技术和 Internet 网络传送及共享等许多强大的功能(本书的第三篇以中文 Word 2010 为蓝本,将介绍它的基本使用)。

在办公硬件方面,键盘输入已不再是唯一的输入手段,目前人们已大量利用专门的光学字符阅读机(Optical Character Reader,简称 OCR)或扫描仪配上相应的 OCR 软件来高效地读入现存的文本,然后使用 Word 进行排版等处理,从而大大提高工作效率。

1.3.2 数据处理

数据处理是指非科技工程方面的对任何形式的数据资料的各种计算、管理和操作。例如:事业单位的工资和财务管理、库存管理、账目计算、情报检索等方面的应用都是数据处理。

数据处理的特点之一是:储存数据所需要的存储空间,远远大于操作数据的程序所需要的空间。因此,数据处理的关键在于使用什么样的软件,存储设备的容量和存取速度。

OA 系统的中心任务就是信息处理,而最大的信息就是数据。譬如,工厂产品的数量、生产指标、原材料价格、财务预算、人口统计数字、城乡居民消费增长率、银行储蓄等。数据处理就是要把这些原始资料收集起来,输入计算机中,通过软件对这些数据进行各种加工、计算分类、排序等,最后得到人们所需要的信息。

与数据处理相关的软件主要有数据库软件和表处理软件,它们对数据进行不同程度、不同方式的处理。

一、数据库技术

数据库技术是 OA 系统进行数据处理的强有力工具。它为用户提供了最方便、实用的数据共享、检查和修改等数据处理功能。所谓数据库就是以一定的组织方式集中起来存放在计算机外存中的数据,这些数据有着其内在的组织结构和联系。用户要对数据库中的数据进行操作,往往需要通过一种软件——数据库管理系统(DBMS)的使用来实现。不同的数据库管理系统,以不同的方式将数据组织到数据库中,这种组织数据的方式称为数据模型。

数据模型的发展,经历了三个阶段:① 网状、层次数据库系统;② 关系数据库系统;③ 以面向对象模型为主要特征的数据库系统。关系型数据库对数据的表示能力较强,而且直观易学,使用方便,如早期的 dBase、FoxBASE 和 FoxPro 等。面向对象的数据库系统保持和继承了关系数据库系统的技术,支持数据管理、对象管理和知识管理,对其他系统开放,支持数据库语言标准,支持标准网络协议,有良好的可移植性、可连接性、可扩展性和互操作性等。目前,甲骨文公司的 Oracle 数据库(当前最新版本 11g)、微软公司的 SQL Server(当前最新版本 2012)、IBM 公司的 DB2(其中,Everyplace Edition 的当前最新版本是 v9.1)、瑞典 MySQLAB 公司开发的 MySQL(目前属于 Oracle 公司)等数据库管理系统是主流产品,这些产品和模糊技术、多媒体技术、分布处理技术、并行计算技术、人工智能技术等诸多新技术相结合,广泛应用于各个领域,人们利用了这些数据库管理系统编制各类实用程序,应用于 OA 系统的数据处理,用户界面越来越灵活和友好,同时也能设计和打印各种报表。

二、表格处理

在日常办公事务中,办公人员常要编制和处理各种表格。譬如,财务账册、施工项目的预算报表、商业部门的营业额统计表、运输托运单以及各种统计汇总报表。在文档管理中,报表记录占有相当大的比重。

1. 表格的一般结构

尽管表格的内容和用途各不相同,但不论是表格的形式还是表格的处理过程,却有着许多共同的特点。

表格通常由三部分组成:表首部分、表体部分和表尾部分。表首部分包括表头与表首标志;表体部分是整个表格的实体,它表示该表用途的主要信息;表尾部分则含有脚注、填表人等信息。表格的形式,一般根据实际需要和使用方便而定,有横排、竖排和混合编排等多种形式。但是,无论是哪种格式,表体部分一般由若干行和若干列组成,因此,一张表格含有许多格子,表格中的格子被称为"表格单元",或简称"单元格",它们是用来存放文字、数据或图形等信息。

表格单元中的数据主要有两种类型:一种是文字型数据,例如图 1-1 中的"部门"、"研发部"、"总计"、"百分比"等,它们对表格中的数值型数据起着定义和说明的作用。另一种是数值型数据,这些数据又可分为原始数据和结果数据两种,例如各销售员的一、二、三、四季度的营业额数据均属于原始数据,而全年营业额、增长百分比、合计等数据是通过计算得到的,故称为结果数据。

2012 年度教育软件有限公司营业额统计报表　　　　　　　(单位:万元)

部 门 ＼ 季 度	一	二	三	四	2012 全年	增长率(%)
研发部	200	400	200	310	1 110	11.5
运营部	300	230	420	300	1 250	20.2
市场部	480	450	310	360	1 600	12.9
合 计	980	1 080	930	970	3 960	44.6

注:各部门比 2011 年的营业额至少增长 10%。　　　　　　　　　　填表人:

图 1-1　报表例

基于表格的不同数据及不同形式,办公人员手工编制表格时,处理过程大致包括以下步骤:

① 设计和定义一张表格:设计和定义一张表格包含很多内容,例如,确定表格的行数和列数,分配各行各列的用途,规定每一行(或列)的行数(或宽度)。

如果是一些规范化的标准表格,例如,生成单位的年报表、季报表和月报表,表中的栏目内容(即文字数据)是固定不变的,所以只要按时收集各种数据填入表中,而不必每次自行设计和定义一张表格了。

② 填表和计算:将设计好的文字数据填入表中相应位置,并将收集好的原始数据填入表中。然后给出有关的计算公式,按计算公式将算出的结果数据填入表中。

③ 复制、印刷及保存表格:这个过程有时要反复进行多次,特别在编制一个比较复杂的表格(例如,表格中含有子表)时,由于考虑不周,需要增加或减少一个栏目;或者格子的宽度设计得过小,容不下那么多内容;或者原始数据填错了,由此导致计算结果数据的错误填入,等等,这些都需对表格进行重新调整和处理。显然,当表格比较庞大而计算又相当复杂时,一张表格的制作和处理的过程本身需要花费大量的时间和人力,而且其中大部分时间是花费在重复性的誊写、整理、计算、修改及校对工作上,因此,这样的办公效率很低。如果用计算机来处理表格,即使最复杂的表格,也能按照办公人员的要求快速地处理好。

2. 电子表格软件

与传统制表方法不同,计算机制表既不用笔,也不用纸,更不用橡皮,而是利用计算机的屏幕、键盘和鼠标器。屏幕就好像是一张纸,键盘和鼠标器就好比是笔和橡皮,计算机的处理器就相当于算盘或计算器,办公人员只要坐在计算机屏幕前,便可通过键盘和鼠标器进行表格的设计与修改。

用计算机处理表格时,表格的格式和内容可以通过屏幕显示出来,办公人员通过按键可在屏幕上绘制横线、竖线、单框、双框等各种形式的格线以及一些基本几何图形,有的可以自动生成并缩放表格,扩大、减少和修改一个表格极为容易。表格设计完,便可通过键盘向表中填入文字及数据,当发现填入的文字和数据有错时,也能方便地在键盘上进行修改。当需要在某些栏目中填入结果数据时,可输入各种规定的计算公式,计算结果便自动出现在这些栏目中,如果修改相关的原始数据,计算结果栏目中的结果数据会自动更新,无须办公人员进行重算。所以计算机制表的速度与准确性是手工制表无法比拟的。另外,根据表格中的原始数据和结果数据,还能自动生成各种统计图表,大大减少了人工绘制统计图表的麻烦,并使生成的统计图表精确化、美观化。

一张表格制作完以后,一般可以以文件的形式把整张表存入磁盘,以便下次使用。通过打印机,可把表格打印在纸上。另外,可以在一些文字处理软件中被调用,以减少在文档中需要表格的重复工作。

第一个表格处理软件是美国 Visicorp 公司于 1979 年 5 月在 Apple Ⅱ 微型计算机上开发的 VisiCalc。该软件投入市场后,立即受到广大用户的好评。之后,其他软件公司也相继开发了许多具有不同特点的表处理软件。例如,Sorcim 公司的 SuperCalc,Microsoft 公司的 MultiPlan,日本 SORD 公司的 PIPS。随着 PC 机作为世界个人电脑的主流,众多的表处理软件的研制适应于这一潮流。1982 年,美国 Lotus Development 公司在 IBM PC 机上开发研制了一种集成软件 Lotus 1-2-3,这种集成软件把表格处理软件、数据库管理系统和统计图表等功能有机地组合在一起,它可以进行各种表格处理,可以从数据库中检索所需要的数据,还可以求出统计结果并作出统计图,为办公自动化提供了一个强有力的工具。作为一种优秀的软件,它一直被广泛地使用至 20 世纪 90 年代中期。

目前,Microsoft Excel 是人们公认的、并广泛使用的一种表格处理软件,它引入了数据处理的新方法,使用户能建立数据的动态显示和报告,把时间集中在分析上,而不是花在访问和建立数据上。Microsoft Excel 也紧随着 Windows 平台的更新而更新,与中文 Word 2010 一样,中文 Excel 2010 也是中文 Office 2010 家族中的一员(本书第四篇将介绍这个软件的基本操作与使用)。

1.3.3　语音处理

在 OA 系统中,语音处理具有非常重要的作用。由于目前人们使用办公设备进行信息交流时,主要是通过键盘(或鼠标器)输入,通过显示器或打印机输出。在进行汉字输入时,还要记住某种汉字输入法的汉字编码,对此办公人员感到不太方便。如果计算机获得像人一样的用声音交流信息的能力,那么,人与计算机之间就可以通过声音进行对话,这将使人机之间的信息交流发生根本的改观,从而大大提高办公效率。

语音是人类进行信息交流的媒介。语音处理就是利用计算机对语音进行处理的技术。语音处理包括两方面的内容:一是使人们能用声音代替键盘来输入和编辑文字,即接受声音,使计算机具有"听懂"的能力,能接受用户发布的各种命令,即语音识别技术;二是要赋予计算机"讲话"的能力,要建立一个有一定量的词汇表,使计算机能灵活自如地讲话,用声音输出结果,即语音合成技术。

具有讲话、听懂(理解能力)的办公机器,可与办公人员相互对话,直接交流信息,这样的办公机器将会受到广大办公人员的普遍欢迎。因为办公人员通过语音对机器进行输入,其输入速度比键盘输入的机械速度要快得多。对计算机口述命令时,也不像从键盘输入命令那样要求操作人员具有熟练的技巧。而且,普通的电话机也可充当终端的角色,这时,用户只需口述所要求的电话号码,或口述被叫用户的姓名,便能代替在电话机上拨号,然后语音自动查号台能查找并报出电话号码及其所要求的其他信息。配有语音输入输出的计算机系统,不仅能大大提高办公人员的效率,还能直接适应残疾人员的通信要求。与自动语音识别与图像输出显示装置配合,可为失去听觉的残疾人提供通信服务;自动声控器可为行动不便的残疾人提供服务,文字语音合成器配备了光学识别器,可以帮助盲人阅读。

语音识别的研究始于 20 世纪 50 年代,当时的目的是希望机器能识别语音,或由语音直接操纵机器,声控打字机就是一个成功的例子。

近年来,一些典型的语音处理系统广泛地应用于各种场合。主要有:语音应答系统(其中包括由美国著名的贝尔实验室研究开发的查号辅助系统、股票价格行情系统、数据设备试验信息系统、飞行信息系统、说话人的确认系统以及供有线通信设备用的声响指示系统等)、说话人识别系统、语音识别系统(其中包括苹果公司在 iPhone 手机上应用的 Siri 等)以及综合语音通信系统。

目前,IBM 简体中文语音识别系统 ViaVoice Pro 9.1 和微软语音识别系统 SpeechSDK 5.1 中文版都是较好的中西文语音识别系统。中西文语音识别系统的进一步应用,促使中西文语音识别和语音处理技术在用户界面上得以实现和发展,相信会在 OA 系统中越来越普遍地使用。

1.3.4　图形和图像处理

一幅好的图画所容纳的信息抵得上千言万语,并且很容易为人们所理解和记忆。人们在工作中自然乐意采用直观形象的图画形式来记录和表达大量信息。多媒体计算机及多媒体软件的推广和普及使得在办公室内进行图形和图像处理传送成为现实。

计算机的图形处理功能是指在计算机上进行图形设计与处理,按设计者的要求生成各种图形。图形形式是计算机的一种输出形式,它比文字信息的输出具有更大的优越性。计算机图形生成技术有着广泛的应用领域。例如,利用计算机辅助设计和辅助制造(CAD/CAM)技术,可以由计算机来承担设计和辅助制造任务,应用领域极其广泛,派生出了像电子电路的 CAD、服装的 CAD、机械零件和装置的 CAD 等应用,都可以由计算机来生成和绘制各种图纸。另外,计算机模拟和仿真、管理信息系统(MIS)中的数据分析与辅助决策、游戏、地学信息处理及地图绘制、计算机辅助教学等,都要用到计算机图形处理技术,办公自动化领域也越来越多地应用着计算机图形处理技术。

计算机的图像处理功能是指能够输入照片、签字等图像,并能对这些图像进行分析处理。图像处理的一个显著特点是数据量十分庞大,要求有很大的存储容量。因此,人们往往采用大容量的硬盘或光盘来储存图像以及采用图像压缩技术使图像数据缩减较大的幅度。以往的图像处理总是与大、中型计算机的应用相联系,而且它的应用主要偏重在太空星球照片的分析和军事上用来控制洲际导弹准确地击中目标。随着微机技术的迅速发展,计算机图像处理技术已走向民用,在办公自动化中的应用就是一个重要方面。

一、图形功能的基本实现

一个计算机系统要能进行图形处理,必须有相应的硬件和软件来支撑。

硬件上,除了通常的基本计算机系统外,还需配置相应的图形输入设备和图形输出设备。常见的图形输入设备有键盘、坐标数字化仪、光笔、操纵杆、跟踪球、鼠标器等。图形输出设备可分为图形显示器和绘图仪两种,而绘图仪又分为滚筒式绘图仪、平板式绘图仪、静电绘图仪和彩色喷墨绘图仪等。

从办公室工作角度来看,最常用的图形设备要属显示器了。彩色显示器上的图像是由点或像素组成的,像素是在屏幕上可以显示的最小点,它们均可由程序控制其亮度或颜色,因而能显示彩色图形。不同分辨率的显示器对显示图形有很大差异,目前,普遍使用 VGA 以上的彩色图形显示器。标准的 VGA 屏幕有 640×480(即 307 200)个像素,增强型的 SVGA 往往是 1 024×768(即 786 432)个像素。

过去,人们在 IBM PC/XT 机上实现图形功能,往往采用图形显示原语,用以画点、画线、画圆和着色等。现在人们普遍使用 Windows 环境下的应用程序,如 Paintbrush(画笔)、Microsoft Word 中的绘画程序等都是最为简单的图形处理软件,而 CorelDraw、Pixia 则是功能强大的专业图形处理软件。

二、图像处理的实现

计算机要能处理图像,首先就得有图像输入设备,它就像计算机的眼睛,通过它,计算机可以"看到"各种图形、文字、照片等。由于一般图像都是由许许多多的点组成,而每个点都需用二进制数来表示,因此用键盘来输入这样的图像信息不是一个好办法,也没有实用价值。

目前,人们普遍使用了彩色扫描仪来输入图片,使用数字照相机、手机等输入照片,使用数字摄像机或视频输出到计算机来获得图像信号。然后通过图像处理软件来进行各种处理。与高分辨率显示器一样,高分辨率的激光打印机和彩色喷墨打印机已十分普及,它们都是图像处理系统的上佳输出装置。

图形图像处理有着极其丰富的内涵和功能定位,其中包括:图像处理、动画制作、图像浏览、图像管理、图像捕捉、图像转换、图像压缩、3D 制作等。

例如:Adobe 公司的 PhotoShop CS6 是一种功能强大的图像处理软件,它能够对来自扫描仪的图像或磁盘上的图像文件进行处理,改变图像的对比度、亮度、平衡色彩,增加各种特殊效果,3D 图像编辑,内容识别修复等。Adobe Illustrator CS6 和 Corel 公司的 CorelDRAW Graphics Suite X6 是主流的图形处理软件,可以配合图像软件做矢量图形等。Adobe 的 Premiere pro CS6 则是专业的、功能强大的视频处理软件。Adobe AfterEffects CS6 是目前流行的强大的影视后期合成软件,它与 Premiere 不同的是侧重于视频特效加工和后期包装,用于电影、录像、DV DC 和 Web 的动画图形和视觉效果设计。Adobe 公司的 Photoshop、Premiere 和 Illustrator 和 After Effects 有着紧密的结合。Video for Windows 软件是一种较为简单的视频处理软件,具有图像捕获和编辑功能;在多媒体动画制作中,Ulead GIF Animator 5.05 等许多种中西文软件可用于二维动画的制作。3D MAX 则是 Autodesk 公司开发的基于 PC 系统的一个功能强大的三维动画制作软件,最新版本为 2012;Adobe Flash Professional CS6 是用于 Internet 上动态、互动的矢量动画制作软件。ACDSee 15 简体中文版则是一款优秀的、功能强大的图像(片)浏览软件,等等。

总之,图形和图像处理已实际进入 OA 系统了。后面将提到的视频电子会议也是在 OA 系统中结合现代通信技术对图像处理的一种重要应用。毫无疑问,通过 Internet 网络,人们很容易地获取所需的图片和图像,信息资源的共享为图像处理提供了极其丰富的素材;许多图像处理软件和图像输入输出设备的不断更新为图像处理在 OA 系统中更广泛的应用起到了很大的推动作用。

1.3.5 通信功能

通信是 OA 系统中的一项重要功能,通常,办公人员在与内部或外界联系时,往往使用电话、传真、寻呼机、电报、电传、信件等通信手段。随着信息技术的发展,先进的通信手段不断涌现,电子邮件、视频会议、可视电话、网上 BBS 讨论、交互式的 Web TV、蓝牙及带 Wi-Fi 认证的无线上网产品等为办公自动化系统的通信赋予了极为丰富的内容。

一、电子邮件

作为美国信息高速公路主干网和最大的科学教育网,Internet 的出现给信息领域带来了一场革命。电子邮件(E-mail)是现代通信技术和计算机网络技术综合发展的产物,它正在逐步取代旧的模式,尤其在传送彩色图文、声音信息等方面,体现出传统通信方式无可比拟的特点,已经成为 OA 系统中不可缺少的工具。

电子邮件传送系统是指从邮件进入系统到被收信者接收为止对邮件进行处理的全过程。电子邮件系统是一个适用于任意两台以上计算机进行邮件传送的通用软件包。它是以常规的邮政系统为基础,把要发送的文件按去向不同,为之建立信封,其中包括收信人姓名、所在信箱号码及发信人姓名,并自动生成发信的日期和时间。通过选择,还可以使信件正文进行多级加密或不加密处理。每个 E-mail 邮件本质上是一个电子文件。全球 E-mail 服务有公共事业的,有公司的,也有个人的。

我国已作为第 71 个国家级网加入 Internet,1994 年 5 月,以"中科院—北大—清华"为核心的"中国国家计算机网络设施"(The National Computer and Network Facility of China,简称 NCFC)与 Internet 联通,相继建成了四个与 Internet 联通的全国计算机网:通过中国公用互联网络(ChinaNet)、中国教育科研计算机网(CERNET)、中国科技网(CSTNET)和中国金桥信息网(ChinaGBN)。根据中国互联网络信息中心(CNNIC)发布的《第三十一次中国互联网发展状况统计报告》显示,截至 2012 年 12 月底,我国域名总数为 1 341 万个,其中注册的 cn 域名数达到了 751 万个,网站数达到了 268 万个;网络国际出口带宽总数达到 1 899 792 Mbps。在家里办公,只要有一台用电话线联网的微机,到某个 Internet 服务提供商(即 ISP,如上海热线、网易等)那里登记注册后,就能与 Internet 网相连,用户只需交付上网电话费和上网服务费,如果配置了无线路由器,就构建了无线上网的环境,从而使家里的其他便携式电脑、上网本、包括智能手机及类似 iPod touch 之类的掌上娱乐终端都能通过该无线网络上网。在办公室里,只要办公室的电脑通过局域网连接 Internet,就能与 Internet 联通。人们可以在 Internet 上随意漫游,如查询、浏览和传输文件等。

据 CNNIC 发布的第 87 期《互联网发展信息与动态》统计信息表明,截至 2013 年 3 月底,我国网民数估计达到 5.78 亿人,互联网普及率达 43.1%;全球网站数为 6.3 亿个站点(Netcraft 的统计);截至 2013 年 3 月 25 日,全球通用顶级域名(gTLD)域名注册总量为 133 892 976 个;截至 2013 年 3 月 25 日,中国大陆 IPv4 地址数量约为 3.30 亿个,居全球第二位;2013 年 3 月,ITU 发布的《2013 年世界 ICT 实录》报告预测,到 2013 年底,全球移动电话普及率将达 96%,其中,发达国家为 128%,发展中国家为 89%;到 2014 年早些时候,全球移动电话用户数将超过 70 亿大关。在 Internet 所提供的众多服务中,电子邮件通信服务与上网浏览、网上购物、社交等服务一样极为广泛。通过 Internet 方便、快捷和经济的 E-mail 服务,即以极其低廉的费用,以极其快捷的速度进行地区间、国际间的联系和交流,准确地传送文字、图片、声音和视频等多媒体信息;用户还可以同时向多个收信人发送同一份邮件或转发信件;可以把信息发送给 Internet 以外的用户;还可以将命令或请求发送给主机由其自动处理等。

和普通的邮政服务一样,每个 E-mail 用户都有电子邮箱来存放所收到的邮件,电子邮箱是系统管理员在主机硬盘上为用户分配的存储空间。

每个电子邮箱都有唯一的地址,Internet 上电子邮箱地址的格式为:

＜用户名＞＠＜主机的 IP 地址或域名＞

例如,mose@shtvu.edu.cn,students@wvu.edu 和 dell@yahoo.com 等。

其中,主机的 IP 地址是一串由"."分隔的数字串,它从左向右分别确认主机所在的网络、子网和计算机。人们为了记忆的方便,一般使用域名表示主机的地址,即用一串有意义的字符串来表示。它同样从左向右确认主机所在的地理位置或所属类别以及计算机,从而唯一确定了要访问的计算机。装在主机上的域名系统(Domain Name System,简称 DNS),负责完成主机 IP 地址和域名之间的转换。

E-mail 的工作过程遵循客户/服务器(C/S)模式。一份电子邮件的发送涉及到发送方和接收方,发送方构成客户端,接收方则为服务器,服务器包含着众多用户的电子信箱。当发送方编辑好一份电子邮件后,按照收件人的地址将其发送出去;接收方服务器收到电子邮件后,首先将其存放在收件人的电子信箱内,并告知收件人有新邮件到来。收件人在每次连接到服务器上后,就会看到服务器的通知,进而打开自己的电子信箱来查收邮件。

另外，电子邮件系统有许多种，如在 Windows 平台上运行的 Lotus 的 CC - Mail、Microsoft Windows Live Mail、Outlook Express 和 Microsoft Office Outlook 等。Internet Explorer 可以使用户方便地接收、发送和转递各类邮件，不仅是文字信息，还包括图表、彩色图像以及声音和其他多媒体信息。用户还可以对各类文件进行分类，按不同类别存档，对过时的、需销毁的文件可随时清理、删除。比较主流的 Internet 网络浏览工具软件有：Microsoft Internet Explorer（最新版本为 11）、360 安全浏览器（由我国奇虎公司开发的国产免费软件，最新版本为 6.1）、Google Chrome、火狐 Mozilla Firefox（基于 Gecko 开源引擎，最新版本为 21.0）、遨游 Maxthon（基于 IE 内核的、多功能、个性化多标签的浏览器，最新版本为 4.0.5）等。

通常电子邮件系统具有以下最基本的功能：

① 建立电子邮箱：设置电子邮箱的特征参数，其中包括邮箱号码、电话号码以及接收端驱动路径。

② 生成邮件：生成的邮件是由所传送文件正文、收信人、收信人信箱号码、发信人以及邮戳组成，并可给邮件加密码。

③ 发送邮件：邮件的发送是以全自动方式进行的，即发送工作站内所有有意义的邮件（指发送邮箱已注册过，有对应的 E-mail 号码）。发送方式主要有：新建邮件发送方式、回复所收邮件发送方式、答复所有邮件发送方式和转发邮件发送方式等。

④ 接收邮件：接收邮件的主要功能包括：打开电子邮箱；邮箱内收到邮件名的显示（即邮箱中邮件的阅读）；邮箱内某一收信人邮件名的显示（即浏览邮箱中邮件的标题）；信件正文的显示、打印、存储和清除。

二、视频会议

视频会议（Video Conference）是物理地点分散的人们通过计算机、电视或终端进行的一种远程会议，通过摄像机和话筒将一个会场开会人的形象及其发表的意见或报告内容传送到其他会场，并能出示实物、图纸、文件和实拍电视图像，以增强临场感；辅以电子白板、书写电话、传真机等设备，可实现与对方会场与会人员的研讨和磋商。这种利用多个信道同时在多个会场传递图像、声音、数据等信息的方式，在效果上完全可以代替现场会议。使与会者能看到其他参加会议的人，听到他们的声音，从而可以互相交流，具有实时交互性。视频会议既不同于只传送声音的电话会议，也不同于只能传送大量文字和图片资料的电子邮件的传送。从技术上讲，视频会议需要具有装备了电子摄像和播放设备的会议室，以及容量极大的数字通信线路或者频带很宽的模拟信号线路。

视频会议系统的主要设备由终端设备、传输信道以及多点控制单元（MCU，Multipoint Control Unit）等组成。在进行视频通信时，需要网络提供端到端的通信环境，因而，与视频通信相关的网络技术包括① 宽带接入技术（如 ADSL、HFC、FTTC、FTTH 等）；② 能够处理大带宽的交换或路由技术（包括 ATM 技术和 IP 技术）；③ 高速传输网络（SDH 等光纤网）以及与使用这些技术相关的 QoS、安全、网络管理等方面的技术。

视频会议系统按每秒传输的帧数 fps（frames per second）来传输信息，fps 数越大，图像就越清晰。但随着 fps 数的增加，对带宽的要求也相应增加。如果桌面系统传输的速率为 20～22 fps，这就要求有 385～512 Kbps 带宽的 PRIISDN 线路，而电视系统以大约 30 fps 的速率传输图像。如果采用 128 Kbps 的带宽，会使一个移动较快的物体图像看起来有跳动，也就是说，信息经压缩、传输、解压后播放出来时，总会感觉到屏幕上人们的动作与声音有明显的滞后；而 10 Mbps 能为桌面视频会议系统的应用提供足够的带宽。

信息压缩功能往往由信息源终端设备采用静止图像和动态图像编码技术来完成，主要包括 JPEG、MPEG - 1、MPEG - 2、MPEG - 4、H. 261、H. 263 等图像压缩编码技术。在进行多点视频会议等涉及多个参与者的通信中，还需要与其相互配合的多点控制、多点视频信息处理等方面的技术。对于信息点播类的视频通信应用，还需有信息存储技术、信息分配技术等。

目前视频会议产品形态主要分为两个部分：多点控制单元（MCU，Multipoint Control Unit）和视频终端。MCU 是多点会议电视系统的关键设备，MCU 将来自各会议场点的信息流，经过同步分离后，抽取出音频、视频、数据等信息和信令，再将各会议场点的信息和信令，送入同一种处理模块，完成相应的音频混合或切换、视频混合或切换、数据广播和路由选择、定时和会议控制等过程，最后将各会议场点所需的各种信息重新组合起来，送往各相应的终端系统设备。

目前市场上视频会议主要有两种，一种是基于专用平台的硬件视频会议，另一种是基于 PC 平台的软件视频会议，其中硬件视频会议的主要品牌有 TANDBERG（挪威腾博）、Polycom（美国宝利通）、Lifesize（丽视高清）、Aethra（爱斯乐）、SONY、华为、中兴、科达等。随着云技术的发展，出现了基于云计算视频会议租用的模式，例如：互联网高清硬件视频会议终端科达摩云视讯等。

在一些高层次的 OA 系统中已经采用了"语音＋文字＋图形＋图像"多媒体视频电子会议。这种会议，也需要具有装备了电子摄像和播放设备的会议厅，以及高容量的数字通信线路或频带很宽的模拟信号线路（通常可以通过光缆传输信息）。图像和声音的传递便像视频会议那样，文字和图片则可以在电脑上，用鼠标器写字或用彩色扫描器扫入图像或文字或用电子摄像机摄入静态的图像，经电脑中的软件将采集的数字信息压缩后，通过专用线路或电话线传递到各方，同时对方还能听到发送者现场的讲话。多媒体视频会议系统是一个以网络为媒介的多媒体会议平台，使用者可突破时间与地域的限制，通过互联网实现"面对面"的交流。系统采用先进的音视频编解码技术，保证了产品清晰的语音和视频效果；它强大的数据共享功能更为用户提供了电子白板、网页同步、程序共享、演讲稿同步、虚拟打印、文件传输等丰富的会议辅助功能，能够全面满足远程视频会议、资料共享、协同工作、异地商务、远程培训以及远程炒股等各种需求，从而为用户提供高效快捷的沟通新途径，有效降低公司的运营成本，提高企业的运作效率。

目前，国外已经将这种多媒体视频电子会议用于远程学习与教学以及专业咨询行业等。例如，某个用户的某个电子仪器坏了，他就可以拨通专家的号码进行咨询，专家可以远程指导他将该电子仪器的某一块印刷电路板拆卸下来，通过电子摄像机将这块电路板的图像传递过去，然后指出只要换某个零件（或芯片）便可以了。这样人们就不必将一个仪器拿到专家那儿请他指导维修了。

多媒体视频会议介入到办公自动化系统中，具有明显的优点：

① 费用大大减少。特别是全球性的会议，它可省去大量的旅游费用、签证费用、住宿费用等。花费的仅仅是在通信上的费用。

② 跨越了时空，从而实现了异地办公或远程办公。

③ 方便了与会者，能更容易接近关键人物和关键信息，能更快捷地处理危机，能更快地做出决策，从而构建良好的工作环境。

④ 可以逐步地、非同时地交换信息。

⑤ 更充分有效地利用资源、共享信息。

由此，办公室之间的信息交往，也可以通过电子邮件和电子会议来实现。电子邮件和电子会议可以是跨国的、跨洲的，故此，有人提出了"全球村"计划，其实质就是要利用电子邮件、多媒体视频会议以及卫星电视来实现世界各地人们的信息交流，使人们感受到世界各地的人就好像生活在同一个村庄里，相互之间的联系是那么的简单，那么的迅速和那么的频繁。

三、网络电话（IP 电话）

IP 电话是指在 Internet 上通过 TCP/IP 协议实时传送语音的通信业务。IP 电话始于 1995 年，当时主要通过 Internet 实现 PC 到 PC 之间的电话联系，随后发展到通过网关把 Internet 与传统电话网联系起来，实现从普通电话机到普通电话机的 IP 电话。目前由于其价格低廉，可通过 Internet 拨打国际长途，因而风靡全球。目前，按照拨话端和收话端的不同，IP 电话可分为三类：电话对电话、电脑对电话、电脑对电脑。

在美国，IP 电话发展十分迅速，现有 AT&T、Net2Phone、IDT、Qwest、OZEMAL、LCG 等数十家通信公司提供 IP 电话服务。随着 IP 技术的发展、网络结构的改进、路由器的提速，IP 电话的话音音质已非常接近传统电话。

在我国，IP 电话于 1999 年 4 月开始试用，现有中国电信、移动、联通等公司提供 IP 电话业务。现阶段 IP 电话和传统电话相比，本质上没有区别，对用户来说也是一样，都是提供长途电话服务。它们的区别只是在于 IP 电话的长途部分采用 Internet 传输，使用 Internet 协议。传输手段的不同导致两者质量上存在一定的差异。IP 电话由于存在 Internet 固有的延迟、丢包等不确定性，因而质量上的保证不如传统电话。但由于 IP 电话利用了 Internet 的开放性，所以 IP 电话要比传统电话更为经济。

四、3G、4G、Wi-Fi 和 WAPI

Internet 的用户需要高度的灵活，超越时空，无线技术便得到了迅速发展，当宽带接入技术与无线局域网相结合时,其速度完全可与标准以太网相媲美。无线部分已不再是网络的瓶颈,任何在 Cable Modem 或 DSL 等宽带接入网上交换的信息流,几乎都可平滑地在无线局域网上传送,例如电子邮件、网上交谈、音频视频流媒体及各种基于 Web 浏览器的应用。

3G(3rd Generation)是指第三代移动通信技术,将无线通信与 Internet 等多媒体通信结合的新一代移动通信系统。它能够处理图像、音乐、视频流等多种媒体信息,提供包括网页浏览、电话会议、电子商务等多种信息服务。为了提供这种服务,无线网络必须能够支持不同的数据传输速度,也就是说在室内、室外和行车的环境中能够分别支持至少 2 Mbps(兆字节/每秒)、384 Kbps(千字节/每秒)以及 144 Kbps 的传输速度。

4G(4rd Generation)是指第四代移动通信技术,它是集 3G 与 WLAN 于一体并能够传输高质量视频图像以及图像传输质量与高清晰度电视不相上下的技术产品。4G 系统能够以 100 Mbps 的速度下载,这个速率是 2G 移动电话数据传输速率的 1 万倍,也是 3G 移动电话速率的 50 倍,它的上传速度也能达到 20 Mbps,并能够满足几乎所有用户对于无线服务的要求。而在用户最为关注的价格方面,4G 与固定宽带网络在价格方面不相上下,而且计费方式更加灵活机动,用户完全可以根据自身的需求确定所需的服务。4G 手机将可以提供高性能的汇流媒体内容,并通过 ID 应用程序成为个人身份鉴定设备,它也可以接受高分辨率的电影和电视节目,从而成为合并广播和通信的新基础设施中的一个纽带。4G 的无线即时连接等某些服务费用将比 3G 更为便宜。此外,4G 将集成不同模式的无线通信(无线局域网、蓝牙、蜂窝信号、广播电视到卫星通信等),从而使移动用户可以自由地从一个标准漫游到另一个标准。因此,4G 通信是一种超高速无线网络,一种不需要电缆的信息超级高速公路,这种新网络可使电话用户以无线及三维空间虚拟实境连线。

Wi-Fi(Wireless Fidelity 的简称,即无线局域网)作为无线局域网互操作性的标准,是针对基于 IEEE 802.11 标准的无线局域网产品进行互操作性认证,从而推广无线局域网在全球范围的应用。Wi-Fi 证书是由一个成立于 1999 年 8 月的非赢利的工业组织 WECA(无线以太网兼容性联盟)颁布的。到 2003 年底,会员已迅速增加到 200 多个,全球已有 865 个产品获得了 Wi-Fi 认证。厂家的产品只有完全满足 Wi-Fi 标准,并通过 Wi-Fi 认证,才可以在其产品上打 Wi-Fi 标签。Wi-Fi 标签是 WECA 注册的商标,只有通过 WECA 的授权,厂家才可以使用该商标。因此,用户只需认准 Wi-Fi 标签,便可保证他们所购买的无线基站、PC 卡、手持设备(如 PDA、手机等)、Internet 电话以及其他任何无线局域网产品都能很好地协同工作。

2003 年 5 月,我国信息产业部对无线局域网安全制定并颁布了我国的国家标准 WAPI(Wireless LAN Authentication and Privacy Infrastructure,无线局域网鉴别和保密基础结构),以保障国家、行业、企业和个人用户的无线局域网通信安全,它是我国首个在计算机宽带无线网络通信领域自主创新并拥有知识产权的安全接入技术标准。WAPI 标准原则上采用了 Wi-Fi 联盟的 802.11 国际标准,并对标准中的安全缺陷用自主知识产权的技术进行了修改,因此具有明显的安全和技术优势,迄今未被发现有安全技术漏洞。

2009 年 6 月 15 日,从宽带无线 IP 标准工作组获悉,在近期的国际标准组织 ISO/IECJTC1/SC6 会议上,宽带无线局域网 WLAN 的国家标准 WAPI 首次获得包括美、英、法等 10 余个与会国家成员体一致同意,将以独立文本形式推进其为国际标准。

对于个人用户而言,WAPI 出现最大的受益就是让自己的笔记本电脑从此更加安全,因为 WLAN 在进行数据传输时是完全暴露在半空中的,而且信号覆盖范围广,如果安全性不好,合法用户的数据就很容易被非法用户截获和破解。同时,非法用户还可以伪装成合法用户,和合法用户共同使用网络资源,使合法用户的利益蒙受损失。

1.3.6 文件处理

文件处理是指对文件这一整体形式进行的各种处理,如文件的复印、印刷、输入、存储、文件传输和邮件处理以及文档记录的管理等。要注意文件处理不只是文字处理,文字处理只局限于对文字信息的输入、编辑、加工、输出等处理。进行文件处理时将不区分其内容是文字、报表、还是图形和图像等信息,而以统一的形式进行处理。文件处理的大部分功能是依靠各种办公设备和软件的支持来实现的。

一、文件的复制

文件的复印和印刷是指将一份已做好的文件复制多份。量少时可使用复印机,中等数量可用小型快速印刷设备,大批量则要采用计算机激光编辑排版系统。

计算机激光编辑排版系统的出现是印刷技术的重大革命,使印刷业从劳动密集型的铅字排版中解放出来,走向自动化。激光排版系统利用计算机进行文字输入与处理,再输出高精度的由点阵组成的文字,经激光排版机照排在照片底片上,再将底片制版印刷。由于底片上字形点阵十分精密,所以形成的文字笔画光滑自然,比铅印的要美观漂亮。

二、文字的输入与存储

文件的输入需要专门的输入设备来实现对文件的自动输入;文件的存储则需要大容量的存储器。典型的文件输入和存储是通过缩微处理设备来实现的,而光学字符阅读机(OCR)、U盘、移动硬盘和光盘(如:CD‐ROM、VCD、DVD‐ROM以及可读写光盘等)也是实现文件输入和存储的上佳设备。

缩微技术是一门技术,它为信息储存提供了长期存储介质。缩微系统是基于图像的把纸文件或计算机生成的信息缩小记录到一个胶片上的系统。所有的文件和档案,都可以采用缩微胶卷来储存,这样可以大大节省文件的存放空间。一般,一个缩微胶卷柜的存储量相当于165个抽屉的文件柜,所以它往往占原始文档资料2%的空间。缩微胶卷的另一大优点是记录不易混淆和丢失,因为它们本身就是以固定方式顺序存放的。

缩微技术在国外应用十分普遍,许多大公司的档案管理、图书馆都采用缩微技术来存储工作文件、档案和图书目录等。大量的缩微系统都要配备阅读机,以便有阅读缩微胶卷上的信息,它们可以与计算机相连接,来进行辅助检索,以提高查阅速度。

三、文档记录的管理

随着时间的推移和信息量的增加,办公室里的文档记录管理成为十分突出的问题,有时文档的查找会耗费人们大量的时间和精力。

文档记录管理就是对文档记录进行分类、归档和检索,它在OA系统中占有很大的比重。在文档记录管理过程中,应当注意区分哪些文件是活跃的,哪些则不是。活跃记录是文档管理系统中需要重点管理的一部分,因为它们是在日常事务中经常会被用到的那些记录或文件。所以,活跃记录在系统安排上应尽量使它们可以被立即检索到。利用文件管理程序可以对记录进行分类、编目、最佳定位等。在对主要记录进行分类后,可以建立一个保存和销毁文档记录的时间表,以减少维护文档记录的大量花费。

对关键记录的保护是文档管理程序最重要的工作之一。一个公司、集团或企事业单位,总有一些对其性命攸关的文档记录以及一些有历史价值的记录和资料需要保护。保护的方式一般是:记录的复制、建立备份文件,在不同地点安全储存等。

对于一些无用的文档记录的处理,可采用粉碎、烧掉或卖掉等方法来实施。对于一些曾经有重要意义的信息资料(如一些机密文件),销毁时应使文件的重要部分被破坏到难以辨别的程度,常用的工具有:碎纸机、化学粉碎机等。

除了分类和归档的需要外,文档记录的检索也相当重要。纸质文件的检索往往是很困难的,缩微存储系统是一个适用于大量历史档案资料管理的文档记录管理系统,而且它的检索也需要有阅读机。

目前,办公室电子文档管理的方法已经逐步与传统的文档管理方法相结合。电子文档管理通常有:数据库方法和电子文件柜方法以及缩微系统。数据库方法适用于文件资料数量较大的办公室文档管理;而电子文件柜方法模拟办公室中采用的文件柜,用电子方法在磁盘、光盘等存储介质上开设存放电子文件的文件柜,它适用于文件资料较少、而直接可以从电子文件柜中取出电子文件的应用情况。

1. 用数据库方法管理文档

数据库系统是由数据库(DB)、数据库管理系统(DBMS)和用户应用程序三部分组成。由数据库管理系统定义数据库、将数据装入数据库、完成对数据库的各种操作、控制、维护和通信等功能。数据库管理系统还是用户(应用程序)与数据之间的接口。用户可根据应用需要,在抽象的意义下处理数据,而不必关心数据的物理存储位置和访问方式。数据库应用形态主要有两种:集中式数据库系统和分布式数据库系统。

集中式数据库是将物理数据库集中存放在主机上,由主机上的数据库管理整个数据库,用户可以从终端发出数据操作命令,经主机上数据库管理系统接收处理后,再将操作结果送回终端。在办公自动化的初期,数据库的应用环境限于单机(单用户的微机或多用户的大、中型机),所设计的数据库往往是针对各个职能部门开发的面向单一部门的专门集中式数据库,例如:"人事档案数据库"只保存和管理与人事部门有关的数据;"情报资料数据库"只保存和管理图书情报方面的数据资料。集中式数据库系统技术已成熟,数据共享能力、恢复能力较强,但缺点是,一旦主机出故障,将导致系统全部瘫痪。

分布式数据库是物理数据库在地理位置上分布在一个含有多个数据库管理系统的计算机网络中。它可靠性较高,局部发生故障不至于引起整个系统瘫痪,并且分散了工作负荷;它通过网络连接,适合于办公地点分散的应用,系统开放,易于扩展。在分布式数据库系统中,每个用户使用的数据可以不存储在自己使用的计算机上,而是由分布式数据库管理系统在机器之间通过网络从其他机器传输过来。由于网络技术逐渐成熟并实用化,数据库网络已经成为信息系统建设中一个迅速发展的潮流。在许多部门、公司和企业,原先已经建立的数据库或正在建设中的数据库,都开始纷纷加入联网的行列,以求信息资源在更大范围内共享,更能满足信息处理应用的要求。

已投入的实用的分布式数据库,是由客户/服务器(C/S)方式构成的数据库。20世纪90年代兴起的客户/服务器架构中的服务器,可以做到通过选择检索及索引排序等数据处理,向网上的用户提供他们所需要的结果数据,而不是整个数据文件。服务器提供数据和文件管理、打印通信接口等标准化服务,它可以是小型机、大型机、工作站或微机。而分布在其他结点上的客户机则安装了应用开发工具,支持用户的应用。同时,它还可以通过网络获得服务器的服务,使用服务器的共享资源。这种把处理任务一分为二的做法有很大优点。首先,它分散了工作负荷,改善了数据库网络的性能,适应了信息处理工作要求的增加和发展。其次,由于服务器主要负责数据处理,不必承担用户方面的应用程序支持工作,保障了应用的相对独立性,提高了用户对基础硬件、软件更新换代的自由度。

2. 用电子文件柜方法管理文档

随着磁盘价格的不断下跌,技术指标的不断提高,人们普遍采用具有大容量的电子文件档案柜来存放大量的文档记录,它适用于数量适中而且经常使用的文件的归档和检索。电子文件柜完全模仿用普通文件资料柜存放数据和管理文档的方法。特别适用于文档数量较少、种类也比较单纯的办公室用作文档管理的方法。

电子文件档案柜是由在计算机上的外存储器(磁盘和光盘)组成的大容量存储系统,在这类存储介质中开辟存储空间,然后按一定的文件组织方式对文件进行分类、归档,以满足用户从不同角度来查询、检索的要求。

例如:假定一个电子文件柜可以包含一百个抽屉,一个抽屉可放一百个文件夹,每个文件夹可放十个文件。其次,要对文件资料进行编目。也就是对每件资料做成能代表它的目录索引,以便据此查找检索。目录由该文件的若干属性(如存档、只读、隐含、系统等)组成,选用什么样的属性,选用多少个属性组成代表该文件的目录要根据办公室对文件资料的使用要求来确定。例如,对于一些公文、信函,常用的属性有来文单位、来文日期、题录或主题词、页数、内部编号等;对于图书资料,常用的属性有名称、主题词、作者、出版单位、出版日期、页数、统一书号、内部编号等。对应每一个目录,给出此项文档在电子文件柜中的存储空间。存储空间地址包括文件柜号、抽屉号、文件夹号、文件号。这些号码能够唯一地确定该文档的存储空间。根据关键词(由若干属性组成),从目录中就可得到所要的电子文件柜中的存放地址,即可取出文件。电子文件柜通常收存文档的全文内容,占用的存储空间较大,因此比较适应于文档数量较少的办公室使用。

目前,容量在320 GB～4 TB的硬盘已十分普遍,容量在320 GB的移动硬盘也有较大程度的使用,加上多媒体可读写光盘和CD-R设备(光刻机)的普遍使用,配备性能好、价格低的检索软件,文档记录的检索将变得十分方便、高效。例如,要查询2009年的某市下达的关于"财务检查"方面的文件,就可以按"2009年"、"财务检查"作为关键字进行模糊查询(有时也可能是"财务大检查"或"财税检查"等的文件)。因此,电子文件档案的规律能高效率地提供多种方法查询和检索文件,通过文件共享提高存储效率,并减少办公室因文件存储而占用的空间。

当然,计算机的文档管理并不能完全取代纸介质文档的管理,如一些原始的文件、证书等必须用纸介质文件加以保存。而这些文件资料的管理,也需要便于查找、检索、分类、增添、销毁等。由于这类管理往往采用传统的方法,这里就不再展开了。

3. 缩微技术

随着激光技术的进一步应用,出现了一种超缩微技术,又称激光全息缩微技术。这一技术是利用激光全息照相方法制作超缩微胶片,需要的时候,用一束激光以一定的角度投射在留有全息图的超缩微胶片上,就可再现原始文献的图像。在一张 148 mm×105 mm 的全息缩微胶片上,可以记录 3 000 个缩微点,每个缩微点可摄入《人民日报》一版,这样一张全息缩微片可记录 3 000 版《人民日报》。按每天 8 版,也就是说一年的《人民日报》只需要一张全息缩微胶片就全部容纳了。由于是全息摄影,每个缩微点如有残缺不全也没有很大影响,因为该缩微点的每一部分都包含全部信息,残缺只影响图像颜色的深浅。由于全息缩微片存储容量极大,因而全息缩微胶片将是大有前途的高密度存储介质。

然而受缩微系统价格的限制,缩微技术的应用尚不广泛,但可以相信,随着各项技术的进一步发展,它必将成为一种使用较广的办公手段。

一个办公自动化程度很高的单位,对文档的储存及管理应当是将纸、电子文件档案柜和缩微系统三种介质在最大程度上结合,以适应文档系统工作的不同要求。在未来的 OA 系统中,人们还将利用分布式系统(借助计算机网络技术)把“分散”与“集中”结合起来,以更好地管理文档记录。这种新思想就是:把决策性文件放在中心地点,而其他各种文件则下放到各个部门,由部门储存,需要时通过网络系统来调用各处的文档。把这种思想 OA 进一步引申,就会对各级办公人员提出更高的要求,要求他们重视 Internet 上资源的利用,很多信息资源不可能也不必要在本单位或本部门配备齐全,这就需要办公人员培养自己从 Internet 上获取各种有效信息的能力。

1.3.7　工作日程管理

为了提高办公效率,人们希望对日常办公的时间作出合理的安排。工作日程表对指定的某一天或某一段的时间内的活动作出特定的时间安排;工作备忘录则提醒人们要做的工作,但并不指定时间。

工作日程表和备忘录是管理时间的工具,前者是对指定的某一天活动(如开会)做出特定的时间安排;而后者则是对将要做的工作给予必要的提醒或提示,它一般需要指出期限或日期,但不一定指定具体时间。人们经常使用的工作手册和备忘手册等都是非自动化日程表的典型代表,但由于工作繁忙或携带不便等原因,经常没能发挥作用。

工作日程表和工作备忘录有多种方式,传统方式的工作日程表和工作备忘录是指放在办公室桌上的记事本(有的可随身携带)、台历和布告栏(板)等,它们往往是使用传统的纸介质并用文字表达的工作日程或备忘项目。

电子表达方式的日程表和备忘录通常是以文件形式存放在电脑/智能手机/PDA 里,能随时以更明显可见的方式提醒人们查看的文件。用户可通过电子日程表安排活动日程、请求使用办公资源,以及与其他用户约会或安排会议。电子备忘录可按用户选定的方式和时间提醒用户。

电子日程表是一种在计算机/智能手机/PDA 上使用的软件,它通过一个精确的电子时钟在显示屏幕上,提供人们对时间进行管理,它也会自动地以明显的方式提醒人们去查看日程表。

一般电子日程管理是将电子日程表与备忘录结合在一起进行管理,这样屏幕上方显示日程时间表,下方为备忘录信息。电子日程管理通常采用交互问答方式或直接输入方式,交互问答方式要求使用者按顺序对每一项目的提问作出回答;而直接输入方式则由用户通过键盘或鼠标器把日历翻到需要的日期,在相应的时间上直接输入有关信息。

电子日程管理一般具有以下基本功能:

① 个人时间管理:电子日程表能使时间管理最优化。它对各种不同对象、不同性质、不同地点的时间安排,能提供单一的、远距离的、集中化的管理,从而减少和消除了时间安排上的矛盾冲突和疏忽大意,使用户可按日期检索个人日程安排,每天的时间段可由用户自己来指定。

② 会议自动安排:据统计,办公室的上层管理人员每天 60% 的时间用于事先约定的会议上,有 10% 用在临时会议。安排会议往往是项颇费周折的工作。例如:明确参加会议的对象就很费时,即使给参加会议的人打电话也很费时,如电话占线或没人接。而且,如何错开参加会议者时间上的矛盾也是件麻烦事。使用电子日程表安排会议时,用户可以指定人员——有哪些人参加会议,指定地点——在哪间会议室开

会,指定时间——如指定具体时间或灵活地指定某一时间范围,指出需要用什么资源——如会议设备。

电子日程表会根据用户的时间要求,通过网络逐一查看所有与会者的个人日程表和要求使用会议的资源,检查是否与安排有冲突。若无冲突,将把会议通知通过电子邮件送入参加会议者的信箱或把这项会议通知安排填在每个与会者的电子日程表上。与会者通过查看自己的日程表便可得到通知,他们可以声明同意参加或拒绝出席。该信息将自动反馈给会议安排者,以便他作出相应的处理。同样,如果其他人要在这个时间使用会议室,将会得到"已被安排"的警告。

虽然电子日程表一般都具有访问权限,不知道别人的用户名和口令不能查看他人的电子日程表,但对于上级领导往往有权查看并安排其下属人员的日程。

③ 常设备忘录和重大事项提示功能:常设备忘功能是事先提醒人们定期要完成的工作;而对重大事项备忘则是一直显示有关信息,直到用户删除它。这些都是对办公人员的办公活动作出提醒。

1.3.8　行文办理

机关办公室中的公文、函件往来传递相当频繁,手续复杂,一件公文要经多人审阅,传递上是一层层下来,往往是低效率的,在办公质量上表现出信息反馈不及时,且不利于决策。

根据国务院的规定,公文类型有多种,公文格式一般包括标题、主送机关、正文、附件、机关印章、发文年月日、抄送单位、公文编号、机密等级和缓急程度等。

电子行文就是通过计算机网络,借助于 OA 系统以及电子邮件和文字处理功能,实现对机关公文办理的电子化。

采用电子行文办理可以实现高效的公文办理,大大缩短公文办理的时间,减少差错,不受时间和空间的限制;可以跟踪和检索办理过程,得到信息反馈,从而全面了解下属人员的工作质量和效率;同时有利于领导人员决策水平的提高。

一个行文办理过程往往包括:文件的接受(或收文)、登记、印刷、分办、交换、催办、传阅,以及拟稿、审核、发文、统计、归档、销毁等多个环节。其中拟稿、审核和发文过程一般都可利用文字处理功能来实现。在电子行文办理过程中,印刷环节往往可以省去,而公文的处理(如:接收、登记、分办、交换、催办、传阅等)都可以得到电子邮件功能的支持;而文件的归档、统计、立卷直到销毁都是在计算机文件处理功能的支持下进行的。

1.4　办公自动化系统的层次模型

根据办公机构和办公室性质的不同,OA 系统可以分为三个层次:事务型 OA 系统、管理型 OA 系统和决策型 OA 系统。一般,事务型 OA 系统用于基层,管理型 OA 系统往往用于中层(承担信息管理),而决策型 OA 系统则用于高层(承担辅助决策)。

1.4.1　事务型 OA 系统

一、事务型 OA 系统的功能

事务型 OA 系统是支持属于日常例行性办公事务处理的 OA 系统,它包括基本办公事务处理系统和机关行政事务处理系统。

基本办公事务处理系统的主要功能包括:文字处理、文件收发、行文办理、邮件处理、快速印刷及个人或机构的办公日程和会议安排和文档资料管理,另外,还包括数据处理、语音处理、图形和图像处理、报表处理等。

机关行政事务处理系统的主要功能是处理与整个组织机构有关的公共事务(如人事管理、财务管理、后勤管理等)。

不同的事务型 OA 系统对各项功能的实现在程度上有所不同,例如:电子日程管理功能和文件管理功能经常服务于个人的办公日程安排和文件库管理;又如:在具有通信功能的多机事务型 OA 系统中,应当具备视频会议、国际联机信息检索等功能。

二、事务型 OA 系统的硬件和软件

一般的事务处理系统由微机配以基本的文档设备(如复印机、打印机等)和基本通信设备(如传真机、Modem、电话等)组成。较完整的事务型系统还包括简单的通信网络以及处理事务的数据库系统。

1. 硬件

事务型 OA 系统硬设备以微机及网络为主,包括必要的外部设备(如打印机等),多机系统则还包括中、小型机,超级微机及各种工作站。支持事务处理的办公用基本设备包括电子打字机、轻印刷系统(包括制版机、胶印机)、复印机、缩微设备、邮件处理设备和会议用各种录音、投影仪等设备。

如果采用单机系统,需要在微机上配备 Modem,连接电话线,就可以访问 Internet 上的信息资源了。多机系统则可采用局域网、无线网、广域网及各种通信网络来访问 Internet。

2. 软件

通用的应用软件以独立支持它的各种基本功能的软件包为主,如文字处理软件、电子表格软件、小型关系数据库软件等。它的专用办公应用软件应支持电子行文办理和行政事务管理(包括人事档案、工资、财务、房产管理等)活动的独立的应用系统。

在事务型 OA 系统中,数据库分为小型办公事务处理数据库和基础数据库。小型办公事务处理数据库系统主要存放机关内部文件、会议、行政事务、基建、车辆调度、办公用品发放、财务、人事材料等与办公事务处理有关的数据。基础数据库主要存放与整个系统目标相干的原始数据。基础数据库的数据模型类似于原始报表的形式。对于有关企业组织,基础数据库则存放各车间的生产进度、产品、原材料的需求等有关数据;对总公司一级的企业组织,基础数据库则存放有关各下层企业的生产进度、产品、原材料需要等有关数据。

另外,在系统建设的过程中,也可以将若干功能子系统合并在一起,形成若干个专门功能处理的办公室。如集文字输入、编辑、排版、印刷为一体的文印室;把缩微设备、光盘存储设备、传真设备连接起来,形成一个资料共享的文档管理室;还有电子会议室,它主要以支持各种会议的录音设备、大屏幕投影多向交互电视系统、电子白板,以及由微机控制的大屏幕投影系统等组成。

1.4.2　管理型 OA 系统

一、管理型 OA 系统的功能

管理型 OA 系统除具备事务型办公系统的全部功能外,主要增加了完成本部门工作所需的信息管理系统(MIS)功能。管理型 OA 系统以较大型的综合性数据库为主体,其主要功能是处理本组织机构为维持日常工作运营所必需的信息流,即侧重与面向信息流的处理(包括工业、交通、农贸等经济信息流的处理或人口、环境、资源等社会信息流的处理,以及抽象的公文信息流的处理)。

从整体上看,经济信息与社会信息主要在操作层和管理层之间流动,公文信息则主要在管理层与决策层中流动。因此,两者结合起来,完成信息的自底层至顶层的平滑流动,这也就提出了两种处理系统之间的接口问题,即办公事务处理系统文件与管理信息系统文件及数据的兼容与通信问题。

在我国,一个政府机关不仅要管理政治、管理环境,更要管理经济。对政府机关来说,典型的办公系统有计划分系统、统计分系统、财政分系统、贸易分系统、公交分系统、物价分系统、建设分系统、农业分系统、金融分系统、审计分系统,等等。

二、管理型 OA 系统的硬件和软件

管理型 OA 系统由中小型机/微机网络、微机工作站及其他办公设备、通信设备组成。它在事务型系统的基础上,使用的主机档次更高,各种硬件和软件都较复杂。

1. 硬件

管理型 OA 系统硬件以中、大型计算机配以多功能工作站,或超级小型计算机互联成计算机网络为信息处理的主要设备。这一模式以采用中、大型主机系统,超级微机和工作站三级通信网机构最为普遍。中、大型机将主要完成管理信息系统功能,处于第一层,设置于计算中心的机房;超级微机处于中层,设置于各职能管理机构,主要完成办公事务处理能力;而工作站则置于各基层科室,为最底层。这种机构有很强的分布处理能力、很好的信息共享和很高的可靠性。另外,办公文档处理设备与事务型 OA 系统中的相同。

2. 软件

除具有事务型办公系统的各种通用、专用办公自动化应用软件外,还要建立起各种信息管理系统这些分系统应支持各专业领域的数据采集及数据分析,为最高领导的决策提供各业务领域中的综合信息。其中,数据库的作用是十分重要的,要在事务型办公系统的基础上加入专业(或专用)数据库,即在对基础数据库中的原始数据进行加工、处理的基础上,按对组织主要功能的不同分类形成专用数据库。例如,在政府机关部门可以有计划、公交、统计、贸易、外贸、财政、物价、税务、人事、科技、物资、环保、法制、金融、建设、农业、审计、文教卫生和综合办公等专用数据库,而在企业中可以有物资、计划、设备、产品、市场预测、成本、技术、生产、人事、后勤、劳动工资和财务等专用数据库。

1.4.3 决策型 OA 系统

一、决策型 OA 系统的功能

决策型 OA 系统以事务处理、信息管理为基础,既包含了事务型和管理型 OA 系统的功能,还应具有复杂决策的功能。OA 系统中除了低层次的事务处理外,还存在一定的决策活动,系统中具有辅助决策能力的强弱反映了该系统水平的高低。作为一个较高水平的决策支持系统(DSS)单以数据库为基础来管理信息是不够的,同时还应该以模型库、方法库为基础,乃至具有指定范围的知识库、专家系统。

对于我国的办公机关,在诸如国民经济计划和综合平衡、经济发展预测、经济效益预测、经济过程分析等有关国民经济和企业经济发展方面,应建立决策支持系统。该系统不同于一般的信息管理,它还必须具有提供对策和优选结果的功能。决策支持系统必须要建立各种可供决策分析参考的模型,包括经验模型和实现模型。不同的决策者,因其各自不同的考虑重点、习惯、爱好、文化水平,需要有不同的模型,所以系统中的模型库应根据需要尽可能地收入各种模型,为决策者提供各种决策建议和参考,以求从中寻出最佳方案,常用模型包括计划模型、预测模型、评估模型、投入/产出模型、反馈模型、机构优化模型、经济控制模型、仿真模型、综合平衡模型等。

决策处理要做的工作主要是:在前两级基础上,弄清现在的状况、将会导致的结果、有哪几种可供采用的对策、选择哪一类决策最有效等,其处理过程较为复杂,考虑因素也多。我们目前在市场预测、人口普查等领域也正在建立一些有价值的决策型办公自动化系统。但由于涉及知识的规范太多,尚没有能总结出足以令计算机能够处理的数学模型。目前有些专门的决策支持系统的功能大部分仍是事务层和操作层,但随着技术的进步,各类成熟的决策型 OA 系统将会不断涌现。

二、决策型 OA 系统的硬件和软件

1. 硬件

这层的计算机设备、办公用基本设备和管理型办公系统的类似,一般都需要具有高速运算能力和海量存储能力的大型计算机,并配以多台中小型计算机和大量工作站。这些设备一般都是在综合通信网和综合业务数字服务网(ISDN)的支持下工作的。各工作站完成大量信息采集和初步加工任务;中小型计算机是对这些信息进一步进行加工和处理,并完成信息通信和办公事务处理;大型计算机则利用专家系统完成决策支持的功能。

2. 软件

它的应用软件是在管理型 OA 系统的基础上,加入了大型知识库,以知识管理为核心,扩展了决策支持功能。它通过建立综合数据库得到综合决策信息,通过知识库和专家系统进行各种决策的判断,最终实现综合决策支持系统。如经济信息决策支持、经济计划决策、经济预测决策等系统,以及针对最高领导层建立的某一业务领域中使用的专家系统。

综合数据库是把各专业数据库的内容进行归纳处理,将与全局或系统目标有关的重要数据合成的大型数据库。综合数据库有时还包括历史资料库在内。

大型知识库是在数据库、模型库、方法库之上建立的具有学习、推理和演绎功能的大型数据库。从本质上说,模型库和方法库也是数据库,只是其内容不是数据,而是各种模型和开发模型的方法。它们的存储管理工具仍然是数据库管理系统。所以,可以认为大型知识库是系统最高层次的数据库。

现代的决策型 OA 系统,广泛地应用了多媒体技术和现代通信技术,在决策过程中充分利用诸如图像、声音和文字等多媒体信息,决策更加直观、便捷,因而多媒体网络设备和系统也随之得到广泛的应用。

第2章　现代办公技术工具

微电子技术、自动化技术、计算机技术、网络技术和现代通信技术等形成了当今的信息技术,由于它在现代办公环境下的广泛应用,形成了现代办公技术。现代办公技术包含着硬件设备和软件技术,也就是我们通常所说的技术工具,现代化的办公设备往往需要配备相应的软件后才能使用。正如前面所介绍的,办公自动化的技术工具将朝着高性能、多功能、复合化、系统化、智能化以及使用方便等方向发展,所以很难将一项技术孤立地划分为硬件设备或软件,也很难将一种硬件设备孤立地划分为文档处理设备或通讯设备。

在现代办公技术中,计算机技术和网络技术占据着很大的比重,它们是OA系统的主要技术支柱。所以,我们从现代办公技术的实用角度,来介绍有关计算机的基本知识和技术是很有必要的。此外,还将简单介绍一些常用的现代办公设备,如静电复印机、多功能数码文印一体机、传真机等。

2.1　计 算 机

1946年,在美国宾夕法尼亚大学诞生了世界上第一台数字电子计算机后,至今已快70年的历史了。那时,第一台计算机是由电子管组成的,共使用了1.8万个电子管,7万个电阻,1万个电容,耗电140 kw,重达30吨,占地167 m²,每秒仅完成5 000次加法运算。虽然其功能在今天看来还不如一台手掌式的可编程计算器,但它在人类文明史上确实具有划时代的意义,也是20世纪科学技术最卓越的成就之一,它的出现引起了当代科学、技术、生产、生活等方面的巨大变化。

随着科学技术的日新月异,在半个多世纪中,第一代到第四代的计算机先后以电子管(1946～1957年)、晶体管(1958～1964年)、集成电路(1964～1972年)、大规模集成电路(LSI)和超大规模集成电路(VLSI)为主要器件,现在将进入第五代。20世纪70年代后,随着集成电路技术的飞速发展,计算机向着两极分化:一极是微型计算机向微型化、网络化、高性能和多用途方向发展;另一极是巨型计算机向巨型化、超高速化方向发展。

在计算机的发展过程中,微型计算机(Micro computer)从1971年诞生了第一块4位微处理器芯片Intel 4004开始,至今只有短短40年多的历史,但却已更新了六代,每秒的运算速度提高到3千亿次以上。由于微型计算机具有体积小、功能强、价格低等特点,它已成为以前中小型计算机的缩影,近十几年来,微型计算机已渗透到社会各个领域、各种办公室和家庭,并得到了广泛应用,因而又推动了微型计算机的迅速发展,从而加快了信息技术的革命,使人类进入了信息时代。在现代办公自动化系统中,微型计算机以及微机网络有着举足轻重的作用。

一直以来,台式的桌面电脑——个人电脑(PC机)在现代办公自动化系统中起着非常重要的作用。随着网络的应用及移动通信的应用,先后出现了网络计算机(NC)、Windows终端机、笔记本电脑(Laptop)、平板电脑(Tablet PC)、PDA、上网本、智能手机、掌上娱乐终端等,它们都配备了具有良好图形显示方式的软件或Windows界面。在台式PC上配备微软Windows XP最为常见,Windows最新版本为8。

Windows 8 不仅可以在 PC 电脑应用,还可以在平板电脑应用。针对不同的硬件配置及应用,操作系统的名称与版本也有所不同,例如:在服务器上,往往需要使用 Windows Sever 操作系统,最新版本为 Windows Server 2012;在 iPad 和 iPhone 上,使用的是 Apple 公司自带的 iOS 操作系统。

2.1.1　主机

微型计算机的主机箱内一般安装着系统主板(包括 CPU 和内存等)、外部存储器(硬盘)、总线扩展槽、显示适配卡和电源等必要部件以及 CD–ROM 驱动器、视频卡等选件。主机箱有卧式和立式(见图 2–1)两种。

图 2–1　立式电脑:联想扬天 A8801T
立式多媒体电脑

图 2–2　Intel — DX79TO 系统主板
(支持 Intel 酷睿 i7)

主机箱内最大的一块集成电路板便是系统主板(见图 2–2),它是微型计算机系统中最重要的部件,富士康、华硕、技嘉、Intel 等是近年来全球主板的主要品牌。系统主板上面有许多大规模集成电路(LSI)、超大规模集成电路(VLSI)器件和电子线路,其中包括:微处理器(CPU)、由内存芯片组成的内存条、各种输入输出接口电路(并行口、串行口、键盘接口、磁盘接口等)以及总线扩展槽等。许多系统主板都带有电源管理功能(即所谓的绿色主板),它能在规定时间内,若没有键盘、鼠标或磁盘操作时,系统将自动切断磁盘驱动器和显示器的电源,使屏幕变黑,系统只给 CPU 供电;有的还会降低 CPU 的频率、有声音提示等。这样便使电脑具有节能的特点。用户可以根据自己的需要,在系统启动时进入 CMOS,对绿色主板的电源管理功能进行设置(一般为 POWER MANAGEMENT SETUP 设置项)。

一、微处理器

微处理器(也称中央处理器——CPU)是微型计算机(简称微机)的核心部件,人们习惯用 CPU 档次来概略表示微机的规格。在 30 多年中,有着惊人的发展,具有代表性的产品是美国 Intel 公司的微处理器系列,先后有 4004、4040、8008、8080、8085、8088、8086、80286、80386、80486、Pentium(译名奔腾,俗称 586)、Pentium MMX(在奔腾中增加了多媒体扩展功能 MultiMedia eXtension)、Pentium Pro(高能奔腾 P6)、Pentium Ⅱ(奔腾二代,简称 P–Ⅱ)、Pentium Ⅲ(奔腾三代)、Pentium 4(奔腾四代)和 Core(酷睿)系列(见图 2–3)。目前流行的 CPU 芯片是英特尔酷睿 i7(Intel Core i7)处理器和英特尔酷睿 i7 移动式处理器,其性能更加优越。

微处理器是采用现代高技术制成一片或几片集成电路芯片,芯片的集成度越来越高,工作速度越来越快,内部结构越来越复杂,封装技术从引脚网格阵列发展为盒式封装。酷睿是英特尔处理器的名称,英文名是 Core,桌面版的开发代号为 Conroe,移动版的开发代号为 Merom,服务器版的开发代号为 Woodcrest。

酷睿分双核(DUO)、四核(QUAD)、八核(即将推出)三种,它采用 800~1 333 Mhz 的前端总线速率,45 nm/65 nm 制程工艺,2 M~16 M L2 缓存,双核酷睿处理器通过 SmartCache 技术两个核心共享 12 M 二级缓存(L2)资源。

酷睿 i 系列是 Intel 继酷睿 2 系列后推出的又一全新 CPU 系列。按照定位划分,酷睿 i 系列可分为:酷睿 i3、酷睿 i5 和酷睿 i7,其中:酷睿 i7 又有两

图 2–3　Intel Core
i7–940 系列处理器

种,一种是面向高端的 1 156 针的酷睿 i800 系列,另一种是面向桌面发烧级的 1 366 针的酷睿 i900 系列,如酷睿 i7 - 920 为该系列型号最低的版本(内核代号:Bloomfield),它是英特尔于 2008 年推出的 64 位四内核 CPU,主频(即内部时钟频率)有从 2. 66～3. 06 GHz 等多种规格。酷睿 i7 - 940 处理器的主频为 2. 93 GHz,使用 22x 的倍频(22×133＝2 933 MHz),英特尔智能互联技术 QuickPath Interface (QPI) 采用时钟为 133. 33 MHz 的基准频率。

英特尔酷睿 i7 品牌的处理器号由 i7 标识符加三字数字序列组成,如:英特尔酷睿 i7 - 940。在同一处理器等级或家族内,编号越高表示特性越多,包括:高速缓存、时钟速度、前端总线、英特尔快速通道互联、新指令或其他英特尔技术。拥有较高编号的处理器可能某一特性较强,而另一特性较弱。英特尔酷睿 2 处理器家族品牌的处理器号采用带有一个字母前缀的四位数字序列进行分类,QX 和 X 都代表四核高性能处理器,如:英特尔酷睿 2 四核处理器 Q9550S;E 和 X 都代表双核处理器,如:英特尔酷睿 2 双核处理器 E8500。此外,低功耗英特尔酷睿 2 四核处理器可通过"S"后缀(表明该处理器热设计功耗较低)进行辨认。

与以往的处理器不同,酷睿 i7 每个核心都使用自己的倍频率,从酷睿 i7 的新支持的"Turbo Mode"功能就可以看出来——这项技术的正式名字为"英特尔智能加速技术"。当启用这项技术时,四个物理核心的每个核心都可单独得到不同的频率。这意味着酷睿 i7 可以根据多任务负载的多寡动态地调整各个内核的实际工作频率,例如一个内核心在"超频",其他几个在休眠。带来的好处就是更加智能地调配每个核心的性能和功耗,使之达到最优化的性能和功耗效率,从而减少热量降低噪音。

酷睿 i7 采用全新的 Nehalem 核心构架,睿频加速技术、超线程(HT)技术,支持 8 条处理线程,多达 8 MB 的智能高速缓存,支持三通道 DDR3 的 1 066 MHz 内存,支持 128 位 SSE 指令集。每个酷睿 i7 的处理器所集成的晶体管达到 7. 31 亿个。

CPU 可以同时处理的二进制数据的位数是其最重要的一个品质标志。对于 Core 系列,与 Pentium 一样,还是 64 位机,即该微机中的 CPU 可以同时处理 64 位二进制数据。CPU 品质的高低直接决定了一台微型计算机的档次以及能否运行某种软件。例如,中文 Windows 2000 必须要在 Pentium 以上的微机上运行。

英特尔睿频加速技术(Turbo Boost Technology)可使处理器内部的某几个特定的核心,在特定的环境下超过额定频率来工作,即在运行中进行自动动态加速,同时也可以根据需要开启、关闭以及加速单个内核的运行。

超线程技术是一种全新的设计理念,它使一个物理处理器能够同时执行两个独立的应用,并率先在 Xeron(赛扬)处理器上得到了应用。超线程技术将和用户过去以 CPU 的主频衡量微机速度的观念发生了冲突,相反,带有超线程技术的 CPU 可以相同的主频处理更多的任务,即使 CPU 的速度继续提高也是如此。

值得一提的是,2003 年 3 月,英特尔正式发布英特尔迅驰 (Centrino)移动计算技术,在计算能力、功耗、散热等方面的性能与当时的 Pentium 4 - M 的系统相比都有较大幅度的提升。而今,面向笔记本电脑的全新英特尔酷睿 i7 移动式处理器,脱离了线缆的束缚,包含高内存带宽,基于硬件的技术(如睿频加速技术等),可获得丰富的高清(HD)内容创建、视频编码和编辑、多任务处理等功能,从而使视频编码速度提高了 81％,将游戏场景中人物的人工智能(AI)能力提高了 31％。如图 2 - 4 所示为配备三代酷睿 i7 处理器的惠普 dv6 - 7028tx 笔记本。

图 2 - 4　配备三代酷睿 i7 处理器的惠普 dv6 - 7028tx 笔记本

二、内存储器(Memory)

内存储器,简称内存(又称主存)是微型计算机的重要组成之一,它用来存放当前运行的程序和当前使用的数据。内存的大小(即容量)直接影响程序的运行。内存目前一般是用半导体器件组成的,可分为只读存储器(ROM)和随机存取存储器(RAM),它们都是通过电子电路与 CPU 相连。

1. 只读存储器(ROM)

在系统主板上一般装有 ROM - BIOS,它是固化在 ROM 芯片中的系统引导程序,完成对系统加电自检,引导和设置系统基本输入输出接口的功能。不同厂家的微机,其ROM的容量可能差别很大。ROM对用户来讲是只能读不能写的,多数PC机都将对系统硬件的测试、诊断以及工作环境的设置等实用程序固化在ROM芯片中。这些功能对维护系统正常运行提供了极大的方便。

2. 读写存储器(RAM)

我们通常所说的内存就是随机存取存储器RAM(Random Access Memory),它是以若干内存芯片组成的内存条提供的。CPU对RAM既能读又能写。磁盘中的程序必须被调入RAM后才能运行。RAM的另一个特性是易失性,当微机掉电或重新启动后,RAM中原有的信息将全部丢失。

内存中有着成千上万个基本单元,每个单元都有一个唯一的序号,称为地址(相当于门牌号)。CPU凭借地址,准确地操纵着每个单元,存取数据。

这里所说的字节是存储器的基本单位,一个字节可以存放八个二进制位,即一个0～255之间的整数,或一个英文字母,或一个标点符号等。

● 千字节就用KB表示,1 KB＝1 024字节＝2^{10}字节;
● 兆字节用MB表示(Mega Byte),1 MB＝1 024 KB＝2^{20}字节;
● 千兆字节用GB表示(Giga Byte),1 GB＝1 024 MB＝2^{30}字节;
● 兆兆字节用TB表示(Tera Byte),1 TB＝1 024 GB＝2^{40}字节。

随着高性能CPU的不断推出,CPU存取内存的能力也不断增强,内存的容量和存取速度将直接影响应用程序的运行。早先的内存通常用静态RAM(SRAM)和动态RAM(DRAM)等,为了配合高速的CPU,使三维游戏的速度更快,MP3音乐的播放更加柔和,MPEG视频运动图像质量更好,1996年,三星公司提出了DDR双倍数据速率(Double Data Rate)。DDR与普通同步动态随机内存(DRAM)非常相像,是SDRAM的升级版本。2002年6月,JEDEC就宣布开始开发DDR3内存标准,但在2006,DDR2才刚开始普及。DDR3是一种电脑内存规格,也是现时流行的内存产品。DDR3如图2-5所示。

DDR内存可以处理的2 bit数据,DDR2提供相当于DDR内存两倍的带宽,实现了在每个时钟周期处理多达4 bit的数据,DDR3提供相当于DDR2内存两倍的带宽,实现了在每个时钟周期处理多达8 bit的数据。DDR3内存优势在于:功耗和发热量较小,工作频率更高,降低显卡整体成本,通用性好。就具体的设计来看,DDR3与DDR2的基础架构并没有本质的不同。从某种角度讲,DDR3是为了解决DDR2发展所面临的限制而催生的产物。

图2-5　DDR3内存条

RAM是仅次于CPU的一种宝贵的系统资源,内存容量往往是人们在配置电脑是重点关心的指标。要运行Microsoft中文Windows XP以上的操作系统上运行,都至少需要配备32 MB以上的内存。当然,扩展内存配备的数量取决于CPU的档次和系统主板的结构。例如,惠普Pavilion m9755cn电脑,采用英特尔酷睿i7-920,标配有6 GB的DDR3内存。酷睿i7处理器只能支持DDR3内存。

3. 高速缓冲存储器(Cache)

随着CPU的升级,CPU时钟频率不断提高,CPU对RAM的存取速度更快了,而RAM的响应速度成了整个系统的"瓶颈"。为了协调CPU与RAM之间的速度差,便出现了高速缓冲存储器(Cache)技术。

Cache通常采用速度较高的RAM,其速度与CPU相近。其处理方法是:将RAM中的一部分内容复制到Cache中,CPU读写数据时,首先访问Cache。因此,Cache就像是内存与CPU之间的适配器,完成Cache与CPU之间的速度匹配。

Cache分为两种:CPU内部Cache和CPU外部Cache。前者是把Cache集成到CPU芯片内部,如Pentium以上的CPU等都含有内部Cache。内部Cache一般容量较小,但较为灵活方便。后者也称二级Cache,从主板上能直接看到(也是内存芯片),其容量比内部Cache大一个数量级以上。

酷睿i7是一个在单一晶元上的处理器,所有四个物理核心的内存控制器和所有的缓存都是在单一的晶元上。酷睿i7-3970X CPU(3.5 GHz)缓存包括:一级缓存6×64 KB(其中:一级数据缓存6×32 KB,一级指令缓存6×32 KB),二级缓存容量6×256 KB(即每个核心都有独自的256 KB的L2高速缓存),三级高速缓存容量共享15 360 KB(15 MB)。

三、外存储器

内存虽然有不小的容量,但相对于计算机所面对的应用来说,仍远远不足以存放所有的数据,另外,内存中的数据在断电后将全部丢失,因此就需要容量更大、能永久保存数据的存储器,这便是外存储器(即外存,又称辅助存储器或辅存)。目前,常用的有硬盘、软盘、CD - ROM、DVD - ROM、可读写光盘、USB 闪盘、移动硬盘、固态硬盘等。固态硬盘(Solid State Disk)是用固态电子有储芯片阵列而制成的硬盘,由控制单元和存储单元(FLAsh 芯片、DRAM 芯片)组成。

1. 硬盘与硬盘驱动器(Hard Disk & Hard Disk Driver)

硬盘是最常用的外存储器。按照与计算机的连接方式不同,硬盘可分为内置式(即固定在主机箱内)和外置式(如移动硬盘)两种。

硬盘的磁性圆盘用硬质材料制成,有很高的精密度(见图 2 - 6)。我们平时所讲的硬盘往往是指内置式硬盘,它连同驱动器一起封闭在壳体内,其容量比软盘要大得多,读写速度也比软盘快得多。

硬盘驱动器是现行计算机不可缺少的一部分。它具有速度快、性能稳定、兼容性强(适合于各种操作系统)以及安装简便等优点。CPU 对硬盘的读写要通过硬盘驱动器来实现。硬盘是由若干片硬盘片环绕一个共同的轴心而组成的盘片组,两个盘片之间仅留出安置磁头的距离。每个盘片上下两面各有一个读写磁头,磁头悬浮于磁盘的上部或底部,与磁盘表面的间距仅有万分之几厘米。磁头传动装置将把磁头快速而准确地移到指定的磁道。

硬盘的参数主要有容量、传输率、寻道时间、高速缓存、主轴转速、单碟容量、柱面数、磁头数、扇区数。

图 2 - 6　希捷 2 TB 硬盘图例

硬盘的基本参数如下:

容量:目前主流硬盘容量为 320 GB~2 TB。在操作系统中硬盘的容量与官方标称的容量不符,都要少于标称容量,容量越大则这个差异越大。标称 750 GB 的硬盘,在操作系统中显示只有 715 GB。这并不是厂商或经销商以次充好欺骗消费者,而是硬盘厂商对容量的计算方法和操作系统的计算方法不同而造成的,不同的单位转换关系造成的。以 750 GB 的硬盘为例:厂商容量计算方法:750 GB＝750 000 MB＝750 000 000 KB＝750 000 000 000 字节,换算成操作系统计算方法:750 000 000 000 字节/1 024＝732 421 875 KB/1 024＝715 255.737 MB＝715 GB。

主轴转速(Rotational Speed 或 Spindle Speed):转速是硬盘内电机主轴的旋转速度,也就是硬盘盘片在一分钟内所能完成的最大转数。转速的快慢是标示硬盘档次的重要参数之一,它是决定硬盘内部传输率的关键因素之一,在很大程度上直接影响到硬盘的速度。硬盘的转速越快,硬盘寻找文件的速度也就越快,相对的硬盘的传输速度也就得到了提高。硬盘转速以每分钟多少转来表示,单位表示为 RPM(Revolutions Per Minute 的缩写)。RPM 值越大,内部传输率就越快,访问时间就越短,硬盘的整体性能也就越好。

硬盘的主轴马达带动盘片高速旋转,产生浮力使磁头飘浮在盘片上方。要将所要存取资料的扇区带到磁头下方,转速越快,则等待时间也就越短。因此转速在很大程度上决定了硬盘的速度。较高的转速可缩短硬盘的平均寻道时间和实际读写时间,从而提高硬盘的数据传输速度。目前家用的普通硬盘的转速一般有 5 400 RPM、7 200 RPM 等几种(转/每分钟),服务器用户对硬盘性能要求最高,服务器中使用的 SCSI 硬盘转速基本都采用 10 000~15 000 RPM 的。

硬盘内部是由磁储存盘片组成,数量从一片到三片不等,每个盘片有一定的容量,几个盘片的容量之和就是硬盘总容量。单碟容量越大,则其达到相同容量所用的碟片就越少,其系统可靠性也就越好;同时,高密度碟片可使硬盘在读取相同数据量时,磁头的寻道动作和移动距离减少,从而使平均寻道时间减少,加快硬盘访问速度。

平均访问时间(Average Access Time):平均访问时间是指磁头从起始位置到达目标磁道位置,并且从目标磁道上找到要读写的数据扇区所需的时间。平均访问时间体现了硬盘的读写速度,它包括了硬盘的寻道时间和等待时间,即:平均访问时间＝平均寻道时间＋平均等待时间。

硬盘的平均寻道时间(Average Seek Time)是指硬盘的磁头移动到盘面指定磁道所需的时间。这个时间当然越小越好,硬盘的平均寻道时间通常在 8 ms～12 ms 之间,而 SCSI 硬盘则应小于或等于 8 ms。硬盘的等待时间,又叫潜伏期(Latency),是指磁头已处于要访问的磁道,等待所要访问的扇区旋转至磁头下方的时间。平均等待时间为盘片旋转一周所需的时间的一半,一般应在 4 ms 以下。

数据传输率(Data Transfer Rate):硬盘的数据传输率与硬盘的转速、接口类型、系统总线类型有很大关系,它是指计算机从硬盘中准确找到相应数据并传输到内存的速率,以每秒可传输多少兆字节来衡量(MB/s),硬盘数据传输率又包括了内部数据传输率和外部数据传输率。内部传输率(Internal Transfer Rate)也称为持续传输率(Sustained Transfer Rate),它反映了硬盘缓冲区未用时的性能,它依赖于硬盘的旋转速度。外部数据传输率与硬盘接口类型和硬盘缓存的大小有关。

平时说的 IDE 接口也称 ATA 接口(Advanced Technology Attachment,即高级技术附加装置),最早是在 1986 年由康柏、西部数据等几家公司共同开发的,在 20 世纪 90 代初开始应用于台式机系统。它使用一个 40 芯电缆与主板进行连接,最初的设计只能支持两个硬盘,最大容量也被限制在 504 MB 之内。ATA 接口从诞生至今,共推出了 7 个不同的版本,ATA‐7 也叫 ATA133,它支持 133 MB/s 数据传输速度。

2002 年,Serial ATA 委员会抢先确立了 Serial ATA 2.0 规范。SATA 规范将硬盘的外部传输速率理论值提高到了 150 MB/s,比 PATA 标准 ATA/100 高出 50%,比 ATA/133 也要高出约 13%。2007 年制定了 SATA2 及 SATA2.5 标准,将硬盘的外部传输速率理论值提高到 375 MB/s。2009 年制定的 Serial ATA 3.0 将硬盘的外部传输速率理论值提高到了 750 MB/s。从其发展计划来看,未来的 SATA 也将通过提升时钟频率来提高接口传输速率,让硬盘也能够超频。

高速缓存(Cache Memory):高速缓存是硬盘控制器上的一块内存芯片,具有极快的存取速度,它是硬盘内部存储和外界接口之间的缓冲器。硬盘通过将数据暂存在一个比其磁盘速度快得多的缓冲区(Cache)来提高速度。这是由于目前硬盘上的所有读写动作几乎都是机械式的,真正完成一个读取动作大约需要 10 ms 以上,而在高速缓存中的读取动作是电子式的,同样完成一个读取动作只需要大约 50 ns。由此可见,高速缓存对大幅度提高硬盘的速度有着非常重要的意义。从理论上讲,高速缓存当然是越大越好,但鉴于成本较高,目前硬盘缓存大多采用 8～16 MB。

柱面数(Cylinders):柱面数是指硬盘多个盘片上相同磁道的组合,盘片上的同心圆圈(磁道)数即是柱面数,这些磁道有一个相同的磁场旋转方向,如果一个磁道上只要有一个坏点,那么这个磁道将废弃不能用了。

磁头数(Heads):磁头的作用是将磁电进行转换,磁头的成本占硬盘总成本的 40% 左右,如果单碟容量有所突破,那么磁头的技术一定要发展。一般情况下一个盘片只有一个磁头,不过最新的技术两个磁头可以同时读取一个盘片。

硬盘片的每个面上有若干个磁道,每个磁道分成若干个扇区,每个扇区可存储 512 字节。老式的硬盘每个磁道有 17 个扇区,而许多新的硬盘每个磁道有 63 个扇区以上。以 80 GB 硬盘为例,每分钟转数在 5 400～7 200 rpm,平均查找和读写时间在 8.7～9.5 ms。硬盘上的一个物理记录块要用三个参数来定位:柱面号、扇区号、磁头号。硬盘容量=柱面数×磁头数×扇区数×512 字节,扇区越多,容量越大。

硬盘使用前必须经过两级格式化:低级格式化和高级格式化。低级格式化往往在出厂前完成的。高级格式化就是用磁盘格式化命令 FORMAT 来进行的。

在对硬盘读写时,主机面板上相应的 LED 指示灯会闪亮,这时切忌震动主机,以免硬盘受损。

2. 移动硬盘(Mobile Hard disk)

移动硬盘是以硬盘为存储介质,计算机之间交换大容量数据,强调便携性的存储产品。移动硬盘在数据的读写模式与标准 IDE 硬盘是相同的。移动硬盘多采用 USB2.0、IEEE1394 等传输速度较快的接口,可以较高的速度与系统进行数据传输。市场上移动硬盘的容量在 320 GB～4 TB,主流 2.5 in 品牌移动硬盘的读取速度约为 15～28 MB/s,写入速度约为 8～15 MB/s。移动硬盘如图 2‐7 所示。

USB 是一种外围设备与计算机主机相连的接口类型之一。USB 接口却有个极大的优点就是可以在电脑上即插即用(或热插拔)。

图 2‐7 移动硬盘图例

移动硬盘具有重量轻、容量大、传输速度高、携带方便等特点,特别是通过 USB 端口即插即用,能满足用户现代移动办公对超大容量移动存储的需求。一般来说,机身外壳越薄的移动硬盘其抗震能力(意外摔落)越差。

一般情况下,一个 USB 接口给移动硬盘供电已经足够了。也有一些劣质台式电脑主板的机箱前置 USB 端口容易出现供电不足情况,这样就会造成移动硬盘无法被 Windows 系统正常识别,在供电不足的情况下就需要给移动硬盘进行独立供电。对于笔记本电脑来说,2.5 in USB 移动硬盘工作时,硬盘和数据接口由 USB 接口供电。USB 接口可提供 0.5 A 电流,而笔记本电脑硬盘的工作电流为 0.7~1 A,一般的数据拷贝不会出现问题。但如果硬盘容量较大或移动文件较大时很容易出现供电不足,而且若 USB 接口同时给多个 USB 设备供电时也容易出现供电不足的现象,造成数据丢失甚至硬盘损坏。为加强供电,2.5 in USB 移动硬盘一般会提供从 PS/2 接口或者 USB 接口取电的电源线。所以在移动较大文件等时候可能需要接上 PS/2 取电电源线。

3. USB 闪盘(USB Flash Disk,简称 U 盘)

U 盘(如图 2-8 所示)是一个具有 USB 接口的无需物理驱动器的微型高容量移动存储产品,它采用 Flash 芯片为存储介质,通过 USB 接口与电脑连接,实现即插即用(Plug & Play)。它比移动硬盘体积要小,容量也小。

(1) U 盘的工作原理

计算机把二进制数字信号转为复合二进制数字信号(加入分配、核对、堆栈等指令)读写到 USB 芯片适配接口,通过芯片处理信号分配给 E^2PROM 存储芯片的相应地址存储二进制数据,实现数据的存储。E^2PROM 数据存储器,其控制原理是电压控制栅晶体

图 2-8　U 盘

管的电压高低值,栅晶体管的结电容可长时间保存电压值,断电后能保存数据的原因主要就是在原有的晶体管上加入了浮动栅和选择栅。在源极和漏极之间电流单向传导的半导体上形成贮存电子的浮动栅。浮动栅包裹着一层硅氧化膜绝缘体。它的上面是在源极和漏极之间控制传导电流的选择/控制栅。数据是 0 或 1 取决于在硅底板上形成的浮动栅中是否有电子。有电子为 0,无电子为 1。闪存就如同其名字一样,写入前删除数据进行初始化。具体说就是从所有浮动栅中导出电子。即将所有数据归"1"。写入时只有数据为 0 时才进行写入,数据为 1 时则什么也不做。写入 0 时,向栅电极和漏极施加高电压,增加在源极和漏极之间传导的电子能量。这样,电子就会突破氧化膜绝缘体,进入浮动栅。读取数据时,向栅电极施加一定的电压,电流大为 1,电流小则定为 0。数据为 1——浮动栅没有电子的状态下,在栅电极施加电压的状态时向漏极施加电压,源极和漏极之间由于大量电子的移动,就会产生电流;数据为 0——在浮动栅有电子的状态下,沟道中传导的电子就会减少。因为施加在栅电极的电压被浮动栅电子吸收后,很难对沟道产生影响。

(2) U 盘的主要特点和功能

① 体积小,重量轻、携带方便,使用简便;

② 容量大(常见的有 1~32 GB);

③ 无需驱动器,在 Windows 2000 以上的操作系统下,一般无需驱动程序;

④ 无外接电源,采用 USB 总线供电的方式;

⑤ 数据保存安全,可靠性好,可擦写 100 万次以上;

⑥ 具有抗震、防磁、防潮、耐高低温的特点;

⑦ 读写速度快,约为软盘的 30 倍;使用寿命特长。

(3) 一些三合一的 U 盘还具有更多的功能

① 写保护功能:此功能使得存取、读写、修改数据更加安全、可靠。该功能操作简单,只需拨动 U 盘侧面的拨动开关,即可实现写保护功能,开关在保护状态时,只能浏览 U 盘内数据,不能对数据进行修改、保存等各项操作,以防止数据的误操作。而在非保护状态时,则可对数据进行各种操作。

② 硬件加密功能:通过预先烧录在 U 盘芯片中的加密程序,可实现对整个 U 盘的加密设置,只有在正确输入密码之后,才能打开 U 盘浏览文件,使 U 盘真正成为你的保密卫士。

③ 启动功能：U盘的启动功能不同于目前市面上同类产品以1.44 M的A盘或硬盘启动系统的方式，而是以ZIP格式引导整个系统的启动，无需改变U盘的容量，从而使U盘的存储空间得以充分利用，实现了真正意义上的启动功能，使软驱彻底失去了存在的价值。

现在的闪存盘都支持USB2.0标准，由于闪存技术上的限制，它们的读写速度目前还无法达到标准所支持的最高传输速度480 Mbps。USB3.0是最新的USB规范，它与USB2.0保持兼容，并提高了带宽，理论上所支持的最高传输速度是5 Gbps。

（4）使用U盘的注意事项

在一台电脑上第一次使用U盘(插到USB接口后)，系统会报告"发现新硬件"。稍候，会提示："新硬件已经安装并可以使用了。"在Windows环境下，在"我的电脑"或"资源管理器"中都能看到被识别的U盘，接着就像对硬盘或其他外部存储介质一样进行操作和访问。

在使用时的几点注意事项：

① 拔出。U盘使用完毕后，关闭一切窗口，尤其是关于U盘的窗口，正确拔下U盘前，要用左键双击右下角的USB设备图标，再选择硬件，左键点"安全删除硬件"。当右下角出现提示："你现在可以安全地移除驱动器了"的提示后，才能将U盘从机箱上拔出。千万不要在闪盘的指示灯闪得飞快时拔出闪盘，因为这时U盘正在读取或写入数据，中途拔出可能会造成硬件、数据的损坏。不要在备份文档完毕后立即关闭相关的程序，因为那个时候U盘上的指示灯还在闪烁，说明程序还没完全结束，这时拔出U盘，很容易影响备份。同样，在系统提示"无法停止"时也不要轻易拔出U盘，否则会造成数据丢失。

② 放置。U盘需要放置在干燥的环境中，不要让U盘接口长时间暴露在空气中，否则容易造成表面金属氧化，降低接口敏感性。不要将长时间不用的U盘一直插在USB接口上，否则一方面容易引起接口老化，另一方面对U盘也是一种损耗。

③ 写保护开关的切换。在U盘插入计算机接口之前切换，不要在U盘工作状态下进行切换。

④ 碎片。U盘的存储原理和硬盘有很大不同，不要整理碎片，否则影响使用寿命。

⑤ 病毒预防。U盘里可能会有U盘病毒，插入电脑时最好进行U盘杀毒。一般，对新U盘最好做个U盘病毒免疫，以避免U盘中毒。

（5）U盘的其他功能

使用了Flash闪存芯片为存储介质的U盘，以其独特的优势，受到用户的欢迎，已经越来越成为外部存储器市场的主流。

一些新颖的U盘还增加了"随身邮"、"PC锁"、"压缩存储"、"保密碟"、"双重杀毒"等个性化功能。

① 随身邮。用U盘来收发电子邮件，无论用户身在何方，可将邮件方便地收到U盘中，并可随时发送电子邮件，让用户的U盘实现移动邮箱的功能；

② PC锁。使U盘成为PC的钥匙。插入U盘后方可使用电脑；拔下U盘，其他人则无法使用您的电脑。

③ 压缩存储。当对U盘进行写入时，文件会被自动压缩，可大大提升U盘使用空间。

④ 保密碟。在U盘内预先设定有一个特定的目录，所有放进该目录的文件都会被自动压缩且自动加密，就算不慎遗失了U盘也不用担心您的文件资料被别人读取、盗用。

⑤ 双重杀毒。可在DOS或Windows环境下进行双重杀毒，使U盘具有更高的安全性。

另外，折叠式、金属材质等品种繁多的闪盘，使得U盘具有多样化特点，以适应不同的需求。

随着USB端口的标准化及大量应用，各类延伸产品应运而生，MP3播放器便是一例。MP3本质上是一个U盘，大小也与U盘相仿，可以作为U盘来使用，但它主要是用于MP3格式的音频文件的储存和播放，能够使人们在移动中随身听音乐或外语。目前，在许多专业网站提供MP3歌曲、音乐的试听和下载。

（6）UKey的应用

现代社会使用网上银行的人已经越来越多了，UKey则是另一种应用，它也是一个与U盘大小一样的、通过USB端口直接与计算机相连、具有即插即用、密码验证功能、可靠高速的小型存储设备。UKey自身所具备的存储器可以用来存储一些个人信息或证书，UKey的内部密码算法可以为数据传输提供安全的管道，UKey是适用于单机或网络应用的安全防护产品。

与通用 U 盘相比,UKey 含有内置 EPROM 的 CPU 及其芯片级操作系统,防止被非法复制,保证数据的唯一性,UKey 内的数据只在 UKey 内留存,有利于在公共场所使用,但一般不能在其中存贮用户文件,也不能在资源管理器中加以识别,使用前需要在银行网站上找到并下载安装 UKey 驱动程序及安全控件,以后就能即插即用了。为安全起见,使用完以后应即刻拔除。与 IC 卡相比,UKey 不需要专用的读卡设备,在与电子商务以及各种以 PC 为基础的安全应用上具有其他产品不可替代的优越性。

OA 系统集成化的平台给了人们一种办公自动化的新概念,但又由于操作系统和 OA 系统的登录都是基于"用户名+密码"来验证用户名的合法性,因此在 OA 系统中存在着操作登录系统用户名的非法以及登录 OA 系统的用户名的非法等不安全因素,从而为 OA 系统的安全性带来了隐患。

UKey 提供了比传统口令验证更加安全且更易于使用的网络用户身份认证机制。UKey 使用共享秘密的方式实现网络客户与服务器之间的身份验证,不用暴露任何关键信息就可以实现用户身份的验证。而且 UKey 内置的用户访问控制可以进一步增强验证过程的安全性。

采用 UKey 认证系统安全登录具有 4 大特性:

① 开放性:它完全兼容和支持现有的流行操作系统,例如 Windows 7 等;

② 安全性:屏蔽了传统的"用户名+密码"的登录方式,只允许采用钥匙登录;选择使用个人密码 PIN,任何验证场合需要同时输入 PIN;选择创建随机的内部口令,一次一换;选择拔出钥匙就锁住 PC,保证用户暂时离开 PC 机也不会有安全隐患;选择只允许当前用户登录,防止其他用户的登录尝试;

③ 易用性:采用 UKey 认证系统以后,以前觉得那些繁琐的事情都变得很简单,所要做的只是插入 UKey,自动识别;

④ 优越性:UKey 的硬件是由带有 EPROM 的 CPU 实现的芯片级操作系统,所有读写都在芯片内部完成。

4. 光盘(Compact Disc)

高密度光盘(Compact Disc)是近代发展起来的、不同于磁性载体的光学存储介质,用聚焦的氢离子激光束处理记录介质的方法存储和再生信息。

现在一般的硬盘容量在 3 GB~3 TB 之间,软盘已经基本被淘汰,CD 光盘的最大容量大约是 700 MB,DVD 盘片单面 4.7 GB,最多能刻录约 4.59 G 的数据(因为 DVD 的 1 GB=1 000 MB)(双面 8.5 GB,最多约能刻 8.3 GB 的数据),蓝光(BD)的则更大,其中 HD DVD 单面单层 15 GB,双层 30 GB;BD 单面单层 25 GB,双面 50 GB。

光盘只是一个统称,它分成两类,一类是只读型光盘,其中包括 CD - Audio、CD - Video、CD - ROM、DVD - Audio、DVD - Video、DVD - ROM 等;另一类是可记录型光盘,它包括 CD - R、CD - RW、DVD - R、DVD+R、DVD+RW、DVD - RAM、Double layer DVD+R 等各种类型。

(1) 光盘的主要物理结构

光盘的结构与制造过程密切相关。按照光盘结构,光盘主要分为 CD、DVD、蓝光光盘等几种类型,这几种类型的光盘,在结构上有所区别,但主要结构原理是一致的。而只读的 CD 光盘和可记录的 CD 光盘在结构上没有区别,它们主要区别在材料的应用和某些制造工序的不同。DVD 方面也是同样的道理。

常见的 CD 光盘非常薄,它只有 1.2 mm 厚,但却包括了很多内容,主要分为五层:基板、记录层(染料层)、反射层、保护层、印刷层。其中:

① 基板:是各功能性结构(如沟槽等)的载体,其使用的材料是聚碳酸酯(PC),冲击韧性极好、使用温度范围大、尺寸稳定性好、耐候性、无毒性。一般来说,基板是无色透明的聚碳酸酯板,在整个光盘中,它不仅是沟槽等的载体,更是整个光盘的物理外壳。CD 光盘的基板厚度为 1.2 mm、直径为 120 mm,中间有孔,呈圆形,它是光盘的外形体现。光盘之所以能够随意取放,主要取决于基板的硬度。

光盘比较光滑的一面(激光头面向的一面)就是基板。在基板方面,CD、CD - R、CD - RW 之间是没有区别的。

② 记录层(染料层):是在烧录时刻录信号的地方,其主要的工作原理是在基板上涂抹上专用的有机染料,以供激光记录信息。由于烧录前后的反射率不同,经由激光读取不同长度的信号时,通过反射率的变化形成 0 与 1 信号,借以读取信息。目前市场上有三大类有机染料:花菁(Cyanine)、酞菁(Phthalocyanine)

及偶氮(AZO)。

一次性记录的 CD-R 光盘主要采用酞菁有机染料,烧录时,激光就会对在基板上涂的有机染料进行烧录,直接烧录成一个接一个的"坑",有"坑"和没"坑"的状态就形成了 0 和 1 的信号,这一个接一个的"坑"是不能复原的,即烧成"坑"后,将永久性地保持现状,这也就意味着此光盘不能重复擦写。这一连串的 0 和 1,就组成了二进制代码,从而表示特定的数据。

对于可重复擦写的 CD-RW 而言,所涂抹的就不是有机染料,而是某种碳性物质,当激光在烧录时,就不是烧成一个接一个的"坑",而是改变碳性物质的极性,通过改变极性,来形成特定的 0 和 1 的代码序列。这种碳性物质的极性是可以重复改变的,这也就表示此光盘可以重复擦写。

③ 反射层:是光盘的第三层,它是反射光驱激光光束的区域,借反射的激光光束读取光盘片中的资料。其材料是纯度为 99.99% 的纯银金属。此层就代表镜子的银反射层,光线到达此层,就会反射回去。

④ 保护层:是用来保护光盘中的反射层及染料层防止信号被破坏。材料为光固化丙烯酸类物质。另外现在市场使用的 DVD+/-R 系列还需在以上的工艺上加入胶合部分。

⑤ 印刷层:就是在光盘的背面印刷盘片的客户标识、容量等相关资讯,它不仅可以标明信息,还可以起到一定的保护光盘的作用。

(2) 常用光盘的几种类型

① 只读光盘 CD-ROM(Compact Disc Read Only Memory):是一种只读光存储介质,能在直径 120 mm(4.72 in)、厚度 1.2 mm(0.047 in)的单面盘上保存 74~80 分钟的高保真音频,或 682 MB(74 分钟)/737 MB(80 分钟)的数据信息。CD-ROM 与普通常见的 CD 光盘外形相同,但 CD-ROM 存储的是数据而不是音频,包括各种文字、声音、图形、图像和动画等多媒体数字信息。一般,一张 CD-ROM 光盘的容量约 680 MB。由于它具有体积小、容量大、易于长期存放等优点,已广泛被使用。在多媒体计算机中,CD-ROM 驱动器已成为基本配置,通过相应软件可以播放 VCD。

与磁盘一样,CD-ROM 上的信息也需要有相应的驱动器来读取,这便是 CD-ROM 驱动器。第一代 CD-ROM 驱动器的数据传输速率只有每秒 150 字节;后来出现了 2 倍速、4 倍速、直到 50 倍速的可变速 CD-ROM 驱动器,其数据传输速率在进一步提高。以 50x(倍速)可变速的 CD-ROM 驱动器为例,理论上的数据传输率应为 $150 \times 50 = 7.5$ MB/s。其实光驱读盘的速度快慢差别并非十分重要。不管是 36 倍速、40 倍速还是 50 倍速的光驱,实际使用起来感觉上差别并不大。

标准的 CD-ROM 盘片直径为 120 mm(4.72 in),中心装卡孔直径为 15 mm,厚度为 1.2 mm,重量约为 14~18 克。CD-ROM 盘片的径向截面共有三层:聚碳酸酯(Polycarbonate)做的透明衬底;铝反射层;漆保护层。

CD-ROM 盘是单面盘,不做成双面盘的原因,不是技术上做不到,而是做一片双面盘的成本比做两片单面盘的成本之和还要高。因此,CD-ROM 盘有一面专门用来印制商标,而另一面用来存储数据。激光束必须穿过透明衬底才能到达凹坑,读出数据,因此,盘片中存放数据的那一面,表面上的任何污损都可能影响数据的读出性能。

在 CD-ROM 驱动器内,不仅可以使用 CD-ROM 盘,还可以使用激光唱片(CD-DA)和 VCD(Video CD)。

CD-ROM 驱动器的前端面板上往往带有一个耳机插孔❶、音量控制转盘(控制耳机音量)❷、LED 指示灯(电源接通或 CD-ROM 驱动器读写忙时会闪亮)❸、播放/跳过按钮和加载/退出 CD 按钮❹。当按下加载/退出 CD 按钮(Eject),就能使驱动器上的放 CD 的盘❺打开,以便更换 CD 盘,再次按 Eject 便可将它关闭(如图 2-9 所示)。

图 2-9 CD-ROM 驱动器

② CD-R 盘和 CD-RW 盘:CD-R 光盘片是一种只能写入一次,不能重复写入的光盘,它由高功率激光照射 CD-R 光盘的染料层,使其产生化学变化,而所谓化学变化,即表示再也无法恢复到原来的状态。所以,CD-R 由刻录机照射染料层所产生之化学变化所造成 CD-R 光盘片平面产生之凹陷(Pit),而在一般光驱读取这些平面(Land)与凹陷(Pit)所产生的 0 与 1 的信号,经过译码器分析后,组织成想要看或听的资料。CD-R 刻录机只有刻录速度和读取速度两个速度指标。

CD－RW(CD ReWritable)盘是一种可重写的光盘,它需要在可重写的光盘驱动器中工作,通常可重写的光盘驱动器也能正常读取 CD－ROM 上的信息。一般,CD－RW 可重复刻录 1 000 次,对于一些时常更新资料的使用者而言,是非常方便的。其读写速度有三个速度指标:刻录速度、复写速度和读取速度,如 52 倍速的刻录速度,24 倍速的复写速度和 52 倍速的读取速度,可表达为 52X/24X/52X。

③ WORM 盘:WORM(Write Only Read Memory)盘是一种一次写入型的光盘,它需要在光刻机 CD－R(即光盘刻录机——CDRecordable)中使用,它与普通 CD－ROM 盘的区别在于它提供用户一次写入数据信息的机会,信息一旦写入,就不能修改,写入后的 WORM 盘与普通 CD－ROM 盘一样使用。

④ DVD－ROM 盘 和 DVD±RW 盘:DVD－ROM(Digital Video Disc-Read Only Memory)简称数字视盘(如图 2－10 所示),它是一种和 CD－ROM 类似的数字光盘,其数据容量可达到 17 GB,比 CD－ROM 要大 26 倍多。其中的数字信息也需要有相应的驱动器来读取,这便是 DVD－ROM 驱动器。目前 DVD－ROM 驱动器有 4、8、12 和 16 倍速等规格。以 16 倍速为例,可承受的传输速度约为 21.1 MB/s,比 48 倍速的 CD－ROM 要高出近 3 倍。

图 2－10　DVD－ROM 驱动器

DVD 数字视盘支持 NTSC 和 PAL 制式,将来还能支持高保真电视(HDTV)。另外,它和 CD－ROM 一样也支持回转、快进播放,可以按章、节、标题或记录轨迹进行检索。

目前,DVD－ROM 驱动器已逐步成为桌面 PC 和便携式电脑中的基本配置。

从 1999 年 DVD 出现至今,DVD 正全面取代 VCD 格式,成为新的主流视频标准。然而在可擦写的格式上,因各大公司立场不同,以至于形成了目前 DVD－RW(先锋等公司所主导)、DVD＋RW(Sony 等 7 大公司主导)和 DVD－RAM(松下、日立等公司支持)三种格式共存的局面,同时,又在此基础上衍生出 DVD Multi(整合 DVD－RW 和 DVD－RAM)和 DVD Smulti(整合 DVD±RW 和 DVD－RAM)和 DVD Dual(整合 DVD＋RW 和 DVD－RW)。由于 DVD 刻录机的标准至今尚未达成一致,市场和用户都采取观望的态度,从而大大阻碍了可擦写 DVD 的市场推广,也使其生产成本无法得以快速下降,反过来更加影响了用户对可擦写 DVD 的认可度。

DVD±RW 盘与 CD－RW 盘类似,它需要在可重写的 DVD－ROM 驱动器中工作,例如 SONY DRU－510A DVD 刻录机,是一种全兼容 DVD 刻录产品,它可以读取 DVD±RW,DVD±R,CD－R/RW 和 DVD/CD－ROM 等八种不同类型的媒体,刻录 DVD±RW,DVD±R 和 CD－R/RW 等六种媒体。

四、总线与扩展槽(Bus & Extended Slots)

不同的芯片之间以及微机不同部分之间必须相互连接才能来回传递信息,系统主板上有一系列扩展槽,就是用以连接各种可选的接口板,同时也可以用来连接存储器扩展板。扩展槽代表了 PC 机的一个重要特征:开放的体系结构。它为用户提供了扩充可选设备的简易方法,从而使用户能按需要进行各种组合。

扩展槽又称总线接插器。所谓总线(Bus),就是用一串接插器组成一组导线,所有的接插器与每条线相连。当一块总线适配卡插入某个扩展槽中,就与总线的公共导线连接上了,它可接收到微机内部传来的公共信号和信息。

总线是在微机发展过程中不断发展的。由于 VLSI 技术的迅速发展,组成微机的每块电路板已分别具有独立的功能,这便于各生产厂家利用各模块灵活地组成系统。这样,在各模块之间应该有一种标准,即总线标准。在标准中,对插件尺寸、插头线路、各引线的定义和时序作出明确的规定。由于各模块采用了统一的标准总线,因而系统板上各对应引线分别连在一起,而各模块可插在系统板上的任一插槽中。这样不仅给系统设计带来了很大的灵活性,同时也给系统的扩展带来了方便。目前,大部分计算机厂商开发和研制的、连接各种设备的插卡都能即插即用,Windows 95 以上版本就具有支持即插即用的功能。

有代表性的系统总线标准主要有 ISA、EISA、VESA、PCI、Compact PCI 以及 PCI－E 等。1993 年,外围部件联合专门权益组织制定了 PCI(Peripheral Component Interconnect)局部总线标准。PCI 主要是为 Pentium 系统而设计的。PCI 局部总线为高速数据传送提供 32 位或 64 位数据通道(两种宽度)。它的设计不依赖于 X86 系列处理器,所以它不仅适用于现在的 PC 机,也适用于将来的机型,而不论其使用什么样的处理器。PCI 不仅着眼于台式 PC 硬件,而且也包括笔记本电脑。

最初的 PCI 总线运行速度为 33 MHz,后来上升到 66 MHz,从而将理论上的吞吐速度提高到了 266 Mbps,比 ISA 总线快了 33 倍。1999 年,PCI 总线的理论带宽达到 524 Mbps。另外,PCI 总线实现了"即插即用"。

PCI-X 是对 PCI 所做的高性能补充,由 IBM、HP 和 Compaq 共同提出,1999 年获得 PCI SIG 批准。它完全向后兼容标准的 PCI 总线,但显著增加了 I/O 带宽,满足了千兆以太网、光纤通道和 Ultra3 SCSI 等企业应用的需求。PCI-X 不仅提高了 PCI 总线的速度,而且增加了高速接口插槽,成倍提高了现行标准 PCI 的速度,综合吞吐能力达到了 1 Gbps。

2001 年春 Intel 正式公布 PCI Express,作为取代 PCI 总线的第三代 I/O 技术,2006 年正式推出 2.0 规范。2010 年,确定 PCI-E 3.0 规范,其编码数据速率,比同等情况下的 PCI-E 2.0 规范提高了一倍,X32 端口的双向速率高达 320 Gbps。

五、常用可选件

可供 PC 系列机及兼容机选用的各种板卡有数万种。常用的适配器有显示适配卡、视频卡、网卡等。

1. 显示适配卡(Display Adapter Card)

显示器是用户和计算机交互的一个关键的图文界面,它之所以能显示出精彩、动人的画面,都需要由显示适配卡(Video adapter,以下简称显卡)给显示器发送信号、并控制显示器显示出绚丽的色彩,所以显卡是连接显示器和个人电脑主板的重要元件,是计算机显示不可缺少的部件。不少显卡还能支持电视输出、VCD 和 DVD 回放等功能,显卡上直接提供 PAL/NTSC 制式的 TV 输出端口。

数据流一旦从 CPU 流出,必定经过下列 4 个步骤,最后才会到达显示屏:

① 从总线进入 GPU(Graphics Processing Unit,图形处理器)——将 CPU 传来的数据送到 GPU(图形处理器)中进行处理;

② 从 video chipset(显卡芯片组)进入 video RAM(显存)——将芯片处理完的数据送到显存;

③ 从显存进入 Digital Analog Converter(= RAM DAC,随机读写存储模/数转换器),——将显示显存读取出数据再送到 RAM DAC 进行数据转换的工作(数字信号转模拟信号);

④ 从 DAC 进入显示器(Monitor)——将转换完的模拟信号送到显示屏。

目前,显卡的接口大多采用 PCI-E 接口,再配上相应的软件工具,可以设定和调整显卡。由于彩色显示器上的图像是由像素组成(像素是在屏幕上可以显示的最小点),因此人们常用屏幕的行和列中的像素个数来表示屏幕的分辨率。如 VGA(Video Graphic Array,显示绘图阵列)卡的分辨率为 640×480,支持 16 种颜色;SVGA 卡的分辨率最初由 VESA(视频电子标准协会)规定为 800×600,支持 256 种颜色等。可见,分辨率越高,像素行数越多,像素间的间隔越小,加上支持多种颜色的显示,扫描速率也大受影响,尤其在三维动画或图形图像及多媒体影像处理中,需要加快显示速度。

显存:显存作为显卡上的核心部件,担负着系统与显卡之间数据交换以及显示芯片运算 3D 图形时的数据缓存,它的优劣和容量大小会直接关系到显卡的最终性能表现。如同计算机的内存一样,显存是用来存储要处理的图形信息的部件。我们在显示屏上看到的画面是由一个个的像素点构成的,而每个像素点都以 4～64 位的数据来控制它的亮度和色彩,这些数据必须通过显存来保存,再交由显示芯片和 CPU 调配,最后把运算结果转化为图形输出到显示器上。作为显卡的重要组成部分,显存一直随着显示芯片的发展而逐步改变着。从早期的 EDORAM、MDRAM、SDRAM、SGRAM、VRAM、WRAM 等到今天广泛采用的 DDR SDRAM 显存经历了很多代的进步。

显存类型:目前市场中所采用的显存类型主要有 SDRAM,DDR SDRAM,DDR SGRAM 三种。SDRAM 颗粒目前主要应用在低端显卡上,频率一般不超过 200 MHz,在价格和性能上它比 DDR 都没有什么优势,因此逐渐被 DDR 取代。

DDR SDRAM 是市场中的主流(包括 DDR2、DDR3、DDR5 和 DDR5),一方面是工艺的成熟,批量的生产导致成本下跌,使得它的价格便宜;另一方面它能提供较高的工作频率,带来优异的数据处理性能。至于 DDR SGRAM,它是显卡厂商特别针对绘图者需求,为了加强图形的存取处理以及绘图控制效率,从同步动态随机存取内存(SDRAM)所改良而得的产品。

目前,显卡上普遍配备的显存类型大多都是 GDDR3,GDDR4 只属于少数高端型号,而决意跳跃式发展的奇梦达已经试产了全球第一颗 GDDR5。GDDR5 的功耗会非常低,但性能更高,相当于目前 800 MHz

GDDR3 的三倍之多,同时可以提供两倍于 GDDR4 的容量,显存采用了新的频率架构,拥有更佳的容错性能。NVIDIA 和 ATI 都已为 GDDR5 在其未来的高端显卡上的应用做好了准备。与 GDDR4 相比,GDDR5 的最大亮点就是带宽更高了,从 16 GB/s 升至 20 GB/s,同时虽然电压还是保持在 1.5 V,但功耗会更低,因为 GDDR5 会自动降低空闲显存的频率,并支持错误纠正、适应性界面计时等多种新技术。

显存容量:当在进行 2 维图像显示应用时,显存容量至少为:"水平分辨率×垂直分辨率×颜色位数/8 bit",譬如在 1 024×768,32 位色(即 16 777 216=16.7 M 种颜色)的显示模式下,那么需要的显存容量≥1 024×768×32 bit/8 bit=3 145 728 byte=3.072 MB。如果是使用 3 维应用时,那么需要的显存容量应当≥"水平分辨率×垂直分辨率×颜色位数×3/8 bit=1 024×768×32 bit×3/8 bit=9 437 184 byte=9.216 MB"。当然,这些都是应用时的最低需求,还必须考虑有一定的显存容量来专门存放纹理数据或 Z-Buffer 数据,否则当显存容量被显示资源完全占用时,系统会自动调用内存作为纹理显存使用,而在速度上内存是无法和显存相比的,这样的二次调用自然会导致显示性能下降。

在 1 600×1 200×32 的显示模式下使用 3 维绘图(如 3D Studio Max),它所需的显存至少为:1 600×1 200×32 bit/8 bit×3=23 040 000 byte=22.5 MB,理论上 32 MB 的显存容量就够了。然而,现在的一些主流 3D 游戏,材质数据、顶点数据和其他数据所需的显存容量都已经越来越大了,往往需要配置 64~1 024 MB 的显存。

显卡本身拥有存储图形、图像数据的存储器,这样,计算机内存就不必存储相关的图形数据,因此可以节约大量的存储空间。显存均以标准的大小提供:64 MB、128 MB、256 MB、512 MB 和 1 024 MB。显存的大小决定了显示器分辨率的大小及显示器上能够显示的颜色数。一般地说,显存越大,图形的显示性能就越高。显存有 SDR(单倍数据率)或 DDR(双倍数据率)两种形式。DDR 显存的带宽是 SDR 显存带宽的两倍。在显卡的描述中,显存的大小列于首位。

显存位宽:显存位宽是影响显卡 3D 性能的一个重要参数,位宽代表着每个时钟周期可以传送多少比特数据,一般有 128 bit、64 bit 和 32 bit 之分,位宽越大,性能越高。例如:Geforce2 MX200 和 MX400 核心完全相同,而 MX200 的显存位宽只有 64 bit,比起 MX400 少了一半,显存的带宽也被阉割了一半,性能就降低 40%。测试表明采用 128 位显存位宽的显卡和采用 256 位显存位宽的显卡之间的性能差距为 30%左右,而采用 64 位显存位宽的显卡性能则更加差一些。

显存时钟周期:是显存时钟脉冲的重复周期,它是作为衡量显存速度的重要指标。显存速度越快,单位时间交换的数据量也就越大,在同等情况下显卡性能将会得到明显提升。显存时钟周期与工作频率为倒数关系,即:工作频率=1÷时钟周期×1 000。如果显存频率为 166 MHz,那么它的时钟周期为 1÷166×1 000=6 ns。也就是说显存时钟周期越小,它的显存频率就越高,显卡的性能也就越好!

图 2-11 为华硕 GTXTITAN-6GD5 显卡图例,6 144 MB 显存,837~876 MHz 核心频率,6 000 MHz 显示频率,显存位宽 384 位,显存类型 GDDR 5,支持 PCI Express 3.0 接口类型。

图 2-11　华硕 GTXTITAN-6GD5 显卡

2. 网卡

随着计算机和通信技术的发展,尤其是 Internet 的普及,上网已成为办公活动中的重要部分。根据上网方式的不同,计算机上往往都配有上网所需的网卡,网卡主要使用户联到本组织的内部网(Intranet)上,能共享和访问本组织的信息资源,通过局域网出口连接 Internet。

网卡:网卡大致可以分为以太网网卡和笔记本网卡,一般,每块网卡都具有 1 个以上的 LED 指示灯,用来表示网卡的不同工作状态,以便查看网卡是否工作正常。笔记本电脑往往配有内置网卡和无线上网功能,可以用网线通过笔记本上的 RJ-45 插口连接网络。如需无线上网,需要检查笔记本无线上网的开关是否打开。

网卡的传输速率用 bps(bit per second——每秒的位数)来表示。目前,以太网网卡传输速度来分可分为 10 Mbps 网卡、10/100/1 000 Mbps 自适应网卡,1 Gbps,甚至 10 Gbps 等多种。并不是网卡的传输速率越高就越好,例如,为连接在只具备 100 Mbps 传输速度的双绞线上的计算机配置 1 000 Mbps 的网卡就是一种浪费,因为其至多也只能实现 100 Mbps 的传输速率。

网卡如果按主板上的总线类型来分,可分为 ISA、VESA、EISA、PCI 等接口类型。目前市场上的主流网卡是 PCI 接口的网卡。PCI 网卡的理论带宽为 32 位 133 Mbps,PCI 网卡又可分为 10 Mbps PCI 网卡和 10/100 Mbps PCI 自适应网卡两种类型。其中 10/100/1 000 Mbps 的 PCI 自适应网卡为当今的主流产品,它可根据需要自动识别连接网络设备的工作频率,自动工作于 10/100/1 000 Mbps 的网络带宽下。PCI 总线网卡的另一好处是比 ISA 网卡的系统资源占用率要低得多。

PC 主机的主板上往往带有网卡,在主机箱的后面显露出一个 RJ45 水晶插口,通过网线与网络连接(如图 2-12 所示)为带有 RJ45 插口的 D-Link DGE-550T 网卡。

3. 视频卡(Video Card)

视频卡不同于显卡,其种类很多,有视频捕获卡、视频叠加卡、电视接受卡(TV Turner)、电视编码卡以及 DVD 回放卡等。这些视频卡往往用于多媒体电脑中视频辅助功能。

视频捕获卡也称影视图像数字化卡或视霸卡,常被用于一些较为专业的影视或软件公司,作为多媒体的开发工具。其主要功能是把影视图像数字化后送给计算机加工处理。它能把标准的视频信号在计算机显示器上播放,同时进行视频图像的捕获。当视频捕获卡与显示卡相连后,可以实时地对显示内容进行颜色和对比度等方面的调整,并可以进行特技效果及字幕叠加等处理。捕获的内容一般以 AVI 或 QuickTime 等通用视频图像文件格式存储到硬盘中,以便后期编辑。其中 AVI 是 Microsoft 公司制定的一种用以表示活动图像(包括其伴音)的压缩文件存储格式。利用影视图像数字化卡可以进行具有广播级专业效果的各种多媒体演示、会议、广告及影视制作等。

图 2-12 D-Link DGE-550T 网卡

视频叠加卡往往通过一个视频输入接口把标准的视频信号输入,并与计算机本身的 VGA 信号进行叠加,当然也可以进行一些特技效果的处理,最后将综合处理的信号送显示器输出。与视频捕获卡不同,视频叠加卡既可以播放全屏幕的动态视频图像,也可以捕获视频图像,不过捕获动态视频图像的能力较差。

电视接收卡是用于接收电视信号的,包括 PAL 制式(我国的)和 NTSC 制式(欧美的)。有了电视接收卡,我们可以在计算机屏幕前欣赏电视节目。与电视接收卡功能相反,电视编码卡是将计算机屏幕上的信号转换为标准的电视信号,实现电视上观看计算机屏幕上的画面功能,同时可以在两种制式间作出选择后,将信号转录到录像带上。这类卡的输出端一般接到大屏幕电视机的视频输入端上。

2.1.2 外部设备

一、输入设备

1. 键盘(Keyboard)

迄今为止,键盘仍是最普通的输入设备,它是用户与计算机之间进行联系和对话的工具。键盘的种类繁多,自 IBM PC 机推出以来,键盘也有了很大的发展,曾出现了 101 键、102 键、104 键、107 键以及带鼠标跟踪球的多功能键盘。带跟踪球的多功能键盘常常用于便携式电脑,跟踪球位于键盘的右手区,这样就不需要占用额外的桌面空间,同时可以获得键盘和鼠标的双重功能。一些键盘往往带有 Windows 标志的特殊键,以提高在 Windows 操作系统平台上操作计算机的效率(图 2-13 为键盘)。

图 2-13 键盘

图 2-14 滚轮鼠标器

2. 鼠标器(Mouse)

鼠标器(见图 2-14)之所以被广泛地使用主要是由于它的操作方便。按其工作原理的不同鼠标器可以分为三种：机械式、光电式和光机式。

机械式鼠标器的下面有一个可以滚动的小球。当鼠标在平面上进行摩擦而发生移动时，屏幕上的鼠标指针将随着鼠标的移动而移动。鼠标指针和鼠标的移动方向是一致的，而且移动距离也成比例。机械式鼠标器需经常清洗，否则会影响移动速度。另外，这种鼠标器的故障率也较高。

光电式鼠标器的下面是两个平行放置的小光源（小灯泡），这种鼠标器只能在特定的反射板上移动，光源发出的光经反射板反射后由鼠标器接受为移动信号，送入计算机，使屏幕上的鼠标指针随之移动，其他方面均与机械式鼠标器一样。光电式鼠标器使用时比较灵活，故障率也较低，但其价格比机械式鼠标器要高，并且一定要在特定反射板上使用。

光机式鼠标器介于机械式和光电式之间。

PC 机的鼠标器按钮一般有 2～3 个，常用的是左键，右键一般用于快捷菜单，左键和右键之间有一个可滑动滚轮，主要方便用户浏览 Internet 页面。一般，鼠标器联到主机的串行口上，联到主机后，并不能立即使用，必须在装入了鼠标驱动程序后才能使用。不同公司生产的鼠标器会有不同的物理性能和参数，因而往往会提供不同的鼠标驱动程序。有些鼠标驱动程序是可以互相兼容的。由于 Windows 的广泛使用，许多鼠标器都被设计成 Microsoft 兼容的鼠标器，因而对这些 Microsoft 兼容的鼠标器，在 Windows 环境下都不需要安装鼠标驱动程序，因为在安装 Windows 时已经自动地安装了与 Microsoft 兼容的鼠标驱动程序。

按接口类型的不同，鼠标器可分为串行鼠标、PS/2 鼠标、总线鼠标、USB 鼠标（多为光电鼠标）四种。如今 USB 鼠标。目前，USB 鼠标已成为主流。

无线鼠标器是为了适应大屏幕显示器而生产的。所谓"无线"，即没有电线连接，而是在鼠标器中采用干电池无线遥控，采用极为细微的 nano USB 接收器通过 USB 连接；鼠标器有自动休眠功能，接收范围在 10 m 以内。对当前主流的无线鼠标器来说，仅有 27 MHz、2.4 GHz 和蓝牙无线鼠标共三类。3D 振动鼠标是一种新型的鼠标器，它不仅可以当作普通的鼠标器使用，而且具有全方位立体控制能力。具有振动功能，外形和普通鼠标不同。一般由一个扇形的底座和一个能够活动的控制器构成。

3. 扫描仪（Scanner）

扫描仪是文字和图片输入的主要设备之一，也是一种高精度的光机电一体化产品，它能通过光电器件将检测到的光信号转换为电信号，再将电信号通过模拟/数字转换器转化为数字信号传输到计算机中处理。它能在有关的软件中把大量的文字和图片信息扫描输入计算机，并在软件中对这些信息进行识别、编辑、显示和打印等处理。

扫描仪种类很多，按不同的标准可分成不同的类型。

① 按扫描原理划分，扫描仪可分为以 CCD 为核心的平板式扫描仪、手持式扫描仪和以光电倍增管为核心的滚筒式扫描仪；

② 按扫描图像幅面的大小划分，可分为小幅面的手持式扫描仪、中等幅面的台式扫描仪、大幅面的工程图扫描仪和馈纸扫描仪；

③ 按扫描图稿的介质划分，可分为反射式（纸材料）扫描仪和透射式（胶片）扫描仪以及既可扫反射稿又可扫透射稿的多用途扫描仪；

④ 按用途划分，可将扫描仪分为可用于各种图稿输入的通用型扫描仪和专门用于特殊图像输入的专用型扫描仪加条码读入器、卡片阅读机等。

扫描仪的关键器件是 CCD（Charge Coupled Device，电荷耦合器），CCD 的发展已从黑白、灰阶演变到 8 位、12 位、16 位、36 位乃至 48 位彩色。目前采用三棱镜分色光学系统，利用光学物理原理以三棱镜来分离自然光为 R、G、B 三原色，而非采用彩色 CCD，可得到更鲜明的图像，特别是扫描立体物体时比 CCD 更好。

台式扫描仪的外形有点像复印机，需要输入的文字或图片固定在一个玻璃窗口中，扫描头在文字或图片下移动，接受来自文字或图片的反射光线，这些反射光线由一个镜面系统进行反射，通过透镜把光束聚焦到光敏二极管上，从而把光转变成电流，最后再转换成数字信息存储在计算机中。这种扫描仪的好处是它能一次扫描读入一整页的文字或图片，如果配上相应的软件，不仅能识别英文字符，还能读入并识别汉字（包括简体字和繁体字）和图形。

手持式扫描仪是依靠手动来移动扫描头的，它的优点是外形小，比较灵活，价格便宜，单张图片和整本书都可以扫描输入,但扫描头的最大宽度远远不如台式扫描仪,并且功能有限。

Microtek 公司在 1984 年推出了世界上第一台黑白扫描仪,1989 年,又推出了世界上第一台彩色扫描仪。20 世纪 90 年代以来,扫描仪技术发展非常迅速,如彩色扫描仪已取代了黑白扫描仪,一次扫描取代了三次扫描,各档次的扫描仪产品性能指标有了很大的提高。硬件水平已十分成熟。

扫描仪主要的性能指标有很多,主要的有四项:

① 光学分辨率:光学分辨率就是扫描仪 CCD 分辨率,也是扫描仪的真实分辨率,又叫扫描仪的水平分辨率。它是由 CCD 的像素点数除以扫描仪水平最大可扫描尺寸而得到的数据。扫描仪的垂直分辨率,是由 CCD 垂直移动多少步而定的。分辨率表示了图像扫描仪的扫描精度,它以 DPI(Dot Per Inch——每英寸的点数)或 PPI(Pixel Per Inch——每英寸的像素)为单位。

目前,普及型的平台式扫描仪的分辨率为 600 DPI(横向)×1 200 DPI(纵向),而较高分辨率的台式扫描仪 1 200 DPI×2 400 DPI 占据着较大的市场,高档的平台式扫描仪将把分辨率提高到 6 400 DPI×3 200 DPI。

② 色彩位数:色彩位数表示图像扫描仪对图片色彩的分辨能力,色彩位数越大,对色彩的分辨能力就越强,图像越逼真。中高档平台式扫描仪的色彩位数一般为 36 位、42 位和 48 位等,在色彩管理方面采用了一些如色彩校正的新技术(即根据标准色标的扫描结果校正扫描仪在色彩还原方面的误差)。

③ 扫描速度:对于彩色扫描仪,有 1 次扫描和 3 次扫描之分。3 次扫描的过程为:它每次扫描处理图片三原色(红、绿、蓝——RGB)组成中的其中一种色彩,最后再进行组合,所以速度要慢一些。而 1 次扫描的过程就是直接扫描图片的三原色,速度要快一些。

④ 幅面大小:幅面大小一般有小于 A4 的、A4、A3 和大于 A3 的。

佳能 9000F(如图 2-15 所示)是目前较高档的平台式扫描仪,它具有 9 600 dpi×9 600 dpi 超高清晰度光学分辨率,19 200 dpi 增强分辨,色彩深度为 48 位,即可获取 2^{48} 种色彩,从而使暗部和高光区的层次分明,色彩丰富。扫描仪尺寸为 270×480×111 mm,采用 USB2.0 接口。

扫描仪的配套软件是扫描仪产品不可分割的一部分,在很大程度上关系到扫描仪使用的方便性和可靠性。中文配套软件包括中文驱动软件和中文扫描处理软件。

图 2-15　佳能 9000F 扫描仪

图 2-16　彩色摄像头

4. PC 桌面上的彩色摄像头(Color Camera for PC Desktop)

随着 Internet 用户的扩大,技术的进步以及可视通信的需要,在办公室的 PC 上配备一个小型的全彩色摄像头(如图 2-16)已越来越普遍,它可以用于视频电子会议、MSN、QQ、可视的电子邮件传送、基于 Internet 的可视电话以及其他应用。

摄像头分为数字摄像头和模拟摄像头两大类,模拟摄像头可以将视频采集设备产生的模拟视频信号转换成数字信号,进而将其储存到计算机里;模拟摄像头捕捉到的视频信号必须经过特定的视频捕捉卡将模拟信号转换成数字信号,并加以压缩后才可以转换到计算机上运用;数字摄像头可以直接捕捉影像,然后通过串,并口或者 USB 接口传到计算机里。现在电脑市场上的摄像头基本以数字摄像头为主,而数字摄像头中又以使用新型数据传输接口的 USB 数字摄像头为主,目前市场上可见的大部分都是这种产品。

根据摄像头的形态,可以分为桌面底座式、高杆式及液晶挂式三大类型。目前市场主流的摄像头是高杆式及液晶挂式。根据摄像头的功能,还可以分为防偷窥型摄像头、夜视型摄像头。根据摄像头是否需要安装驱动,可以分为有驱型与无驱型摄像头。

摄像头的一些主要技术指标有:① 图像解析度/分辨率(Resolution):有 SXGA(1 280×1 024)又称

130 万像素,XGA(1 024×768)又称 80 万像素,SVGA(800×600)又称 50 万像素,更高的可达 210 万像素等(需要注意：像素越高不一定越好,因为像素越高就意味着同一幅图像所包含的数据量就越大,对于有限的带宽来说,高像素就会造成低速度,选择适合自己网络状况的摄像头比较适宜);② 图像格式(Image Format/Colorspace):RGB24,420 是目前最常用的两种图像格式,其中 RGB24 表示红、绿、蓝三种颜色各 8 bit,最多可表现 256 级浓淡,从而可以再现 256×256×256 种颜色;③ 色彩位数:反映对色彩的识别能力和成像的色彩表现能力,实际就是 A/D 转换器的量化精度,常用色彩位数(bit)表示,目前市场上的摄像头均已达到 24 位,有的甚至是 32 位;④ 图像压缩方式:JPEG(Joint Photographic Expert Group)静态图像压缩方式是一种有损的图像压缩方式,压缩比越大,图像质量也就越差。当图像精度要求不高存储空间有限时,可以选择这种格式。目前大部分数码相机都使用 JPEG 格式。

彩色摄像头的主要性能指标有：视频捕获率(如每秒 30 帧)、水平和垂直扫描频率、最大活动影像分辨率(如水平 640,垂直 480)、最大静态图像分辨率(如 1 280×960)、信噪比(如 46 dB)、自动亮度调节等等。

5. 数码相机和数码摄像机(Digital Camera & Digital Video)

数码相机是一种新型的图像输入设备,它与普通相机的使用一样,只是它将外界的图像感光到相机内部的 CCD 感光芯片上,经过数字处理后,直接存储到相机的存储媒介上,并可直接连到计算机上使用。

数码相机可分为：单反相机、卡片相机和长焦相机。DSLR(单反数码相机)就是指单镜头反光数码相机,即 digital 数码、single 单独、lens 镜头、reflex 反光的英文缩写。市场中的代表机型常见于尼康、佳能、索尼、宾得、富士等。此类相机一般体积较大,分量比较重。那些小巧的外形、相对较轻的机身以及超薄时尚的设计(如卡片机)是衡量此类数码相机的主要标准。其中索尼 T 系列、奥林巴斯 AZ1 和卡西欧 Z 系列等都应划分于这一领域。长焦数码相机指的是具有较大光学变焦倍数的机型,而光学变焦倍数越大,能拍摄的景物就越远。代表机型为：美能达 Z 系列、松下 FX 系列、富士 S 系列、柯达 DX 系列等。一些镜头越长的数码相机,内部的镜片和感光器移动空间更大,所以变焦倍数也更大。

目前数码相机的影音存储格式大致有：AVI、MOV、Motion JPEG-AVI、MPG、ASF、RM 等档案格式或 GIF 动画格式。

数码相机的像素数包括有效像素(Effective Pixels)和最大像素(Maximum Pixels)。有效像素数是指真正参与感光成像的像素值,而最高像素的数值是感光器件的真实像素,这个数据通常包含了感光器件的非成像部分,而有效像素是在镜头变焦倍率下所换算出来的值。目前,1 000 万以上像素的数码相机成为市场主流,主要是由于价格合理、像素分辨率足够使用,而机种款式也较齐全。

数码摄像机(Digital Video,简称 DV)也是一种最为新型的图像输入设备,按照存储介质进行分类,数码摄像机可分为四种：① 磁带式;② 光盘式;③ 硬盘式;④ 存储卡式。图 2-17 所示为具有 96 GB 内存、665 万总像素、2 400 万像素拍摄静态图像的 Sony HDR-CX760E 高清数码摄像机。与普通摄像机的使用类似,只是它将外界的图像摄录后,经过数字处理后,直接存储到摄像机的存储媒介上,并可直接连到计算机上使用。

图 2-17　Sony HDR-CX760E 数码摄像机

数码相机和数码摄像机是近年来的热点,在性能上不断提高,在价格上不断降低。

6. 触摸屏(Touch Screen)

计算机触摸屏(见图 2-18)是一种新颖的输入设备,它具有反应速度快、节省空间、易于交流等优点。

从工作原理和传输信息的介质来区分计算机触摸屏,一般可分为四种类型：表面声波触摸屏、电阻触摸屏、电容触摸屏和红外线触摸屏,它们各具特色,都具有输入设备的功能,可以用手在屏幕上直接发出指令(作为输入),交互性能好。由于离开了计算机屏幕不能单独使用,因此它们同时也具有输出功能。

(1) 表面声波触摸屏

表面声波是一种沿介质表面传播的机械波。当手指触及屏幕时,触点上的声波即被阻止,由此确定坐标位置。表面声波触摸屏不受温度、湿度等环境因素影响,分辨率极高,有极好的防刮性,寿命长(5 000 万次无故障);透光率高(92%),能保持清晰透亮的图像质量;没有漂移,只需安装时一次校正;有第三轴(即压力轴)响应,最适合公共场所使用。

表面声波触摸屏的触摸屏部分可以是一块平面、球面或是柱面的玻璃平板,安装在 CRT、LED、LCD 或是等离子显示器屏幕的前面。这块玻璃平板只是一块纯粹的强化玻璃,区别于其他类触摸屏技术的是没有任何贴膜和覆盖层。

玻璃屏的左上角和右下角各固定了竖直和水平方向的超声波发射换能器,右上角则固定了两个相应的超声波接收换能器。玻璃屏的四个周边则刻有 45°角由疏到密间隔非常精密的反射条纹。

表面声波触摸屏优点明显:

① 抗暴。因为表面声波触摸屏的工作面是一层看不见、打不坏的声波能量,触摸屏的基层玻璃没有任何夹层和结构应力,因此使用非常抗暴力,适合公共场所。

② 清晰美观。因为只有一层普通玻璃,透光率和清晰度都比电容电阻触摸屏好得多。

③ 反应速度快,是所有触摸屏中反应速度最快的,使用时感觉很顺畅。

④ 性能稳定,精度高,目前表面声波技术触摸屏的精度通常是 4 096×4 096×256 级力度。

⑤ 能感知什么是尘土和水滴,什么是手指,有多少在触摸。

⑥ 具有第三轴 Z 轴——压力轴响应。例如在多媒体信息查询软件中,一个按钮就能控制动画或者影像的播放速度。

图 2-18 电阻/声波/红外触摸屏例

表面声波触摸屏表面如有灰尘和水滴,将阻挡表面声波的传递,需推出防尘型触摸屏,或定期清洁屏幕。

(2)电阻触摸屏

电阻触摸屏的屏体部分是一块与显示器表面非常配合的多层复合薄膜,由一层玻璃或有机玻璃作为基层,表面涂有一层透明的导电层,上面再盖有一层外表面硬化处理、光滑防刮的塑料层,它的内表面也涂有一层透明导电层,在两层导电层之间有许多细小(小于千分之一英寸)的透明隔离点把它们隔开绝缘。

当手指触摸屏幕时,平常相互绝缘的两层导电层就在触摸点位置有了一个接触,因其中一面导电层接通 Y 轴方向的 5 V 均匀电压场,使得侦测层的电压由零变为非零,控制器侦测到这个接通后,进行 A/D 转换,并将得到的电压值与 5 V 相比即可得触摸点的 Y 轴坐标,同理得出 X 轴的坐标,这就是所有电阻技术触摸屏共同的最基本原理。

电阻触摸屏的缺点是透光率差,表面易损。美国 ELO 公司推出的五线电阻触摸屏在材质上作了大改进,完全采用钢化玻璃为基体,摒弃了四线电阻屏的多层结构,使透光率大大提高,表层防暴性能也有所增强,分辨率达 4 096×4 096,完全适合于 IE 浏览器等高清晰度的要求。

(3)电容触摸屏

电容式触摸屏的构造主要是在玻璃屏幕上镀一层透明的薄膜体层,再在导体层外加上一块保护玻璃,双玻璃设计能彻底保护导体层及感应器。

电容式触摸屏在触摸屏四边均镀上狭长的电极,在导电体内形成一个低电压交流电场。用户触摸屏幕时,由于人体电场,手指与导体层间会形成一个耦合电容,四边电极发出的电流会流向触点,而电流强弱与手指到电极的距离成正比,位于触摸屏幕后的控制器便会计算电流的比例及强弱,准确算出触摸点的位置。电容触摸屏的双玻璃不但能保护导体及感应器,更有效地防止外在环境因素对触摸屏造成影响,而且就算屏幕沾有污秽、尘埃或油渍,电容式触摸屏依然能准确算出触摸位置。

电容屏考虑失真的问题,也采用镀膜技术,一定程度上克服了怕刮易损的缺点。

(4)红外线触摸屏

红外线触摸屏由装在触摸屏外框上的红外线发射与接收感测元件构成,在屏幕表面上,形成红外线探测网,任何触摸物体可改变触点上的红外线而实现触摸屏操作。红外线触摸屏不受电流、电压和静电干扰,适宜某些恶劣的环境条件。其主要优点是价格低廉、安装方便、不需要卡或其他任何控制器,可以用在各档次的计算机上。此外,由于没有电容充放电过程,响应速度比电容式快,但缺点是分辨率低。

由于液晶显示器 LCD 应用的扩大，LCD 技术和红外屏技术结合，完全满足了红外屏对平面的要求，使得红外线触摸屏重获生机。

触摸产品由于早期给人的印象仅是信息的查询，目前各触摸屏厂商们都在改进其产品的功能，加大了业务系统的分量。譬如，银行的 KIOSK 一体机已经加入了微型打印机、读卡器等设备，功能上吸收了银行的补登存折、转账等业务，使得系统不再仅仅停留在业务介绍和形象宣传上。又如，目前一体机已出现自助售票系统，应用到公路铁路的售票业务。由于触摸屏产品对开放式环境的适应性，商业系统对销售网络及形象宣传的考虑，ATM 和自动售卖机暂时无法替代 KIOSK 一体机，不过业务型的一体机确定无疑是一种方向。

7. 光笔(Light Pen)

近年来，笔输入的产品不断涌现，计算机上操作不再单一地依靠键盘和鼠标器了。与计算机触摸屏相比，光笔系统（笔加上接口）是非常灵活和便宜的，它既适合于习惯书写用户的操作，同时又具有全范围的鼠标功能（如拖放式的操作）。光笔通常与计算机的串行口相连的。

从操作方式来划分，光笔有两种：一种是用来在一般的计算机屏幕上直接操作的（图 2-19 所示为光笔操作时的情景）；另一种则像鼠标器一样是在反射板上进行操作（有时也称鼠标笔），随着中文软件的配备，尤其是对于汉字输入十分方便，用户无须掌握汉字输入法，与习惯的书写方式一样来输入文字，因而越来越受用户的欢迎。

图 2-19 光笔在显示器上操作例

二、输出设备

1. 显示器(Displays)

传统的显示器（又称阴极射线管 CRT—Cathode Ray Tube）的显示区域是一个长方形，宽度比长度要大，它在电路设计、屏幕表面结构、电子束的控制、荧光粉的发光效率、视频信号的处理等技术方面都已经十分成熟，而以液晶显示屏(LCD — Liquid Crystal Display)为代表的平板显示技术更是方兴未艾，它以其高亮度、宽视角、体积小、轻薄、响应速度快等特点越来越受到人们的青睐，逐渐成为显示屏市场的潮流。

液晶显示屏(LCD)所采用的液晶材料种类繁多，有一种叫 TFT(Thin Film Transistor 薄膜晶体管)型液晶器件，TFT 屏幕中的每个像素点都由集成在其背后的一个薄膜晶体管驱动，TFT-LCD 屏幕具有较高的对比度和亮度，具有色彩丰富、可视角度大的优点。较高的性能价格比使得 TFT 在目前得到最广泛的应用。

液晶显示器有 15～40 in 等多种规格，范围很大，常见的是 17 和 19 in。一般地，一台 17 in 平板显示屏的可视范围为 17.0 in；而一台 17 in 显示器的可视范围可能是 16.0 in；一台 19 in 显示器的可视范围可能是 17.9～18 in；一台 21 in 显示器的可视范围可能是 19.8 in。大部分的 LCD 水平可视角度在 140°以上，而垂直可视角度则在 120°以上。一般来说 LCD 的亮度达到 300 cd/m² 的水准就基本可以满足需要，对比大多都在 400：1 以上（有的在 550：1）。

液晶电视机和等离子电视机(PDP)往往也能够充当计算机的显示屏，其规格有多种。目前，液晶显示器(电视)的分辨率有 1 024×768、1 280×768、1 366×768、1 280×1 024、1 680×1 050、1 920×1 200、1 920×1 080 和 2 560×1 600 等多种规格。

随着技术的发展，除 CRT、LCD、PDP 之外，3D 显示器也得到了一定的发展。日本、欧美、韩国等发达国家和地区，早于 20 世纪 80 年代就开始立体显示技术的研发，现已开发出需佩戴立体眼镜和不需佩戴立体眼镜的两大立体显示技术体系。

显示器的工作原理与电视机相同。屏幕上的所有字符和图形均是由一个个点组成。这些点的多少决定了显示器的图形分辨率。图形分辨率表示每个屏幕垂直方向和水平方向扫描的线数，也就是屏幕的垂直方向和水平方向最多能有多少个显示点。

一般，显示器上的 15 针 D 型接口电缆直接接到主机的显示卡插座上，并用螺丝固定；显示器上的电源线可使用主机的电源；显示器前部有电源开关、对比度、亮度、行幅度、水平位移、帧幅度和垂直位移等调整旋钮。

2. 打印机(Printer)

目前,打印机的种类繁多,这里主要介绍四种:针式打印机、喷墨打印机、激光打印机和三维打印机。衡量打印机好坏的指标有三项:打印分辨率、打印速度和噪声。使用时,在硬件上要与主机相连(往往使用并行口)并接通电源,在软件上要安装相应打印机的打印驱动程序,以便在 Windows 等操作系统及其应用程序中能够正确打印。

(1) 针式打印机

目前市场上提供的 24 针的打印机,主要用于各类宽行报表的打印,票据、证书和存折的打印等,这种打印机的性能价格比较高,一般都带有超大汉字库,可以打印汉字。

针式打印机按打印的宽度可分为宽行打印机和窄行打印机。

24 针打印机是通过打印头上的 24 根针来形成和打印字符和图形的,通过按下不同的针,任意字符(包括汉字和一些简单的图形符)和图形都能被打印出来。一些点阵打印机使用彩色色带可打印彩色的文本和图形。

尽管点阵打印机的分辨率不如喷墨和激光打印机,但它却具有喷墨和激光打印机所没有的优点。例如,点阵打印机能进行连页打印,适合于打印大型表格等。

点阵打印机的打印速度较慢,一般在每秒 200～450 个字符。其打印速度与打印针头的重复动作频率和字符点阵的组成有关。重复频率越高,速度越快;字符点阵越大,速度越慢。

常见的高速宽行点阵打印机有 Epson LQ - 1600KIII＋、OKI MICROLINE 8450CL 等。

(2) 喷墨打印机

喷墨打印机使用喷墨来代替针打,它利用特制技术的换能器将带电墨水泵出,由聚焦系统将其微粒聚成一条射线,由偏转系统控制微粒线在打印纸上扫描,绘出各种文字符号和图形。

喷墨打印机不像点阵打印机有很大的噪声,它是一种非击打式的打印机,价格低廉,甚至低于点阵打印机。这种打印机的体积小、重量轻,打印分辨率在 360 DPI 以上(即每英寸 360 个打印点),清晰度可与激光打印机媲美。

点阵打印机需要更换色带,喷墨打印机则需要更换喷筒或给墨筒重新加墨水。一般加一次墨水可以打印 300 页的文本,而彩色喷墨打印机的一个墨水盒只能打印近百页的文本。

常见的彩色喷墨打印机有:HP 2520hc(如图 2 - 20)、佳能 iX6580 和爱普生 Stylus Photo T21 等。

喷墨打印机的另一类高端产品便是数码照片打印机。它需要通过相应的软件(如 Microsoft PictureIt)来增强照相处理的功能(如放大、个性化照片处理以及照片放映等)。

打印时,使用专门的照片纸,打印纸盒一般可存放几十张。打印的效果和传统冲洗的照片类似,分辨率可设为增强图形方式。照片打印的时间目前还比较长。

图 2 - 20   HP 2520hc 彩色喷墨打印机

图 2 - 21   HP Color LaserJet CP3525dn 彩打

(3) 激光打印机

如图 2 - 21 所示,激光打印机是页式的非击打式打印机,它有很好的打印质量,实际上是复印机、计算机和激光技术的复合,聚集了光、电、机等技术。激光打印机的特点是速度快(每分钟可打几十页)、分辨率高、无噪声。彩色的激光打印机价格相对贵一些。上图为 HP Color LaserJet CP3525dn 彩色激光打印机。

激光打印机使用同步的多面镜像和完善的光学部件在一个光敏旋转磁鼓上写字符。这个磁鼓与复印机中磁鼓相似。激光束扫过旋转着的磁鼓时,通过"开"和"关"两种状态来表示白色区域和黑色区域。磁鼓每旋转一圈,激光打印机就打印出一行。因此,激光束类似于扫描显示器屏幕的电子束。

激光打印机本身内含内存,一般在 64 MB~2 GB 之间。当然,内存越大,速度就越快。

目前,大多数激光打印机的分辨率为 600 DPI,接近于出版物的要求,有的达 1 200 DPI 甚至更高。打印所用的纸张通常是 A4 复印纸(11 in 长和 8.5 in 宽),此外还有其他多种纸张可以使用,如:A5、Legal(8.5 in 宽和 14 in 长)、Executive(7.25 in 宽和 10.5 in 长)、B5 信封、C5 信封、Com-10 信封、DL 信封等(如 HP LaserJet 5L)。有的还可以使用 B4 复印纸,如 UnisysAP9230。

以 HP Color LaserJet CP3525dn 彩色激光打印机为例,其标准配置内存为 384 MB,最大内存配置是 1 GB,打印质量为 1 200×600 光学 DPI,处理器速度为 515 MHz,无论是彩色还是黑白,打印速度都为每分钟 30 页 A4 纸(ppm),可连接 USB 端口。

随着技术的更新,激光打印机与复印机、传真机和扫描仪等设备融为一体,出现了激光一体机。

（4）三维打印机

三维打印(Three Dimension Printing,简称 3DP)属于一种快速成型(Rapid Prototyping,简称 RP)技术,是一种由 CAD(计算机辅助设计)数据通过成型设备以材料层层堆积的方式制成三维实体的技术。比较典型的三维打印技术有三种:粉末粘结三维打印、光固化材料三维打印与熔融材料三维打印。

3D 打印机设备主要提供商有 Z Corporation、Objet、Stratasys、3Dsystems 等,Stratasys 公司与 3D Systems 公司是 3D 打印设备两大巨头。3D Systems 公司 2012 年初完成了对 Z Corporation 的收购。2013 年 4 月份,Stratasys 公司和以色列的 Objet 公司合并。三维打印可以应用于机械加工、医学工程、家庭消费等领域。随着三维打印快速成型设备功能的不断改进与打印材料的不断开发,三维打印的应用范围也在逐渐拓展。2012 年,美国宾夕法尼亚大学的科学家使用三维打印机技术在实验室打印出了人造肉,其鲜肉组织可在糖类物质构成的框架上生长,口感与真肉十分相近。

3. 计算机投影仪(Computer Projector)

近年来,计算机投影仪在 OA 领域有着广泛的应用,随着各种会议、报告会上信息量的剧增,同时为了使讨论的展开按主题动态地进行下去,人们逐步地从塑料薄膜投影方式转向以计算机投影为主的多种投影方式(图 2-22 为索尼 VPL-HW10 投影仪)。

通常,显示分辨率模式主要有 SVGA(800×600)、XGA(1 024×768)和 SXGA(1 280×1 024)。常见的计算机投影仪都能支持 SVGA 和 XGA 的显示。上述索尼 VPL-HW10 属高档的投影仪,它采用了三

图 2-22　索尼 VPL-HW10 投影仪

枚全球最小的第三代 0.61 in SXRD 全高清面板,最高显示和标准显示均为 1 920×1 080,标称光亮度(Light out)为 1 000 流明(ANSI)。这里,标称光亮度是投影机主要的技术指标,通常以光通量来表示,光通量是描述单位时间内光源辐射产生视觉响应强弱的能力,单位是流明(lm)。

一般来说,在 40~50 m² 的家居或会客厅,投影机亮度建议选择 800~1 200 lm 之间,幕布对应选择 60~72 in;在 60~100 m² 的小型会议室或标准教室,投影机亮度建议选择 1 500~2 000 lm 之间,幕布对应选择 80~100 in;在 120~200 m² 的中型会议室和阶梯教室,投影机亮度建议选择 2 000~3 000 lm 之间,幕布对应选择 120~150 in;在 300 m² 的大型会议室或礼堂,投影机多半要选择 3 000 lm 以上的专业工程用机,幕布则都在 200 in 以上。

投影仪分辨率除了影响图像的清晰度,还影响对计算机的兼容性。当计算机向投影仪发送一个 XGA 模式的信号,而投影仪支持的分辨率是 SVGA,那么这就会产生一些问题。大多数投影仪都采用了压缩技术,因此,在这种情况下,用户尽管能看到图像,但图像的显示质量却大打折扣。如果计算机使用 SVGA 分辨率,XGA 投影仪能够毫无失真地显示 SVGA 图像,不会丢失图像的任何细节,并能更灵活地选择使用不同的分辨率模式,较好地满足将来的扩展需要。

计算机投影仪可以与主机的显示卡插座相连,其视频输出一般接显示器上的 15 针 D 型接口电缆,从而使显示器像原来一样工作。

LCD(Liquid Cristal Display)投影机分为液晶板和液晶光阀两种。液晶是介于液体和固体之间的物

质,本身不发光,工作性质受温度影响很大。投影机利用液晶的光电效应,即液晶分子的排列在电场作用下发生变化,影响其液晶单元的透光率或反射率,从机时影响它的光学性质,产生具有不同灰度层次及颜色的图像。

投影仪主要分为以下几种:

(1) 液晶光阀投影机

采用 CRT 管和液晶光阀作为成像器件,是 CRT 投影机与液晶与光阀相结合的产物。为了解决图像分辨率与亮度间的矛盾,它采用外光源,也叫被动式投影方式。它是目前为止亮度、分辨率最高的投影机,亮度可达 6 000ANSI lm,分辨率为 2 500×2 000,适用于环境光较强,观众较多的场合,如超大规模的指挥中心、会议中心及大型娱乐场所,但其价格高,体积大,光阀不易维修。主要品牌有:休斯-JVC、Ampro、松下等。

(2) 液晶板投影机

是一种被动式的投影方式,它的成像器件是液晶板。目前市场上常见的液晶投影机比较流行单片设计(LCD 单板,光线不用分离),这种投影机体积小,重量轻,操作、携带极其方便,价格也比较低廉。但其光源寿命短,色彩不很均匀,分辨率较低,最高分辨率为 1 024×768,多用于临时演示或小型会议。

(3) 数码投影机

这是一种新的投影技术——数字光处理(Digital Light Procession,缩写 DLP)是把影像信号经过数字处理,然后再把光投影出来。它是基于 TI(美国德州仪器)公司开发的数字微镜元件——DMD(Digital Micromirror Device)来完成可视数字信息显示的技术。DLP 投影机可分为:单片机、两片机、三片机。DLP 投影机清晰度高、画面均匀,色彩锐利,三片机亮度可达 2000 lm 以上,它抛弃了传统意义上的会聚,可随意变焦,调整也十分便利,它分辨率高,不经压缩分辨率可达 1 024×768(有些机型的最新产品的分辨率已经达到 1 280×1 024)。

尽管,计算机上的信息都可以在投影仪上出现,但人们在作各种讲演或演示前,为了求得连贯和紧凑的效果,往往使用 Microsoft PowerPoint 软件来制作好讲演投影稿,以取得自动播放或顺序播放的效果。

以上部分均是以计算机(PC 机)为主体对主机及外部设备来介绍的,这主要是由于在过去的二十多年内,计算机尤其是 PC 机在办公自动化系统中发挥着十分重要的作用。在今后,信息技术将以更加迅猛的速度发展,具有计算、通信以及在 Internet 上存取信息等功能的整合型设备将有广泛的市场并被广泛地接受,如:整合型的电话机、手机(Mobile Phone)、智能手机(Smart Phone)、网际电话(Web Phone)、Web 电视(Web TV)、PDA 掌上电脑和汽车内联网的装备等。主机和外部设备之间的概念可能会越来越模糊,人们日常使用的各种设备(包括各种家用电器等),都将具备直接联上网络并进行存取信息的功能,延伸着即插即用的概念。

2.2 复印机和传真机

文件、数据的传送和复制是办公室工作中常见的、工作量较大的工作。办公人员经常要使用复印机复制一些文件和报告;使用传真机将一些文件、图片和其他一些信息发送到各个地方,因此复印机和传真机是办公自动化系统中不可缺少的设备。

2.2.1 复印机

复印技术是随着现代科学技术的发展而产生和发展起来的一门新技术。它是把电子、光学、微机及精密机械传动融为一体的摄影技术,也称为电摄影。在办公室工作中,最常用的就是文件、报告、表格等,而且经常需要复制若干份,如果数量不是很多,就没有必要进行油印或胶印,只要使用复印机复印就可以了。由于复印机操作简单、方便,而且复印效果清晰、保真度好,复印页面可放大、缩小和实行双面复印,同时完成文件的复印、分页、装订工作,因此复印机是目前办公室使用十分广泛,深受办公人员欢迎的现代办公设备。

一、工作原理

数字复印机与模拟复印机的区别主要是工作原理不同。模拟复印机的工作原理是：通过曝光、扫描将原稿的光学模拟图像通过光学系统直接投射到已被充电的感光鼓上产生静电潜像，再经过显影、转印、定影等步骤，完成复印过程。数字复印机的工作原理是：首先通过 CCD(电荷耦合器件)传感器对通过日曝光、扫描产生的原稿的光学模拟图像信号进行光电转换，然后将经过数字技术处理的图像信号输入激光调制器，调制后的激光束对被充电的感光鼓进行扫描，在感光鼓上产生由点组成的静电潜像，再经过显影、转印、定影等步骤，完成复印过程。

静电复印是一种电摄影方法，即在某种光导材料上(感光鼓)，利用静电效应，在其表面带上电荷，形成静电潜像，由这些电荷吸引带有异性电荷的墨粉，显现出墨粉图像，再转印到纸张上，经过某种定影方法，即得到了所需的复印品。图 2-23 为富士施乐 ApeosPort-IV C7780 数码彩色多功能机，含 2 GB 内存，160 GB 硬盘；扫描分辨率为 600×600 DPI，打印分辨率为 $2\,400 \times 2\,400$ DPI；输出纸张最大为 A3，最小为 A5；对 A4 纸，彩色输出达 70 张/分钟，黑白输出达 75 张/分钟。

图 2-23　富士施乐 ApeosPort-IV C7780 数码彩色多功能机

二、复印纸

1. 纸张幅面规格

纸张的规格是指纸张制成后，经过修整切边裁成的尺寸。过去是以多少"开"(例如 32 开或 16 开等)来表示纸张的大小，现在采用国际标准，规定以 A0、A1、A2、B0、B1、B2 等标记来表示纸张的幅面规格。标准规定纸张的幅度(以 X 表示)和长度(以 Y 表示)的比例关系为 $X：Y=1：\sqrt{2}$。按照纸张幅面的大小，把幅面规格分为 A 系列、B 系列和 C 系列，幅面规格为 A0 的幅面尺寸为 841 mm×1 189 mm，B0 的幅面尺寸为 1 000 mm×1 414 mm，C0 的幅面尺寸为 917 mm×1 279 mm。复印纸的幅面规格只采用 A 系列和 B 系列。若将 B0 纸张沿长度方向对开成两等分，便成为 B1 规格，将 B1 纸张沿长度方向对开，便成为 B2 规格，如此可对开至 B8 规格；A0 纸张亦可按此法对开至 A8 规格。A0～A8 和 B0～B8 的幅面尺寸见表 2-1 所示。

若纸张规格标记字母的前面加一个 R(或 S)表示纸张没有切毛边，经过切边修整后，将减少到标准尺寸。例如 RA4(或 SA4)是表示未切边的纸张规格。

表 2-1　纸张幅面规格尺寸

规　格	幅面(mm)	长度(mm)	规　格	幅面(mm)	长度(mm)
A0	841	1 189	B0	1 000	1 414
A1	594	841	B1	707	1 000
A2	420	594	B2	500	707
A3	297	420	B3	353	500
A4	210	297	B4	250	353
A5	148	210	B5	176	250
A6	105	148	B6	125	176
A7	74	105	B7	88	125
A8	52	74	B8	62	88

用复印机进行缩放复印操作时，缩放比率的选择取决与复印纸的幅面规格。图 2-24 表示了缩放比率与复印纸规格的关系，可供在进行缩放复印操作时参考。例如，将 B4 幅面的原稿倍率放大 1：1.22 时，复印纸采用 A3 幅面规格；若倍率缩小 1：0.8 时，复印纸应采用 A4 规格；若倍率缩小 1：0.7 时，复印纸应采

图 2-24　变倍复印时复印纸幅面规格的关系

用 B5 规格。

2. 复印纸的选用

复印纸的质量好坏直接影响复印质量。所以,必须注意和正确选择、使用复印纸张。对纸张的选择应注意纸的厚度、表面光度、密度、挺度,等等。静电复印机用纸的厚度一般保持在 $64 \text{ g/m}^2 \sim 80 \text{ g/m}^2$,有的可用 $50 \text{ g/m}^2 \sim 200 \text{ g/m}^2$ 的普通纸。

一般来说,复印纸的表面光度不能太高,否则对定影不利且不利固化。

至于纸的密度,总的来说,静电复印机以细密为好,纸纤维过稀或过粗,均会影响复印质量。此外,若纸太脆,则容易折断,造成卡纸。

纸的挺度反映纸的质地坚挺程度。若挺度差时,容易在输纸通道内稍遇到一点阻力时纸就起皱以致阻塞,所以应选用挺度好的复印纸。

三、复印机的使用

使用复印机复印原稿,一般可按以下几个步骤进行:

① 预热。按下电源开关,机器开始预热,在复印机的操作面板上显示出预热等待信号。预热过程结束后,在面板上将出现"准备好"信号。

② 放置原稿。放置原稿前,要查看原稿上的字迹、图像的清晰度和色调放置原稿时,应检查所选用的复印纸尺寸,以及纸张是横放还是竖放,以便相应地放置原稿。盖板要尽量盖严,否则会因为漏光在复印品上出现黑边。

③ 设定复印份数。将复印份数输入控制面板中,若选错了可按清除键"C",然后重新设定。

④ 设定复印倍率。一般复印机有固定的缩放倍率和可调节的缩放倍率两种。固定缩放倍率如 141%、A4→A3、B5→B4 等,根据需要选取相应的键即可。可调节的缩放倍率是由百分比来表示的,如 120%、64% 等,可根据需要自己调节。百分率的选择可参照公式:$M = L1 \div L2$,其中 M 是缩放倍率,L1 是复印件一侧的长度,L2 是原稿一侧的长度。通常无需放大、缩小,可不必选择。

⑤ 选择复印纸尺寸。根据原稿尺寸、缩放倍率来选取复印纸尺寸。有些复印机可根据用户所设的缩放倍率自动选择复印纸的尺寸。

⑥ 调节复印浓度。根据原稿纸张、字迹的色调深浅,应注意调节复印浓度。复印图片和印刷品时一般应将浓度调浅。

此外,复印机在使用过程中应注意通风,周围环境温度应在 10℃～30℃ 为宜。

2.2.2　传真机

传真机是一种现代化的通信设备,它可以迅速地、原样地传送文件、图表、相片、信函和报纸等。

一、传真机的基本原理

所谓传真,就是指通过扫描把发送的画面分解为像素,并将其变为电信号,然后发送出去,而接收端可收到与原画面相近似的印刷图像的过程。

1．发送

要将一张图像完整地送到对方,发送端处于发信状态的传真机将原稿图像经过逐行扫描分解成很多很多的微小像素(像素是组成图像的基本单元);再经光电变换,亦即利用一种光电器件把这些像素转换成相应的电信号,形成图像原始信号,这些电信号的幅度与所发送的像素的亮度成比例;然后再对原始信号进行整形、放大、编码等处理,变成图像数据。由于一幅图像的原始数据量很大,为了实现图像传输的高速化,要用编码电路将图像数据进行压缩,压缩后的数据经调制后发送到线路上。

2．接收

接收端处于接收状态的传真机进行报文接收,对接收到的电信号进行放大、解调和解码(调制和编码的逆过程),恢复出图像信号;在对恢复后的图像信号进行记录成为与原发送图像相似的复制图像。

二、传真机的分类

传真机的种类很多,分类方法各有不同,若按照传送黑白或多种色调分类,可分为真迹传真机、相片传真机、彩色传真机;若按照传送传真信号所需要占有的话路分类,则可分为单路传真机、多路传真机;若按传真机的某些特殊用途分类,又可分为报纸传真机、气象传真机、信函传真机和用户传真机等;若按速度分,真迹传真机可分为一类机、二类机、三类机、四类机等机种。

三、传真机的使用

1．发报

一般传真机有人工手动拨号和自动拨号两种方式可以使用,用户可任选其中之一。例如,人工手动拨号的工作步骤如下:

① 打开传真机电源。

② 将文稿放入进纸器槽口。

③ 拨通对方电话。发送者听到"嘀嘀……"的响声后,按下启动键(START)。若对方的传真机未打开,则请对方打开传真机后,再按启动键。

2．收报

一般有两种收报方式,即人工手动方式和自动收报方式。

人工手动方式:接到对方电话时,接通机器电源,按下启动键。

自动收报方式:将机器设定在自动接收状态,自动接收的指示灯亮,机器将自动进行接受。

3．复制文稿

用户可使用传真机进行文稿的复制。复制时,原稿的安装与发报相同。将传真机的功能选择为复印,再按启动键即能复制了。

2.3　移动设备

随着人们生活节奏的加快和信息技术、通信技术的迅速发展,产生了移动办公的新模式。移动办公可以摆脱时间和空间的束缚,为办公人员在任何时间、任何地点处理与业务相关的任何事情提供了支撑,也为办公人员处理突发性事件提供了有效的途径。智能手机、平板电脑等移动设备的迅速发展,为移动办公奠定了良好的基础,使得办公变得更加高效、灵活、轻松和方便。

2.3.1　智能手机

智能手机(Smart Phone)是相对功能手机(Feature Phone)而言的,它是具有独立的操作系统,可以随意安装和卸载应用软件的手机。从广义上说,智能手机除了具备手机的通话功能外,还具备了个人信息管理、Web 浏览、GPS、电子邮件、日程管理、视频会议、传真等功能,正日趋成为集通话、短信、网络接入、办公、学习、影视、娱乐、休闲等为一体的综合性个人手持终端设备。智能手机系统主要有 Android、iSO、Windows Phone 等几种。

一、智能手机的特点

"掌上电脑＋手机＝智能手机",这个公式生动地表明了智能手机的本质特点,智能手机与功能手机最

大的不同就在于它具有开放式的操作系统,用户可以通过安装软件来增加更多应用。一般将智能手机的特点总结为以下几点:

① 具备拨打和接听电话、发送和接收消息、查找联系人电话簿等功能手机的所有应用。

② 能够支持 GSM 网络下的 GPRS 或 CDMA 网络的 CDMA1X 或 3G 网络或 4G 网络,可以通过无线接入互联网。

③ 具备 Web 浏览、多媒体应用、阅读文档、任务安排、便签等 PAD 功能。

④ 具有独立的核心处理器(CPU)和内存,具有一个开放性的操作系统。

⑤ 具有良好的扩展性,支持第三方软件,可以根据个人需要扩展机器功能。

二、手机办公

手机办公是一种利用手机实现企业办公信息化的全新方式,是利用手机软件,建立手机与电脑互联互通的软件应用系统,实现利用手机进行信息化办公。一般认为,手机办公包括两种类型:一种是企业向运营商租用服务,获得一整套手机办公服务,实现手机办公;另一种是企业自建移动信息化平台,通过在手机客户端安装软件,实现手机和企业的各种信息化系统联通,实现手机办公。

手机办公系统是一套以手机终端为载体搭建的移动信息化系统,它可以将企业原有的 OA 系统、客户管理系统、人力资源系统等扩展到手机端,随时随地实现通知公告、移动邮件、日程管理、会议管理等功能,实现手机办公。

三、手机办公软件

基于不同的手机系统,有不同的手机办公软件,有些办公软件也可以支持在多种手机系统中应用。例如,Android(安卓)平台上的电子办公软件有 Documents To Go、思维导图(Mindjet)、Kingsoft Office、尚邮、麦库记事、语音计算器等。具体功能分别如下:

① Documents To Go 支持 Word 文档、Excel 表格的阅读与编辑,支持对文档作复制、粘贴、插入等编辑动作,并且支持 PDF 格式文件。

② 思维导图(Mindjet)通过可视化的程序界面,可以直观地处理笔记、创意、计划、日程等事项,支持共享功能,还可以无缝地与微软 Office 办公套件整合,导出多种格式的文档类型。

③ Kingsoft Office 移动版是一个支持本地和在线存储文档的查看和编辑产品。它支持对 doc/docx/wps/txt 文字文档、xls/xlsx/et 表格文档、ppt/pptx/dps 演示文档等多种常用的 Office 格式的查看和编辑功能。

④ 尚邮是一项基于 Push Mail 技术的手机邮件服务,它支持绑定网易、腾讯、Gmail 等邮箱。当有新邮件时,新邮件将直接推送至手机。它还具有资讯订阅、联系人同步、日历任务管理等功能。

⑤ 麦库记事是一款跨平台的资料管理工具,可以实现手机、电脑、平板电脑之间的笔记、图片、录音、文件等资料的同步。

⑥ 语音计算器具有普通计算器的所有功能外,还具备语音发声技术,实现表达式计算,并支持智能播报。

2.3.2 平板电脑

平板电脑(Tablet PC)是一种小型、携带方便的个人电脑,以触摸屏作为基本输入设备,并允许用户通过触控笔或数字笔进行操作,而不是传统的键盘或鼠标。平板电脑的最大特点是数字墨水和手写识别输入功能,以及强大的笔输入识别、语音识别、手势识别能力,并且具有移动性。

平板电脑的概念在 2002 年就由微软提出。2010 年苹果公司的乔布斯对平板电脑的概念进行了重新思考定位,并于 2010 年 4 月推出 iPad 平板电脑。iPad 以其超薄轻便、便于携带、操作简单、多点触控等特点区别于传统平板电脑,引发了市场对平板电脑爆发性的需求增长。2011 年 3 月份分析机构 PRTM 数据统计显示:有 64 家厂商推出了约 102 款的平板电脑。比较流行的平板电脑有:微软 Surface RT、苹果 iPad、联想乐 Pad、三星 Note、华硕 Vivo Tab RT、谷歌 Nexus、LeapPad2 等。

平板电脑具有便携、快速、易用等特点,使其成为移动办公的重要设备之一,它可以安装多种办公软件,为办公带来了方便和更高的效率。不同类型平板电脑上的办公软件有所不同,有些办公软件也可以兼容不同类型的平板电脑。下面介绍几种 iPad 平板电脑上比较常用的办公软件:

①　QuickOffice 是一款功能强大的移动办公软件，包括 QuickPoint、QuickWord、QuickSheet 和 PDF 阅读器四个组件。用户可以在 iPad、iPhone、Android 等移动设备上打开、创建或编辑文字处理、电子表格、演示文稿文件和浏览 PDF 文件等办公功能。

②　Keynote 是一款苹果公司开发的演示幻灯片应用软件，支持几乎所有的图片字体，界面和设计图形化，可以方便地制作幻灯片。Keynote 中设计了"渐变"、"陈列室"、"作品集"等 12 种主题模板，结合动画效果、字体、样式等功能，可以制作精美的演示幻灯片。

③　Numbers 是专为 iPad 设计的强大的电子表格应用程序。Numbers 提供了整理数据、执行计算、管理列表等功能，利用它可以轻松制作表格和图表、添加照片和图形以及录入并编辑数据。

④　Evernote(印象笔记)是一款可以记录文字、图片、声音、网络快照等多种内容的笔记软件。用 Evernote 可以保存在网站和生活中看到的有价值的和新奇的东西，可以剪辑有价值的网页，可以将不同来源的信息保存到一个位置，还可以实现笔记在所有电脑、手机等设备和网页版之间进行同步。与印象笔记类似的软件还有麦库、有道云笔记、为知笔记、乐顺备忘录等。

2.4　云平台

云计算是最近几年兴起的新名词，**云平台**是随着云计算的产生而产生的。可以把提供以按需、易扩展的方式获得所需的硬件、平台、软件等服务的网络平台称谓"云平台"。

Google 是云计算的提出者和先行者。但对云计算还没有统一的定义。清华大学计算机科学与技术系郑纬民教授认为：云计算就是把你的计算资源，包括硬件资源(如计算机、存储器)、软件资源(如应用软件)都放到云上面去，简单地说，云就是互联网。也有人认为：云计算就是以公开的标准和服务为基础，以互联网为中心，提供安全、快速、便捷的数据存储和网络计算服务。总之，云计算是一个新的 IT 开发和使用模型，硬件软件资源被封装成服务提供给用户，用户可以灵活按需使用，可以通过云计算实时地提供需要的服务。

云计算系统的基本原理是用户所需的应用程序和所处理的数据不在用户的个人电脑、手机等设备终端，而是在专业组织负责的"云"端，用户只需一个账号，登录便可以利用。

云计算按服务类型分为基础设施云、平台云、应用云。按服务方式又可以分为公有云、私有云和混合云。含义分别如下：

①　基础设施云：向用户提供虚拟化的计算资源、存储、网络带宽等，即基础设施即服务，称之为 IaaS(Infrastructure as a Service)。

②　平台云：为应用程序开发者提供应用程序运行环境及维护所需要的一切平台资源，即平台即服务，称之为 PaaS(Platform as a Service)。

③　应用云：面向用户提供简单的软件应用服务以及用户交互接口等，即软件即服务，称之为 SaaS(Software as a Service)。

利用云平台提供的服务功能，例如：即时通讯、邮箱、网盘、办公协同等软件的云端应用和数据、资料的云端存储，可以摆脱办公地点的限制，实现随时随地的网上办公，使办公变得方便、实时、高效。

2.4.1　网络存储

随着信息技术的发展，传统的直连式存储(Direct Attached Storage，缩写 DAS)方式已无法满足对信息存储、管理和使用的需求，网络存储是信息时代应用需求的必然，被称为继计算机浪潮和互联网浪潮之后的第三次 IT 浪潮。

一、网络存储技术

随着存储体系结构的不断发展，存储系统在容量、I/O 性能、扩展性等方面都有了显著的提高。网络存储系统的结构经历了由基于单服务器的直连式存储(DAS)，发展到以(Network Attached Storage，缩写 NAS)和 (Storage Area Network，缩写 SAN)为主要形式的基于局域网的网络存储，以及对象存储技术(Object-Based Storage，缩写 OBS)，又向基于广域网的数据网格(Data Grid)进化，并在不断发展。

DAS存储(直接附加存储)是指将存储设备通过 SCSI 接口或者光纤通道直接连在一台计算机上(服务器)。

NAS存储(附网存储)是指存储设备通过以太网及其他标准的网络拓扑结构,连接到许多计算机上,是一种专用的网络文件存储及备份设备。

SAN存储(存储区域网络)是通过高速专用网络将一个或多个网络存储设备和服务器连接起来的专用存储系统。

对象存储技术最大的特点是将数据与元数据的存储及操作分离,它主要包括对象、对象存储服务器、文件系统、元数据服务器和网络连接几个组成部分。

二、网络存储空间

网络存储空间通常是指用网络连接通过物理存储介质存储、管理数据的一个载体空间,也指网络环境下一切具有信息存储功能的虚拟空间,包括服务器存储空间和具有存储功能的其他空间(如邮箱、博客、网络硬盘等)。

网络硬盘(简称网盘),是一种基于互联网登录网站进行信息数据上传、下载、共享等操作的信息数据存储空间。电子邮箱所提供的附件功能是最早的网络硬盘。适当的利用网络硬盘,可以有效地提高办公效率。常见的网络硬盘很多。国内的网盘有:金山快盘、百度网盘、163 网盘、新浪 UC 网盘等;国外的网盘有:megaupload、dropbox、box 等。

金山快盘是一款移动云存储工具,具备文件同步、文件备份和文件共享功能。在同一账号下,金山快盘可以让手机与电脑保持文件同步,并可以设置文件或文件夹的共享,能够实现团队协作办公。

2.4.2 网上办公

网上办公的概念始于 20 世纪 70 年代中期,最先出现在发达国家,随后在全世界范围内得到发展。网上办公主要是指利用现代化的办公设备,通过先进的计算机技术、通信技术和互联网技术手段来替代办公人员的手工作业。最初,只是面向单机的辅助办公产品,逐步发展成面向企业级应用的网上办公系统。

网上办公系统是通过先进的计算机技术、互联网技术和通信技术手段建立的一个高效率、高质量、网络化、智能化的办公系统,为办公提供信息服务,利于资源共享,便于办公协作,提高办公效率和办公质量。

随着云计算技术的发展,网上办公也得到了迅速的发展,云平台成为网上办公的新途径,在线办公也进化为"云办公"。办公人员只需一个账号,便可以通过浏览器登录云平台进行网上办公,这种办公方式可以突破地点限制,节省办公资源,提高办公效率。

一、云办公

云办公是基于云计算应用模式的办公平台服务。云办公的原理是把传统的办公软件以瘦客户端(Thin Client)或智能客户端(Smart Client)的形式运行在网络浏览器中。云办公一般具有跨平台、协同性和移动化办公的特性。

云办公离不开云办公平台,云办公平台是指将分散在网络的各类孤立在线办公应用有机地联系起来,让用户只需一个账号就能轻松使用各种在线应用。云办公平台一般具有电子邮件收发、在线即时通信、网上硬盘存储、在线办公文档审阅、在线办公文档协作编辑、在线数据管理等功能。云办公平台与传统办公平台相比,具有部署简单、费用低、"零"维护、随时随地办公的特点:

① 部署简单:注册账号即可开通,简单配置即可实现一站式办公。

② 费用低:用户无需自己搭建信息化系统,没有软硬件的成本,无需专业 IT 人员的开支。

③ "零"维护:系统自动维护和升级,维护简单,管理方便。

④ 移动办公:利用云存储,办公文档数据可以无处不在,通过移动互联网随时随地同步与访问数据。

二、云办公应用

利用云办公平台进行办公,可以让日常工作更加流程化、规范化、自动化,可以使管理更加精细化、高效化。不同的提供商,提供不同的云办公应用,例如:Google Docs、Office 365、Gleasy 一站式云办公平台、百会办公门户等。

① Google Docs 是云办公应用的先行者，提供在线文档、电子表格、演示文稿三类支持。

② Office 365 是微软开发的完整的云中 Office，包括 Office SharePoint Online、Exchange Online、Lync Online 等组件。

③ Gleasy 一站式云办公平台提供了网盘、邮箱、投票、即时通讯、文件共享、在线 Office 等基础应用，还可以通过开放平台的 API，进行定制性的应用。

④ 百会办公门户是一套在线办公工具，包括邮箱和即时消息、联系人管理、任务管理、日历、文字处理工具、电子表格、演示文档、便签、收藏夹、文档存储等功能。

第二篇

操作系统

第3章　Windows 7 概述

　　一个完整的计算机系统是由硬件和软件两大部分组成的。硬件通常是指计算机物理装置本身，如处理器、内存及各种设备等；而软件是相对于硬件而言的，它包括系统软件和应用软件。在所有软件中，操作系统(Operating System)占据重要地位，它是方便用户管理和控制计算机中各种硬件和软件资源的系统软件。Windows 7 就是一种操作系统。

3.1　Windows 7 概述

　　Windows 7 是美国 Microsoft 公司于 2009 年推出的新一代操作系统。Windows 7 可供家庭及商业工作环境、笔记本电脑、平板电脑、多媒体中心等使用。为解决系统中的漏洞及提高安全性，微软公司于 2011 年 2 月正式发布了 Windows 7 升级补丁 Windows 7 SP1。Windows 7 在总结前序的 Windows 系列产品基础上，增加了很多新特性，如：家庭组功能，使得用户可通过家庭网络共享文件及打印机；任务栏快速跳转列表功能，使得用户可以快速访问常用的文档、图片或者网站等；新的任务栏，使得用户更方便地在窗口间切换等。

　　同时，Windows 7 继续支持以前 Windows 版本开发的软件及硬件，并且兼容更多的应用程序。在 Windows 7 专业版以上的版本中，微软为用户提供了 Windows XP 模式，通过该功能可帮助企业用户解决大部分应用程序兼容性问题。

　　根据用户的不同，微软公司提供了 6 种不同版本的 Windows 7 产品，它们是：Windows 7 Starter(初级版)、Windows 7 Home Basic(家庭普通版)、Windows 7 Home Premium(家庭高级版)、Windows 7 Professional(专业版)、Windows 7 Enterprise(企业版)以及 Windows 7 Ultimate(旗舰版)。

3.1.1　Windows 7 的启动

　　一个安装了 Windows 7 的计算机系统的启动十分简单，按下计算机的电源开关，系统进行自检，然后就进入 Windows 7 的登录界面，如图 3 - 1 所示。

　　要登录使用 Windows 7，首先需要有一个用户账户。

　　如何获得您的账户名和密码呢？有如下几种方法：
　　① 在安装 Windows 7 时，安装程序会创建一个管理员账户并提示您提供一个密码。
　　② 如果是从 Windows 其他版本升级而来，安装程序会保留原来的账户信息。

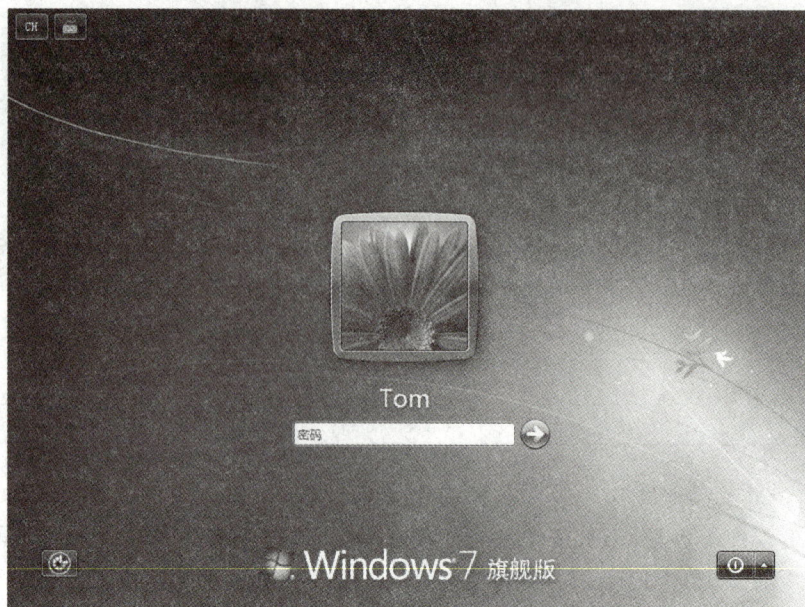

图 3 - 1　Windows 7 登录界面

　　③ 请系统管理员给您开设一个账户,并对其指定权限。

　　如果用户没有设置密码,系统会自动登录。如果用户设置了密码,在"用户账户"图标的下面会出现一个空白文本框,用户可以在这里输入密码。输入正确的密码后,单击 ⬅ 按钮或者直接按"Enter"键,将进入Windows 7 桌面,如图 3 - 2 所示。

桌面图标

桌面背景

开始按钮　　　　任务栏

图 3 - 2　Windows 7 的桌面

3.1.2　Windows 7 的关闭

　　关闭 Windows 7 时,不能直接切断电源,要执行正确的关机程序,否则会造成数据丢失、系统启动不正常等不良后果。关闭 Windows 7 的正确过程是:

　　① 关闭所有打开的应用程序。

　　② 用鼠标单击屏幕左下方的 ⬜ 按钮,再单击 关机 命令。

　　③ Windows 7 运行关闭程序,关闭打开的程序,将重要的数据存储到硬盘中。执行完上述工作后,

Windows 7 关机并关闭电源。

3.1.3 Windows 7 用户的注销和切换

一台计算机往往有多个用户使用,不同用户拥有自己的账号和工作环境。当一个用户结束自己的工作让与下一个用户使用时,可以通过"注销"功能来从系统中退出。这时计算机并不是关闭了,而是等待下一个用户使用。当多个用户共享一台计算机时,使用注销后再登录计算机来切换用户就会变得非常烦琐。这时,可以使用"用户切换"功能,在不结束当前用户工作的情况下,让其他用户登录系统,完成其所需工作。同时,Windows 7 还提供了多种用户及计算机管理功能。在"开始菜单"中的 关机 按钮右边有一个 ▶,单击它可以出现一个弹出菜单,如图 3-3 所示,它们的作用分别是:

① "切换用户":保留当前用户的所有任务,进入登录界面,允许其他用户登录系统。

② "注销":结束当前用户的所有任务,重新进入登录界面。

③ "锁定":保留当前用户的所用任务,进入登录界面,登录名仍然显示当前用户。

图 3-3 "关机"弹出菜单

④ "重新启动":系统强制关闭所有程序的运行,并结束系统本身的运行,再次启动系统。

⑤ "睡眠":使计算机在空闲时功耗较小,但保持立即使用状态。按任意键、移动鼠标或单击鼠标的一个键,会唤醒计算机,可以立即使用。计算机在"睡眠"状态时,内存中的信息未存入硬盘中。若此时中断电源,内存中的信息会丢失。

⑥ "休眠":是一种主要为便携式计算机设计的电源节能状态。该状态下系统将打开的文档和程序保存到硬盘中,然后关闭计算机。用户再次开启计算机,将返回休眠前的状态。

3.2 Windows 7 图形界面

Windows 7 是一个图形界面的操作系统,它的图形要素很多,在今后的学习中我们会经常用到它们,在这一节中将对它们的名称和作用加以学习和认识。

3.2.1 认识 Windows 7 的桌面

Windows 7 启动之后,首先呈现在用户面前的是"工作桌面",如图 3-2 所示。面对 Windows 7 的工作桌面,就如同办公人员坐在办公桌旁一样,常用的工具就也摆在"桌面"上,所有的工作从这里做起。

3.2.2 认识 Windows 7 的图标

Windows 7 初次使用时,在桌面上只会出现一个"回收站"图标。桌面图标是程序、文件和文件夹的快捷启动标识。如果复制文件或文件夹到桌面上或者在桌面上创建新的对象,将会形成新的图标。常用的图标有:"计算机"、"用户文档"、"网络"、"回收站"、"控制面板"、"Internet Explorer"等,如图 3-4 所示。

用户可以通过如下步骤,在桌面上添加常用的图标:

① 在桌面空白处右击鼠标,在弹出的快捷菜单中选择"个性化"命令。

② 打开"个性化"窗口,点击左侧窗格中的"更改桌面图标"选项。

③ 打开"桌面图标设置"对话框,如图 3-5 所示,在"桌面图标"选项卡中选择需要添加的图标,例如选中"计算机"前面的复选框按钮,然后单击"确定"按钮即可。

3.2.3 认识 Windows 7 的任务栏

任务栏位于整个桌面的最下方,用来实现多个应用程序之间的切换。在任务栏上每个打开的应用程序都对应一个按钮,如图 3-4 所示。其中:

常用图标

显示桌面按钮

快速启动工具栏　应用程序按钮栏　通知区域

图 3-4　Windows 7 的桌面图标及任务栏构成

图 3-5　"桌面图标设置"对话框

① 快速启动工具栏：该栏保存用户经常使用的应用程序的图标。默认情况下，该栏包括的内容有：Internet Explorer、Windows 资源管理器和 Windows 媒体播放器。用户可以根据自己的需要，在该栏中添加自己需要的程序。

② 应用程序按钮栏：该栏以按钮的形式显示用户打开的应用程序。Windows 7 的任务栏拥有一个新特点，当用户用鼠标指向程序按钮时，系统将应用程序或者文档显示为一个缩略图，当用户用鼠标点击缩略图后将显示其完整内容，如图 3-4 显示了两个画图程序的缩略图。用户也可以鼠标点击缩略图右上角的关闭按钮，直接关闭程序或文档。

③ 通知区域：该区域显示时钟、扬声器、语言设置以及其他活动和紧急通知的图标。

④ 显示桌面按钮：用户点击该按钮可以快速显示桌面内容。再次该点击可以切换回之前打开的应用程序。

3.2.4　认识"开始"菜单

通过点击"开始"按钮，系统将打开"开始"菜单，如图 3-6 所示。它的主要任务是启动系统应用程序、定制 Windows 7 的外观、查找文件和文件夹、取得系统的帮助和关闭计算机。此外"开始"菜单还能启动网络任务，进行自我定制和扩充。

图 3-6　"开始"菜单

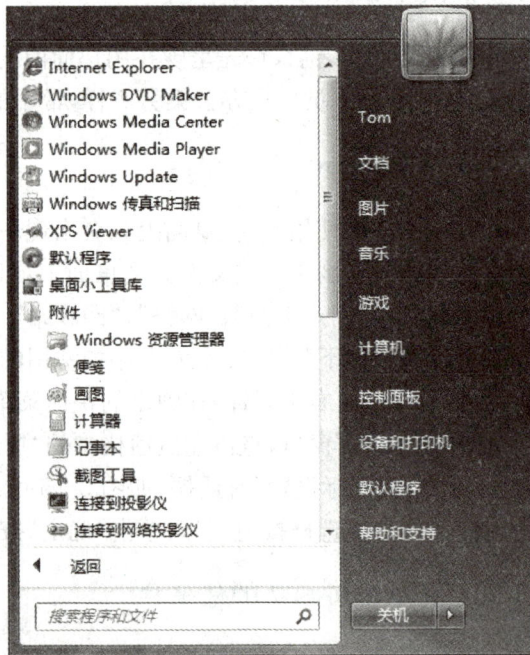

图 3-7　"开始"菜单"所有程序"内容

"开始"菜单的组成大致可以分为三个部分：

① 图 3-6 左边的大窗格显示计算机上程序的一个短列表。用户和计算机制造商可以定制此列表，所以其外观会有所不同。单击"所有程序"可显示程序的完整列表，显示效果如图 3-7 所示。

② 图 3-6 左边窗格的底部是搜索框，通过键入搜索项可在计算机上查找程序和文件。图 3-8 显示了文件名中包含"办公"两个文字的搜索结果。

图 3-8 "开始"菜单搜索的使用

图 3-9 "开始"菜单"跳转列表"功能

③ 图 3-6 右边窗格提供对常用文件夹、文件、设置和功能的访问。在这里还可注销 Windows 或关闭计算机。

Windows 7 为"开始"菜单和任务栏还引入了"跳转列表（Jump List）"。"跳转列表"是最近使用的项目列表，如文件、文件夹或网站，这些项目按照用来打开它们的程序进行组织，如图 3-9 显示了画图程序最近使用的文档。

3.2.5 认识 Windows 7 的窗口

Windows 7 中，每个应用程序都是以窗口的形式出现的，Windows 7 的窗口风格引入了浏览器的外观设计。用户可以同时打开多个应用程序，生成多个窗口。以"资源管理器"窗口为例，如图 3-10 所示，介绍 Windows 7 窗口的组成。

一、标题栏①

在窗口的最顶端是标题栏，显示当前窗口对应的应用程序的程序名称和图标，或者访问对象的名称和位置。拖动标题栏可移动当前窗口的位置。

二、控制面板②

在标题栏的右端，由三个按钮组成的控制面板（　　　）。它们的作用是调整窗口的大小、打开和关闭窗口。

① 最小化按钮　：将窗口缩小为任务栏上的一个按钮。

② 最大化按钮　：将窗口放大到整个屏幕，此时该按钮转变为还原按钮。

③ 还原按钮　：该按钮在窗口最大化时出现。单击此按钮，屏幕恢复到最大化前的大小。

④ 关闭按钮　：关闭窗口，结束程序。

三、控制菜单③

用鼠标单击标题栏的左上角，或通过键盘的"Alt+空格"键，打开如图 3-11 所示的控制菜单。根据菜单命令完成对窗口的相应操作。

图 3-10　Window 7 窗口的组成

四、菜单栏④

菜单栏位于标题栏的下方,如图 3-10 所示,它列出应用程序的菜单命令,不同应用程序的窗口菜单命令会有所不同。

五、工具栏⑤

工具栏位于菜单的正下方,如图 3-10 所示。工具栏是菜单中常用命令的图标表示。用户可以用鼠标单击这些按钮执行相关的操作。

六、导航窗格⑥

导航窗格于窗口的左边,如图 3-10 所示,用户可以利用它来快速切换到相应的窗口。

图 3-11　控制菜单③

七、状态窗格⑦

状态窗格位于窗口的最底端,如图 3-10 所示,它是用来显示所选对象的一些属性信息。

八、滚动条⑧

当窗口的大小无法显示窗中所有的内容时,窗口的右端和底部会出现滚动条,如图 3-10 所示。根据滚动条的位置,可分为:垂直滚动条和水平滚动条。用户可利用鼠标拖拽滚动条来查看不在显示区域的内容。

九、边框⑨

Windows 7 的窗口的边缘部分就是该窗口的边框。大部分 Windows 7 的窗口的大小是可以调节的,将鼠标指针指向窗口的边框,鼠标的形状会变成双向尖头(←→),按住鼠标的左键不放,拖动鼠标,窗口的大小会随之改变。

3.2.6　认识 Windows 7 的菜单

Windows 7 中包含了多种形式的菜单。菜单是命令的集合,用户通过它们完成各项任务。菜单包含的内容称为"菜单命令"或"菜单项",前者是可执行命令,后者可以打开下一级菜单。常见的菜单有如下几种:

一、下拉菜单

通常,在窗口中出现的菜单都是下拉菜单。单击菜单栏中的下拉菜单,就可以将菜单打开。窗口左上角的控制菜单也属于下拉菜单。这部分内容在前面章节中讲述过。

二、层叠式菜单

若菜单选项的右端有向右的箭头：▶，表示该选项是一个菜单项，并且有下一级菜单，这就是层叠式菜单。用户可以单击 ▶，逐级的选择下去，直到最末一级，例如"开始"菜单中"所有程序"展开启的效果，如图 3-7 所示。

三、快捷菜单

Windows 7 中"右单击"鼠标操作往往会弹出一个菜单，这样通过右击鼠标弹出的菜单称作快捷菜单。

Windows 7 中，右击不同对象可以打开不同的快捷菜单，其中包含的命令项的内容也不同，例如：在桌面的空白处右击鼠标，弹出快捷菜单如图 3-12 所示；在资源管理器中对文件右击鼠标，弹出快捷菜单如图 3-13 所示。

图 3-12　桌面的"快捷菜单"　　　　图 3-13　资源管理器的"快捷菜单"

3.2.7　认识 Windows 7 的对话框

"对话框"在 Windows 7 被广泛地使用，它是用户与 Windows 7 之间交流的重要手段。

一、对话框的功能

当用户的任务需要进行复杂的设置时，Windows 7 会打开对话框，在这个对话框中，用户可以依据任务进行参数和选项的设置。对话框的功能、大小、形状等没有统一的样式，但是它们都出于基本的控制集合。图 3-14 是"任务栏和开始菜单属性"对话框，图 3-15 是"计算机名/域更改"对话框。

图 3-14　任务栏和开始菜单属性对话框　　　　图 3-15　计算机名/域更改对话框

二、对话框中的元素

虽然对话框的功能各异,但是出现在对话框中的元素和它们的功能基本相同,常见的元素有如下几种。

1. 选项卡①

当对话框内需要显示的内容比较多的时候,常常利用"选项卡"来分页显示。例如:图 3-14"任务栏和开始菜单属性"对话框中拥有"任务栏"、"开始菜单"、"工具栏"三个选项卡。用户利用鼠标单击其中的一个选项卡名称后就可以显示该选项卡的内容。

2. 编辑框②

在编辑框中,用户可以录入文字信息。将鼠标指针移动到编辑框内,单击一下后就可以开始编辑文字了。

3. 选项按钮③

对于"选项按钮",用户一次只能选择一个按钮选项,它们往往是成组出现的,如图 3-15 所示的对话框中两个单选按钮,用户一次只能选定其中一个。

4. 复选框④

对于"复选框",允许用户同时选中多个选项,如图 3-14 对话框中的"任务栏外观"区域中有多个选项,允许用户一次选中多个选项。利用鼠标点击复选框,当其处于 ☑,表示选中状态;当其处于 ☐,表示未选中状态。

5. 列表框和下拉列表框⑤

在列表框中显示一组可选的项,当列表中所有项一屏显示不下时会提供滚动条,使用户可以在不同项之间滚动。下拉列表框是一个右边带 ☑ 的矩形框,矩形框中显示当前值。如果用户需要更改选项,单击 ☑,可以得到一系列选项,用户可以用鼠标单击选择。

6. 命令按钮⑥

大部分的对话框都有命令按钮。其中单击"确定"按钮表示用户确认当前设置,同时关闭当前对话框。单击"取消"按钮表示用户取消所有改动,恢复到上一次设置状态,同时关闭当前对话框。单击"应用"按钮表示用户确认当前设置,系统执行新设置内容,但当前对话框仍然打开。某些按钮会再打开一个新的对话框或者窗口,如图 3-14 中的"自定义"按钮,单击后会打开一个新窗口用于设置任务栏"通知区域"的内容。

3.3 中 文 输 入 法

利用计算机进行文字处理,是办公自动化的基本信息处理工作。Windows 7 提供了多种汉字输入法,用户可以调用系统预先设置的微软拼音输入法、全拼、郑码和微软拼音 ABC 输入法。

3.3.1 汉字输入方式的启动

一、使用鼠标

在桌面右下方有一个图标: ,它是 Windows 7 的语言栏。在添加手写识别、语音识别或输入法编辑器(IME)作为输入文本的方法时,语言栏将自动出现在桌面上。单击语言栏的 将出现输入法列表框,如图所示 3-16。用户根据自己的需要,使用鼠标器从其中选择。点击语言栏右下角的 ,将出现弹出菜单,如图所示 3-17。点击语言栏右上角的 ,语言栏将缩小到任务栏上,如图: 。

图 3-16　中文输入法列表框　　　　　　图 3-17　输入法设置

在语言栏上显示的按钮和选项取决于所安装的文字服务和当前处于活动状态的软件程序。

二、使用键盘

在键盘上用户可以直接使用"Ctrl＋空格"键从当前的英文输入状态进入某个汉字输入法状态。用户也可以利用"Shift＋Alt"键,在不同的输入法之间切换。若用户想从当前某汉字输入法切换回英文状态,使用"Ctrl＋空格键"即可。

3.3.2　汉字输入状态的使用

进入中文输入状态后,在进行中文输入的过程中,经常需要在中英文输入之间以及中英文标点符号之间进行切换等操作,下面以智能 ABC 输入法为例具体说明这些方法。

一、汉字输入法状态框

当用户进入微软 ABC 汉字输入法之后,桌面上就会出现汉字输入法状态框,如图 3－18,它主要由 3 个按钮组成,它们的作用如下:

1. 中/英文切换按钮①

若该按钮显示 英 ,表示当前英文输入状态,若显示为 中 ,则表示中文输入状态(不同的输入法,中文状态图标不同)。

2. 中/英文标点切换按钮②

单击该按钮可以切换中、英文标点状态(或者按 Ctrl ＋ . 键进行切换)。在中文标点状态下,从键盘输入的标点转换为中文标点,例如:"."变为"。","＜"变为"《"等。若该按钮显示 ,表示当前英文输入状态,若显示为 ,则表示中文输入状态(不同的输入法,中文状态图标不同)。

图 3－18　微软 ABC 汉字输入法状态框

3. 功能菜单按钮③

点击该按钮可以弹出一个菜单,包括:输入选项命令、软键盘命令、帮助命令、关于命令以及取消命令。它们分别完成相关的设置及信息提示功能。单击输入选项命令打开输入法设置对话框,如图 3－19 所示。在该对话框中可以对拼音方式、输入设置、中英文输入切换键以及用户自定义词进行设置。

图 3－19　输入法设置对话框

二、软键盘

单击软键盘命令将打开一个软件盘类型菜单,如图 3－20 所示。Windows 7 在汉字输入法中提供了 13 种软键盘,默认情况下是标准 PC 键盘。用户可以在菜单中选择对应的软键盘类型,如图 3－21 是中文数字/单位软键盘。利用鼠标器单击软件盘上的按钮,可以输入一些特殊的符号。

图 3－20　软件盘类型

图 3－21　中文数字/单位软键盘

3.3.3　添加系统自带的输入法

　　Windows 7中提供了多种输入法,用户可以根据需要自行添加和删除。在输入法语言栏上右击鼠标,在弹出菜单中选择"设置"命令,如图3-22系统将打开"文本服务和输入语言"对话框。在"常规"选项卡中,单击"添加"按钮,系统打开"添加输入语言"对话框,如图3-23所示。在左侧列表中,单击"中文(简体,中国)"左边的展开按钮,选中需要添加的输入法前选的复选框,单击"确定"按钮退回"文本服务和输入语言"对话框。再点击"确定"按钮退出即可。这时,在语言栏上单击█按钮,新添加的输入法将出现在输入法列表框中。

图 3-22　"文本服务和输入语言"对话框

图 3-23　"添加输入语言"对话框

3.3.4　安装第三方中文输入法

　　目前,第三方的中文输入法软件很多,比较常用的包括:华宇拼音输入法、搜狗输入法、谷歌拼音输入法等。下面以华宇拼音输入法为例(以前版本称为紫光拼音输入法),介绍其安装及调用的基本方法。步骤如下:

　　① 从其官方网站(http://www.unispim.com/)下载后运行安装程序包,解压缩后获得安装文件:█。

　　② 用鼠标双击安装文件,打开"安装向导"对话框,如图3-24所示。点击"下一步"按钮。

　　③ 依据安装向导提示,依次完成接受协议、选择安装位置、选择开始文件夹、复制文件工作,完成安装过程。

图 3-24　安装向导

图 3-25　调用华宇拼音输入法

　　按照上述步骤完成后,用户在任务栏的语言栏中点击█,从输入法列表中可以看到新添加的华宇拼音输入法,如图3-25所示。

3.4　使用 Windows 7 的帮助

为帮助用户正确使用 Windows 7，微软公司在 Windows 7 中提供了大量的帮助文档，用户可以随时获得所需要的帮助信息。

3.4.1　"帮助和支持中心"窗口

随着信息技术的发展，关于计算机及 Windows 7 使用知识不断的扩展更新。如果用户需要关于 Windows 7 的最新知识，可以通过"帮助和支持"获得，如图 3-26 所示。这个窗口提供内容最丰富、知识最权威的帮助信息，包括各种实践建议、教程和演示。使用搜索特性、索引或者目录可以查看所有 Windows 7 的帮助资源。启动"Windows 帮助和支持"窗口的方法有：在桌面上单击"开始"菜单，从中选择"帮助与支持"命令，或在桌面空白处按 F1 键。

图 3-26　"Windows 帮助和支持"窗口　　　图 3-27　关于"开始菜单"的帮助内容

"Windows 帮助和支持"窗口的主要使用方法包括：

① 在 `搜索帮助` 编辑框中，输入需要搜索的内容，例如输入"开始菜单"，然后回车或则点击🔍，帮助窗口给出关于搜索内容的若干条帮助信息，如图 3-27 所示。

② 在"Windows 帮助和支持"窗口的工具栏中，点击 📖 按钮，帮助窗口按照主题提供帮助信息。

③ 在"Windows 帮助和支持"窗口的工具栏中，点击 询问(A) 按钮，或者点击窗口左下角的 更多支持选项(M) 按钮，帮助窗口提示更多的帮助途径。例如可以让用户的朋友通过"Windows 远程协助"访问用户的计算机来帮助用户解决遇到的问题。

④ 在"Windows 帮助和支持"窗口中，点击窗口右下角的 联机帮助(N)▼ 按钮，系统弹出菜单，如图 3-28 所示。用户选择"获得联机帮助"可以通过 Internet 获得更多、更新的帮助信息。

获取联机帮助(N)
● 获取脱机帮助(F)
设置(S)…

图 3-28
设置"获得联机帮助"

3.4.2　其他获得帮助的方法

除了使用"Windows 帮助和支持"外，在 Windows 7 中获得帮助的方法还有很多，下面介绍几种简捷且常用的方法。

一、利用鼠标

欲查询某个按钮的作用，可以将鼠标移动到该按钮上，系统将做提示，如图 3-29 所示。

图 3-29　鼠标悬停获得帮助信息

图 3－30　利用"帮助超链接"获得帮助信息

二、利用 ❓ 帮助按钮

在 Windows 7 的很多对话框中可以利用标题栏右边的
❓ 按钮获得帮助。例如,在资源管理器窗口,点击工具栏的
❓ 按钮,系统打开"Windows 帮助与支持"窗口,显示对应的
帮助信息。

三、利用"帮助超链接"

在 Windows 7 的很多对话框中有"帮助超链接",例如在
图 3－30 窗口的"有关启用远程协助的信息"及"帮助我选择"
超链接。用户点击这些超链接即可获得帮助信息。

第4章 Windows 7 资源管理

几乎所有 Windows 7 的任务都需要处理文件和文件夹以及使用存储资源。Windows 7 处理文件和文件夹的工作分为三类：组织与管理文件和文件夹、搜索文件和文件夹、保障文件和文件夹的安全。Windows 7 对文件和文件夹的管理工具是"我的电脑"和"资源管理器"。其中"资源管理器"是实现文件管理的专用工具，也是 Windows 7 中各种资源的管理中心。

4.1 文件和文件夹简介

文件是记录在存储介质上的一组被命名的相关信息的集合，它可以是程序、数据或其他信息。文件保存在磁盘的文件夹中。文件夹中包括文件，也可以包括其他文件夹。Windows 7 中的文件夹不仅指磁盘目录，它还代表以目录形式存放的信息。例如：控制面板文件夹打开后，就像是打开了一个目录，各种图标就是保存在控制面板目录中的文件，但是在磁盘上找不到"控制面板"这个文件夹。

文件是一种抽象的机制，它提供在磁盘上存储信息和以后读取的方法。该抽象机制的重要特征是："按名存取"，对文件的各种操作都是以文件名为基础开展的。

一、文件的命名

文件的命名有一定规则，通常文件名由名字和扩展名两个部分组成。扩展名用于说明文件所包含信息的种类，即该文件的类型。文件名的长度在不同的系统中有不同的规定。在 MS - DOS 中，文件名的长度被定义为名字 8 位，扩展名 3 位。在 Windows 7 中，文件名最长可由 255 个字符组成，文件名可使用多个分隔符和空格，但是下列字符不能出现在文件名中：

\ /: * ?" < > |

由于上述字符在 Windows 7 命令行中有特殊的意义，所以不能用它们作为文件名。常见的文件类型及其扩展名如表 4-1 所示。

表 4-1 常见文件类型及其对应的应用程序

扩 展 名	文 件 类 型	扩 展 名	文 件 类 型
DOCX	Word 2010 文档文件	XLSX	Excel 2010 表格文件
PPT	PowerPoint 演示文件	EXE	应用程序文件
MDB	ACCESS 数据库文件	DLL	动态链接库文件
BMP	位图文件	FON	点阵字体文件
MID	MIDI 音乐文件	TXT	文本文件
COM	MS - DOS 应用程序	GIF	图像文件
PDF	Adobe 文档	WAV	声音文件

续　表

扩　展　名	文 件 类 型	扩　展　名	文 件 类 型
DBF	数据库文件	HTM/HTML	Web 网页文件
RTF	丰富文本格式文档	MP4	视频文件
ZIP	ZIP 压缩文件	RAR	RAR 压缩文件

二、文件的类型

不同类型的文件对应不同的应用程序，例如文本文件需使用"记事本"、"写字板"等文字处理程序打开，而不能使用视频播放程序打开；图像文件则需使用"画图"等图像处理程序打开，而不能使用"记事本"打开。因此，了解文件的类型对于明确该文件的作用和使用方法非常有帮助。在 Windows 7 中，每一类文件都有一个对应的图标，根据图标也可以判断文件的类型，例如：　是 Word 文件，　是 Excel 文件。表4-1总结了常见的文件类型及其对应的应用程序。

三、文件的属性

文件的属性包含了文件的基本信息，如文件类型、大小、位置及创建、修改时间等。此外还包含了文件的控制属性，在下面的节中将详细讲解。

4.2　文件管理工具

"计算机"和"资源管理器"都是 Windows 7 中的管理系统资源的重要工具。它们实际上是相同的应用程序，两者的区别仅在于使用"计算机"查看资源时默认显示连接到计算机的磁盘驱动器和其他硬件情况，而"资源管理器"默认显示计算机中"库"的内容，例如库中保存的图片、视频、文档等。本节介绍上述两个工具的基本使用方法。

图 4-1　"计算机"窗口

4.2.1　"计算机"窗口简介

一、启动"计算机"窗口

在"开始"菜单中，点击　　　命令就可以打开"计算机"窗口，如图 4-1 所示。该窗口中包括了计算机中的硬盘、可移动存储设备及系统任务与其他位置的链接图标。

二、浏览"计算机"窗口

使用"计算机"窗口可以查看计算机中的各种信息，如文件、文件夹和打印机等。用户若想了解某个磁盘或文件夹的具体内容，用鼠标器双击该图标，系统会显示用户选定的磁盘、文件夹或文件对象的内容。

> 根据用户对"浏览文件夹"方式的设置，系统会再打开一个新的窗口显示其具体内容或者在原有的窗口中显示新内容。

三、"浏览文件夹"方式的设置

在"计算机"窗口中，浏览文件夹有两种不同的方式：在同一窗口中浏览新内容或者是打开新窗口浏览新内容。设置浏览文件夹方式的步骤如下：

① 在"计算机"窗口中点击"工具"菜单，选择其中的"文件夹选项"命令，打开如图 4-2 所示对话框。

② 在"常规"选项卡的"浏览文件夹"一栏用户可以选择"在同一窗口打开每个文件夹"或者选择"在不同窗口中打开不同的文件夹"。

③ 利用鼠标点击"文件夹选项"对话框的"确定"按钮来启动设置。

> 对"计算机"窗口中"风格"的设置以及"浏览文件夹"方式的设置,同样应用于"资源管理器"窗口。

图 4 - 2　"文件夹选项"对话框

4.2.2　"资源管理器"简介

一、启动"资源管理器"

启动"资源管理器"的方法有如下几种:

① 从任务栏启动:从任务栏的快速启动工具栏中点击 按钮启动。

② 从"开始"菜单的"所有程序"中启动:单击"开始"菜单,依次从中选择"所有程序"、"附件",在"附件"中用鼠标器单击 Windows 资源管理器 命令启动。

③ 从"开始"菜单的快捷菜单中启动:在桌面的"开始"按钮上右击鼠标,在弹出的快捷菜单中选择"资源管理器"命令启动,如图 4 - 3 所示。打开的资源管理器窗口如图 4 - 4 所示。

图 4 - 3　"开始"按钮快捷菜单

图 4 - 4　资源管理器窗口

二、关闭"资源管理器"

关闭"资源管理器"的方法很多,有如下几种:

① 在"资源管理器"窗口的"文件"菜单中执行"关闭"命令。

② 用鼠标单击控制面板的关闭按钮。

③ 使用组合键"Alt＋F4"。

三、设置"资源管理器"窗口

"资源管理器"窗口的表现形式,可以应用户的需要和使用习惯加以变化。下面介绍几项"资源管理器"窗口的重要设置。

1. 调整"文件夹框"的大小

文件夹框和文件夹内容框中间有一条分隔条,为了调整两个部分的显示空间大小,可以将鼠标指针放在分隔条上,鼠标指针呈双箭头(◆─▶),拖动鼠标器即可调整两个部分的显示空间大小。

2. 改变布局

资源管理器窗口的组成包括:菜单栏、导航窗格、细节窗格,可以通过设置改变布局。改变布局的步骤

图 4-5　布局管理

如下：

① 在资源管理器窗口的工具栏中选择"组织"，在下拉菜单中选择"布局"菜单。

② "布局"菜单弹出下级菜单，如图 4-5 所示。

③ 用鼠标器点击需要的项目，使得该项前面出现 ☑ 。

④ 若决定撤消项目，用鼠标器点击对应的工具项，取消该项前面的 ☑ 。

4.3　文件和文件夹的组织与管理

在 Windows 7 中，文件和文件夹是重要的信息资源。文件和文件夹的逻辑关系如同书和抽屉。文件放在文件夹中如同书存放在抽屉中，实现有条不紊的管理；文件夹中有子文件夹如同大的抽屉中可以再有小的抽屉，表现出信息的有效分类。对文件和文件夹的组织和管理可以方便地在资源管理器中完成，本节将详细介绍这些基本方法。

4.3.1　通过"资源管理器"浏览文件和文件夹

一、打开文件夹

"打开文件夹"是指，将一个文件夹指定为当前文件夹，同时利用文件夹内容框来浏览该文件夹的具体内容。在资源管理器窗口中打开文件夹的方法主要有两种：

① 在"文件夹框"的树形列表中，用鼠标器单击要打开的文件夹。

② 在"内容框"中，用鼠标器指针双击要打开的文件夹。

二、展开和折叠文件夹

在资源管理器左侧的文件夹框中，许多文件夹左侧带有"▷"或"-"符号的框。有"▷"表示在这个文件夹下还有子文件夹，只是在文件夹列表框中的"树形结构"中没有显示出来，双击"▷"就可以展开此文件夹，并显示下一级文件夹的组成；有"◢"表示这个文件夹已经展开了，双击"◢"就可以再次折叠此文件夹，并恢复到"▷"状态。各种文件夹的情况如图 4-6 所示。

图 4-6　文件夹的展开与折叠

图 4-7　文件属性对话框

三、查看文件属性

选择要查看的文件,在文件图标上单击鼠标右键,就可以打开文件的快捷菜单,选择"属性"命令,即可打开"属性"对话框,如图 4-7 所示。文件属性对话框中包含了一些文件的基本信息,如文件类型、大小、位置及创建、修改、访问的时间,还包括了文件的两个属性:只读、隐藏。因为文件类型的不同,打开的文件属性对话框也有所不同。

① 在只读属性前面打钩,文件就加了写保护,用户只能读而不能修改这个文件。

② 在隐藏属性前打钩,一般状态下便不能见到该文件了,是一种简单的保护方法。系统文件为了防止用户因误操作而破坏系统,一般都设置成了隐藏。

四、打开文件

在 Windows 7 中,用户可以编辑的文件一般都是用特定的应用软件进行创建和编辑的,例如:Word 2010 创建的文档文件;Excel 2010 创建的电子表格文件等。打开这些文件,就是利用这些对应的应用软件打开这些文件,以便浏览和编辑其中的内容。

打开文件的方法是:在文件夹内容框中使用鼠标双击这个文件,系统就会启动创建该文件的应用程序并打开该文件。如:双击一个名为 aa.docx 的文档文件,系统会启动 Word 2010 并打开 aa.docx 文件。这样 Word 2010 就是扩展名为 docx 文件的默认打开方式。同样,若打开一个名为 bb.xlsx 的电子表格文件,双击该文件名后系统会启动 Excel 2010 并打开该文件。

4.3.2　设置资源管理器"文件夹内容框"显示方式

在资源管理器的文件夹内容框中,列出了当前文件夹包括的文件和文件夹。用户可以利用"查看"菜单中命令或者工具栏的 ,如图 4-8 所示,改变文件夹内容框的显示方式。显示方式有如下几种:

图 4-8　查看文件方式

图 4-9　"大图标"方式查看

① "图标"方式:该方式可以将对象呈现为一个图标,对于图片及视频文件可以直接预览方便用户查找。该方式具体包括"超大图标"、"大图标"、"中等图标"和"小图标"。其中"大图标"方式查看效果如图 4-9 所示。

② "列表"方式:该方式将对象呈现为一个列表,但是不显示具体属性。其查看效果如图 4-10 所示。

③ "详细资料"方式:这种方式列出对象的详细属性,如:"名称"、"大小"、"类型"和"修改时间"等。用鼠标点击属性栏向下的小箭头,将弹出筛选对话框。用户可以按照属性对文件或文件夹进行筛选。其显示方式如图 4-11 所示。

④ "平铺"方式:该方式将对象平铺呈现。其显示方式如图 4-12 所示。

⑤ "内容"方式:该方式将显示对象的部分属性。其显示方式如图 4-13 所示。

图 4‑10 "列表"方式查看

图 4‑11 "详细资料"方式查看

图 4‑12 "平铺"方式查看

图 4‑13 "内容"方式查看

4.3.3 排列文件和文件夹

按某个属性对文件或文件夹进行有效的排序,可以方便用户查找文件。排序文件或文件夹常用以下几种方法:

① 在资源管理器窗口的"查看"菜单中,选择"排序图标",从在下一级菜单中选择排序条件,如图 4‑14 所示,用户可以根据需要选择对应的排序方式。

图 4‑14 利用"查看"菜单排序文件方式

图 4‑15 利用快捷菜单排序文件方式

② 在内容窗口中的空白处右击鼠标,弹出快捷菜单,如图 4－15 所示。在弹出菜单中用户也可以选择排序方式。

③ 在"详细资料"显示方式下,单击文件夹内容条上"名称"、"大小"等按钮

名称	修改日期	大小

,就能按相应的内容排列文件夹内容;再次单击,可改变该按钮对应属性的排列的升降次序。

④ 若上述方法仍不能满足需要,可以在内容窗口的空白处右击鼠标,在如图 4－15 所示的弹出的快捷菜单中选择"更多"命令。系统会打开"选择详细信息"对话框,如图 4－16,用户可根据需要选择相应的复选框,完成后点击"确定"按钮退出。新添加的选项会出现在"排序方式"菜单中。

图 4－16　"选择详细信息"对话框

图 4－17　"文件夹选项"对话框的"查看"选项卡

4.3.4　设置查看属性

资源管理器对文件的管理中,如需要隐藏系统文件、显示文件扩展名、在标题栏显示当前目录完整路径等功能,这些设置可以在"文件夹选项"对话框中进行设置,如图 4－17 所示,用户可以通过资源管理器窗口的"工具"菜单的"文件夹选项"命令来打开"文件夹选项"对话框。

用鼠标器单击"查看"选项卡,在"高级设置"区域中,通过对复选框和单选按钮的选择,可以完成相应的设置工作。各个选项的功能如下:

① "不显示隐藏的文件、文件夹和驱动器":该项被选中,文件夹内容框将不显示文件属性为"隐藏"的文件。

② "显示所有文件、文件夹和驱动器"单选项:该项被选中,文件夹内容框将显示该文件夹中所有类型文件和文件夹。

③ "隐藏已知文件类型的扩展名"复选框:该项被选中,文件夹内容框中的文件的扩展名

图 4－18　隐藏文件扩展名的效果

图 4-19 显示文件扩展名的效果

将被隐藏，如图 4-18 所示；反之，将显示文件的扩展名，如图 4-19 所示。

设置完毕后，按"确定"按钮使所有改动生效。

4.3.5 选定文件或文件夹

在进行各项文件管理任务之前，首先要选定操作的对象。用户可以选定一个或同时选定多个操作对象。在"资源管理器"窗口中选定文件或文件夹后，被选定的对象呈现"蓝底"的显示样式。选定操作对象的方法常见如下几种：

一、选定一个文件或文件夹

移动鼠标指针到操作对象上，单击鼠标，被选定的对象呈现"蓝底"显示样式。

二、拖动鼠标器选定多个文件或文件夹

在文件夹内容框空白处，按下鼠标器左键不放，

并且拖动鼠标器，屏幕出现一个虚线框，如图 4-20 所示，虚线框囊括需选定的文件或文件夹对象，再释放鼠标左键，就完成了对多个文件或文件夹的选定。

三、选定多个连续文件或文件夹

移动鼠标器指针至需选定的第一个对象上，单击鼠标器，然后按住键盘的 Shift 键，再用鼠标器点击最后一个对象，完成对连续多个操作对象的选择。

图 4-20 选择多个文件或文件夹

图 4-21 "反向选择"命令

四、选定多个不连续的文件或文件夹

在键盘上按住 Ctrl 键不放，然后用鼠标器依次单击要选定的对象。

五、选定文件夹内容框中的所有文件或文件夹

在资源管理器窗口中执行"编辑"菜单中的"全部选定"命令，或者利用键盘执行"Ctrl+A"命令。

六、反转所选的项

首先，用户在所有对象集合中选定欲排除的对象，然后在资源管理器窗口的"编辑"菜单中执行"反向选择"命令，如图 4-21 所示。

七、取消一项选定

在已经选定的操作对象的范围内，按住键盘上的 Ctrl 键不放，然后用鼠标器点击决定取消的操作对象，即可取消对该项的选定，同时不影响对其他对象的选定。

八、取消所有选项

已经选定操作对象后，在文件夹内容框的空白位置用鼠标器单击一下，即放弃所有已选内容。

4.3.6　创建新的文件夹

在创建新文件夹之前,首先要确定新建文件夹的位置。在资源管理器窗口左侧的文件夹框中,用鼠标器选定新建文件夹的位置,它可以是某个驱动器,也可以是某个已存在的文件夹。常用的创建新的文件夹的方法有以下三种:

方法一:在资源管理器窗口的"文件"菜单中选择"新建"选项,在它的下级子菜单中选择"文件夹"命令,如图 4‑22 所示,就能建立一个新的文件夹。此时系统要求用户输入新文件夹的名称,待用户命名完成后,按回车键,即完成新文件夹的创建任务。

方法二:选定新建文件夹的位置后,在文件夹的内容框中右击鼠标器,在快捷菜单中选择"新建"子菜单,然后再选择"文件夹"命令,如图 4‑23 所示。之后系统要求用户对新文件夹命名,操作方法与方法一相同。

图 4‑22　"文件"菜单的"新建"命令　　　　**图 4‑23　文件夹的内容框的弹出菜单**

方法三:选定新建文件夹的位置后,点击工具栏的 新建文件夹 按钮。

4.3.7　移动文件或文件夹

移动文件或文件夹的目的是改变它们的存储位置,从原来位置"搬家"到新位置上。实现该操作有三种常用方法,步骤分别如下:

一、利用鼠标器拖动实现对文件或文件夹的移动

① 在资源管理器窗口中,选定一个或多个准备移动的文件或文件夹。

② 按住键盘 Shift 键(若在不同的驱动器之间移动文件或文件夹需要按住键盘 Shift 键,否则不需要),并按住鼠标左键不放,拖动鼠标。此时鼠标器的指针带动文件的图标一起移动。

③ 在目标文件夹的图标上释放鼠标左键,完成移动任务。

二、利用"移动到文件夹"命令

① 在资源管理器窗口中,选定一个或多个准备移动的文件或文件夹。

② 在"编辑"菜单中选择"移动到文件夹"命令,系统弹出"移动项目"对话框,如图 4‑24 所示。

③ 在对话框中选定移动目标位置,按"移动"按钮,完成移动任务。

三、利用"剪贴板"移动文件或文件夹

除了利用鼠标器拖动的方式来移动或复制文件外,Windows 7 资源管理器中还提供了剪贴板、剪切和粘贴技术来完成这些任务。"剪贴板"是 Windows 7 中提供用于暂时存放信息的存储区。剪贴板可以存放各种信息:如文本、图片、声

图 4‑24　"移动项目"对话框

图4-25 利用工具栏移动文件

音、动画等。当使用剪贴板来移动文件时,首先需要将文件保存到剪贴板上,再从剪贴板上传送到目标位置处。这些操作可以通过菜单命令来实现,也可以通过快捷菜单命令来实现。

利用剪贴板实现移动任务步骤如下:

① 在资源管理器窗口中,选定一个或多个准备移动的文件或文件夹。

② 选择"编辑"菜单中的"剪切"命令;或者工具栏中选择"组织",再选择其中的"剪切"按钮。

③ 找到并打开目标文件夹,在"编辑"菜单中执行"粘贴"命令;或者在工具栏中选择"组织",再选择其中的"粘贴"命令。如图4-25所示。

在使用过程中,用户如果误操作,可以使用"编辑"菜单中的"撤消"命令恢复原状。

4.3.8 复制文件或文件夹

复制文件或文件夹是指保留原来文件或文件夹的同时,在新位置为它们建立一个复制品。复制文件或文件夹与移动它们的操作步骤相似,大致也可分为三种。

一、利用鼠标器"拖动"实现对文件或文件夹的复制

① 在资源管理器窗口中,选定一个或多个准备移动的文件或文件夹。

② 按住键盘Ctrl键(若在不同的驱动器之间移动文件或文件夹需要按住键盘Ctrl键,否则不需要),并按住鼠标左键不放,拖动鼠标,此时鼠标器的指针带动文件的图标一起移动,同时鼠标指针后有一个"+"标志。

③ 在目标文件夹的图标上释放鼠标左键,完成复制工作。

二、利用"复制到文件夹"命令

① 在资源管理器窗口中,选定一个或多个准备复制的文件或文件夹。

② 在"编辑"菜单中选择"复制到文件夹"命令,系统弹出"复制项目"对话框,如图4-26所示。

③ 在"复制项目"对话框中选择一个目标位置,按"复制"按钮,完成复制任务。

三、利用"剪贴板"完成复制任务

① 在资源管理器窗口中,选定一个或多个准备移动的文件或文件夹。

② 选择"编辑"菜单中的"复制"命令,或者工具栏中的"复制"按钮。

③ 找到并打开目标文件夹,在"编辑"菜单中执行"粘贴"命令,或者在工具栏中选择"组织",再选择其中的"删除"命令,即可完成复制。

图4-26 "复制项目"对话框

4.3.9 删除文件或文件夹

对于不再需要的文件或文件夹,应当及时删除,这样既有效地管理了文件,又可以节省磁盘空间。删除文件或文件夹,通常使用以下几种方法:

① 选定要删除的文件或文件夹,然后按键盘上的Delete键。

② 选定要删除的文件或文件夹,然后选择"文件"菜单中的"删除"命令。

③ 选定要删除的文件或文件夹,在工具栏中选择"组织",再选择其中的"删除"命令。

④ 用鼠标右击欲删除的文件或文件夹,然后在快捷菜单中选择"删除"命令。

在用户执行"删除"命令后,系统会弹出"删除文件"对话框,如图4-27所示。单击"是"按钮,确认删除任务。这时,被删除的文件或文件夹会从原来的位置上消失,但是这些文件并没有从物理上消失,它们被暂时保存在"回收站"中。

图 4‒27　"删除文件"对话框

图 4‒28　永久"删除文件"对话框

　　"回收站"提供了安全机制。当用户从硬盘删除项目时，Windows 7 会将其放到"回收站"中。用户可以从"回收站"中恢复误删除的文件或文件夹。但是，从软盘或网络驱动器中删除的项目将被不保存到回收站中，而是永久删除。后续章节将详细介绍"回收站"管理。

　　如果决定直接彻底地删除某个文件，不再放入回收站时，可以用"Shift＋Delete"键，这时系统弹出"删除文件"对话框，如图 4‒28 所示。如果在该对话框中选择"是"，该文件被永久删除，不可恢复；选择了"否"，则对该文件不做任何操作。

　　使用"Shift＋Delete"键删除文件，被删除的文件或文件夹不保存到"回收站"中，不能被恢复，请用户谨慎使用该方法。

4.3.10　恢复被删除的文件或文件夹

　　如果用户误删除了文件或文件夹，在一段时间之内可以恢复它们，方法有如下几种：
- 选择工具栏的"组织"按钮，再在其中选择"撤销"命令，撤消刚才的"删除"操作。
- 利用"编辑"菜单中的"撤消删除"命令，撤消刚才的"删除"操作。
- 在"文件夹内容框"中单击右键，在弹出的菜单中选择"撤消删除"选项。如图 4‒29 所示。

图 4‒29　弹出菜单中的"撤消删除"命令

图 4‒30　在"回收站"窗口中还原文件

- 利用"回收站"恢复文件或文件夹，步骤如下：
① 在"资源管理器"左边窗格中点击 🗑 回收站 图标，打开"回收站"窗口。
② 在"回收站"窗口中选定决定还原的文件或文件夹。

③ 右击鼠标,在弹出菜单中,选择"还原"命令,如图 4 - 30 所示;或者执行"文件"菜单中的"还原"命令。

> 如果被还原的文件原来所在的文件夹已经被删除,则在恢复过程中,该文件的文件夹也一起被恢复。

4.3.11 "回收站"管理

一、清空"回收站"

"回收站"中的项目仍然占用硬盘空间,当"回收站"充满后,Windows 7 自动清除"回收站"中的空间以存放最近删除的文件和文件夹。

如果磁盘空间比较小,请始终记住清空"回收站"。也可以限定"回收站"的大小以限制它占用硬盘空间的大小。

图 4 - 31　清空回收站

清空"回收站"的两种常用方法是:

方法一:在回收站窗口的"文件"菜单中选择"清空回收站"命令。然后,在弹出的"删除多个项目"对话框中点击"是"按钮。

方法二:在桌面上用鼠标器右击"回收站"图标,在弹出菜单中选择"清空回收站"命令,如图 4 - 31 所示。然后,在弹出的"删除多个项目"对话框中点击"是"按钮。

二、设置"回收站"

回收站作为一个缓冲区,它是通过在磁盘上开辟专用区域来实现的,它的大小是有限度的。回收站默认的空间大小是磁盘总空间的 8% 左右。如果待删除的文件超过了回收站的空间,系统将给予提示,这时将直接删除文件。空回收站的图标显示为:

;满回收站的图标显示为　　。

用户可以对"回收站"的大小、位置、使用方式等属性,进行不同的设置。用鼠标器右击桌面上的回收站图标,在弹出菜单中选择"属性"命令,出现"回收站 属性"对话框,其"常规"选项卡如图 4 - 32 所示。其中,各个部分的功能如下:

① "自定义大小"单选按钮:选中后,用户可以自行设置回收站的大小。

② "不将文件移到回收站中……"单选按钮:选中后,用户删除的文件将直接删除,不再移入回收站中。

③ "显示删除确认对话框"复选框:选中后,用户在删除文件时,系统将给出确认对话框,否则将无对话框出现。建议用户选中该项来避免错误删除操作。

经过设置后,用户点击"确认"按钮实现回收站属性更改。

图 4 - 32　"回收站属性"对话框

4.3.12　重命名文件或文件夹

有些时候,在用户创建文件或文件夹之后,希望对它们重新命名,以方便记忆和查找。重命名文件或文件夹常用以下三种方法,以文件为例:

① 用鼠标器单击欲更名的文件,然后再一次单击该文件名,当文件名以"蓝底白字"显示并且四周出现一个方框时,如图 4 - 33 所示,在方框中输入新的文件名,然后回车或用鼠标器单击文件名外的任何地方,完成文件的更名。

② 选定要更名的文件,然后选择"文件"菜单中的"重命名"命令,进行文件更名。

③ 用鼠标器右击欲更名的文件，然后在快捷菜单中选定"重命名"命令，如图 4-34 所示，进行文件更名。

图 4-33 重命名文件

图 4-34 "重命名"弹出菜单

4.3.13 设置文件和文件夹的属性

选中文件或者文件夹，在"文件"菜单中选择"属性"命令；或者右击文件或者文件夹图标，在弹出菜单中选择"属性"命令，打开"文件属性"对话框。在对话框中点击"高级"按钮，打开"高级属性"对话框，如图 4-35 所示。其各个组成部分的功能如下：

① "可以存档文件"复选框：选中该项，相关备份工具将对文件或者文件夹进行存档处理。

② "除了文件属性外，还允许索引此文件的内容" 复选框：选中该项，所选文件或者文件夹的内容将被系统索引工具进行索引处理，这样用户可以按照内容查找文件和文件夹。

图 4-35 "高级属性"对话框

图 4-36 "确认属性更改"对话框

③ "压缩内容以便节省磁盘空间" 复选框：选中该项，指定该文件或者文件夹是否被压缩。压缩的目的是为了减少文件或者文件夹在磁盘上占据的空间。选中压缩选项的文件或文件夹的名称将显示为：办公自动化的定义.txt 。

④ "加密内容以保护数据" 复选框：Windows 7 为保护用户文件的安全，防止其他用户未经许可访问文件和文件夹，提供了该机密功能。选中"加密内容以保护数据" 复选框后，点击"确定"按钮后，返回"属性"对话框，再点击其中的"确定"按钮，系统会弹出"确认属性修改"对话框，如图 4-36 所示。选择"将更改应用于次文件夹、子文件夹和文件"后，点击"确定"按钮。这样文件下的所有内容，包括下级文件夹内容都将被加密。加密后的文件或文件夹将呈现为绿色。用户访问其他用户的加密文件时，若未授权，系统会弹出"拒绝访问"对话框提示。

对文件及文件夹不能同时设置"压缩"和"加密"功能。

4.3.14 Windows 7 中的 ZIP 压缩文件夹功能

文件占据了磁盘的大量空间,对文件的传输和利用带来的不便,通常要将文件进行压缩处理,以减少文件及文件夹所占据的驱动器的空间。Windows 7 中的 ZIP 压缩文件夹功能可以创建压缩文件夹。创建压缩文件夹的优点主要有以下几个方面:① 在网络中传送大型文件时先把这些文件进行压缩,则可大大减少网络传送的任务。② 便于查找和利用各种软件。比如把很多同类的文件压缩为一个压缩文件后,就可以把它当成一个对象来进行操作。③ 能够改变文件类型。有些邮件服务器不接受某些类型的文件,比如＊.EXE 等。这时就可以把一个或多个这种类型的文件压缩成压缩文件,这样就能作为邮件的附件来发送了。

一、创建压缩文件夹

用下面两种方式也可以创建压缩文件夹。

① "计算机"、"资源管理器"的窗口空白处,或者在桌面上单击鼠标右键,在弹出的快捷菜单中选择"新建",在下级子菜单中选择"压缩的(zipped)文件夹"命令,如图 4-37 所示:

② 鼠标右键单击任何文件和文件夹,在弹出的快捷菜单中选择"发送到",在下级菜单中选择"压缩(zipped)文件夹"菜单项,如图 4-38 所示。

图 4-37 新建"压缩文件夹"菜单

图 4-38 发送到"压缩文件夹"菜单

新建的压缩文件夹是一个空文件夹,对任何需要进行压缩的文件或文件夹,可以直接用鼠标左键拖动到这个空压缩文件夹中。

二、从压缩文件夹中提取内容

在 Windows 7 中打开压缩文件夹的方式与打开普通文件夹的方式相同,都是双击文件夹图标,进入压缩文件夹后进行相关操作。

若要提取单个文件或文件夹,请双击压缩文件夹将其打开。然后,将要提取的文件或文件夹从压缩文件夹拖动到新位置。

若要提取压缩文件夹的所有内容,请右键单击文件夹,单击"全部提取",然后按照说明进行操作。弹出如图 4-39 所示的"提取压缩(zipped)文件夹"对话框。通过点击"浏览"按钮,为提取的文

图 4-39 "提取压缩文件夹"对话框

件指定一个保存位置,然后点击"提取"按钮,系统就将文件提取到指定位置上。

4.3.15 打印文件

在 Windows 7 中打印文档,首先要正确的安装打印机,该部分内容将在后续章节阐述。打印文档的方

法主要有以下两种：

方法一：通过创建文档的应用程序，使用该应用程序菜单中的打印命令。在应用程序中，如：画图程序、写字板、Word、Excel，选择窗口左上角的 Office 按钮，在弹出菜单中选择"打印"命令。图 4‑40 显示了打印写字板文件情况。

图 4‑40 打印写字板文件

对于各个不同的应用程序，它们的打印菜单可能会有所差别，但基本是一致的。

方法二：在资源管理器中找到欲打印的文件，用鼠标器右击该文件，在弹出的快捷菜单中选择"打印"命令，如图 4‑41 所示。系统就会自动启动对应的应用程序进行打印，打印完成后自动退出刚才启动的应用程序。需要强调的是，用这种方法打印的文件，它的文件类型必须是在系统中已经注册过的。

4.3.16 使用"库"

"库"是 Windows 7 中的新增功能。库是用于管理文档、音乐、图片和其他文件的位置。其使用方式如同利用文件夹查看文件。在某些方面，库类似于文件夹。例如，打开库时将看到一个或多个文件。但与文件夹不同的是，库可以收集存储在多个位置中的文件。这是一个细微但重要的差异。库实际上不存储项目。"库"监视包含项目的文件夹，并允许用户以不同的方式访问和排列这些项目。例如，如果在硬盘和外部驱动器上的文件夹中有音乐文件，则可以使用音乐库同时访问所有音乐文件。Windows 有四个默认库：文档、音乐、图片和视频，如图 4‑42 所示。

图 4‑41 利用弹出的快捷菜单发送打印命令

一、"库"内容管理

向"库"中添加新的步骤如下：打开"资源管理器"，找到需要添加到库的文件夹，然后单击（不是双击）该文件夹。在工具栏中，单击"包含到库中"，然后单击某个库（例如，"图片"），如图 4‑43 所示。这样该文件夹就可以添加到库中。

不再需要 Windows 7 监视库中的某文件夹时，可以将其从库中删除。从库中删除文件夹时，不会从原始位置中删除该文件夹及其内容。从"库"中删除内容的步骤如下：打开"资源管理器"窗口，在对应的"库"

图4-42 "库"的内容

图4-43 添加文件夹到库中

中找对应的文件夹,右击鼠标在弹出菜单中选择"从库中删除位置"命令,如图4-44所示。对应的文件夹将从库中删除。

图4-44 从库中删除文件夹

图4-45 新建一个库

图4-46 删除库

二、"库"管理

除了Windows 7提供的四个默认库之外,用户也可以新建库。具体步骤如下:打开"资源管理器"窗口,然后单击左侧窗格中的"库"。在"库"中的工具栏上,单击"新建库",如图4-45所示。键入库的名称,然后按Enter。利用"资源管理器"左侧导航窗格进入新建的库后,可以利用"包括一个文件夹"按钮为新建的库指定一个文件夹。

若用户不再需要某个"库"时,可以将其从"库"中删除。具体步骤是:打开"资源管理器"窗口,然后利用左侧的导航窗格找到待删除的"库",右击鼠标在弹菜单中选择"删除"命令,如图4-46所示。

4.4　搜索 Windows 7 中的资源

　　随着办公工作复杂性的提高,用户需要保存、处理的文件的数量及种类越来越多。即使再优秀的用户也可能记不清文件的位置,因此用户需要掌握对计算机中资源的搜索能力。Windows 7 对"搜索"功能进行了大幅度的改进,与先前版本相比,用户可以在更多的位置进行搜索,并查找得更快。Windows 7 在资源管理等各类窗口中提供了一个"搜索框",用户只需在搜索框中键入关键字母可进行搜索。搜索结果按类别分组,且突出显示关键字以使它们易于被用户查找。由于很少有人会将其所有文件再存储到一个位置,因此 Windows 7 还可搜索外部硬盘驱动器、网络上的 PC 和其他位置上的文件。通过显示基于先前查询的建议,它还可加快搜索的速度。同时,搜索还包括一个索引服务,该服务维护了计算机中相应内容的索引,使得搜索速度更快。本章节将介绍 Windows 7 的搜索功能。

4.4.1　使用搜索

　　在 Windows 7 中,可以通过以下几种方法来使用搜索:
　　① "开始"菜单的"搜索框"。
　　② 在"计算机"或者"资源管理器"窗口中,使用工具栏的"搜索"框。
　　③ 使用"搜索"文件夹窗口。在键盘上按"windows 徽标键＋F 键",可以打开"搜索"文件夹窗口,如图 4 - 47所示。
　　在搜索框中键入内容后,搜索将自动开始。搜索的结果依赖于文件名中的文本、文件中的文本、标记以及其它文件属性。计算机上的大多数文件会自动建立索引。例如,包含在"库"中的所有内容都会自动建立索引。

图 4 - 47　资源管理器窗口搜索结果

图 4 - 48　资源管理器窗口搜索结果

4.4.2　搜索文件或文件夹

一、"按名"搜索文件或文件夹
　　文件或文件夹的名字是它们存在的根本标志,"按名存取"文件是文件管理的机制。按名称查找是搜索文件或文件夹的基本方法。以资源管理器为例,首先选择搜索的位置,然后在搜索框中键入文件或者文件夹名称的部分或者全部内容,系统将自动开始执行搜索。例如在资源管理器窗口中搜索"办公"的结果,如图 4 - 48 所示。Windows 7 对用户输入的搜索内容,都能按照"模糊"匹配的方式进行查找,例如在搜索"办公"关键字时,名称为"办公自动化"、"计算机办公"等包含"办公"的文件或者文件夹都能被搜索出来。

　　如果用户在当前文件夹中没有搜索到所需内容,可以滚动到搜索结果列表的底部。在"在以下内容中再次搜索"下,执行下列操作之一:单击"库"在每个库中进行搜索;单击"计算机"在整个计算机中进行搜

图 4-49　资源管理器窗口搜索文本文件结果

索;单击"自定义"搜索特定位置;单击 Internet 以使用默认 Web 浏览器及默认搜索提供程序进行联机搜索。

二、使用扩展名搜索文件

如前文所述,不同应用程序建立的文件的扩展名各不相同。若要快速查找到所需文件,可以依据文件的扩展名进行查找。例如查找所有文本文件,可以输入搜索内容为"＊.txt"。其中,星号代表零个或多个字符,"txt"是本文文件的扩展名。图 4-49 显示了利用资源管理器搜索指定文件夹内所有文本文件的搜索结果。

三、搜索的高级方法

文件是一组被命名数据的集合。文件有自己的属性,包括：文件类型、文件的大小、文件的物理位置、文件的创建时间、文件的最后一次访问时间、文件的修改时间等等。依据这些属性,同样可以实现对文件或文件夹的精确搜索。将鼠标停在搜索框中,可以出现一个"添加搜索筛选器",如图 4-50 所示。"筛选器"可以帮助用户更精确地查找文件,其中常用的两项功能如下：

图 4-50　搜索筛选器

1. "修改日期"选项

这个选项以日期为条件,进行对象的搜索。点击此选项后,打开如图 4-51 所示的对话框。用户可以按照文件或文件夹修改时间进行搜索。用户可以在时间选项中具体指定日期,也可以在通过选取"很久以前"、"今年的早些时候"、"上星期"、"这星期的早些时候"、"昨天"设置时间范围。在资源管理器窗口中,按照"时间"筛选后,搜索指定文件夹中文本文件的结果如图 4-52 所示。

图 4-51　按照"时间"筛选

图 4-52　按照"时间"筛选后的搜索结果

2. "大小"选项

"大小"选项是以查找对象的文件大小为条件,进行对象的搜索。点击此选项后,打开如图 4-53 所示的对话框。用户可以从现有选项中选择系统预设置的文件大小选项。在资源管理器窗口中,按照"大小"筛选后,搜索指定文件夹中文本文件的结果如图 4-54 所示。

> 在搜索框中,出现的"筛选"选项会有所不同。用户也可指定一个或者多个"筛选"选项,这样可以更准确地搜索到所需内容。

图 4-53　按照文件"大小"筛选

图 4-54　按照文件"大小"筛选后的搜索结果

四、保存搜索

如果需要定期搜索特定的文件或文件夹,则"保存搜索"将非常有用。保存搜索后,不必再次设置搜索条件,只要打开保存的搜索,就可以看到与原始搜索条件相匹配的最新的搜索结果。

保存搜索的基本方法是:首先执行搜索,完成搜索后,在工具栏上单击"保存搜索"。在"文件名"框中,键入搜索的名称,然后单击"保存"如图 4-55 所示。保存的搜索结果的快捷方式将添加到导航窗格的"收藏夹"中。"搜索本身"将保存在位于"计算机"下的个人文件夹中"搜索"文件夹中,如图 4-56 所示。

图 4-55　保存搜索"另存为"对话框

图 4-56　使用保存的搜索

4.5　磁盘管理

磁盘是保存计算机中各类文件的存储介质。随着信息技术的发展,各种类型的存储介质不断涌现,虽然有些不再是磁性介质的,但是习惯上还称为"磁盘"。常见的磁盘包括:普通硬盘、U 盘、固态硬盘等。对磁盘的有效管理是 Windows 7 的重要内容之一。

4.5.1　磁盘文件系统的概念

一、磁盘、分区与卷

磁盘是一种可以被 MS-DOS 及所有 Windows 系统访问的基本物理存储介质。一个物理磁盘可以划分为多个部分,称为分区。分区按照类型分为主分区和扩展分区。其中,主分区是用来安装操作系统的。一个磁盘最多可以有四个主分区(当有扩展分区时,最多有三个主分区)。扩展分区是从硬盘的可用空间上创建的分区。当磁盘被分割为多个分区后,每个分区可以单独使用,并且每个分区可以使用不同的文件系统。

是否可以将多个硬盘统一管理,看作一个大硬盘使用呢? Windows 7 提供的一种称为"卷"的磁盘管理方式,它可以将多个硬盘统一管理,形成一个逻辑上的大硬盘。例如,将一个 10 G 的硬盘和一个 30 G 的硬盘,合并成一个 40 G 的逻辑硬盘使用,这样"卷"就可以跨多个硬盘。同时,一个物理磁盘划分出的分区可以看作一个"卷"。"分区"与"卷"这两个术语经常互换使用。在"计算机"或"资源管理器"中,"卷"作为本地磁盘出现,也就是我们使用的 C:盘或 D:盘。

二、文件系统

文件系统是 Windows 7 组织和管理文件的方式,Windows 7 支持的文件格式包括:NTFS、FAT 和 FAT32。Windows 7 系统需要安装在 NTFS 文件格式的卷上。下面简要介绍一下 NTFS 和 FAT32 文件系统各自的功能和特点。

1. FAT32

FAT 是英文 File Allocation Table 的缩写,意思是文件分配表,也叫分区表。FAT32 是 FAT 文件系统的增强版本,使用 32 位作为一个存储单元来存储文件。FAT32 可用在容量为 512 MB~2 TB 的驱动器上。FAT32 可以与 Windows 7 之前的 Windows 操作系统兼容。

2. NTFS

NTFS 文件系统是在 Windows 7 推荐使用的文件系统。NTFS 具有 FAT 的所有基本功能,并提供了下列优于 FAT 32 文件系统的特点:更好的文件安全性;更大的磁盘压缩;支持大磁盘,可达 2 TB。

如果使用双重引导配置(在同一台计算机上既使用 Windows 7 又使用其他操作系统),则可能无法从计算机的其他操作系统访问 NTFS 分区上的文件。出于这种原因,如果需要配置各系统,可使用 FAT32 文件系统。

3. NTFS 与 FAT32 文件系统的比较

NTFS 比 FAT32 的功能更强大,它包括:具备自动从某些与磁盘相关的错误中恢复的能力;可以使用权限和加密来限制某些用户对特定文件的访问;提供对 Active Directory 的支持等。因此,在 Windows 7 推荐将分区设置为 NTFS 格式。

用户可以使用 CONVERT 命令将 FAT32 的分区转换为 NTFS 格式。这种转换可以保持用户的文件不发生变化(不像格式化分区)。将分区转为 NTFS 之后,无法再将其转换回来。将分区从 NTFS 格式转换为 FAT32 格式需要重新格式化分区,这样会破坏分区的数据。

4.5.2 查看磁盘属性

磁盘的相关属性包括磁盘的类型、文件系统、空间大小、卷标信息等。以 C 盘为例,查看和更改上述信息的步骤如下:

① 在"计算机"或"资源管理器"窗口中,鼠标右击本地磁盘 C 图标,在弹出菜单中,选择"属性"命令,如图 4-57 所示。

图 4-57　在计算机中查看磁盘属性　　　　图 4-58　磁盘属性对话框

② 系统打开磁盘"属性"对话框,选择"常规"选项卡,如图 4-58 所示。用户可以看到该磁盘的详细属性信息,包括：磁盘类型、文件系统、当前磁盘的可用空间和已用空间的比例。

③ 点击对话框的"确定"按钮,应用用户的设置,并关闭当前对话框。

4.5.3　格式化磁盘

在计算机的磁盘上建立可以存储文件的磁道和扇区以记录信息的过程称为"磁盘的格式化"。它是一个建立电子标记的过程,使得驱动器能在磁盘的正确位置上读写。

以格式化磁盘为例,操作步骤如下：

① 打开"资源管理器"窗口,将鼠标指针指向需要格式化的磁盘的图标处,如"E:"盘,单击鼠标器的右键,出现快捷菜单,如图 4-59 所示。在该菜单中执行"格式化"命令,出现"格式化"对话框,如图 4-60所示。

图 4-59　"格式化"快捷菜单　　　　图 4-60　"格式化新加卷"对话框

② 在"容量"下拉列表框中选择要格式化的磁盘的容量。

③ "文件系统"下拉列表框：该选项仅限于磁盘驱动器。根据磁盘文件系统的要求可选择的项有FAT32、NTFS 两种。

④ "分配单元大小"下拉列表框：该选项仅限于 NTFS 格式的文件系统,是专用于 Windows 7 操作系统的高级文件系统,它支持文件系统的故障恢复。用户在"文件系统"下拉列表框中选择了 NTFS 格式后,可使用该项。

⑤ "卷标"编辑框：输入卷标的名称以便今后识别。FAT32 文件格式的卷标至多包含 11 个字符,NTFS 文件格式的卷标至多包含 32 个字符。

⑥ "快速格式化"复选框：选中该选项后,格式化工作将删除磁盘上的文件信息,不检查磁盘表面的错误。该选项只适合曾经格式化的磁盘。

⑦ "启用压缩"复选框：指定是否格式化卷以便压缩该卷上的文件和文件夹。只有 NTFS 文件格式的驱动器才支持压缩。

⑧ 设置完成后,用鼠标器单击"开始"按钮,系统开始格式化磁盘。

4.5.4　网络驱动器的映射和解除

对于其他用户在网络上共享的磁盘驱动器或文件夹等,用户是否可以方便地进行访问,如同本地的文件夹一样呢？"映射网络启动器"功能可以帮助完成这样的设置。

一、映射网络驱动器

映射一个网络驱动器的步骤如下：

① 在资源管理器的"工具"菜单中执行"映射网络驱动器"命令,系统打开对话框如图 4-61 所示。

② 在"驱动器"下拉列表中,为映射的对象中选择一个本地的盘符,如"Z:"。

③ 在"文件夹"下拉列表中,填入欲去接的共享的磁盘驱动器或文件夹的位置。其表示方式为:"\\计算机名\共享文件夹名"。或者点击"浏览"按钮,在相关计算机上找到共享目录,如图4-62所示。选择完成后,点击"确定"返回"映射网络"驱动器窗口。

图4-61 "映射网络驱动器"对话框

图4-62 "浏览文件夹"窗口

④ "映射网络"驱动器窗口中的"登录时重新连接"复选按钮,指是否每次系统启动时连接该共享的驱动器或共享的文件夹。默认情况下选中该复选框。

⑤ 若共享的目录夹有用户权限设置,可以点击对话框中的"使用其他凭据连接",在弹出的对话框中输入用户名和密码。

⑥ 设置完毕按"完成"按钮。

设置成功后的资源管理器窗口如图4-63所示。在左侧导航窗格中会多出一个磁盘的符号,该磁盘的图标为:,它表示用户映射的网络驱动器。用户对该驱动器内容的操作如同操作本地的驱动器的方法一样,但具体的访问权限根据用户的账户权限确定。

图4-63 "映射网络驱动器"对话框

图4-64 "映射网络驱动器"窗口

二、断开网络驱动器

要解除已经映射的网络驱动器,在资源管理器的"工具"菜单中执行"断开网络驱动器"命令,打开如图4-64所示的对话框,在该窗口中选中需要删除的网络驱动器,再按"确定"按钮即可完成。

第 5 章　Windows 7 系统的简单设置

Windows 7 启动之后，呈现在用户面前的是系统安装后的默认设置，这些设置在一般情况下是可以满足用户需求的。然而为满足用户对 Windows 7 使用的个性化需求，Windows 7 的工作环境是可以进行调整和重新设置的。这些设置包括桌面设置、快捷方式的建立、显示属性设置、打印机的安装等，本章节就 Windows 7 中的常用设置方法加以介绍。

5.1　桌面的设置

Windows 7 的桌面是计算机系统与用户的交互界面，它如同办公桌的桌面，可将经常用的文件夹、文稿和办公工具等放置在上面，方便用户使用。正如不同的人有不同的喜好，可以把不同的人的办公桌布置得有个性化。

5.1.1　设置桌面的背景和主题

Windows 7 为用户提供了丰富的桌面背景和主题，用户可以依据自己的喜好和使用习惯对桌面的背景和主题进行设置。

一、设置桌面背景

Windows 7 为用户提供了丰富的桌面背景图库，用户也可以利用自己的照片作为桌面的背景。设置桌面背景的步骤如下：

① 在桌面空白处右击鼠标，在弹出的快捷菜单中选择"个性化"命令，如图 5 - 1 所示。

② 打开"个性化"窗口，点击下方的"桌面背景"链接，如图 5 - 2 所示。系统打开"桌面背景"窗口，如图 5 - 3 所示。

图 5 - 1　桌面"快捷"菜单

图 5 - 2　"个性化"设置窗口

③ 在"桌面背景"窗口中,用户可以在图片区域中选择系统提供的图片作为背景。同时,用户也可以利用"浏览"按钮选择自己的照片作为桌面背景。选择背景图片后,点击"保存修改"按钮,返回"个性化"设置窗口。

④ 关闭"个性化"窗口返回桌面,查看新更换的桌面,如图5-4所示。

图5-3 "桌面背景"窗口

图5-4 新更换的桌面背景

二、设置桌面主题

主题是计算机上的图片、颜色和声音的组合。它包括桌面背景、屏幕保护程序、窗口边框颜色和声音方案。某些主题也可能包括桌面图标和鼠标指针。Windows 7为用户提供了丰富的桌面主题库,用户也可以设置自己的桌面主题。设置桌面主题的步骤如下:

① 在桌面空白处右击鼠标,在弹出的快捷菜单中选择"个性化"命令,如图5-1所示。

② 打开"个性化"窗口,选择主题列表区中的一种主题,例如选择"建筑"主题,如图5-5所示。

图5-5 "个性化"设置窗口主题选择

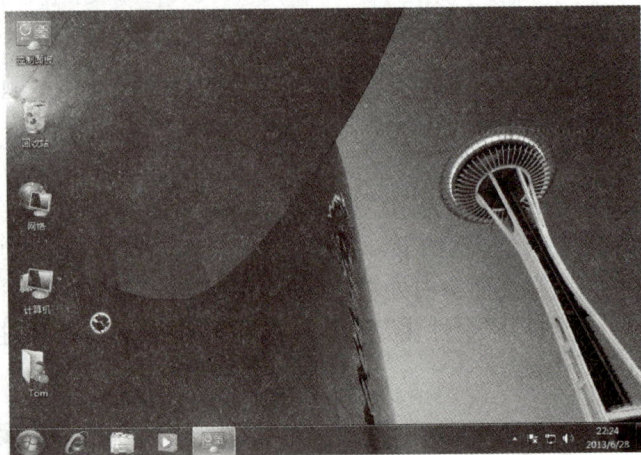

图5-6 新更改的桌面主题

③ 关闭"个性化"窗口后,返回桌面浏览新的桌面主题,如图5-6所示。

5.1.2 设置屏幕分辨率

为了使屏幕显示效果更精细、色彩更绚丽,用户可以对当前显示器的分辨率加以调整,设置屏幕分辨率的步骤如下:

① 在桌面空白处右击鼠标,在弹出的快捷菜单中选择"屏幕分辨率"命令,如图5-7所示。

② 系统打开"屏幕分辨率"窗口,如图5-8所示。

③ 在"分辨率"下拉列表中,一般有800×600、1 024×768等几种,最大分辨率的值还要根据用户计算机中显示卡和显示器的具体情况而定。

④ 点击"确定"按钮后,系统弹出是否保留设置对话框,点击"保留更改",使设置生效。

图 5-7　桌面弹出菜单

图 5-8　屏幕分辨率窗口

5.2 "任务栏"和"开始"菜单设置

5.2.1 设置"任务栏"

任务栏是用户经常使用的工具。在 Windows 7 中，用户可以依据自己的喜好，个性化地设置任务栏，包括：任务栏的外观、显示方式等。本节介绍任务栏的基本设置方法。

一、设置任务栏属性

在"任务栏"的空白位置右击鼠标，在弹出菜单中选择"属性"命令，如图 5-9 所示。系统打开"任务栏和开始菜单属性"对话框，其中的"任务栏"选项卡，如图 5-10 所示。

图 5-9　"任务栏选项"选项卡

图 5-10　"任务栏"选项卡

在这个对话框中可以进行"任务栏"属性设置，对话框中各个部分的作用如下：

① "锁定任务栏"复选框：选中该选项，任务栏将固定在当前的位置，不能移动到桌面的其他位置。同时，任务栏中显示的图标也不能变更大小。

② "自动隐藏任务栏"复选框：为使得桌面的有限空间能充分利用，在不使用任务栏的情况下任务栏

会自动隐藏。如想看到任务栏的内容,将鼠标器指针移到任务栏所在位置,任务栏会浮现出来;鼠标器移开该位置,任务栏再次隐藏。

③"使用小图标"复选框:选中该选项后,任务栏的图标以小型图标显示,以节约桌面显示空间,如图5-11所示。

图5-11 使用小图标显示任务栏

④"屏幕上任务栏的位置"下拉列表:该列表中用户可以选择"任务栏"在桌面的位置,如:"底部"、"左侧"、"右侧"、"顶部"。设置任务栏在桌面"右侧"的效果,如图5-12所示。

⑤"任务栏按钮"下拉列表:在任务栏上,相同应用程序打开的项目显示为一个任务栏按钮。然而,当打开的程序很多时,任务栏上按钮会太拥挤,因此用户可以通过"任务栏按钮"下拉列表,如图5-13所示,设置自己喜好的任务栏按钮显示方式。其中,各个选项具体说明如下:

图5-12 "任务栏选项"选项卡

图5-13 "任务栏按钮"下拉列表

- "始终合并,隐藏标签":该选项是系统的默认选项,打开的程序显示为一个无标签的图标,即使相同的程序打开多个文件,图标的显示方式也是一样的。
- "当任务栏被占满时合并":选中该选项,打开的项目会显示为一个图标。当任务栏被占满后,相同的程序打开的项目会合并为一个图标。用户可以在该程序的项目列表中选择需要的项目。
- "从不合并":选中该选项,打开的每个项目会显示为一个图标,不会有合并效果。

二、"自定义"通知区域

通知区域位于任务栏的最右侧,如: ,其中包括:时钟、音量、网络、电源、操作中心。当用户安装一些新的应用程序后,部分程序的图标也会自动添加到通知区域中。在 Windows 7 中,用户可以自行设置哪些应用程序显示在通知区域中。

在"任务栏"的空白位置右击鼠标,在弹出菜单中选择"属性"命令。系统打开"任务栏和开始菜单属性"对话框,在"任务栏"选项卡中点击"通知区域"的"自定义"按钮,系统打开"通知区域图标"对话框,如图5-14所示,其中各个部分说明如下:

图5-14 "通知区域图标"设置窗口

● 在图标列表中,用户选择对应程序右侧的下拉列表,设置其在通知区域中的显示方式。点击"确定"按钮,完成设置。

●"打开和关闭系统图标"超链接:在通知区域除了显示程序图标外,还显示系统图标。通过点击该超链接,系统打开"系统图标"设置窗口,如图 5 - 15 所示。在系统图标列表中,用户选择对应图标右侧的下拉列表,设置其在通知区域中的显示方式。点击"确定"按钮返回"通知区域图标"窗口。再点击"确定"按钮完成设置。

●"还原默认按钮"超链接:点击该超链接将还原"通知区域图标"为系统初始状态。

●"始终在任务栏上显示有所图标和通知"复选框:选中该复选框,所有图标及通知都会显示在通知区域中。

图 5 - 15　"系统图标"设置窗口

三、在任务栏上设置和创建工具栏

任务栏的内容很丰富,它不仅能让用户了解当前打开的应用程序,还能显示地址栏、链接项、桌面的图标按钮。

要重新设置任务栏,将鼠标器指针指到任务栏的空白处,单击鼠标器右键,会弹出设置菜单。用鼠标器指向"工具栏",会弹出有五个选项的下一级菜单,如图 5 - 16 所示。用户根据在任务栏上显示的内容的需要,选择弹出菜单的前四个选项。图 5 - 17 是上述四个选项全部选中后的任务栏。

图 5 - 16　任务栏设置弹出菜单

图 5 - 17　添加了工具栏的"任务栏"

另外,用户可以将所需的任何文件夹的内容放置到工具栏上,步骤如下:

① 将鼠标器指针指到任务栏的空白处,单击鼠标器右键,在弹出菜单中执行"工具栏"下一级子菜单的"新建工具栏"命令,出现"新建工具栏"对话框,如图 5 - 18 所示。

② 在"新建工具栏"对话框中指定文件夹所在的路径。

③ 单击对话框的"确定"按钮,返回桌面。新创建的工具栏就出现在任务栏上。如图 5 - 19 所示。

图 5 - 18　"新建工具栏"对话框

图 5 - 19　添加了"新建工具栏"的任务栏

5.2.2　设置"开始"菜单

"开始"菜单中包含了系统中安装时默认的菜单项和命令项。用户可以根据需要,添加或删除"开始"菜单的内容,定制个性化"开始"菜单。

一、设置开始菜单属性

在"开始"按钮上右击鼠标,在弹出菜单中选择"属性"命令,系统打开"任务栏和开始菜单属性"对话框,其中的"开始菜单"选项卡,如图5-20所示。通过这个对话框可以来设置开始菜单。其中,各个部分的作用如下:

● 图5-20中"电源操作按钮"下拉列表:开始菜单中默认的电源执行命令是"关机"。利用该下拉列表,用户可以自定义开始菜单中电源的命令为注销,切换用户、锁定、重新启动等。

● 图5-20中"自定义"按钮:点击该按钮,系统打开"自定义开始"菜单对话框,如图5-21所示。在外观与行为列表中,用户可以选择、定制开始菜单项目的表现形式。在窗口下方的"要显示的最近打开的程序的数目"及"要显示在跳转列表中的最近使用的项目数"右侧分别有微调数据框,可以设置对应的数量。图5-22显示了当前的一种设置方案。设置完毕后,点击"确定"按钮返回"任务栏和开始菜单属性"对话框,再点击"确认"按钮完成设置。图5-23是新定义的"开始菜单"的显示结果。

图5-20　"开始菜单"选项卡

图5-21　自定义开始菜单对话框

图5-22　"开始菜单"选项卡

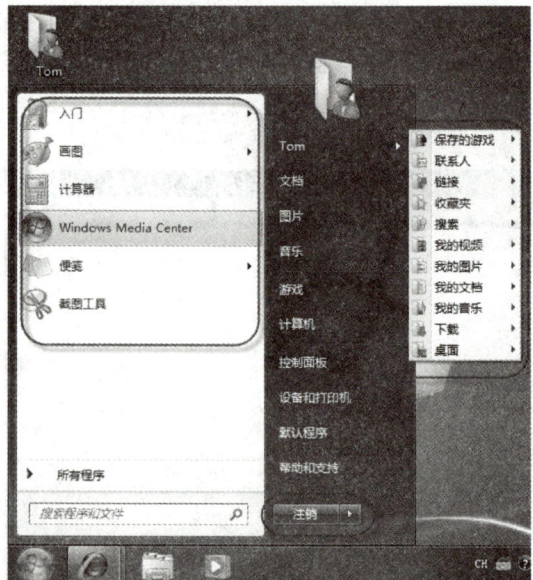

图5-23　新的开始菜单显示结果

二、设置固定程序列表

Windows 7 的"开始"菜单中,固定程序列表为用户提供了快速访问程序的命令。用户也可以根据自己的需要,设置自己的固定程序列表的内容。

1. 添加固定程序列表项

以添加"写字板"程序到固定程序列表为例,其步骤如下:

① 点击"开始"按钮,在"开始"菜单中依次选择"所有程序"、"附件",然后在"写字板"命令上右击鼠标。在弹出菜单中选择"附到开始菜单"命令,如图 5 - 24 所示。

② 返回"开始"菜单,可以发现"写字板"程序已经出现在开始菜单固定程序列表中了,如图 5 - 25 所示。

图 5 - 24　附加程序到"开始菜单"　　　图 5 - 25　增加了"写字板"的开始菜单

2. 删除固定程序列表项

以删除"写字板"程序到固定程序列表为例,其步骤如下:

① 点击"开始"按钮,在"开始"菜单的固定程序列表中,鼠标右击"写字板"命令,在弹出菜单中选择"从列表中删除"命令,如图 5 - 26 所示。

② 返回"开始"菜单,可以发现"写字板"程序已经成功从"开始"菜单固定程序列表中被删除了,如图 5 - 27 所示。

图 5 - 26　从列表中删除"开始菜单"内容　　　图 5 - 27　删除了"写字板"的开始菜单

5.3 时间和日期设置

对时间信息的准确掌握,是每一个办公人员应当具有的能力。世界各个地区、各个地域在时间的分区及表示上各不相同。Windows 7提供获得时间信息的便捷方法。在任务栏右边的通知区域中,用户可以了解当前系统设置的时间信息。若需修改,用户用鼠标右击任务栏的通知区域的时间图标,弹出快捷菜单,如图5-28所示,选择"调整日期/时间"命令。系统打开"日期和时间"对话框,如图5-29所示。"日期和时间"对话框有三个选项卡,下面分别进行介绍。

图 5-28　设置时间快捷菜单

图 5-29　"日期和时间"选项卡

①"日期和时间"选项卡:点击其中的"更改日期和时间"按钮,系统打开"日期和时间设置"对话框,如图5-30所示。用户可以在这个对话框中对日期和时间进行调整。设置完成后点击"确定"按钮,返回"日期和时间"选项卡。点击图5-29中"更改时区"按钮,系统打开"时区设置"对话框,如图5-31所示,用户可以根据需要选择时区。设置完成后点击"确定"按钮,返回"日期和时间"选项卡,并点击"确定"按钮完成设置。回到桌面后,用户可以查看通知区域的时间图标,了解时间信息。

图 5-30　"日期和时间设置"对话框

图 5-31　"时区设置"对话框

②"附加时钟"选项卡：在该选项卡中，用户可以添加辅助的时区信息，以方便同时了解多个时区的时间信息。如图 5－32 所示，添加了两个附加时钟（太平洋时间和悉尼时间），并分别选择时区、命名。设置完成后点击"确定"按钮，返回"日期和时间"选项卡，并点击"确定"按钮完成设置。回到桌面后，查看设置了"附加时钟"的时钟信息如图 5－33 所示。

③"Internet 时间"选项卡：在该选项卡中，可以使计算机时钟与 Internet 时间服务器同步。这意味着可以更新计算机上的时钟，与时间服务器上的时钟匹配，这有助于确保计算机上的时钟是准确的。点击"更改设置"按钮，打开"Internet 时间设置"对话框，如图 5－34 所示，选中"与 Internet 时间服务器同步"复选框，选择时间服务器，然后单击"确定"。时钟通常每周更新一次，若要进行同步，必须将计算机连接到 Internet。

图 5－32　"附加时钟"选项卡

图 5－33　设置"附加时钟"时钟显示

图 5－34　"Internet 时间"选项卡

5.4　认识"控制面板"

为使得用户更方便地管理、设置 Windows，Windows 7 提供了"控制面板"管理工具。"控制面板"提供的设置几乎涉及有关 Windows 外观和工作方式的所有内容。用户可以使用它们对 Windows 进行设置，使其适合用户的个性化的需要。

在"开始"菜单中选择"控制面板"命令，就可以启动"控制面板"。"控制面板"窗口的显示方式包括：类别、大图标、小图标。用户可以利用窗口右上角的查看方式列表进行选择。图 5－35、图 5－36 分别按照"类别"、"小图标"显示"控制面板"内容。

查找"控制面板"的项目常用方法有如下两种：

① 使用搜索。若要查找感兴趣的设置或要执行的任务，可在搜索框中键入单词或短语。例如，键入"声音"可查找您的声卡、系统声音以及任务栏上音量图标的特定设置。

② 浏览。可以通过单击不同的类别（例如，系统和安全、程序或轻松访问）并查看每个类别下列出的常用任务来浏览"控制面板"内容。或者在"查看方式"下，单击"大图标"或"小图标"以查看所有"控制面板"项目的列表。

图 5-35 "控制面板"窗口按"类别"显示

图 5-36 "控制面板"窗口按"小图标"显示

前文中介绍的"桌面设置"、"开始菜单设置"、"时间和日期设置"都可以从"控制面板"找到对应的设置项目。

5.5 打印机管理

打印机是重要的办公设备,按照工作方式不同,打印机分为:针式打印机、喷墨打印机和激光打印机。目前,较常见的打印机是后面两种。打印机与计算机连接的接口一般有 IDE 与 USB 两种,目前 USB 接口

图 5-37 "设备和打印机"窗口

更为常见。在安装 Windows 7 时,系统会自动搜索并安装打印机。另外,由于 Windows 7 是"即插即用"的操作系统,用户可以在任何时候安装新的打印机。此外,在 Windows 7 中,用户可以在计算机上同时管理多台打印机。打印文件时,可以任选其中一台工作。用户还可以更改和设置打印机的属性,以满足不同的打印要求。

Windows 7 中管理打印机需要使用"设备和打印机"窗口,如图 5-37 所示。进入此窗口的方法有如下两种:

方法一:在"开始"菜单中点击"设备和打印机"命令;
方法二:打开"控制面板",双击 设备和打印机图标。

本节将介绍如何进行打印机的安装、设置以及管理。

5.5.1 安装打印机

在"设备和打印机"窗口中显示了若干安装好的打印机设备,若未安装过打印机,则没有打印机图标。打印机的安装通过"添加打印机"向导进行,在工具栏上点击"添加打印机"按钮,启动向导,重要步骤如下所述。

一、选择打印机类型

点击"添加打印机"按钮,即启动"添加打印机向导"第一步对话框,如图 5-38 所示。在该对话框中,根据安装的打印机的连接方式,选择"添加本地打印机"或者"添加网络、无线或 Bluetooth"。前者,是打印机直接连接到本地计算机上,后者是打印机通过无线方式连接。这里,以添加本地打印机为例介绍。选择后,在对话框中单击"下一步"按钮,进入"添加打印机向导"第二步对话框。

二、选择打印端口

"添加打印机向导"第二步对话框,如图 5-39 所示,用来配置打印机连接的端口。选择"使用现有的端

口"单选按钮,在下拉列表中选择打印机端口。一般本地打印机使用系统的默认端口 LPT1。有些打印机需要设置独立的自设端口,可以通过"创建新端口"单选按钮设置。单击"下一步"按钮进入"添加打印机向导"第三步对话框。

图 5 - 38　"添加打印机向导"(第一步)

图 5 - 39　"添加打印机向导"(第二步)

三、选择打印机型号

在"添加打印机向导"第三步的对话框,如图 5 - 40 所示。对话框列出了主要品牌的打印机的厂商和型号,Windows 7 提供了它们的驱动程序。用户可以从中选择适合自己的打印机的厂商及型号。如果用户的打印机不在列表中,那么一般打印机都带有安装软盘或光盘,此时用户将软盘放进软驱或者将光盘放进光驱,并按"从磁盘安装"按钮。系统会提示用户从哪个位置搜索打印机驱动程序,用户选择从软盘或光盘安装驱动程序就可以了。单击"下一步"按钮进入"添加打印机向导"第四步对话框。

四、命名打印机

"添加打印机向导"第四步对话框,用户可以在"打印机名称"编辑框中对新添加的打印机命名。单击"下一步"按钮进入"添加打印机向导"第五步对话框。

图 5 - 40　"添加打印机向导"(第三步)

图 5 - 41　"添加打印机向导"对话框(第六步)

五、打印机安装

"添加打印机向导"第五步对话框,系统执行打印机安装,完成后单击"下一步"按钮进入"添加打印机向导"第六步对话框。

六、打印测试页

"添加打印机向导"第六步对话框,如图 5 - 41 所示。在该对话框中,为测试新安装的打印机是否正常,可以点击"打印测试页"按钮来测试。选中"设为默认打印机"复选框,可将新添加的打印机将作为

图5-42 打印机快捷菜单

Windows 7 的默认打印机。点击"确定"按钮,完成打印机安装。安装结束后,"设备和打印机"窗口中增加了一个新的打印机图标。

> 无论当前系统上安装了多少台打印机,系统默认的打印机只有一台。系统默认打印机的图标旁有一个"√"图标(如图5-42所示)。

5.5.2 打印机的设置

在"设备和打印机"窗口中,用鼠标右击待设置的打印机,弹出菜单如图5-42所示。选择"打印机属性"命令,打开打印机属性对话框,如图5-43所示。对话框中包含七个选项卡:"常规"、"共享"、"端口"、"高级"、"颜色管理"、"安全"及"设备选项"。下面对该对话框的主要内容进行介绍。

一、"常规"选项卡

"常规"选项卡如图5-43所示。在该选项卡中可以设置"打印首选项"和打印测试页。单击"打印测试页"按钮,可以发出打印测试命令。单击"打印首选项"按钮,打开"打印首选项"对话框,如图5-44所示。该对话框中有三个选项卡,具体如下:

图5-43 "打印机属性"对话框共享选项卡

图5-44 "打印首选项"对话框"布局"选项卡

> 本章节中以 Brother 2150 打印机为例。不同的打印机型号,打印机属性对话框的内容可能有所不同。

1. "布局"选项卡

● 方向:控制打印方向。如单击"横向"单选按钮,将把要打印的页面旋转90度后再送到打印机打印出来。选用横向打印可在较窄的纸上打印较宽的表格。

● 页序：指定文档的打印顺序。"从前向后"打印文档，这样将使打印内容的第一页首先打印出来。"从后向前"打印文档，这样将使打印内容的最后一页首先被打印出来。

● 每张纸打印的页数：指定将多少页文档打印在同一张纸上。

●"高级"按钮：点击该按钮，打开"高级选项"对话框。在该对话框中可对打印质量、纸张大小、份数等进行设置。

2. "纸张/质量"选项卡

该选项卡用于选择进纸的来源。在该选项卡的下拉列表中，列出了多种进纸方式供选择。设置完成后点击"确定"按钮返回。

3. "打印机功能"选项卡

该选项卡设置打印机后台打印功能。

二、"共享"选项卡

该选项卡如图 5-45 所示。在该选项卡中，设置是否将该打印机设置为网络共享打印机。如果选择与别人共享打印机，则选中"共享这台打印机"复选框，并需要给打印机起一个网络共享名。若允许其他共享用户在自己的计算机上显示打印的作业情况，则选中"在客户端计算机上呈现打印作业"复选框。设置完成后点击"确定"按钮，实现设置。

三、"端口"选项卡

在该选项卡中，列出了当前打印机使用的端口、系统可用的端口。此外，用户可以添加、删除、修改系统中的端口。

四、"高级"选项卡

选项卡可以设置打印机的使用时间、作业的优先级、后台打印功能。若用户选中"始终可以使用"单选按钮则打印机的使用不受时间限制。若用户选中"使用时间从"单选按钮，并在其后的时间设置编辑框中

图 5-45　打印机属性对话框"共享"选项卡

指定时间范围，则可以限定打印机的使用时间。用户还可以利用"优先级"调节框，可以设置打印优先级。用户还可以指定使用"后台打印"。"后台打印"功能将打印文档时所产生的打印信息不直接发送给打印机，而是先写入硬盘上的某个文件中。将这样可以实现在打印文档的同时继续编辑该文档，提高工作效率。

五、"颜色管理"选项卡

不同类型的设备具有不同的颜色特征和功能，对相同颜色的呈现可能各不相同。对此，该选项卡的作用是设置颜色，确保打印内容在色彩上尽可能准确呈现。

六、"安全"选项卡

为了保护计算机及其资源的安全，必须考虑用户拥有的权利。Windows 7 可通过授权用户或组特定的权利来确保安全。该选项卡的作用是通过分配权限，允许指定的用户或组对打印机进行访问。

七、"设备设置"选项卡

在该选项卡中，用户可以对打印机的纸盒类型及可安装选项内容进行设置。

5.5.3　打印队列管理

在 Windows 7 中，用户可以在上一个打印任务尚未结束时就发下一个打印命令，这样形成一个打印任务队列。用户可以通过打印机管理窗口对打印队列进行管理。

一、查看打印队列

打开打印队列管理窗口的方法有两种：

方法一：在打印机执行打印任务的过程中，会在任务栏右边通知区域出现一个打印机图标：█。当

打印任务结束,这个图标在任务栏上消失。用鼠标器双击该图标,就可以打开打印队列管理窗口,如图5-46所示。

文档名	状态	所有者	页数	大小
办公自动化目录.txt - 记事本		wubing	26	1.87 MB
Microsoft Word - 第3章Windows 7概述.doc		benny	19	19.1 MB
Microsoft Word - 第4章Windows 7资源管理.doc		benny	33	29.5 MB

Brother HL-2250DN series - 脱机
打印机(P)　文档(D)　查看(V)
队列中有 3 个文档

图5-46　打印队列管理窗口

方法二:在"打印机"窗口中,右击待查看的打印机图标,在弹出菜单中选择"查看现在正在打印什么"命令,就可打开对应的打印机打印队列管理器窗口。

每台打印机有各自的打印机管理器窗口。在打印队列管理器窗口中显示了打印机的打印任务队列及每个任务的文档名、状态、所有者、进度和开始时间信息。

二、暂停打印

若用户决定暂停打印队列中的任务,首先,可在打印机管理窗口中选定要暂停的文档名,然后使用"打印机"菜单中的"暂停打印"命令,使该命令左边出现"√"。这时打印任务的状态显示"暂停"字样。再次单击"暂停打印"命令可撤消暂停。

默认情况下,所有用户都能暂停、继续、重启动和取消他们自己的文档打印作业。但是,要管理其他用户打印的文档,则必须要有相关权限。一般来说,一旦文档开始打印,即使暂停打印,打印机也将完成该文档打印。

三、改变打印队列

在打印队列管理器窗口中,通过拖放文档名可以改变尚未开始打印的各个任务的次序,把需要优先的任务拖放到尽量靠前。

四、取消打印任务

若用户需要取消打印队列中的某些任务,这时可先选定要取消的文档名(选择的方法与资源管理器中选择文件的方法一样,可以选择多个文档),然后使用"打印机"菜单中的"取消打印"命令,就把这些任务从打印队列中删除了。更简便的是使用键盘,只要按 Delete 键,就可取消选定的打印任务。

如果要取消整个打印队列中的所有任务,可以选择"打印机"菜单中的"清除打印作业"命令,就取消了队列中的所有任务。

5.6　账 户 管 理

随着计算机中的硬件资源和软件资源的增多,以及网络的广泛使用,计算机安全问题被人们深刻地加以认识。要安全地使用计算机,需要对使用计算机的人员和他们对计算机中各类资源的使用权利加以明确的区分和限定。Windows 7 有比较强的安全性,通过对账户及用户组的设定,可以实现用户的授权访问。

5.6.1　Windows 7 安全概述

当用户登录到 Windows 7 时,必须有用户账户,它由唯一的用户名和密码组成。登录时 Windows 7 将验证用户名和密码,如果用户账户已被禁用或删除,Windows 7 将阻止用户访问计算机,以确保只有有效用户才能访问计算机。

一、用户账户

一个用户账户包含了 Windows 7 中定义用户的所有信息,其中包括用户名字和口令,以及使用系统资源所需的用户权限。Windows 7 将系统中的资源和一个访问控制列表相比照,来判断当前用户对访问资源的合法性。当一个用户试图访问系统中的资源时,系统进行上述比照,一个未授权的用户将被拒绝访问该资源,涉及的相关操作也将失败。

在 Windows 7 中,账户分为三种类型,分别是:管理员账户、标准账户、来宾账户。管理员账户是允许完全访问计算机的账户类型,可以对计算机进行高级别的控制。Windows 7 安装时,要求计算机上至少有一个管理员账户。

二、权限(permissions)

权限是与操作对象关联的规则,用来规定能够访问对象的用户及其访问权限。例如对文件的打开、修改、删除等权限。系统中将有相同权限的用户划分为一组。

三、权利(rights)

用户权利是确定用户可以在计算机上所执行操作的规则。此外,用户权利控制用户是否可以直接(在本地)或通过网络登录到计算机,使用该计算机中资源以及管理账户等。

四、"组"

"组"具有已指派的用户权利集合。通常情况下,管理员通过向一个内置组添加用户账户,或者通过创建新组并为该组指派特定用户权利来指派用户权利。随后添加到组中的用户自动获得指派给组账户的所有用户权利。用户权利是通过"组策略"管理的。

5.6.2　创建用户账号

用户只有拥有了账号才可以使用计算机,而普通用户只能使用管理员授权的账号,只有授权的用户才可以管理用户账号。

> 对本地用户和组进行管理的用户,其本身必须隶属于 Power Users 组或者 Administrators,或者被委派了适当的权限。

建立新用户账号时,要先以系统管理员的身份的用户登录到 Windows 7 中。那么如何来添加一个新用户的账号呢? 以建立一个名称为"Jack"的新用户为例,建立步骤如下:

① 从"开始"菜单中选择"控制面板"命令,在打开的"控制面板"窗口,点击"添加和或删除用户账户"图标,打开"管理账户"窗口,如图 5-47 所示。

② 打开"管理账户"窗口中,单击左下角的"创建一个新账户"超链接,如图 5-47 所示,打开如图 5-48 所示对话框,在账户名称中输入一个新账户的名称,如"Jack"。同时,指定该账户的类型,这里设置为"标准用户"。点击"创建账户"按钮,完成创建。返回"用户管理"窗口可见到新建为"Jack"账户。

图 5-47　"管理账户"窗口	图 5-48　创建新"用户账户"名称窗口

新创建的账户名不能与已有的账户及用户组名重复。账户名最多包含 20 个大小写字母，并且不得包含\ /: * ?" < > |。同时，用户名也不能由句点和空格组成。

5.6.3 设置账户属性

对已经添加的账户,管理员可以对它们的属性和权限进行修改。在"管理账户"窗口点击一个需要更改的用户,系统打开如图 5-49 的窗口。在这个窗口中,可以更改账户的名称、图片、类别、密码、删除密码以及删除账户。单击对应的链接,可以进入更改该属性的窗口。

一、更改账户名称

点击图 5-49 中"更改账户"窗口左边的"更改账户名称"超链接,系统打开"重命名账户"窗口,如图 5-50 所示。为账户输入一个新名称,并点击"更改名称"按钮,完成更改名称任务。

图 5-49 "更改账户"窗口

图 5-50 "重命名账户"窗口

二、创建密码

点击图 5-49 窗口左边的"创建密码"超链接,系统将打开如图 5-51 所示的窗口。在此窗口中为账户创建新的密码,并要求输入新密码两次并且保持一致。可以在"输入一个单词或短语作为密码提示"编辑框中输入一些信息,帮助用户记忆他设置的密码。点击"创建密码"按钮完成此项任务。

为当前用户创建密码后,在图 5-51 窗口中,"创建密码"链接将被"更改密码"和"删除密码"两个超链接所代替。此时单击"更改密码"链接,可以打开更改密码窗口,为账户重新设置密码,然后单击"更改密码"按钮可以返回。同样,如果单击"删除密码"链接,将打开删除密码窗口,实现对该账户所设置密码的删除。

图 5-51 "创建密码"窗口

三、更改图片

点击图 5-49 窗口左边的"更改图片"超链接,系统打开"选择图片"窗口,如图 5-52 所示。用户可以在列表中选择一个系统预设的图片,也可以点击"浏览"连接,从系统保存的文件选择一个满意的图片文件。点击"更改图片"按钮完成更改图片任务。

图 5‑52　"选择图片"窗口

图 5‑53　"更改账户类型"窗口

四、更改账户类型

　　点击图 5‑49 窗口左边的"更改账户类型"超链接,系统打开"更改账户类型"窗口,如图 5‑53 所示。为当前账户选择新的用户类型,点击"更改账户类型"按钮完成此项任务。

五、删除账户

　　点击图 5‑49 窗口左边的"删除账户"超链接,系统打开"删除账户"窗口,如图 5‑54 所示。用户首先需决定是否保留与待删除账户相关的文件。若决定删除点击"删除文件"按钮,否则选择"备份文件"按钮。处理完与用户相关文件后将打开"确认删除"窗口,如图 5‑55 所示,点击"删除账户"按钮完成删除账户任务。

图 5‑54　"删除账户"窗口

图 5‑55　"确认删除"账户窗口

5.7　系统备份与还原的使用

　　用户在使用计算机的过程中,由于误操作及不正确的系统设置安装等,会造成系统的运行异常,从而影响用户使用计算机。Windows 7 中带有的"系统还原"功能会创建关键系统文件和某些程序文件的"快照",并将这些信息以"还原点"的形式存储起来。用户可以使用这些还原点将 Windows 7 还原为之前的正常工作状态。

5.7.1 系统备份

实现系统备份需要创建"系统映像","系统映像"是对系统中驱动器的精确副本。创建系统映像的步骤如下:

① 以管理员账户登录 Windows 7。单击"开始"按钮,选择"控制面板"命令,进入"控制面板"窗口,点击"备份和还原"超链接,打开"备份和还原"窗口,如图 5-56 所示。

② 在"备份和还原"窗口中,如图 5-56,点击左侧的"创建系统映像"超链接,系统打开对话框提示用户保存备份位置,如图 5-57 所示。用户可以根据自己的情况,选择将备份保存在某个驱动器上、光盘上或网络的某个位置上。设置完毕后,点击"下一步"按钮。

图 5-56 "备份和还原"窗口

图 5-57 选择备份保留位置

③ 系统打开备份驱动器选择对话框,用户可以选择除 Windows 7 安装驱动器之外的其他驱动器。设置完毕后,点击"下一步"按钮。

④ 系统打开对话框,如图 5-58 所示。确认备份信息后,点击"开始备份"按钮。系统开始备份,并显示备份执行进度。执行备份过程中,系统会弹出对话框询问是否创建系统修复光盘,可以根据具体需要进行选择。点击"关闭"按钮退出备份对话框。

系统备份完成后,在备份位置会出现一个名称为 WindowsImageBackup 的新文件夹,其中保存着系统的备份文件。

图 5-58 确认备份信息对话框

图 5-59 "备份和还原"对话框

5.7.2 系统还原

当系统出现故障或者用户不正确配置后需要恢复到以前的状态时,可以使用系统还原。执行系统还原的步骤如下：

① 以管理员账户登录 Windows 7。单击"开始"按钮，选择"控制面板"命令，进入"控制面板"窗口，点击"备份和还原"超链接，打开"备份和还原"窗口。在窗口中，点击"恢复系统设置或计算机"超链接，如图 5 - 59 所示。

② 系统打开"恢复"对话框，如图 5 - 60 所示。点击"打开系统还原"按钮。

③ 系统打开"系统还原"向导第一步对话框，如图 5 - 61 所示。单击"下一步"按钮。

图 5 - 60　"恢复"对话框

图 5 - 61　"系统还原"向导（第一步）

④ 系统打开"系统还原"向导第二步对话框，如图 5 - 62 所示。用户在该步需要选择一个适合的还原点，然后单击"下一步"按钮。

⑤ 系统打开"系统还原"向导第三步对话框，如图 5 - 63 所示。点击"完成"按钮，之后系统给出最后提示框，如图 5 - 64 所示。点击"是"开始还原，点击"否"返回系统还原向导。

图 5 - 62　"系统还原"向导（第二步）

图 5 - 63　"系统还原"向导（第三步）

图 5 - 64　"系统还原"确认提示

5.7.3　撤销最近的还原

系统用户可能意外地将 Windows 7 还原为以前的某个配置，而该配置并不是所需要的。这时，可以使用"系统还原"中的"撤消还原"功能来完成。操作步骤如下：

① 以管理员身份登录 Windows 7。单击"开始"按钮,选择"控制面板"命令,进入"控制面板"窗口,点击"备份和还原"超链接,打开"备份和还原"窗口。在窗口中,点击"撤销系统还原"。

② 在弹出的向导对话框中,单击"下一步"按钮,进入向导的下一步。

③ 之后,依据自己的情况进行选择,并点击"下一步"按钮。最后点击"完成"按钮撤销最近的还原。

5.8 常用附件(工具)

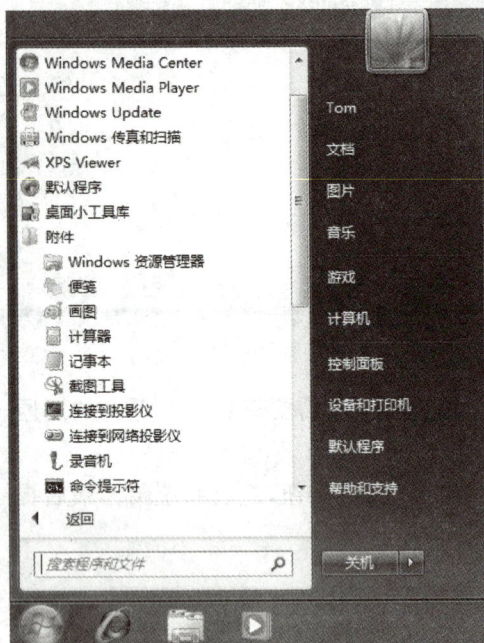

图 5-65 "开始"菜单中的附件

为方便用户使用计算机,Windows 7 为用户提供了丰富的常用工具,它们在程序的附件中,如图 5-65。在前序 Windows 版本的附件基础上,Windows 7 又为用户提供几款新的工具。本节介绍几个非常实用的工具。

5.8.1 截图工具

截图工具可以捕获桌面上任何对象的屏幕快照,例如窗口、网页、桌面。然后对其加注释、保存或共享该图像。截图工具启动后,如图 5-66 所示。

用户可以使用截图工具捕获四种类型的截图:

● 任意格式截图:围绕对象绘制任意格式图形。

● 矩形截图:在对象的周围拖动光标构成矩形。

● 窗口截图:选择一个窗口,例如希望捕获的程序窗口或对话框。

● 全屏截图:捕获整个屏幕。

捕获截图后,截图程序会自动将其复制到剪贴板和截图工具的内容窗口中,如图 5-67 所示。

图 5-66 截图工具

图 5-67 截图工具内容

5.8.2 便笺

对于办公人士来讲,小便笺能带来大用处,把一些最重要的事件随手记录并提醒自己是个好习惯。大多数人会借助纸质的便利贴。这样虽然方便,但是既不整洁也不环保。Windows 7 提供了电子便笺功能。在提倡环保办公的今天,不妨体验一下 Windows 7 桌面上的电子便笺。

Windows 7 便笺功能的启动方法如下:在"开始菜单"中选择"所有程序",找到"附件"菜单,在其中找到并点击"便笺"命令。这样就可以在桌面上看到一个"便笺"的小窗口,用户可以在其中编辑需要记录的内容,如图 5 - 68 所示。若需要增加新的便签,可以点击"便笺"窗口左上角的图标;若要删除当前"便笺",点击"便笺"窗口右上角的图标,如图 5 - 69 所示。

图 5 - 68　使用便签

图 5 - 69　增加/删除便笺

5.8.3　连接到投影仪

日常工作及学习过程中,经常需要使用投影仪这种办公设备。那么如何将 Windows 7 连接到投影仪呢? 在连接之前,要确保投影仪已打开,然后将显示器电缆从投影仪插入计算机上的视频端口。投影仪一般使用 VGA 或 DVI 电缆,必须将该电缆插入计算机上的匹配视频端口。虽然某些计算机具有两种类型的视频端口,但大多数便携式计算机只有一种类型的视频端口。某些投影仪支持 USB 连接,这样就可以将其连接到计算机上的 USB 端口。

投影仪有如下两种方式,用户可以打开连接投影仪对话框:

方法一:点击"开始"按钮,在"开始"菜单中按如下顺序选择,"所有程序"、"附件"、"连接到投影仪"命令。

方法二:使用"Windows 键＋P 键"(同时按)。Windows 键,如图 5 - 70 所示。

投影仪对话框有四个功能,如图 5 - 71 所示,用户可以用鼠标点击使用,具体如下:

图 5 - 70　Windows 键

图 5 - 71　连接到投影仪对话框

- "仅计算机":仅在计算机屏幕上显示桌面。
- "重复":在计算机屏幕和投影仪上均显示桌面。
- "扩展":将桌面从计算机屏幕扩展到投影仪。
- "仅投影仪":仅在投影仪上显示桌面。

第6章 移动设备操作系统简介

随着信息技术的发展,平板电脑、智能手机等一批移动设备成为大众化的电子产品。在这些移动设备上,移动操作系统扮演着重要的角色。如同传统的计算机上需要安装操作系统用户才可以便利地使用一样,移动设备上只有安装了对应的操作系统用户才可以享受移动应用带来的便捷服务。目前,移动应用技术成为信息技术新的增长点,各大厂商分别推出自己的移动产品,呈现群雄逐鹿的局面。移动应用的发展,必然深刻地影响现代办公的发展,因此作为办公人士必须了解新兴的办公技术。本章节对目前较为流行移动操作系统做一介绍。

6.1 Android

6.1.1 Android 发展历史概述

Android 中文名称是"安卓"。2003 年 10 月,有"Android 之父"之称的安迪·鲁宾(Andy Rubin)在美国加利福尼亚州帕洛阿尔托创建了 Android 科技公司(Android Inc.),并与利奇·米纳尔(Rich Miner)、尼克·席尔斯(Nick Sears)、克里斯·怀特(Chris White)共同发展这家公司。该公司于 2005 年被谷歌公司并购后,谷歌继续开发,其产品逐渐形成现在的 Android。Android 的标识是一个全身绿色的机器人,这是 Android 操作系统的品牌象征,如右图所示: 。

Android 是一个基于开放源代码的 Linux 平台的操作系统,受谷歌及参与开放手持设备联盟的主要硬件和软件开发商(如英特尔、宏达电、ARM 公司、三星、摩托罗拉等)的支持。2007 年 9 月,谷歌宣布建立一个开放手持设备联盟,并推出 Android 操作系统。

截至 2013 年 7 月,Android 已有 11 个主要发布版本,最新为 4.2.2。其中一个特色是每一个发布版本的开发代号均与甜点有关,例如 1.6 版本的"甜甜圈"(Donut)和 2.2 版本的"霜冻优格"(Froyo)等。当前大多数移动服务运行商均支持 Android 设备使用其网络。自首台支持 Android 设备 HTC Dream 之后,使用 Android 的设备数量一直大幅度增长。

6.1.2 Android 简要应用及设置

各大手机制造商在生产支持 Android 的智能手机的同时,都对 Android 系统进行了定制和再设计,以凸显各自品牌的特点。但是这些定制的背后,都保留了 Android 的基本功能和特点。本节以三星手机为例,介绍 Android 系统的基本设置。

一、浏览 Android 内容

打开 Android 系统的手机后首先出现的是用户界面,用户界面由多个小按钮组成,如图 6-1 所示。用手滑动屏幕,可以在多屏幕值之间进行切换。点击按钮图标,就可以打开对应的应用程序。

二、查看本机信息

通过本机信息可以了解本机的 Android 版本号、手机状态、软件更新等信息。步骤如下:

① 点击手机的功能键,打开菜单如图 6-2 所示,从中点击"设置",系统打开设置功能,如图 6-3 所示。选择"关于手机"功能。

② 打开"关于本机"窗口,如图 6-4 所示。用户可以点击查看各项详细信息。

图 6-1　Android 桌面

图 6-2　快捷菜单

图 6-3　设置功能

图 6-4　"关于手机"信息

三、利用 Wi-Fi 连接到 Internet

目前,在办公室、会议室乃至商场,很多地方都提供了 Wi-Fi 服务。利用 Wi-Fi 可以将 Android 方便地连接 Internet。具体步骤如下:

① 打开设置菜单,如图 6-5 所示,点击其中的"无线和网络"功能,系统打开"WLAN"功能界面,如图 6-6所示。从中点击"WLAN",启动 WLAN 功能,如图 6-7 所示。

② 系统搜索附近可用的 Wi-Fi 网络,选择一个可以识别的信号源。

③ 若 Wi-Fi 信号源需要验证,系统弹出密码对话框,如图 6-8 所示。输入正确的密码,点击"连接"

按钮。成功连接到WLAN,如图6-9所示。

图6-5 设置菜单

图6-6 WLAN功能

图6-7 正在扫描WLAN功能

图6-8 密码设置对话框

图6-9 成功连接到WLAN

图6-10 WLAN功能

四、利用移动运营商连接到 Internet

目前,移动运营商都提供手机上网服务。要使用这项服务,用户需要向移动运营商购买。这样只要有手机信号覆盖的地方,就可以连接到 Internet 了。具体步骤如下:在屏幕上方,利用手向下滑动,调出设置"快捷菜单",点击"数据",使得其呈现绿色,如图6-10所示,即可利用移动运营商提供的联网服务连接到 Internet 了。

五、在 Android 中浏览网页

在能连接到 Internet 的前提下,利用 Android 手机就可以上网。目前,Android 的上网浏览器软件很多,下面以系统自带的浏览软件为例介绍。具体步骤如下:打开应用程序界面,如图6-11所示,从中点击"互联网",系统打开网页浏览软件,在地址栏中输入网页地址,即可浏览网页,如图6-12所示。其使用方式与计算机上的上网软件相似。

图 6-11　应用程序

图 6-12　网页浏览

图 6-13　电子邮件账户设置

六、在 Android 中接收邮件

电子邮件是现代办公必备的通讯手段。利用 Android 系统,可以方便地实现电子邮件的管理。简要介绍其设置步骤如下:打开应用程序界面,如图 6-11 所示,从中点击"电子邮件"。系统打开"电子邮件设置"功能,如图 6-13 所示。系统列出了常用的电子邮件服务商,用户从中选择。用户也可利用"其它邮箱"自己设置。以 163 信箱为例,进入邮件账户配置界面,如图 6-14 所示。输入相关账户信息后,系统开始联网检验。若通过检验,显示接收到的邮件列表,如图 6-15 所示。点击邮件可以看查看具体内容,如图 6-16 所示。

图 6-14　邮件账户配置

图 6-15　邮件列表

图 6-16　查看电子邮件

6.1.3　Android 应用软件的管理

一、Android 应用软件的安装

随着移动应用的发展,移动应用软件如雨后春笋版的不断涌现出来。这些软件包罗万象,如:文字处

理类、新闻类、图书杂志类、导航类、旅游类及游戏类等。Android 的应用程序包通常是以".APK"为扩展名的文件,文件大小一般在几兆左右。安装这些软件大致有三种方法:

1. 将应用程序复制到 Android

这种方法首先利用计算机将需要的软件下载下来,然后将 Android 与计算机相连,利用 USB 接口将软件复制到 Android 手机存储器的指定目录下。这个过程如同将文件复制到 U 盘中一样。然后,利用 Android 手机找到文件,按照向导进行安装。这是最基本的应用安装方式。

2. 利用计算机中的第三方管理软件的方法

目前有很多可以安装在计算机上的软件,可用来帮助用户管理手机中的应用,例如:豌豆荚、金山手机助手、360 手机助手、91 手机助手等。以 91 手机助手为例,安装到计算机上后,将手机与计算机的 USB 接口连接,91 手机助手软件可以识别手机的型号,列出手机中的软件情况,并可以将新软件直接安装到 Android 中,如图 6－17 所示。

图 6－17 "91 手机助手"软件主界面

图 6－18 Android 市场软件界面

3. 利用 Android 中的第三方管理软件的方法

很多第三方管理软件提供了 Android 版本,例如:91 手机助手、安卓市场、豌豆荚手机版、360 手机卫士、金山手机助手等。这样即使脱离了计算机的环境,Android 系统也可以方便地获得新的应用。当然,这之前需要将这些第三方软件管理工作安装到 Android 中。图 6－18 是名为"安卓市场"软件界面。通过这个软件,用户可以直接在手机中查找新的应用程序,并且下载、安装乃至管理应用程序。

目前,随着手机应用的增多,手机病毒也不断泛滥。手机病毒的种类包括:资费消耗、隐私获取、诱骗机诈、流氓软件、系统破坏、远程控制等。用户需要到安全的电子市场或官方网站下载安全的软件,并且安装手机杀毒软件进行预防。

二、Android 应用软件的管理

随着 Android 中应用程序的增多,用户需要对其进行管理,包括:卸载、停止、在手机存储卡及 SD 卡之间移动等。具体步骤如下:进入 Android 的系统设置界面,如图 6－5 所示,点击其中的"应用程序",打开应用程序管理界面,如图 6－19 所示。在其中点击"管理应用程序",进入应用程序列表,如图 6－20 所示。选择一个待删除的应用程序,打开界面如图 6－21 所示。按照界面的提示,可以实现强制停止、卸载、清除数据、移动到 SD 卡功能。选择"卸载"功能后,卸载结果如图 6－22 所示。

图 6-19　应用程序管理

图 6-20　应用程序列表界面

图 6-21　卸载应用程序管理

图 6-22　卸载应用程序结果

6.2　iOS

6.2.1　iOS 概述

　　iOS 是由苹果公司开发的手持设备操作系统。苹果公司最早于 2007 年 1 月 9 日的 Macworld 大会上公布这个系统,最初 iOS 是设计给 iPhone 使用的,后来陆续发展应用到 iPod touch、iPad 以及 Apple TV 等苹果产品上。iOS 与苹果的 Mac OS X 操作系统一样,它也是以 Darwin 为基础的,属于类 Unix 的商业操作系统。苹果公司的标志是一个被咬掉一口的苹果 。随着苹果公司产品在全球的风靡,苹果的标志及 iOS 系统也为广大用户所熟知。

　　iOS 的用户界面的设计思想是能够使用多点触控直接操作,所以它突破了传统的操作手机、电脑的理念,是一个划时代的产品。用户与系统交互的动作包括:滑动(Wiping)、轻按(Tapping)、挤压(Pinching)及旋转(Reverse Pinching)。目前,iOS 的最新版本是 iOS 7。

2007 年 10 月 17 日,史蒂夫·乔布斯在苹果公司网页上通过公开信宣布了软件开发工具包。2008 年 3 月 6 日,苹果对外发布了针对 iPhone 的应用开发包(SDK),供免费下载,以便第三方应用开发人员可以开发针对 iPhone 及 Touch 的应用软件。这使得更多的软件企业及工程师能参与基于 iOS 的应用软件开发。当然,苹果公司也要求每个参与开发者的组织或个人参加苹果公司的开发者组织计划,支付费用并获得批准。成功加入之后,开发人员们将会得到一个牌照,他们可以用这个牌照将他们编写的软件发布到苹果 App Store 中。App Store 是苹果公司为 iPhone 和 iPod Touch、iPad 以及 Mac 创建的服务,允许用户从中下载应用程序,这些程序有些是免费的,有些是收费的。2013 年 1 月 8 日苹果宣布,官方应用商店 App Store 的应用下载量已经突破 400 亿次。

6.2.2 iOS 的简要应用及设置

一、浏览 iOS 内容

第一次使用苹果手机需要激活。其中,需要登录 Apple ID,如果用户没有的话需要先注册一个,也可以在电脑上创建一个免费的 ID。打开苹果手机后,首先出现的是 iOS 用户界面,用户界面由多个小按钮组成,如图 6‑23 所示。用手滑动屏幕,可以在多屏幕之间进行切换。点击按钮图标,就可以打开对应的应用程序。

二、查看本机信息

查看本机信息可以了解本机用的 iOS 的版本号等。步骤如下:

① 在 iOS 界面中,点击"设置",打开设置功能,如图 6‑24 所示。

② 点击其中的"通用"功能,进入"通用"功能界面,如图 6‑25 所示。

③ 点击其中的"关于本机",打开本机信息界面,如图 6‑26 所示。在这里可以查看本机的 iOS 版本号、存储容量等信息。

图 6‑23 iOS 界面   图 6‑24 iOS 设置功能   图 6‑25 iOS 通用功能设置界面

三、利用 Wi‑Fi 连接到 Internet

利用 Wi‑Fi 可以将 iOS 方便地连接 Internet。具体步骤如下:

① 在 iOS 界面中,点击"设置",打开设置功能,如图 6‑24 所示。

② 点击其中的"Wi‑Fi",进入如图 6‑27 所示的界面。

③ 开启"Wi‑Fi"功能,并选择一个可以识别的信号源进行连接。若需要验证,则打开如图 6‑28 的界面。密码验证通过后,即可连接到 Internet。

四、利用移动运营商连接到 Internet

在 iOS 中,利用移动运营商提供的服务连接到 Internet 的步骤如下:在 iOS 界面中,点击"设置",打开如图 6‑24 所示设置界面,选择"通用"打开通用功能界面,如图 6‑25 所示。选择"蜂窝移动网络"功能,进入蜂窝移动网络界面,如图 6‑29 所示。打开"蜂窝移动数据"功能,即可连接到 Internet。

图 6‑26　本机信息界面　　　图 6‑27　Wi‑Fi 管理界面　　　图 6‑28　Wi‑Fi 密码设置

五、在 iOS 中浏览网页

iOS 自带了一个非常优秀的浏览器 Safari。在 iOS 界面，点击 图标，就可启动它，启动后的界面如图 6‑30 所示。在地址栏中输入网址，即可浏览网页。

图 6‑29　蜂窝移动网络界面　　　图 6‑30　Safari 界面　　　图 6‑31　启动 App Store

6.1.3　iOS 应用的安装及管理

一、iOS 应用软件的安装

iOS 的应用程序多在 App Store 中发布，而且 iOS 已经安装了 App Store。所以只要连接到 Internet，启动 App Store 即可安装新的应用。具体步骤如下：

① 如图 6‑31 所示，在开始界面中，找到 图标。点击该图标即可启动 App Store。

② 启动后的 App Store 如图 6‑32 所示，用户可以按照类别寻找到需要的应用。选择需要的应用后，可以查看应用的信息，如图 6‑33 所示。点击界面上方的"免费"图标，可以开始安装过程。系统会要求用户输入 App ID 的密码。若选择的是需付费的软件，需要之前在 App Store 中设置信用卡信息，以进行支付。密码验证通过后，开始下载程序并安装。

③ 安装完成后的新应用程序会在界面上生成一个新的图标,点击它即可启动。

图 6‑32　App Store 界面

图 6‑33　应用的信息

二、iOS 应用软件的管理

在 iOS 中删除一个应用非常简便,长按一个待删除应用的图标,界面中的图标就会出现"抖动"的效果。这时应用程序图标左上方会出现一个删除标记,点击它后系统给出提示,如图 6‑35 所示。用户点击"删除"按钮即可完成删除。

图 6‑34　输入 ID 及密码

图 6‑35　删除应用

6.3　Windows 8

Windows 8 是由微软公司于 2012 年 10 月 26 日正式推出的新一代操作系统。系统独特的 Metro 开始界面和触控式交互设计,旨在让用户的日常电脑操作更加简单和快捷,为用户提供高效易行的工作环境。Windows 8 支持来自 Intel、AMD 和 ARM 的芯片架构,被应用于个人电脑、平板电脑及手机上。

6.3.1　Windows 8 概述

Windows 8 是微软倾力打造的新一代操作系统。它大幅改变以往的操作逻辑,提供更佳的屏幕触控支持。新系统画面与操作方式与之前版本变化极大,采用全新的 Metro 风格用户界面。在 Windows 8 中各种应用程序、快捷方式等能以动态方块的样式呈现在屏幕上。

Windows 8 可安装于传统的 PC 电脑上,也可以安装在平板电脑上。微软公司于 2012 年 6 月 19 日发布了 Surface(奢飞思)系列平板电脑,采用的就是 Windows 8 操作系统。此外,各大硬件厂商也陆续开发了支持 Windows 8 的笔记本及平板电脑产品。对于手机设备,微软公司同期发布了 Windows Phone 8,它采用和 Windows 8 相同的内核,这使得应用程序在普通电脑、平板电脑及智能手机间实现通用成为可能。

Windows 8 有如下新的特性:

① 新颖的 Metro 风格界面:Windows 8 最吸引人的是它全新的界面风格 Metro。Metro 风格的界面,完全是面向触控屏而设计的。

② 支持 ARM 架构:ARM 架构是一个 32 位精简指令集(RISC)中央处理器(processor)架构。其广泛地使用在嵌入式系统(embedded)设计中。由于节能的特点,ARM 处理器非常适用于移动通讯领域。

③ 支持虚拟光驱/硬盘:Windows 8 之前版本的 Windows 系统查看 ISO 等镜像文件,需要使用第三方软件支持。现在,Windows 8 支持对 ISO 文件的使用。

④ 支持 USB 3.0 标准:Windows 8 支持 USB 3.0 标准并向下兼容。USB3.0 比 2.0 最显著的改进就是 10 倍以上的理论传输速度,几十秒内就可以完成一部高清电影的传输。

⑤ Hyper – V 功能:Hyper – V 允许用户可以直接在 Windows 8 上创建自己的虚拟机,使得终端用户可在同一台机器上运行多个操作系统。

⑥ 集成了 IE10:IE10 将支持更多 Web 标准,完全针对触摸操作进行优化并且支持硬件加速。

2013 年底,微软公司计划发布 Windows 8.1 版本,它是 Windows 8 的免费更新版。2013 年 6 月,微软公司发布了 Windows 8.1 的预览版操作系统。通过预览版,用户们可以发现微软不仅让"开始"按钮重新回到了桌面,而且针对键盘、Outlook、搜索、娱乐等功能体验还进行了大面积优化。后序章节以 Windows 8.1 为例,简要介绍其基本使用及设置方法。

6.3.2　Windows 8 简要应用及设置

一、Windows 8 的界面

启动之后,用户将首先看到 Windows 8 的锁屏界面。每当系统启动、恢复或登录的时候,锁屏就会出现。如果用户使用的是触摸屏设备,那么用手指滑动一下,然后输入密码就可以登录系统。如果不是触摸屏设备,那么鼠标点击之后就能够登录系统。登录系统后,用户首先看到的是 Windows 8 的 Metro 风格界面,如图 6 – 36 所示。新界面被称为"开始"屏幕。如何切换"传统桌面"与"开始"屏幕呢? 最快捷的方式就是使用键盘的 Windows 键。Windows 8 的传统界面,如图 6 – 37 所示。在传统界面中,点击左下角的"开始"按钮或者按 Windows 键可以切换回"开始"屏幕。

图 6 – 36　Windows 8 的 Metro 风格界面

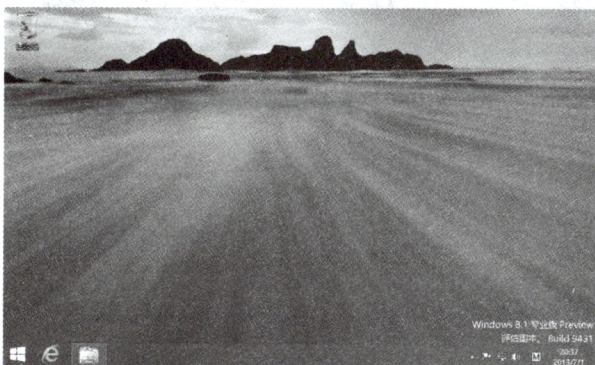

图 6 – 37　Windows 8 的传统风格界面

二、关闭 Windows 8

将鼠标移动到"开始"屏幕的左下角,在"开始"按钮上右击鼠标,或者使"Windows+X"键,出现一个弹出菜单,如图 6-38 所示,在其中选择"关机"命令。或者利用"Windows+C"键,调出 Charm 工具栏,如图 6-39 所示,在其中选择"设置",点击其中的"电源"图标,如图 6-40 所示。选择"关机"命令即可关闭系统。

图 6-38　菜单中的关机命令

图 6-39　Charm 工具栏

三、对 Windows 8 的设置

将鼠标移动到"开始"屏幕的左下角,在"开始"按钮上右击鼠标,出现一个弹出菜单,如图 6-35 所示,从中用户可以对系统中的多项内容进行设置。另外一种方法是利用"Windows+C"键盘,调出 Charm 工具栏,点击其中的"设置"功能,如图 6-40 所示。在其中,用户可以对"网络"、"声音"、"亮度"、"通知"、"电源"、"键盘"分别进行设置。更多的设置内容,可以在图 6-38 所示的菜单中选择"控制面板"命令,打开"控制面积"窗口,在其中选择设置功能。其类似于之前版本的"控制面板"功能。

图 6-40　Charm 工具栏设置选项

图 6-41　"开始屏幕"

四、查看系统中的应用程序

将鼠标放到屏幕左下角点击或者用手点击,会出现一个 ⊙ 图标,如图 6-41。点击它即可显示系统应用,如图 6-42 所示。这时,点击屏幕下方的 ⊙ 图标,可以回到"开始屏幕"。

五、设置"开始屏幕"

"开始屏幕"上有了大大小小的应用程序块,称为"磁贴"。用户可以根据需要更改磁铁的位置、大小。利用鼠标拖动或者用手点中后拖动即可将"磁贴"变动到新的位置。用户还可以右击"磁贴",这时屏幕下方会出现一个磁贴设置工具栏,如图 6-43 所示。用户可以设置的内容包括:从"开始"屏幕取消固定、卸

载、调整大小、关闭动态"磁贴"。

图 6-42　查看应用程序

图 6-43　设置"磁贴"

六、打开及关闭应用程序

在"开始屏幕"中点击一个"磁贴"就可以打开一个应用程序。Metro 应用程序不包含"关闭"按钮,这是微软特意设计的。从 Windows 应用商店安装的应用不会减慢电脑的速度,因此不必关闭这些应用。如果暂时未使用某个应用,Windows 会将其放在后台运行,而如果较长时间没有使用该应用,这时才会将其关闭。然而,如果用户确实想要关闭某个应用,可以采用以下方法:如果使用鼠标,则点击应用顶部,然后将其拖至屏幕底部;如果使用触控设备,则用手拖动应用至屏幕底部,如图 6-44 所示。

Metro 屏幕不具备任务栏,因此用户会找不到运行的应用程序。这种情况下,用户只需按住"Alt＋Tab"键就能够查看正在运行的应用程序,而按住"Win＋Tab"键则能够自一个正在运行的应用程序切换到下一个应用程序,如图 6-45 所示。

图 6-44　关闭应用程序

图 6-45　应用程序之间切换

七、文件资源管理器

在 Windows 8 中的资源管理工具是"文件资源管理器",不再沿用老版本的"资源管理器"名称。在"开始"屏幕的应用程序中点击 文件资源管理器 图标,即可启动文件资源管理器,如图 6-46 所示。新的资源管理器改进包括:采用了 Ribbon 界面为用户提供了更丰富的编辑功能;在共享栏中,用户可以方便地将文件通过邮件发送给其他人;查看工具栏中提供了复选、单选的显示新样式等。

八、使用触控键盘

在 Windows 8 中提供了两种触摸操作虚拟键盘,一是目前常见的标准布局,二是左右分成两块,各自对应左右手的拇指。这样用户在使用平板电脑时,就可以非常快速地输入。开启触控键盘的方法是在任务栏上右击鼠标,在弹出菜单中选择工具栏、触控键盘,如图 6-47 所示。这时在任务栏上出现 按钮,点击它即可打开触控键盘。图 6-48 显示了常规布局触控键盘,图 6-49 显示了左右风格触控键盘。

图 6‑46 文件资源管理器

图 6‑47 任务栏快捷菜单

图 6‑48 常规布局触控键盘

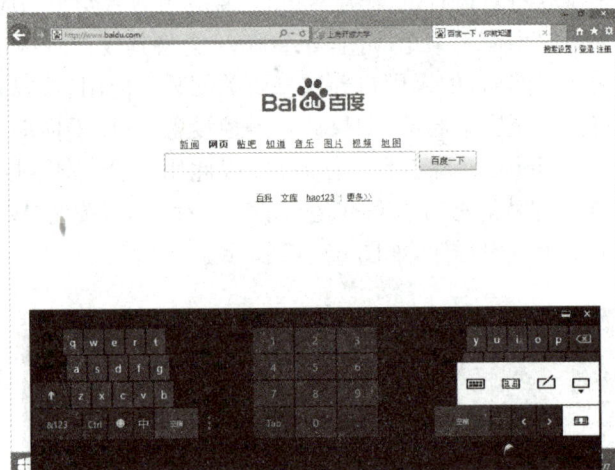

图 6‑49 左右风格触控键盘

九、浏览 ISO 文件

Windows 8 支持虚拟光驱/硬盘,可以不借助第三方软件直接查看 ISO 文件内容。用户只需在"文件资源管理器"中选中一个 ISO 文件,并在"光盘映像工具"中点击"装载"按钮,如图 6‑50 所示。Windows 8 会即时创建一个虚拟驱动器并加载 ISO 镜像,给予用户访问其中文件的权限,如图 6‑51 所示。当访问完毕,用户点击"管理"菜单中的"弹出"命令,虚拟驱动器也就自动消失。

图 6‑50 装载 ISO 文件

图 6‑51 浏览 ISO 文件内容

6.3.3　Windows 8 应用软件的管理

一、Windows 8 应用软件的安装

在 Windows 8 之前的 Windows 家族的操作系统中,所有的应用程序都是客户端应用程序。对于 Windows 8 来说,有一个新的安装模式——Metro 应用安装。由于 Metro 应用专门针对 Windows 8 设计,所以不会呈现兼容性问题。Metro 应用可以从"应用商店"获得。在"开始屏幕"中点击 图标,就可进入应用商店,如图 6‑52 所示。从中选择一个需要的软件,或者利用右上角的搜索框进行搜索。以 PPS 影音软件为例,其安装界面如图 6‑53 所示。点击左上角的"安装"按钮,就开始安装过程。安装结束后,在"开始"屏幕应用程序中会出现 PPS 影音的图标。

图 6‑52　Windows 8 的应用商店

图 6‑53　QQ 的安装界面

除了使用应用商店安装应用软件之外,用户也可以从软件的官方网站下载支持 Windows 8 的各类应用程序。其安装过程与以往 Windows 家族的软件安装相似。

二、应用程序管理

对 Windows 8 中应用程序的管理,可以通过"开始"屏幕或者"控制面板"窗口进行管理。在"开始"屏幕界面中右击程序图标,在屏幕底部出现管理工具栏,如图 6‑54 所示。用户可以执行的操作包括:固定到"开始"屏幕,针对当前程序在"开始"屏幕上生成一个新的"磁贴";卸载,将程序从系统中删除。

图 6‑54　在 Metro 界面管理应用程序

另外一种方式是借助"控制面板"。首先在"开始"屏幕的应用中找到"控制面板"图标 ,单击后打开"控制面板"窗口如图 6‑55 所示。选择程序区的"卸载程序"超链接,打开"程序和功能"窗口,如

图 6－56 所示。选择一个待删除的应用程序,点击"卸载"按钮,系统弹出提示框。用户点击"是"按钮执行卸载任务。

图 6－55　控制面板窗口

图 6－56　程序和功能窗口

第三篇

字处理软件基础
——中文Word 2010

第三篇

文字处理软件基础
——中文 Word 2010

第7章 中文 Word 2010 概述

7.1 Word 2010 的新特性

Word 2010 是 Microsoft 公司开发的 Office 2010 组件之一,主要用于文字处理工作,是一款上乘的文档格式设置工具。在继承以往其中文 Word 系列的强大功能和优点的基础上,新增了十大功能,增强后的功能可创建专业水准的文档,利用它使文档组织和编辑更轻松、更高效。

一、更优化的搜索功能和导航窗口

① Word 2010 新增的文档导航功能的导航方式有四种:标题导航、页面导航、关键字(词)导航和特定对象导航,可以轻松查找、定位到想查阅的段落或特定的对象。

② 文档标题导航窗口增强了文档的视觉展现力,提供了文档的直观大纲,用户可以通过拖放标题而非复制和粘贴来方便地重新组织文档,对所需的内容进行快速浏览、排序和查找。

③ 文档页面导航就是根据 Word 文档的默认分页进行导航,并可以轻松切换到所需页面。

④ 关键字(词)导航可以将需要查找的导航链接显示在"导航"窗格上,单击这些导航链接,能快速定位到文档的相关位置。

⑤ 特定对象导航能帮助快速查找一篇完整的文档中特定对象。单击搜索框右侧放大镜后面的"▼",选择"查找"栏中的相关选项,就可以快速查找文档中的图形、表格、公式和批注等。

二、更为简化的用户访问方式和个性化的功能

Word 2010 可简化功能的访问方式,运用全新的 Microsoft Office Backstage 视图替代了传统的"文件"选项卡,只需单击几次鼠标即可保存、共享、打印和发布文档。通过增强的功能区,可以更快速地访问常用的命令,并且可以通过自定义的选项卡个性化自己的工作环境。同时全新的浮动工具栏以及时时浏览的方式,更增添了 Word 2010 的魅力。

三、更智能的自动完成任务的功能

① Word 2010 增强了拼写检查功能,通过识别上下文语境,不仅可以提示拼写错误,还可以对单词的使用不正确的地方进行提示。例如"economical condition"将会被标记出来,并帮助用户更改为"economic condition"。

② Word 2010 可以比以往更轻松地翻译某个单词、词组或文档。针对屏幕提示、帮助内容和显示,分别对语言进行不同的设置。

③ Word 2010 提供了用于使文档增加视觉效果的更多选项。从众多的附加 SmartArt 图形中进行选择,即可构建精彩的图表。使用 SmartArt 还可将点句列出的文本转换为引人入胜的视觉画面,以更好地阐释用户的观点。

④ Word 2010 提供了快速捕获屏幕截图并将其插入文档中的功能。若要在不同文档之间重复使用该截图,则可利用粘贴预览功能在插入前进行预览。

⑤ Word 2010 可以为文字添加应用图片特效,如阴影、凹凸、发光以及反射等,同时还可以对文字应用格式,从而让文字完全融入图片中。

⑥ Word 2010 针对中国用户的需求开发了专业的书法字帖,用户可以根据各自喜好,对书法字帖进行个性化设置。同时也为中国用户开发了稿纸功能,可以将当前文档中的文字快速转换为稿纸格式。

⑦ Word 2010 的专业性还体现在可以为文档方便快速地添加一个封面,用户能根据个性需求,在封面

样式中选择所需的封面类型。

⑧ Word 2010 可以为文档添加一个目录,方便用户阅读。用户还可以对目录进行个性化订制,如要对文档进行修改,直接更新目录即可。

四、强大的文档版本管理功能

在日常文档的编辑过程当中,如果由于断电等意外情况而造成的文档强行关闭,那么之前对于文档所做的修改和编辑工作,将会丢失掉。针对此类情况 Word 2010 提供了非常强大的文档版本管理功能,用以自动记录当前所编辑文档的版本,即便文档因为意外情况而强制关闭,也可以将其恢复到上一个较近的时间点上,从而可以避免工作成果的丢失。

五、强大的文档协同办公能力

Word 2010 重新定义了人们可针对某个文档协同工作的方式,它可以与后台的 SharePoint 2010 服务器进行整合应用,从而实现文档级别的内容写作。利用共同创作功能,可以在编辑论文的同时,与他人分享各自的观点。

7.2 Word 2010 的启动和退出

一、Word 2010 的启动

① 桌面左下角单击"开始",展开菜单,单击其中的"Microsoft Word 2010",即可启动 Word 2010。

② 双击 Word 文档,也可启动 Word 程序,如果系统中安装了多个 Office 套件,一般会启动最高版本。若要指定版本,可右键单击,选择"打开方式",再选择指定程序打开。

二、Word 2010 的退出

① 文档保存后,单击"文件"选项卡的"关闭"按钮,即可退出该文档。

② 双击软件图标按钮也可退出该文档。

③ 单击"文件"选项卡中的"退出"按钮,则可以退出当前打开的所有 Word 2010 文档,即退出该程序。

7.3 Word 2010 的工作界面

Word 2010 最显著的变化就是使用"文件"按钮代替了原来的 Office 按钮,使用户更容易从 Word 2003 和 Word 2000 等旧版本中转移。

一、窗口介绍

Word 2010 工作界面由文件选项卡、标题栏、快速访问工具栏、功能区、文档编辑区、显示、滚动条、缩放滑块和状态栏等部分组成(如图 7-1 所示)。

① 标题栏①:显示正在编辑的文档的文件名以及所使用的软件名。

② "文件"选项卡②:基本命令(如"新建"、"打开"、"关闭"、"另存为…"和"打印"位于此处)。

③ 快速访问工具栏③:常用命令位于此处,例如"保存"和"撤消"。也可以添加个人常用命令于此处。

④ 功能区④:工作时需要用到的命令位于此处。它与其他软件中的"菜单"或"工具栏"相同。

⑤ "编辑"窗口⑤:显示正在编辑的文档内容。

⑥ "显示"按钮⑥:可用于更改正在编辑的文档的显示模式以符合使用者要求。

⑦ 滚动条⑦:可用于更改正在编辑的文档的显示位置。

⑧ 缩放滑块⑧:可用于更改正在编辑的文档的显示比例设置。

⑨ 状态栏⑨:显示正在编辑的文档的相关信息。

二、Word 2010 功能区介绍

Word 2010 取消了传统的菜单操作方式,而代之以各种功能区。在 Word 2010 窗口上方看起来像菜单的名称其实是功能区的名称,当单击这些名称时并不会打开菜单,而是切换到与之相对应的功能区面板。每个功能区根据功能的不同又分为若干个组,每个功能区所拥有的功能如下所述:

图 7 - 1　Word 2010 窗口

1. "开始"功能区

"开始"功能区中包括剪贴板、字体、段落、样式和编辑五个组,对应 Word 2003 的"编辑"和"段落"菜单部分命令。该功能区主要用于帮助用户对 Word 2010 文档进行文字编辑和格式设置,是用户最常用的功能区。如图 7 - 1 中的④,显示的即是"开始"功能区。

2. "插入"功能区

"插入"功能区包括页、表格、插图、链接、页眉和页脚、文本、符号几个组,对应 Word 2003 中"插入"菜单的部分命令,主要用于在 Word 2010 文档中插入各种元素。

3. "页面布局"功能区

"页面布局"功能区包括主题、页面设置、稿纸、页面背景、段落、排列几个组,对应 Word 2003 的"页面设置"菜单命令和"段落"菜单中的部分命令,用于帮助用户设置 Word 2010 文档页面样式。

4. "引用"功能区

"引用"功能区包括目录、脚注、引文与书目、题注、索引和引文目录几个组,用于实现在 Word 2010 文档中插入目录等比较高级的功能。

5. "邮件"功能区

"邮件"功能区包括创建、开始邮件合并、编写和插入域、预览结果和完成几个组,该功能区的作用比较专一,专门用于在 Word 2010 文档中进行邮件合并方面的操作。

6. "审阅"功能区

"审阅"功能区包括校对、语言、中文简繁转换、批注、修订、更改、比较和保护几个组,主要用于对 Word 2010 文档进行校对和修订等操作,适用于多人协作处理 Word 2010 长文档。

7. "视图"功能区

"视图"功能区包括文档视图、显示、显示比例、窗口和宏等几个组,主要用于帮助用户设置 Word 2010 操作窗口的视图类型,以方便操作。

7.4　Word 2010 的视图模式

Word 2010 中提供了多种视图模式供用户选择,这些视图模式包括"页面视图"、"阅读版式视图"、"Web 版式视图"、"大纲视图"和"草稿视图"等五种视图模式(如图 7 - 2 所示)。用户可以在"视图"功能区

图7-2　视图模式窗口

中选择需要的文档视图模式,也可以在 Word 2010 文档窗口的右下方单击视图按钮选择视图。

一、页面视图

"页面视图"可以显示 Word 2010 文档的打印结果外观,主要包括页眉、页脚、图形对象、分栏配置、页面边距等元素,是最接近打印结果的视图。

二、阅读视图

"阅读版式视图"以图书的分栏样式显示 Word 2010 文档,"文件"按钮、功用区等窗口元素被隐藏起来。在阅读版式视图中,用户还可以单击"工具"按钮挑选各种阅读工具。

三、Web 版式视图

"Web 版式视图"以网页的方式显示 Word 2010 文档,Web 版式视图适用于发送电子邮件和创建网页。

四、大纲视图

"大纲视图"主要用于 Word 2010 文档的配置和显示标题的层级结构,并可以简约地折叠和展开各种层级的文档。大纲视图普遍用于 Word 2010 长文档的高速浏览和配置中。

五、草稿视图

"草稿视图"取消了页面边距、分栏、页眉页脚和图片等元素,仅显示标题和正文,是最节省计算机系统硬件资源的视图方式。

7.5　Word 2010 帮助系统的使用

Office 2010 提供了一整套帮助系统,来解决用户在使用过程中发生的问题。"帮助"按钮设置在页面的右上角 ❓,点击"帮助"按钮或使用 F1 键,可以打开"帮助"窗口。其次,在"文件"选项卡中也设置了"帮助"栏,用户可以根据需要选择相应的帮助和支持服务(如图7-3所示)。

图7-3　帮助窗口

第8章 文档的建立和文本的编辑

8.1 文档的建立

8.1.1 新建文档

一、新建"空白文档"

启动 Word 后,即可建立一个新的"空白文档",可以把需要建立的文档内容输入到打开的空文档,然后存入磁盘(存盘时给出文件名),这样就建立了一个新文档。

如果 Word 已经启动,需要建立一个新的"空白文档",可单击"文件"选项卡下的"新建"按钮,选中"可用模板"中的"空白文档",点击右边的"创建"按钮,系统便在打开 Word 文档的基础上又建立了一个 Word 新文档(如图 8-1 所示)。

图

图 8-1 新建文档

二、新建"书法字帖"

在新建文档中,显示了很多文档样式,有"可用模板"样式,以及"office.com 模板"样式,现以新建"书法字帖"为例作简要介绍。

Word 2010 所提供的书法功能,可以快速创建出非常专业的书法字帖。方法是单击"文件"选项卡下的"新建"按钮,选择"书法字帖",然后单击"创建"按钮,在随即打开的"增减字符"的对话框中,可以根据需要来选择相应的书法字体。在"可用字符"列表框中,可以选择相应的字符,并将其添加到当前文档中。此时,一幅精美的书法字帖就创建完成了(如图8-2所示)。同时还可以根据用户的喜好,对书法字帖进行个性化的设置,方法是"书法字帖"创建后,在原有的"选项卡"基础上新增加了"书法"选项卡,用户可以选择"网格样式",以及文字的"排列方式",如果希望对书法字帖做进一步的设置,则可以选择"选项",在随后打开的对话框中,可以设置字体的颜色、显示的效果及其网格,设置完成以后直接单击确定按钮即可。

图8-2 书法字帖的建立

8.1.2 文本输入

文本的输入就是在文本区的光标插入点处输入文本内容。随着文本的输入,插入点会从左向右移动,以提示下一个字符出现的位置。中文和英文以及各种字符都可以混合输入。当输错一个字或字符需要纠正时,可以按退格键(Backspace),删除光标左边的内容;或按 Del 键,删除光标右边的内容。

文本输入到标尺右缩进处将自动换行。段落结束时,应按回车键,这时光标转到下一行的行首位置,可以继续输入一个新的段落,直到全文输入结束。

段落标记符的显示往往与某些设置有关,如果通过"文件"下的"选项"按钮进入选项对话框,打开"显示"页面,清除"段落标记"复选框,按"确定"按钮,那么文本中段落标记符将消失。

一、Word 2010 输入法的打开、更改和切换

1. 输入法的打开

默认情况下,用户打开 Word 2010 文档窗口后会自动打开微软拼音输入法。此项功能对于经常输入中文字符的用户而言非常方便。

2. 输入法的更改

对于经常输入英文字符的用户而言,希望直接进入英文输入法,而不必再去关闭微软拼音输入法。这时可以更改 Word 2010 的默认输入法为英文状态,操作步骤如下:

① 打开 Word 2010 文档窗口,依次单击"文件"下的"选项"按钮。

② 打开"Word 选项"对话框,切换到"高级"选项卡。在"编辑选项"区域取消"输入法控制处于活动状态"复选框,并单击"确定"按钮(如图8-3所示),即可完成输入法状态更改。

3. 输入法的切换

在中文 Word 2010 中,任务栏右端的默认输入法状态是微软拼音新体验 2010 输入法,点击▓,就能打开输入法列表(见图8-4)。从中可以选择自己最习惯的输入法。有时,用户也可以通过设置快捷键(如"Ctrl+Shift"键等),可以在各种输入法之间进行切换。

图 8‐3 输入法状态更改

在汉字输入中,往往会夹着一些英文词汇,用关闭或打开提示行的方法,固然也行,但更为简单的方法是:单击提示行中▓按钮,使之在▓和▓方式之间进行切换。其中在▓方式下可以输入西文字符。

图 8‐4 输入法列表

二、开启/关闭输入板

在任务栏右端有一个按钮▨,光标指示后会自动弹出 开启/关闭输入板 提示,单击后,便可以在输入板中进行手写(见图 8‐5)。比如生僻字"甲",不知道读音,无法输入,可以在输入板中写上这个字,在右边相似的字帖中找到用户需要录入的生僻字,光标移到这个字的右下方可以显示读音(yue),也同时可以选中录入文档中。

图 8‐5 开启/关闭输入板

三、全角/半角方式

在输入过程中,单击提示行中按钮▨处,可选择全角/半角输入方式。

全角方式▨就是通常所说的"纯中文方式"。此时,所有的西文字符均以汉字大小出现,即每个字符占一个汉字的位置。半角方式下,所有的西文字符均占半个汉字的位置。全角和半角方式在输入文本的过程中可随时切换,这主要根据自己希望输入的西文字符占多大位置来决定。

一般我们在输入一篇纯英文的文章时,可以关闭汉字提示行,采用半角方式;而在输入一篇纯中文的文章时,则既可用全角方式,也可用半角方式。但在某种汉字提示状态下(如微软拼音输入法),不管是在▨还是在▨状态,汉字均默认以全角方式输入,而字母、数字等符号是根据全角或半角方式输入,即与我们日常所写的标点符号形式一致。另外,按"Shift+空格"键,可以在全角/半角之间切换。

四、"插入"和"改写"状态

如果状态栏中"插入"状态呈黯淡显示,则表示输入的文字将插入在光标闪烁处,不会覆盖后面的内容。随着文本的输入,插入点会从左向右移动,以提示下一个字符出现的位置。如果要在"插入"状态和"改写"状态之间进行转换,可以按 Insert 键。在"改写"状态,输入的文字将覆盖光标后面的内容。

五、中文符号/西文符号方式

为了方便中国用户在文档中使用中文标点符号,输入法提示行中显示中文符号 `"` 和西文符号 `'`,点击它则可以中文字符和西文字符之间切换。输入的中文符号都是全角符,占两个西文字符的位置。

对于书名号"《》"的输入,可以按"Shift+＜"或"Shift+＞"键,要注意,当首次按下"Shift+＜"键,将出现的是"《",在按"Shift+＞"键前再按"Shift+＜"键,出现的将是"〈",要通过"Shift+＞"使"〉"符号配对出现后,才会有"》"。

另外,如要在文本中要插入人民币(￥)符号,可以在中文输入状态下,键入"Shift+$"键;要插入欧元符号€,可以直接键入"Ctrl+Alt+E"键,或键入"Alt+0128"。

8.2 文档的打开

8.2.1 打开 Word 文档

一、打开一个文档

要编辑一个磁盘上已有的文档,首先要将它打开。打开磁盘上已有的 Word 文档,可以单击"快速访问工具栏"上的"打开"按钮 📂(或用"文件"选项卡中 📂打开(O)... CTRL+O 命令),这时屏幕上将会弹出"打开"对话框,在对话框的左边,可以选择要打开文档所在的盘和路径对话框的右下显示"所有 Word 文档"框,如果当前打开的是 Word 文档,则默认为即将要打开的是 Word 文档,如果要打开的文档不是 Word 文档,则可以单击"所有 Word 文档"列表框,从中选择相应的文件格式(如 XML 格式、所有网页、文档模板等)。

二、打开多个文档

Word 允许同时打开多个文件,同样按照上述打开一个文档的方法打开对话框(如图 8-6 所示),按住 Ctrl 键不放,单击各个要打开的文档文件名,使之有选中标志,然后再按"打开"按钮,便可将所选的多个文档同时打开在不同的文档窗口。图 8-6 中有四个文件被选中。

图 8-6 "打开"对话框中选中多个文件

8.2.2　打开最近使用的文件

有时,利用"文件"选项卡来打开文档并非最快捷,因为在"打开"对话框中还要作一些选择和查找。如果要打开一个常用的文档,在 Word 中,可以打开"文件"选项卡下的"最近所用的文件",在弹出的列表中单击其中的某个文件名,便能打开这个文件,其中也包括由其他应用程序(如 Excel、PowerPoint 等)在最近创建的文档。

8.2.3　打开文件的未保存版本

有时由于误操作或系统资源的限制,在编辑 Word 文档时死机或自动非正常关闭 Word 而尚未保存文档。Word 2010 提供了便捷的"恢复未保存的文档"的功能。

打开"文件"选项卡下的"最近所用的文件",单击左下角的 ，会显示"打开"对话框,此时对话框中列出的是未保存的文件,单击其中需要恢复的文件,便可以打开并进行保存工作。

8.3　文本的编辑

8.3.1　选定文本内容

Word 工作环境下的字处理有一个最大的特点,就是要指明对文档哪些内容进行处理,即"先选中,后操作"。

在选定文本内容后,默认状态下被选中的部分以蓝底黑字突出显示(有时也可以是彩色,颜色的显示取决于控制面版中颜色的设置)。

一、用拖曳选中一个字或文档的一部分

将鼠标器指针移到要选的汉字或字符前,拖动鼠标器移动一个汉字或字符位置或移动到要选中部分的末尾,然后松开鼠标器按键,这样该字或文档的一部分即被选中。

二、用单击+按键选中文档的一部分

如果要选定较长的文本,此时可以将选择光标定位于要选定部分的首部,然后通过窗口右端的滚动条,找到要选定部分的尾部,按下"Shift 键+单击",即可选中要选的部分。

三、选中一行或多行

将鼠标器指针移到要选择的行的左端——文本选定区,这时鼠标器指针变为 ⌀ ,单击鼠标器左键,该行便被选中。如果要选中连续的多行,可以先选定连续行中的第一行,不释放鼠标器按键,将鼠标器在文本选定区内向上或向下拖动若干行,便选定了多行。

四、选中整个文档

在"开始"选项卡的最右边有"选择"、"查找"、"替换"三个选项,点击"选择"下面有一个"全选",选中"全选"即选定整个文档。或可用"Ctrl+A"快捷键来选定整个文档内容。

五、撤消选定

要撤消选定的文本内容,可以在文本区的任何地方单击鼠标器。

8.3.2　剪切、复制和粘贴

在 Word 2010 的"开始"区下设置了"剪贴板"功能组,包括剪切、复制、粘贴和格式刷等常用的编辑功能(见图 8-7)。

剪贴板(clipboard)是内存中一个临时存放信息(如文字、图像和声音等)的特殊区域。这个特殊区域是所有正在运行的应用程序所共有的。利用剪贴板可以很方便地在文档之间甚至在应用程序之间实现移动和复制。

当执行选定文本操作后,有两种方式将所选定对象存放到剪贴板上去:剪切和复制。

图 8-7
"剪贴板"功能组

图 8-8　剪贴板窗口

"剪切"功能 ✂ 将选取的对象从文档中删除,并放入剪贴板。

"复制"功能 📋 则将选定对象的一个备份复制到剪贴板。

"粘贴"功能 📋 则可以将剪贴板上的内容复制到文档中插入点所在的位置后面。

因此,对于选定的文本使用剪切和粘贴,或者拖曳(拖曳后在剪贴板上不留痕迹),可以实现文本块或图形的移动;使用复制和粘贴(或者 Ctrl+拖曳),可以实现文本块或图形的复制。

由于剪贴板是 Windows 系统设置的,因此,通过它不仅能在同一文档中实现移动和复制,还能在不同的基于 Windows 的应用程序之间实现移动和复制。在 Word 2010 中,用户可以同时在剪贴板中存放 24 个项目,剪贴板上的信息可以是来自 Word、Excel、PowerPoint、FrontPage、Access、网页等各种应用程序中的对象或元素。如果要将其中的一个项目插入到打开的文档中,只要打开"剪贴板",选择并点击其中需要插入的项目,即可在文档的插入点后显示该项目(如图 8-8 所示)。

另外,对于选定的文本,单击鼠标器右键,打开快捷菜单,其中也列出了编辑时常用的命令,如剪切、复制和粘贴等。

8.3.3　符号和特殊字符的插入

在文档编辑中,常常需要用一些特殊字符和符号来增加文章的可读性和趣味性,而键盘上没有这些特殊的符号按键,如五星符(★)、带圈的数字符(①)、眼镜符(👓)、剪刀符(✄)等。

符号和特殊字符的插入是通过"插入"中的"符号",可打开"符号"对话框来实现的(如图 8-9 所示)。

图 8-9　"符号"对话框的"符号"标签

在"符号"对话框中有"符号"和"特殊字符"两个选项卡。

在"符号"选项卡中,从"字体"列表框中可以选择需要的符号和汉字,每选取一种字体,都会显示出该字体的符号表,有些字体还有子集。如字母组合、部首、图形及难检字等。当利用鼠标器单击某个符号,按下"插入"按钮,这时"插入"按钮右边的"取消"按钮会变成"关闭"按钮,再按下"关闭"按钮便可将所选定的符号插入到文档中。

另外,对于经常使用的特殊符号,还可以为它设置快捷键,以增加录入的方便性,即单击"符号"对话框中"快捷键"按钮,进入"自定义键盘"对话框的"键盘"标签,来设置快捷键。

在"特殊字符"选项卡中,显示特殊字符的列表,如版权符©、注册商标符®等,如图 8-10 所示。

图 8‑10　特殊"符号"对话框

8.3.4　插入系统的日期与时间

在文档中还可以自动插入系统的日期和时间。先将插入点定位到文档中需要插入系统日期和时间的适当位置,点击"插入"功能区的"日期和时间",打开"日期与时间"对话框(如图 8‑11 所示),在"日期"和"时间"列表框中选取喜欢的显示格式。如果选中"自动更新"复选框(√),则每次打开该文档时,其中的日期与时间均会自动得到更新;若不采用"自动更新"方式,还可选择"使用全角字符"复选框,即英文字母和数字将按全角方式插入。

图 8‑11　"日期与时间"对话框

8.3.5　撤销与重复

在编辑过程中误操作难以避免,如误删除了某一段文本或图形,或误替换了文档中的文本或者误设置了某种格式等。Word 2010 允许用户反悔,可撤销前面所做的成千上万步的操作,并且又能够通过重复命令来恢复。

撤销可利用常用工具栏上的命令按钮 来实现,重复操作则可用 按钮,"撤销"按钮和"重复"按钮右边都有一个下拉列表,其中列出了最近执行过的命令或撤销过的命令。

> 注意:撤销必须先从上一个动作开始,而无法直接撤销上一个动作之后的某个单一或连续动作。

8.4　文档的保存、关闭及属性

当文本的输入、编辑完成后,切记要保存文档。因为用户输入到计算机中显示在屏幕上的文档仅存在计算机的内存中,一旦退出 Word 或关机,内存中的内容将不再存在,所以用户应当随时将录入的内容存储到磁盘上,以便日后修改和使用。

8.4.1　保存文档基本方法

一、同名保存文档

如果用户正在编辑的文档是某个磁盘上的文件，经过修改后希望以同名保存文档，可以单击左上角的"自定义快速访问工具栏"上的"保存"按钮 🔲 ；也可以使用"文件"选项卡下的"保存"命令。

Word 还提供了一种"自动保存文档"的功能，用户可以设置时间间隔，让 Word 每隔一定时间（系统默认为 10 分钟）自动完成文档的存储，以减少因死机或断电所造成的损失。设置自动保存文档功能的方法如下：

① 点击"文件"选项卡下的"选项"按钮，在弹出的"Word 选项"对话框内，选择"保存"（如图 8-12 所示）。

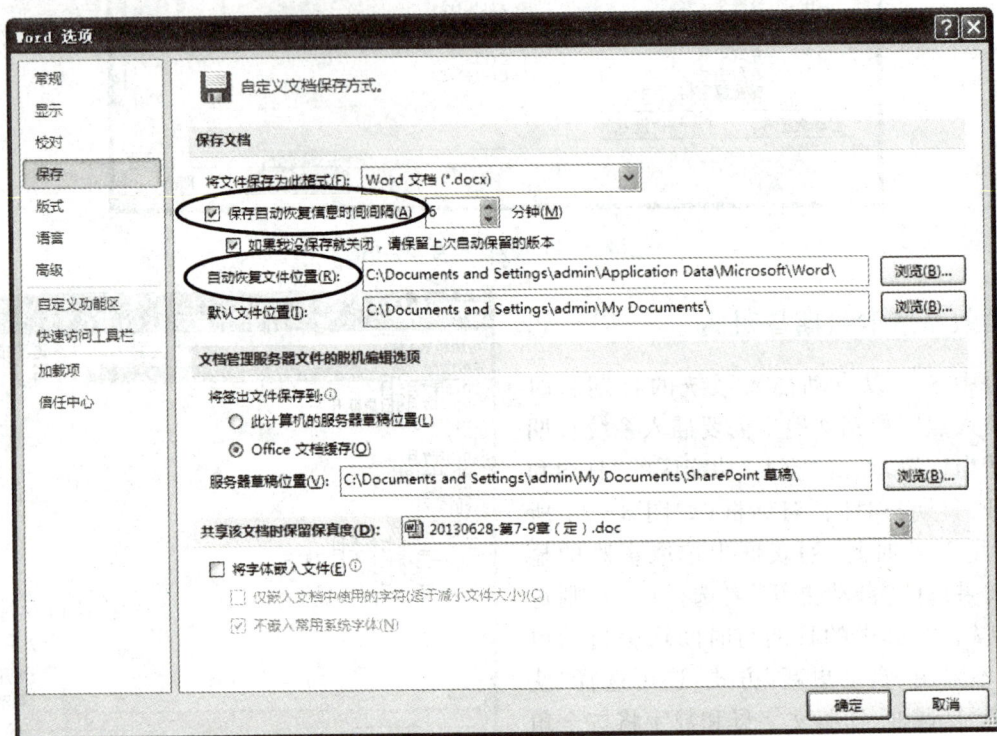

图 8-12　"Word 选项"对话框的"保存"页面

② 在"保存"区域，选中"保存自动恢复时间间隔"复选框，使之有选择标志，并在其右边的"分钟"框内键入数字（从 1 到 120 之间的数字）或用鼠标器单击上下箭头以增减自动保存文件的时间间隔。一般，此项为默认设置，且默认的分钟数为 10。

③ 在"保存"区域，显示了"自动恢复文件位置"，如果出现计算机停止反应或意外断电等情况，对未保存的文件电脑会自动保存在相应的位置，这就是"自动恢复文件位置"。在下次开机启动 Word 时会打开"自动恢复"文件，便于保存。

在"Word 选项"对话框内还有许多其他的选项卡可供用户选择，随着我们对 Word 使用的进一步掌握，可以利用其他的标签进行各种设置。

> 注意："自动恢复"并不等于"保存"命令，在完成文档处理后仍需对其进行保存。

二、另存新文件

如果用户需要保存一个正在编辑的新文档或旧文档，但希望以不同的文件名存储而不影响原来的文件，这时可以将文档以新的文件名保存。方法如下：

① 点击"文件"选项卡下的"另存为"按钮，系统将进入"另存为"对话框（如图 8-13 所示，它与"打开"对话框的操作类似）。

② 在"另存为"对话框内，可以在左边区域选择保存位置，在"文件名"下重建新文件名，"保存类型"一般可以是"Word 文档"，然后单击"保存"按钮，Word 便按用户指定的保存位置（文件夹）、文件名和文件类型保存文件。

图 8－13　"另存为"对话框

　　有时,用户正在编辑的是一个尚未存盘的新文档(如"文档 1"),要以某个文件名存入磁盘,除了上述方法外,还可以用"自定义快速访问工具栏"上的"保存"按钮 🖫 ,或使用"文件"选项下的"保存"命令,系统也将弹出"另存为"对话框,用户便可以在其中进行设置。

8.4.2　保存文档的多个版本

　　由于 Word 版本有 Word 97 Word 2000、Word 2003、Word 2007 以及 Word 2010 等,它们都有较为广泛的用户群,Word 2010 可以提供多种版本的保存方法。

　　方法一:点击"文件"选项卡的"选项"按钮,在打开的"Word 选项"对话框中选择"保存"(如图 8－14),在"将文件保存为此格式"的下拉菜单中,可以根据需要选择保存的版本。

图 8－14　"Word 选项"对话框的"保存"页面

　　方法二:选择"文件"下的"另存为"选项(见上图 8－12),在保存类型中选择需要保存的版本即可。如果选择保存类型为"Word 97－2003 文档(＊.doc)",则可以在这些 Word 版本中打开此文档。

8.4.3 文档加密保存

在制作私密的 Word 文档时,为了防止被别人偷窃,可以给 Word 文档加上密码,以下提供两个方法来加密 Word。

方法一:点击"文件"选项卡的"信息"选项,打开"保护文档"下的"用密码进行加密"选项(如图 8-15)。弹出加密文档窗口,在对此文件的内容进行加密框中键入密码,单击"确定",接着再弹出确认密码对话框,继续键入密码,单击"确定"完成加密。

图 8-15 用密码进行加密

方法二:打开文件"另存为"选项,见图 8-13,在"工具"下拉菜单中选择"常规选项"(如图 8-16),进入常规选项界面,在打开文件时的密码框中键入要锁定的密码,弹出确认密码对话框,继续键入密码,单击"确定",最后保存设置好密码的文档即可。

图 8-16 "常规选项"对话框

8.4.4 保存为 PDF 文档

Word 2010 可以将文档直接保存为 PDF 文档。操作如下:

① 单击"文件"选项卡的"另存为"按钮;

② 在打开的"另存为"对话框中,选择"保存类型"为 PDF,然后选择 PDF 文件保存位置,并输入 PDF 文件名称,然后单击"保存"按钮;

③ 完成 PDF 文件发布后,如果当前系统安装有 PDF 阅读工具(如 Adobe Reader),则保存生成的 PDF 文件将被打开。

8.4.5 文档的保存并发送

Word 2010 文档的"保存并发送",有些版本也叫做"共享",用户可以在"保存并发送"选项中将

Word 2010文档发送到博客文章、发送电子邮件、保存到 Web 或创建 PDF 文档(如图 8 - 17 所示)。

图 8 - 17　"保存并发送"对话框

一、文件类型

在"文件类型"中提供了两项功能:"更改文件类型"和"创建 PDF/XPS 文档"。其中"更改文件类型"的功能起到了上述所讲的"保存文档的多个版本"的作用,方法也如上述所讲。"创建 PDF/XPS 文档"的功能,可以帮助用户完成将文档保存为 PDF 格式的要求,可以单击"文件"选项卡的"保存并发送"按钮,选择"创建 PDF/XPS 文档",然后在弹出的对话框中,选择文件的存放位置,单击"发布"即可。

二、保存到 SkyDrive

如果将文档保存在 SkyDrive 中,还可以轻松地与他人共享文档。通过"文件"选项卡"保存并发送"按钮,将文件"保存到 Web"。相应文档会随即保存在 SkyDrive 中。根据需要可以选择保存位置"个人文件夹"或"共享文件夹"。如果用户使用 Hotmail、Messenger 或 Xbox Live,则您已经拥有 Windows Live ID。如果尚未拥有 Windows Live ID,请单击"注册 Windows Live SkyDrive"以创建一个新的 Windows Live ID。登录到 SkyDrive,就可以在 Web 浏览器中编辑文档。

8.4.6　文档的关闭

要关闭当前的文档窗口,可以单击该文档窗口右上角的关闭按钮 ✖,或双击该文档窗口的控制菜单框 ◪,也可以单击"文件"选项卡的"关闭"按钮。如要退出当前打开的所有 Word 2010 文档,即退出该程序,则单击"文件"选项卡中的"退出"按钮。

如果被修改的文档尚未存盘,系统都会提示用户存盘保存。

8.4.7　文档属性查看

通过文档属性的查看,可以帮助用户了解文档的字数、修订等情况。查看方式如下:

① 打开 Word 2010 文档窗口,依次单击"文件"下的"信息"按钮;在"信息"面板中单击"属性"按钮,然后在打开的下拉列表中选择"高级属性"选项(如图 8 - 18 所示)。

② 在打开的"文档属性"对话框中,切换到相应的选项卡。用户可以查看相关信息。比如"上次保存者"、"修订次数"等信息。

图 8 - 18　属性查看

8.5 文档的审阅

为保证一篇文档中的词组或短语的准确性,以及便于修改等,Word 2010 提供了强大的审阅功能,包括校对、语言、中文简繁转换、批注、修订、更改、比较和保护选项组。

8.5.1 文本的校对

在 Word 2010 文档中经常会看到在某些单词或短语的下方标有红色、蓝色或绿色的波浪线,这是由 Word 2010 中提供的"拼写和语法"检查工具根据 Word 2010 的内置字典标示出的含有拼写或语法错误的单词或短语,其中红色或蓝色波浪线表示单词或短语含有拼写错误,而绿色下划线表示语法错误(当然这种错误仅仅是一种修改建议)。用户可以在 Word 2010 文档中使用"拼写和语法"检查工具检查 Word 文档中的拼写和语法错误,操作步骤如下:

① 选择"审阅"功能下的校对选项组,打开"拼写和语法"对话框,保证"检查语法"复选框的选中状态。在错误提示文本框中将以红色、绿色或蓝色字体标示出存在拼写或语法错误的单词或短语(如图 8–19)。

② 检查并确认标示出的单词或短语是否确实存在拼写或语法错误,如果确实存在错误,在"易错词或输入错误或特殊用法"文本框中进行更改并单击"更改"按钮即可。如果标示出的单词或短语没有错误,可以单击"忽略一次"或"全部忽略"按钮忽略关于此单词或词组的修改建议。也可以单击"词典"按钮将标示出的单词或词组加入到 Word 2010 内置的词典中。

图 8–19 "拼写和语法"对话框

③ 完成拼写和语法检查,在"拼写和语法"对话框中单击"关闭"或"取消"按钮即可。

8.5.2 翻译文档

Word 2010 翻译功能比以往的 Word 版本得到了极大的提高,对于一般的日常应用来说,能够满足用户的使用。Word 2010 的翻译功能主要分为三类,其一是整篇文档的翻译功能,其二是翻译所选文字,第三是屏幕抓词翻译。具体操作如下:

一、翻译整篇文档

① 选择"审阅"功能下的"语言"选项,打开"翻译",选择第一个选项"翻译文档"(如图 8–20 所示)。

图 8–20 翻译对话框

② 在弹出的翻译语言选项中选择要将哪种文字翻译至哪种文字，在这个对话框中，Word 2010 会提醒用户，这个翻译整篇文档的工作将会交给网络来完成。

③ 当用户确定需要通过网络来翻译整篇文档之后，Word 2010 会把这个请求发送到翻译网站，由该网站对此篇文档进行翻译。

二、翻译所选文字

如果用户需要翻译一些单词，操作同上选择"翻译"的第二个选项"翻译所选文字"，将在 Word 窗口右侧出现翻译窗口栏，显示单词的详细解释。

三、翻译屏幕显示

如果用户需要快速翻译一些词或短语，可以通过选择"翻译"的第三个选项"翻译屏幕显示"。即开启翻译屏幕提示功能，此时若将鼠标停留在单词上，系统会自动弹出翻译结果的浮动窗口。单击浮动窗口中的"播放按钮"，即可播放该单词读音。

8.5.3　中文简繁转换

相对 Word 2003 来说，Word 2010 提供了更为方便好用的简繁转换功能。步骤如下：

① 选择转换的文字或整个文档；

② 选择"审阅"功能区的"中文简繁转换"选项，根据需要单击"繁转简"或"简转繁"。

8.5.4　添加和删除文档批注

批注能更好地帮助用户理解文档内容以及跟踪文档的修改状况，批注有三种显示方式，用户可以根据个人喜好选择批注的显示方式。单击"审阅"功能区"修订"选项组的"显示标记"按钮（如图 8－21 所示），打开"批注框"，从中可以选择需要的显示方式。

图 8－21　批注的显示方式

选择完成后，可以进行添加或删除批注，方法如下：

① 选中建议修改的文本内容，可以单击"审阅"选项卡的"新建批注"按钮，选中的内容会变红加大括号并以直线引出一个批注框，批注信息前面会自动加上"批注"二字以及作者和批注的编号，在框中可以输入修改意见。

② 若要修改作者名，可以打开"审阅"选项卡下"修订"的下拉按钮，选择"更改用户名"，可在"Word 选项"窗口中修改用户名。此用户名就是修订人的姓名，而缩写则是批注中的姓名。

③ 若要删除批注，则右击批注框选择"删除批注"即可。

8.5.5　文档的修订

修订显示方式的选择如同批注的选择方法（如图 8－21）。修订更能直接地显示修改的内容，方法如下：

① 选择需要修改的文本，或光标移动到需要修改的文字前，单击"修订"按钮，可以进行插入、删除、移动或格式设置等修改操作。对删除的文字会以一横线划在字体中间，字体为红色，添加文字也会以红色字体呈现。当然，用户可以通过"修订"下的"修订选项"来修改成自己喜欢的横线颜色。

② 对于修改的内容，用户可以通过"审阅"功能区的"更改"选项组进行"接受"或"拒绝"修订的操作。

8.5.6 文档的限制编辑

使用 Word 2010 中的"限制编辑"功能，可以对一篇文档进行强制保护，不被他人修改。"限制编辑"操作如下：

① 选择"审阅"功能区的"保护"选项组，单击"限制编辑"。

② 在打开的"限制格式和编辑"任务窗格中，选中"限制对选定的样式设置格式"和"仅允许在文档中进行此类型的编辑"复选框（如图 8 - 22）。

③ 单击"限制格式和编辑"任务窗格底部的"是，启动强制保护"按钮。

④ 在随即打开的"启动强制保护"对话框中，选中"密码"单选按钮，并在"新密码"文本框中输入密码，在"确认新密码"文本框中再次输入密码，最后，单击"确定"按钮。此时，文档已被保护，只能查看无法修改。

图 8 - 22 限制格式和编辑对话框

第 9 章　版式设计及排版

9.1　字体格式编排

字符是文档最基本的组成部分，文本由多个字符构成，汉字、字母、数字、标准符号和特殊符号等都作为字符。因此，文档质量的好坏，除了取决于内容外，与字体格式也有着相当密切的关系。

"字体格式"主要指字符的属性，它包括：字体、字形、字号、色彩及各种效果等。

9.1.1　字体、字号与字形等效果的一般设置

字体、字号与字形的设置可以通过"开始"功能区的"字体"选项组来完成。

中文 Windows 带有多种中文字体，还可以根据需要安装其他中文字体（如华文、方正和微软等）。

"字号"框中，中文字号从初号、小初到八号，字是从大到小；而数字字号从 5～72 点，字是从小到大，如果要使用更大或更小的字号，选定文字后，可以单击"字号"框，选中其中的字号（如 ），然后，键入相应的数字，如 108 或 3 等。

文字的字形变换，方法是首先要选定要变换的一段文字，然后按下格式栏上的字形按钮。 ——加粗、 ——倾斜、 ——下划线、 ——字符边框、 ——字符底纹、 ——字符缩放、 ——字体颜色等，这些字形变换能够突出文本的重要性，增强文档的可读性。

另外，如果要设置文字的颜色，可以先选中，然后单击"字体颜色"按钮 右边的箭头，在打开的颜色框内设置所需的颜色。

9.1.2　在"字体"对话框中设置文字的多种效果

选定文字后，点击"字体"选项组的右下角 符号，进入"字体"对话框，可以对选定的文字作更进一步的设置。也可以单击右键，打开快捷菜单，从中选择"字体"命令。在"字体"对话框的"字体"标签中，可以设置"中文字体"、"英文字体"、"字形"、"字号"、"各种下划线"、"颜色"、"着重号"和各种效果等（如图 9 - 1 (a)所示）。作相应设置后，在"预览"框内会反映出设置的效果，可以根据需要再作调整。

下拉"下划线"列表，可以在 17 种下划线中选择，如：单线、双线、点线、波浪线等。在"效果"区，有 7 个复选框可供选择，这些都可以在"预览"框中看到实际效果。其次，对于一些数学、化学等符号的表达，Word 2010 还提供了"上标"和"下标"的功能，例如，要表达"X_2^3"，可以先键入"X23"，选中"2"，进入"字体"对话框，设为"下标"，再选中"3"，再进入"字体"对话框，设为"上标"，至少能出现"X_2^3"的显示，当然要达到"X_2^3"的效果，还必须设置"字符间距"。

同样在"字体"对话框中，选择"高级"选项卡，出现如图 9 - 1(b)对话框。

我们仍以"X_2^3"为例，来说明如何调整字符间距和位置。步骤如下：

① 先选中 ，进入"高级"选项卡，这时就可设置字符间距了。

② 我们要将 2 和 3 之间的间距缩小，就要在"间距"框中选择"紧缩"，调整其右边的"磅值"框（如 2.6 磅），并观看"预览"框的效果。

③ 按下"确定"按钮，"X_2^3"中的 被紧缩在一起，形成了"X_2^3"。

(a)"字体"选项卡 (b)"高级"选项卡

(c)"设置文本效果格式"对话框

图 9-1 "字体"对话框

　　然而,"X_2^3"中的上标 3 与 2 上下太近,可以向上提,因此,选中 3,重新进入"字体"对话框的"高级"选项卡,在"位置"框中选择"提升","磅值"框设为 1 磅,按下"确定"按钮,"X_2^3"便变为"X_2^3"。

　　根据上例可知,"间距"框是用于调整字符之间的距离,有"标准"、"加宽"和"紧缩"三种选择,通过其右边的"磅值"框来作精确调整;"位置"框是用于指示文字将出现在基准线及其上下位置,有"标准"、"提升"和"降低"三种选择,它通过其右边的"磅值"框作精确调整。

　　另外,在"字体"对话框的底端,还可进行"文字效果"的设置。点击打开"文字效果"进入"设置文本效果格式"(如图 9-1(c)所示),有 7 种动态效果可以选择。如要设置"发光和柔化边缘"的文本,选择该选项,即可预设发光变体、颜色、大小和透明度等。点击预设中的"无"即可取消文本的"发光和柔化边缘"效果。

9.1.3　设置首字下沉

　　首字下沉是指将文本或段落中第一个字或字母放大并下沉,首字下沉可以加强文字的可读性。

先选中要下沉的字或字母,选择"插入"功能区的"文本"选项组,单击"首字下沉"下拉菜单,打开"首字下沉选项"对话框(如图 9-2 所示)。

在"位置"选择框中有 3 个选项(其中的图示形象地表示出各种效果):

无——从选定段落中清除原来设定的首字下沉。

下沉——在主文字区紧靠左侧页边距处插入首字下沉字符。

悬挂——从段落的第一行开始,在左侧页边距内插入首字下沉字符。

另外,在"字体"列表框中,可以选择首字下沉的字体名称(如"宋体");在"下沉行数"框内,可以设置首字下沉的字符行数(如 3 行);在"距正文"框内可以设置首字下沉字符与段落正文中文字之间的间距。

图 9-2　"首字下沉"对话框

9.1.4　使用拼音指南

我们经常会在 Word 文档中遇到一些生僻字,也就是我们不认识的字,不知道字的读音。Word 2010 中的"拼音指南",能帮助我们给这些生僻字加上拼音和声调的注释。操作如下:

① 选中生僻字,然后点击"开始"选项卡上的 ^{wén} 按钮,打开"拼音指南"对话框(如图 9-3 所示)。

② 如果需要将拼音标注到文字上方,在上面的窗口中按"确定"按钮就能实现,若想清除文字上方的拼音注音,在上述拼音指南窗口中单击"清除读音"即可。

图 9-3　"拼音指南"对话框

图 9-4　"带圈字符"对话框

9.1.5　添加带圈文字

在 Word 文档中,如果一些字符具有特殊的含义或作用,可以通过给字符带圈等方式实现。给字符带圈的操作步骤如下:

① 选中需要带圈效果的文字,然后点击"开始"选项卡上的 ㉒ 按钮,打开"带圈字符"对话框(如图 9-4 所示)。

② 在"带圈字符"对话框中对"圈"的样式进行设置。

> 注意:最多只能选择 2 个字符,Word 不支持超过 2 个字符的带圈字符设置。如果想取消"带圈字符"的话,同样请先选择已设置"带圈字符"的文字,点击功能区的"字体"组中的"带圈字符"按钮,将弹出"带圈字符"字符对话框,在"样式"选项里选择"无"。

9.1.6　格式复制

Word 2010 的格式复制功能可以加快格式设置的速度。例如,文本中,有几十处的文字都要设置为"黑体、小四号、粗斜体、下划双线、着重点、阴影"的效果,而这几十处的文字是不连续的,无法同时选中。常规的设置方法是选中一处,设置一处。但这样的设置很费时,因为每一处的设置都要进入"字体"对话框做很多的设置,因此,有必要使用格式刷来进行。

格式复制的操作步骤如下:

① 首先选定具有需要复制的格式的文字块(要是还没有的话,可以通过字型、字体和字号的变换设置一个)。

② 单击"开始"选项卡的"格式刷"按钮 ,可将选定格式复制到一个位置;双击 按钮,可以将所选定格式复制到多个位置上。

③ 这时,鼠标器指针会变成 ,利用它去选定要设置格式的文本块即可。若要将格式复制多个位置,则松开鼠标器按键后,再放到另一个位置上进行选定操作,全部复制完成后,再单击 按钮(使之复位)或单击 Esc 键,便可退出格式复制状态。

9.2　段落格式编排

9.2.1　段落与段落标记

文档的外观主要取决于对各个段落的编排。Word 中段落有着特殊的意义,它可以由任一数量的文字、图形、对象(如公式和图表)或是在段落标记前的其他内容所构成,也就是说,单独一个图形或公式等都可以认为是一个段落,每个段落用一个段落标记"↵"来结束。选择"文件"选项卡下的"选项",打开"Word选项"对话框,选择"显示"选项卡,选中"段落标记"的复选框,表示始终在屏幕上显示段落标记。每当用户按下回车键,便在文档中插入一个段落标记。

如果不选择"段落标记"复选框,用户可以按下"开始"功能区"段落"选项组的"显示/隐藏"按钮 ,便可以根据需要切换段落标记符的显示。段落标记不仅用于标记一个段落的结束,它还保留着有关该段落的所有格式设置(如段落样式、对齐方式、缩进大小、制表位、行距、段落间距等)。所以,在移动或复制一个段落时,若要想保留该段落的格式,就一定要将该段落标记包括进去。

9.2.2　利用标尺调整段落

Word 中,水平标尺除了可以作为编辑文档的一种刻度,还可以用来设置段落缩进、首行缩进以及制表位。

在水平标尺上有 3 个缩进标志,分别为左缩进标志,右缩进标志和首行缩进标志(如图 9-5 所示)。其中左缩进和右缩进标志是反映选定段落左边界和右边界,而首行缩进标志则反映选定段落第一行文字开始的位置。

图 9-5　水平标尺上的三个滑标

拖动标尺上的任意一个缩进标志,也可以设置选中段落的缩进方式。拖动时屏幕上会出现一条垂直的虚线,用户可根据虚线位置来判断要缩进的位置。

利用拖动标尺上的缩进标志来调整段落,并不能做到精确。如果要精确调整段落缩进,必须打开"文件"选项卡的"段落"对话框,然后便可在对话框中加以设置。

9.2.3　利用"段落"对话框调整段落

Word 中,对于段落的调整主要包括:段落间距、行间距、段落缩进和段落对齐。它的实现可以在"段落"对话框(如图 9-6 所示)中加以设置。

与文本编辑和字符格式编排一样,对段落的调整也要先选中要调整的段落,再设置所需要的格式。一般,光标所在的段落为当前段落,进入"段落"对话框所作的设置只对该段落有效,所以如果只要对一个段落进行调整,只要将光标定位在该段落中任意位置,或者选定该段落中任意一部分文字,即为选中该段落;如果要对多个段落进行调整,那就需要先选中这些段落;如果是对整个文档进行段落格式化,则必须将文档全部选中。

进入"段落"对话框的方法很多,主要有:

方法一:对于选中的段落,打开"文件"选项卡的"段落"选项组右下角的"段落"对话框;

方法二:对于选中的段落,单击右键,打开快捷菜单,选择"段落"命令;

方法三:双击任意一个缩进标志。

在"段落"对话框中有三个选项卡,我们常用"缩进和间距"选项卡,其中含有多项设置。

一、段落间距

段落间距分为段前间距和段后间距。

设置段落间距的方法如下:

首先确定是对整个文档设定段落间距还是只对某个段落设置间距,按不同的需要选定段落后,打开"段落"对话框,选择"缩进和间距"选项卡,然后分别对"段前"和"段后"框进行设置。

图 9-6　"段落"对话框中的"缩进和间距"选项卡

"段前"框中的磅值数表示每个选定段落的第一行之上应留的间距空间;"段后"框中的磅值数表示每个选定段落的最后一行之下应留的间距空间。这两个磅值数都必须大于等于 0。

二、行间距

行距是指段落中各行的高度,打开"行距"列表可以看到有六项行距选项:

① 单倍行距:表示各文本行之间没有多余的空间,仅能保证字符不相互重叠。

② 1.5 倍行距:用户通常选择的方式,各文本行之间加入了半个空行,从而使文本易于阅读。

③ 2 倍行距:表示各文本行之间加入一个空行。

④ 最小值:表示 Word 可以自动调节到的可容纳最大字体或图形的最小行距,如果用户指定的最小值小于单倍行距,则使用单倍行距。如果用户指定的最小值大于单倍行距,则使用指定的最小值。

⑤ 固定值:表示行与行之间的距离使用用户指定的值,需要注意该值不能小于字体的高度。

⑥ 多倍行距:允许行距以任何百分比增减。例如,把行距设置值成 1.2 倍,则行距增大 20%;而设成 0.8 倍,则行距减小 20%。

上述六项行距选项中,只有在选择后三项时,"设置值"框才有效,用户可以输入数字或通过单击右边的上、下箭头调节所希望的行距。在下面的"预览"框中可以看到实际的效果。

注意:当插入一个新段落时,它将自动沿用前一段落中的行距设置。

三、段落缩进

段落缩进是一种常规的排版要求。譬如,人们习惯性地在每一段的第一行开头缩进两个汉字的位置,这样一方面能突出段落,另一方面便于阅读,并使文档较为美观。在"段落"对话框的"缩进和间距"选项卡中,"缩进"区便能设置段落缩进。

"缩进"区中的"左"和"右"框用来设置文本相对于左、右页边距的位置。若希望文字出现在左侧页边距或右侧页边距上,应指定一个负值。

"缩进"区中的"特殊格式"下拉列表框是用来对选定段落的第一行设置其缩进的形式。打开"特殊格式"下拉列表框,共有三个选项:

① (无)：表示每个选定段落的第一行与左侧页边距对齐。

② 首行缩进：表示把每个段落的首行按其右边"磅值"框中指定的量缩进。

③ 悬挂缩进：表示把选定段落中的首行以后的各行(除首行外)按其右边"磅值"框内指定的量右移。

段落缩进也可以通过"段落"选项组的"减少缩进量" 和"增加缩进量" 按钮来设置。当然，在使用这两个按钮前，必须先将光标定位于欲调整缩进的段落内。不论是使用"减少缩进量"还是"增加缩进量"按钮，每次移动都是以大约 1 厘米的距离进行段落的缩进。

四、段落对齐

段落对齐方式是指段落中的各文本行与页边空白之间的相互关系。例如，人们在处理文档时，习惯于将主标题居中，文档两端对齐以求文档的整齐划一。

Word 提供了五种段落对齐方式：两端对齐 、居中 、右对齐 、分散对齐 和左对齐 ，它们是段落中选定的文字或其他内容相对于缩进结果的位置。其中："两端对齐"是增大行内间距，使选定文字所在的段落恰好从左缩进排列到右缩进，但不包括段落的最后一行；"分散对齐"是增大行内间距，使选定文字所在的段落恰好从左缩进排列到右缩进，包括段落的最后一行。若要将文字与左右页边距对齐，先要确认该段落是否被缩进过。

如果要使段落左对齐，先要将插入点定位到需要修改对齐方式的段落中，然后进入"段落"对话框，通过下拉"对齐方式"列表框，选择左对齐方式。

9.3 各级并列项编排

在文档处理时，往往需要在文档的段落和标题前加入适当的项目符号和编号，从而使文档更易于阅读。

Word 2010"开始"选项卡的"段落"选项组中提供了设置项目符号 、编号 和多级列表按钮 。

9.3.1 项目符号的设置

选定要设置项目符号的并列项，点击"开始"选项卡下"段落"选项组中的项目符号 ，系统便弹出了"项目符号库"对话框，图 9-7 所示为"项目符号库"。其中暂定八种标准模式供用户选择(包括"无"——撤消项目符号)。

例如，需要的项目符号是 ◇，可以单击该符号模式框来选中；如果对系统提供的标准模式不满意，可以按"定义新项目符号"按钮，打开相应的"定义新项目符号"对话框(如图 9-8 所示)。

图 9-7 "项目符号库"对话框

图 9-8 "定义新项目符号"对话框

用户可以从中定义新项目符号，如新符号及其字体大小、颜色和位置等，还有图片项目符号。同时"预览"框中可以看到其选择不同符号的效果。

9.3.2　编号的设置

与项目符号一样,编号的设置也是点击"编号" ▤▾ 的下拉菜单。在系统便弹出了"编号库"对话框(如图 9 - 9 所示),系统也暂定八种标准模式供用户选择(包括"无"——撤消编号)。

如果对系统提供的标准模式不满意,可以按"定义新编号格式"按钮,打开相应的"定义新编号格式"对话框(如图 9 - 10 所示)。

图 9 - 9　"编号库"对话框　　　　　　图 9 - 10　"定义新编号格式"对话框

下拉"编号样式"框,可以在列表中选择编号的样式,如 1,2,3,…;一,二,三,…等。其下边的"编号格式"框内,反应的是"起始编号",用于选择编号从几开始。"编号格式"框内的编号前后还可以加上其他符号、数字及文字等。

9.4　分栏、分页、分节

在处理文档的过程中常常需要将文档分栏。分栏其实是将文档中的文本分成两栏或多栏,是文档编辑中的一个基本方法。

9.4.1　建立分栏

选择要分栏的文本,点击功能区的"页面布局"选项卡,在"页面设置"组中点击"分栏",并选择要分栏的栏数。如果想对分栏进行详细的设置,比如栏宽等,请点击"更多分栏",弹出"分栏"窗口,可以设置栏的宽度和间距等(如图 9 - 11 所示)。

其中,"预设"区可以选择"一栏"、"二栏"、"三栏"、"左"或"右";如觉得栏数不够,可以在"栏数"框中增加所需栏数;如选中"分隔线"复选框,可以在各

图 9 - 11　"分栏"对话框

分栏之间加上分隔线,将各栏隔开。

通常编辑的文本都算作只有一栏,而栏的宽度和间距都是默认的标准值。当选项多于一栏时,便会在"栏宽和间距"区中出现各栏的栏宽和间距,用户可以在这个区域内调整各栏的宽度和间距,以符合自己的需要。如果选中了"栏宽相等"复选框,Word 将自动调整各栏宽度为统一值,使除第一栏之外的"宽度"和"间距"均为暗淡显示而无法更改。

如果想要在插入点处插入分栏符开始新栏,请在"应用于"列表框中选择"插入点之后",分栏的效果可以通过预览框查看。如果想要为整篇文档分栏,请在"应用于"列表框中选择"整篇文档",如果想为所选文本分栏,请选择"所选文本"。最近单击"确定"按钮应用分栏。

要使文档具有多栏并存的效果,可以分别选中想要分栏的不同段落,按前面所介绍的方法建立多种分栏。

图 9-12 "分隔符"对话框

9.4.2　设置分页和分节

节是文档中可以独立设置某些页面格式选项的部分,在新建一个文档时,Word 均默认它为一个节。Word 用分节符分开每一个节,分节符在屏幕上为两条水平虚线,节的格式说明保存在末尾的分节符中。如果选中某个分节符,可以按 Del 键来删除这个分节符,一旦这个分节符被删除后,上节的分栏设置便消失。

给文档分页或分节时,要先确定插入点的位置,选择"页面布局"选项卡,点击"分隔符",在弹出的"分隔符"对话框中有"分页符"和"分节符",可以根据需要从中作相应选择(如图 9-12 所示)。

其中:

① 分页符:表示在插入点所在位置插入人工分页符,插入点后的文档从下一页开始。

② 分栏符:表示在插入点所在位置插入人工分栏符。分栏符后面的文字将从下一栏开始。

③ 自动换行符:表示结束当前行,并使文字在图片、表格或其他项目的下面继续显示。

④ 下一页:表示插入分节符并分页,使下一节从下一页顶端开始。

⑤ 连续:表示插入分节符并立即开始新节,并在同一页上显示。

⑥ 偶数页:表示插入分节符,下一节从下一偶数页开始。

⑦ 奇数页:表示插入分节符,下一节从下一奇数页开始。

9.5　查找与替换

查找与替换是任何一种文字处理软件必须具备的功能,Word 2010 的查找与替换功能十分强大,它不仅能查找与替换文本中多处相同的文字,而且能查找与替换带格式(字体和段落等多种格式)和样式的文本,以及能用非打印字符和通配符等来进行复杂的搜索,还能进行智能查找与替换等。

9.5.1　无格式的查找

Word 2010 提供了全新的文档导航窗格进行查找,在导航窗格中直接输入所要查的关键字,例如输入"功能",此时,文档将会快速定位到包含该关键字的内容,并在文档中高亮显示"功能"字符。

其次可以通过"开始"选项卡"编辑"组中的"查找"下拉菜单,选择"高级查找"并打开对话框,同时在打开的"查找和替换"对话框中单击"更多"按钮,以显示更多的查找选项(如图 9-13),在"查找内容"框中可以输入要查找的文本(如"功能");在"在以下项中查找"下拉列表框中,选择搜索"主文档"、"页眉页脚"还是"主文档中的文本框"。

图 9-13 "查找和替换"对话框——"查找"选项卡

为了准确地找到所要的文字,还可以使用"搜索选项",如"区分大小写"和"区分全/半角"等,这对于英文单词和各种符号的查找是很有用的。当 Word 找到所查找的内容后,会将查找结果选中,只要没有搜索完所指定的范围,用户总是可以单击"查找下一处"按钮。当需要修改查到的结果时,可单击"查找"对话框外文档窗口内的任何部位,及时进行修改,修改后,再次单击"查找"对话框内非按钮部位,又能返回到该对话框,以便继续查找。若想中止查找,可单击"取消"按钮。

9.5.2 带格式的查找

查找的对象不仅仅是纯的文字,还可以是带格式的文字。例如,当用户在"查找内容"框中输入了"功能",然后单击 9-13 图中的"格式"按钮,便会弹出一个菜单,其中的每条命令都将弹出一个对话框。比如,选择了"字体"命令,便弹出"查找字体"对话框,可以选择要查找的字体、字号、颜色、加粗、倾斜等,按"确定"按钮,返回"查找和替换"对话框,单击"查找下一处"查找格式。

9.5.3 查找特殊字符

查找的对象还可以是各种特殊字符。例如在图 9-13 的"查找和替换"对话框中,单击"特殊格式"按钮便会弹出一个菜单,其中罗列了包括各种控制符在内的特殊格式。

例如选择了"段落标记",在"查找内容"框内将自动填入^p,按下"查找下一处"按钮,便能在"查找范围"内找到第一个段落标记" ↵ ",并加以选中,下面便可进入实际修改或进一步查找。

9.5.4 替换

替换是以查找为基础的。同样可以用上述方法打开"查找和替换"对话框,选择"替换"选项卡,也可以直接选择"编辑"选项组中的"替换"按钮(如图 9-14 所示)。

"替换"选项卡与"查找"选项卡相比多了一个"替换为"框。查找的目的在于修改或替换,所以可以根据"查找内容"框中文字(或带格式的文字),将文档中被查找到的内容替换成"替换为"框中的文字(或带格式的文字)。

按下"替换"按钮,可以将当前找到的一个内容替换掉;当按下"全部替换"按钮,则按搜索范围进行非应答式的全部替换。

9.5.5 样式的替换

有时,对于一个已经排好的文档,要将其中许多处设置的样式换成其他样式,例如:要将文档中所有的

图 9 - 14 "查找和替换"对话框的"替换"标签

"标题 3"替换成"正文"样式。如果一步步地选中被设为"标题 3"的文字,然后一个个地利用样式框选择"正文"样式,那么将会有很多重复性的操作,而且还可能疏漏。为此,可以利用样式进行替换。

在对样式进行替换时,首先打开"查找和替换"对话框,选择"替换"选项卡,光标放到"查找内容"框内,单击"格式"按钮,选择"样式"命令,进入"样式"对话框。

选中要查找的样式,按下"确定"按钮,返回"替换"对话框。然后,将光标定位到"替换为"框内,再单击"格式"按钮,选择"样式"命令,进入"样式"对话框,选择要替换为的格式,按下"确定"按钮,返回"替换"对话框。

经过这样的设置,注意观察在"替换"对话框中,"查找内容"框和"替换为"框内为空,在这两个框的下面分别有着某种样式,按下"全部替换"按钮,便在文档中对相应文字的样式作全部替换。

9.6 引用和插入

9.6.1 目录的插入

Word 文档创建完成以后,为了便于阅读,用户可以为文档添加一个目录,方法如下:

① 打开文档,对文档标题进行等级排序。选中第一层次的标题,然后选择"引用"选项卡的"目录"选项组,打开"添加文字"按钮的下拉菜单,选择 1 级;选中第二层次的标题,选择"添加文字"下拉菜单的 2 级;同样选中第三层次的标题,选择 3 级,一般最多为 4 级。

② 插入目录,首先将光标定位到所要插入目录的位子,通常情况下,目录会出现在文档的首页,在"引用"选项卡的"目录"选项组中,单击目录按钮,在随后打开的下拉列表中,直接选择所要添加的目录样式,此时,一个目录就创建完成了。如果用户需要对目录进行个性化定制,则可以在目录下拉列表的最下端,单击"插入目录"按钮,在随后打开的目录对话框中,可以选择目录的格式,及其所显示的级别,单击"确定"按钮。

③ 如果作者对文档进行了修改,则可以直接单击"更新目录"按钮,此时可以去更新整个目录或者只更新其页码,如果要删除当前目录,则可以直接选择"删除目录"按钮。

9.6.2 脚注的插入

脚注和尾注是对文本的补充说明。脚注一般位于页面的底部或文字的下方,可以作为文档某处内容的注释;尾注一般位于文档的末尾,列出引文的出处等。脚注和尾注由两个关联的部分组成,包括注释引用标记和其对应的注释文本,现以脚注的插入为例说明。

脚注的设置

首先选择"引用"选项卡的"脚注"选项组,点击右下角的打开标记,打开"脚注和尾注"对话框(如图 9-15)。在"位置"列表框中指定脚注出现的位置。默认情况下,将出现在页面底端,即把脚注文本放在页底的边缘处,如果要把脚注放在正文最后一行的下面,可以选择"文字下方"选项。在"编号格式"列表框中指定编号用的字符。在"起始编号"框中可以指定编号的起始数。在"编号"中可以设置整个文档是连续编号还是每节重新编号或者每页重新编号。如果要自定义脚注的引用标记,可以选择"自定义标记",然后在后面的文本框中输入作为脚注的引用符号。如果键盘上没有这种符号,可以单击"符号"按钮,从"符号"对话框中选择一个合适的符号作为脚注即可。

然后,设置完毕点击"插入"按钮,就可以输入脚注文本。

最后如用户需要进行修改,比如添加、删除或移动自动编号的注释时,Word 将对注释引用标记重新编号。

图 9-15 "脚注和尾注"对话框

9.6.3 题注的插入

题注就是给图片、表格、图表、公式等项目添加的名称和编号,可以在图片下面输入图的编号和图题,这样方便用户的查找和阅读。

如果移动、插入或删除带题注的项目时,Word 可以自动更新题注的编号。而且一旦某一项目带有题注,还可以对其进行交叉引用。插入题注步骤如下:

① 打开 Word 2010 文档窗口,选中准备插入题注的图片或表格等。在"引用"选项卡的"题注"选项组中单击"插入题注"按钮。用户还可以选中图片后,右键单击表格,在打开的快捷菜单中选择"插入题注"命令,打开"题注"对话框(如图 9-16 所示)。

② 在"题注"编辑框中会自动出现"Figure 1"字样,用户可以在其后输入被选中表格的名称。

③ 单击"编号"按钮,在打开的"题注编号"对话框中,单击"格式"下拉三角按钮,选择合适的编号格式。如果选中"包含章节号"复选框,则标号中会出现章节号。设置完毕单击"确定"按钮。

图 9-16 "题注"对话框

④ 返回"题注"对话框,如果选中"题注中不包含标签"复选框,则图片题注中将不显示"Figure"字样,而只显式编号和用户输入的表格名称。单击"位置"下拉三角按钮,在位置列表中可以选择"所选项目上方"或"所选项目下方"。设置完毕单击"确定"按钮。

> 注意:如插入的是表格题注,则默认位于表格左上方,用户可以在"开始"选项卡中设置对齐方式(如居中对齐)。

9.6.4 使用邮件合并功能

"邮件合并"功能用于帮助用户在 Word 2010 文档中完成信函、电子邮件、信封、标签或目录的邮件合并工作,采用分步完成的方式进行,因此更适用于邮件合并功能的普通用户。下面以使用"邮件合并向导"创建邮件合并信函为例,操作步骤如下:

① 选择"邮件"选项卡的"开始邮件合并"选项组,单击"开始邮件合并"按钮,并在打开的菜单中选择"邮件合并分步向导"命令。

② 在页面右边打开"邮件合并"任务窗格,在"选择文档类型"向导页选中"信函"单选框,并单击"下一步:正在启动文档"超链接。

③ 在打开的"选择开始文档"向导页中,选中"使用当前文档"单选框,并单击"下一步:选取收件人"超链接。

④ 打开"选择收件人"向导页,选中"从 Outlook 联系人中选择"单选框,并单击"选择'联系人'文件夹"超链接。

⑤ 在打开的"选择配置文件"对话框中选择事先保存的 Outlook 配置文件,然后单击"确定"按钮。

⑥ 打开"选择联系人"对话框,选中要导入的联系人文件夹,单击"确定"按钮。然后在打开的"邮件合并收件人"对话框中,可以根据需要取消选中联系人。如果需要合并所有收件人,直接单击"确定"按钮。

⑦ 返回 Word 2010 文档窗口,在"邮件合并"任务窗格"选择收件人"向导页中单击"下一步:撰写信函"超链接。打开"撰写信函"向导页,将插入点光标定位到 Word 2010 文档顶部,然后根据需要单击"地址块"、"问候语"等超链接,并根据需要撰写信函内容。撰写完成后单击"下一步:预览信函"超链接。

⑧ 在打开的"预览信函"向导页可以查看信函内容,单击上一个或下一个按钮可以预览其他联系人的信函。确认没有错误后单击"下一步:完成合并"超链接,并可以打印信函,也可单个编辑信函。

9.6.5 封面的插入

Word 2010 提供了多种风格各异的封面,通过封面插入功能可以将这些封面插入文档中。并且无论当前插入点光标在什么位置,插入的封面总是位于 Word 文档的第一页。方法如下:

① 打开 Word 2010 文档窗口,选择"插入"选项卡的"页"分组,单击"封面"按钮。

② 在打开的"封面"样式库中选择合适的封面样式即可。

③ 如果觉得不合适,可以单击"封面"样式库底端的"删除当前封面"按钮,重新选择。

第 10 章 使 用 图 形

10.1 在文档中插入图片

利用 Word 可以在文档中插入图形（也可称作图片），使版面生动活泼、图文并茂，以增加效果。Word 2010 保留了原有 Word 2003 的功能，比如进行大小调整、裁剪、文字中嵌入图片等，还提供了直接从 Word 2010 中捕获和插入屏幕截图的功能，以快速、轻松地将视觉插图纳入到用户的工作中。

10.1.1 来自文件的图片插入

要在文档中插入来自文件的图片，可按以下步骤进行：

① 将插入点定位到文档中要插入图形的位置上。

② 选择"插入"选项卡的"插图"分组，单击"图片"按钮（如图 10 - 1 所示）。

图 10 - 1 "图片"选项

③ 这时将弹出"插入图片"对话框，在"文件类型"编辑框中将列出最常见的图片格式。找到并选中需要插入到 Word 2010 文档中的图片，然后单击"插入"按钮即可。

10.1.2 自选图形的插入

要在文档中插入线条、流程图、星与旗帜、标注等其他自选图形，同样首先要确定插入位置，然后选择"插入"选项卡的"插图"选项组，单击"形状"按钮，打开"形状"对话框（如图 10 - 2 所示），从中选择需要插入的图形即可。

10.1.3 剪贴画的插入

中文 Word 2010 为用户提供了许多漂亮而实用的剪贴画，并且将它们按种类分类，用户还可以将自己平时喜欢或常用的一些图片加入到自己的剪贴画集中。

插入剪贴画的步骤如下：

① 将插入点定位到文档中要插入图形的位置上。

图 10‑2　"形状"选项卡　　　　　　　　　图 10‑3　"剪贴画"对话框

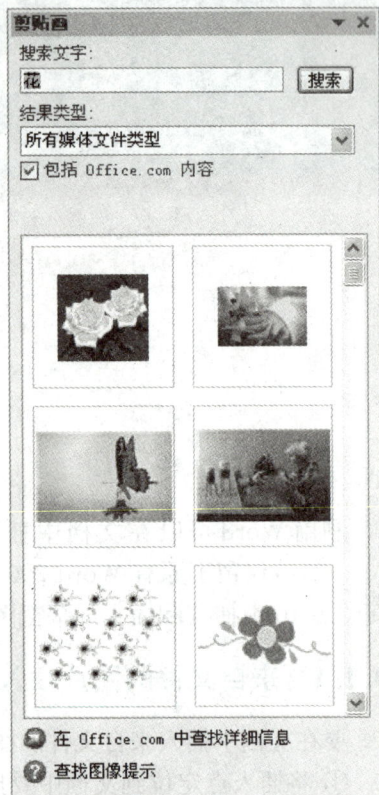

②　选择"插入"选项卡的"插图"选项组,单击"剪贴画"按钮,在文档窗口右边随即打开一个"剪贴画"窗口(如图 10‑3 所示)。

③　将鼠标放在某个图片上,将提示该图片的有关信息,比如图片的像素、容量等,同时注意,该图片右端随即出现一个下拉条。

④　单击下拉条,打开一个菜单,从中可以进行各种操作。选择"插入"命令与单击图片是一样的,就是将图片直接插入到当前光标所在的位置。选择"复制"命令就是将该图片复制到剪贴板。

10.1.4　将图片复制到文档

在文档中插入图片有许多方法,使用剪贴板就是一种常用的方法。先在各种图形或图像应用程序中选定所要插入的图片,通过"复制"功能将它复制到剪贴板,然后切换到 Word 中,将插入点定位到所要插入图片的位置,通过"粘贴"功能就可将图片以嵌入方式插入到文档中。

在很多情况下,我们可以借助一些软件工具(如一些屏幕抓图软件:SnagIt、HyperSnap‑DX、ScreenHunter、GrabIt、QQ 截图等),将所有能在计算机屏幕上见到的图形或图像抓取下来作为图片插入到 Word 文档中。上述屏幕抓图软件可以通过网上找到,有免费下载,也有试用若干天的。如果手头一下子没有屏幕抓图软件,也可以利用 Windows 中的 Print Screen 按键先将屏幕复制到剪贴板,再将图片粘贴到 Word 文档中。另外 Word 2010 提供了内置的屏幕截屏工具。

10.1.5　插入屏幕截图

Word 2010 在编辑文档的过程当中,如果希望把当前屏幕上的窗口或部分显示内容当作图片插入到文档中,可以直接在"插入"选项卡"插图"选项组中,单击"屏幕截图"按钮完成。有两种方法,操作如下:

一、插入屏幕窗口

①　将准备截取的窗口不要设置为最小化,然后打开 Word 2010 文档页面,单击"插入"选项卡。

②　在"插图"中单击"屏幕截图"按钮,在"可用视窗"小窗口中选择截取的窗口图片。如果当前屏幕上有多个窗口没有最小化,则会在这个小窗口中显示多个图片(如图 10‑4 所示)。

图 10-4 "屏幕截图"窗口

③ 选中其中的窗口截图图片,该图片将被自动插入到当前文档中。

二、插入部分内容

① 将某个窗口显示在我们的可视范围之内,打开 Word 2010 文档页面,单击"插入"选项卡。

② 在"插图"中单击"屏幕截图"按钮,在"可用视窗"小窗口中选择"屏幕剪辑"命令。

③ 拖动鼠标选择活动窗口的一部分并释放鼠标,则选取的部分将作为图片插入到 Word 2010 文档页面中。

10.1.6 图片背景的移除

为了快速从图片中获得有用的内容,Word 2010 提供了一个非常实用的图片处理工具——删除背景。使用删除背景功能可以轻松去除图片的背景,具体操作如下:

① 选择 Word 文档中要去除背景的一张图片,然后单击功能区中的"图片工具格式"按钮,再单击"删除背景"按钮(如图 10-5 所示)。

图 10-5 "删除背景"功能页面

② 进入图片编辑状态,拖动矩形边框四周上的控制点,以便圈出最终要保留的图片区域。

③ 完成图片区域的选定后,选择功能区中"背景清除"下的"关闭"选项组,单击"保留更改"按钮,或直接单击图片范围以外的区域,即可删除图片背景并保留矩形圈起的部分。如果希望不删除图片背景并返回图片原始状态,则需要单击"关闭"选项组中的"放弃所有更改"按钮。

如果希望可以更灵活地控制要去除背景而保留下来的图片区域,需要使用"背景清除"下的"优化"选项组进行操作。

10.2 图形的操作

10.2.1 调整图形大小

插入的图形,有时往往太大或太小,这就需要调整其大小及在文件中的位置。要调整插入的图形,首先要选中该图形,方法是单击图形的任何部位,就能选中图形,在图形的四周将会出现八个控制点,这里介绍三种调整图形大小的方法。

一、使用鼠标器在屏幕上调整图形大小

① 首先打开 Word 2010 文档页面,单击选中需要改变尺寸的图形。

② 拖动图片四周八个控制中的任意一个,可以分别改变图形高度、宽度和整体改变其大小。

二、使用图形工具"格式"选项调整图形大小

利用鼠标器在屏幕上拖动图形的控制点来调整图形大小,图形大小并不能精确地得到控制,如果要精确地缩放原来图形的大小比例,则要利用功能区命令来实现。

① 打开 Word 2010 文档页面,选中准备改变尺寸的图形。

② 选择图形工具的"格式"选项卡,在"大小"选项组中设置"宽度"和"高度"数值,以设置图形的具体尺寸(如图 10-6 所示)。

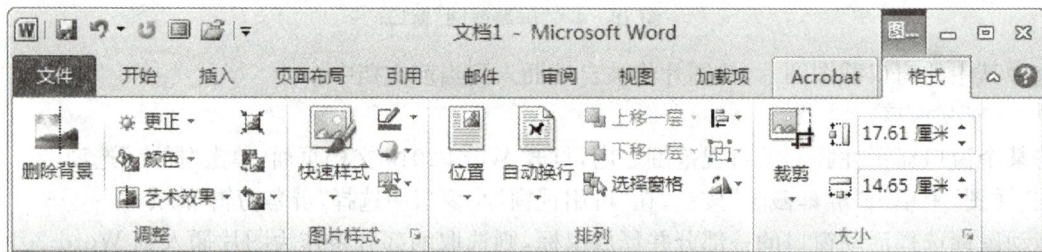

图 10-6 "大小"选项组调整图形大小

三、使用快捷菜单调整图形大小

① 先选中所要调整的图形,并右键单击打开"大小和位置"菜单(如图 10-7 所示)。

图 10-7 "布局"对话框"大小"选项卡

② 在"布局"对话框中单击"大小"选项卡,在"高度"和"宽度"区分别设置图形的高度和宽度数值,单击"重置"按钮则可以恢复图形原来的尺寸。完成设置后单击"关闭"按钮。

"高度"和"宽度"用实际的厘米数来表示,其中的数据与"缩放"区域中的"高度"和"宽度"框内的数据是相关联的。"缩放"区域中,"高度"和"宽度"框是用百分比(如 80%)来调整其到原来图形的倍数。"锁定纵横比"选项是用于限制所选图形的高度和宽度,以使其保持原始的比例。如果选择了"相对原始图片大小",系统将根据所选图形的原始尺寸来计算并形成"高度"和"宽度"框内的百分比。

如果要恢复到原来大小,则可使"缩放"区域的"高度"和"宽度"框变成 100%,这样"尺寸"区域中相应框内的厘米数也将得到相应的调整。不管如何调整,按下"重置"按钮,都能将图形恢复到原始的大小,该对话框的下面给出了图形的原始尺寸。

10.2.2 裁剪图形

除了可以调整图形大小外,还可以裁剪图形。

一、使用鼠标器在屏幕上裁剪

① 选中图片,然后选择图片工具的"格式"选项卡,单击"大小"选项组中的"裁剪"按钮(见图 10-8)。

② 放在图形的控制点上,拖动控制点就可进行裁剪。

图 10-8 "裁剪"按钮

二、使用快捷菜单精确裁剪

与图形调整一样,图形的裁剪也可以用快捷菜单命令作精确裁剪。首先单击选中插图,然后右键单击打开"设置图片格式"命令,进入"设置图片格式"对话框的"裁剪"选项卡(如图 10-9 所示)。

图形被裁剪的时候可以看到即时效果,并且裁剪的部分并不是真的不见了,只是隐藏起来了,事实上仍可将它恢复到原来形状,只要在"裁剪"区的数字均恢复为"0 厘米"。

图 10-9 "设置图片格式"的"裁剪"选项卡

10.2.3 图片的移动、复制、删除和编辑

首先,单击选中要处理的图片,然后根据不同的要求进行操作:

① 图片的移动:拖曳,用鼠标可以拖曳到适当位置。

② 图片的复制:"Ctrl+拖曳",拖曳到适当位置并将图片复制到剪贴板。

③ 图片的删除:选中图片,然后按 Del 键。

④ 图片的编辑:一些图片插入后,可以直接在 Word 中进行编辑。例如,双击可编辑的图片,一般就出现"图片工具格式"选项卡,进入图片编辑状态,利用功能区的各选项可以对图片进行编辑。

10.2.4 图片的艺术效果

在 Word 2010 文档中,用户可以为图片设置艺术效果,这些艺术效果包括铅笔素描、影印、图样等多种效果,操作步骤如下所述:

① 选中准备设置艺术效果的图片。在"图片工具"功能区的"格式"选项卡中,单击"调整"分组中的"艺术效果"按钮(如图 10-10 所示)。

② 在打开的艺术效果面板中,单击选中合适的艺术效果选项即可。

图 10‐10　"艺术效果"面板

10.2.5　图片效果的设置

在 Word 2010 中插入图片到文档后,可以对该图片设置效果,操作步骤如下:

① 选中图片,在"图片工具"功能区的"格式"选项卡中,单击"图片样式"选项组中的"图片效果"(如图 10‐11 所示)。

图 10‐11　"图片效果"面板

② 在显示出来的列表中,将鼠标移动到需要的选项上,比如选择"发光"选项中的"发光变体"。

③ 如果想自定义发光效果,单击底端的"发光选项",在设置图片格式窗口中的"发光和柔化边缘"选项卡下进行相关设置。

10.3　图片版式和文本框

10.3.1　设置文本环绕图片方式

通常在报刊文选中有图文混排的情况，即是一种文字环绕图片的方式。Word 中，环绕就是图片在正文文本上面时，图片与正文文本之间的位置调配关系。而图文混排便是环绕的一种。设置文本环绕图片的方法有三种，具体如下：

一、方法一

① 选中要处理的插图，打开"图片工具"功能区的"格式"选项卡，选择"排列"选项组中的"位置"按钮（如图 10 – 12 所示）。

图 10 – 12　"位置"面板

② 接着在列表中选择符合实际需要的文字环绕方式，例如可以选择"顶端居左，四周型文字环绕"、"顶端居中，四周型文字环绕"等九个选项之一。

二、方法二

① 选中想要设置文字环绕的图片，然后在"图片工具"选项卡的"排列"中单击"自动换行"按钮。

② 在菜单中可以选择"嵌入型"、"四周型环绕"、"紧密型环绕"、"穿越型环绕"、"上下型环绕"、"衬于文字下方"和"浮于文字上方"七个选项之一设置图片的文字环绕。

三、方法三

① 选中准备设置文字环绕的图片，然后在"图片工具"选项卡的"排列"中单击"自动换行"按钮。

② 在菜单中可以选择"编辑环绕顶点"命令。

③ 接着拖动图片周围出现的环绕顶点，按照版式要求设置环绕形状后单击文字即可应用该形状。

10.3.2　文本框

通过使用文本框，用户可以将文本很方便地放置到 Word 2010 文档页面的指定位置，而不必受到段落格式、页面设置等因素的影响。Word 2010 内置有多种样式的文本框供用户选择使用。也可以根据需求"绘制文本框"，具体操作步骤如下：

一、根据样式插入文本框

① 打开 Word 2010 文档窗口，切换到"插入"功能区。在"文本"分组中单击"文本框"按钮。

② 在打开的内置文本框面板中选择合适的文本框类型。(如图 10-13)。

③ 点击文本框类型后,即可插入到文档中,所插入的文本框处于编辑状态,直接输入用户的文本内容即可。

图 10-13 "文本框"面板

二、根据需求绘制文本框

① 打开 Word 2010 文档窗口,切换到"插入"功能区。在"文本"分组中单击"文本框"按钮。

② 在展开的下拉菜单中选择"绘制文本框"选项。

③ 此时鼠标指针呈十字形状,在文档中的目标位置处按住鼠标左键不放并拖动,拖至目标位置处释放鼠标,释放鼠标后即绘制出文本框,默认情况下为白色背景。在其中输入需要的文本内容即可。

④ 单击选中的文本框,选择"开始"选项卡,在"字体"组中设置字体格式,然后输入文本。

⑤ 在"绘图工具"的"格式"选项卡中,单击"形状样式"组的"形状填充"按钮,在展开的下拉列表中选择需要的颜色或选"无填充颜色"选项,同时单击"形状轮廓"按钮,在展开的下拉列表中选择相应颜色或选"无轮廓"选项。

10.4 艺术字

Word 2010 中的艺术字(英文名称为 WordArt)结合了文本和图形的特点,能够使文本具有图形的某些属性,如设置旋转、三维、映像等效果,在 Word、Excel、PowerPoint 等 Office 组件中都可以使用艺术字功能。

10.4.1 插入艺术字

① 打开 Word 2010 文档窗口,将插入点光标移动到准备插入艺术字的位置。在"插入"功能区中,单击"文本"分组中的"艺术字"按钮,并在打开的艺术字预设样式面板中选择合适的艺术字样式(如图 10-14 所示)。

② 打开艺术字文字编辑框,直接输入艺术字文本即可。用户可以对输入的艺术字分别设置字体和字号。

10.4.2 改变和调整艺术字的造型

Word 2010 提供的艺术字形状更加丰富多彩,包括弧形、圆形、V 形、波形、陀螺形等多种形状。

艺术字形状只能应用于文字级别,而不能应用于整体艺术字对象。通过设置艺术字形状,能够使 Word 2010 文档更加美观,具体操作如下:

① 单击选中文档中艺术字图片,选择"绘图工具"的"格式"选项卡,在此功能区中可以根据需要改变和调整艺术字图片的造型(如图 10-15 所示)。

图 10‑14 "艺术字"面板

图 10‑15 "绘图工具"的"格式"功能区

② 选择"艺术字样式"选项组，可以从中更改艺术字式样。

③ 选择"艺术字样式"选项组右下角的下拉菜单，点击打开"设置文本效果格式"对话框（如图 10‑16 所示）。可以根据需要设置艺术字的"轮廓样式"、"映像"等。

图 10‑16 "设置文本效果格式"对话框

10.5 SmartArt

Word 2010 提供了 SmartArt 图形功能，此功能比 Word 2010 的自选图形要强大得多。利用 SmartArt 图形可以在 Word 2010 中轻松地创建复杂的形状。

10.5.1　插入 SmartArt

利用 SmartArt 图形提供的流程图、组织结构图和关系图等模板，可以方便图形的制作。操作如下：

① 打开 Word 2010 文档窗口，选择"插入"选项卡，在"插图"选项组中单击 SmartArt 按钮（如图 10 -17 所示）。

图 10 - 17　"选择 SmartArt 图形"对话框

② 在打开的"选择 SmartArt 图形"对话框中，单击左侧的类别名称选择合适的类别，然后在对话框右侧单击选择需要的 SmartArt 图形，并单击"确定"按钮。

③ 返回 Word 2010 文档窗口，在插入的 SmartArt 图形中单击文本占位符输入合适的文字即可。

10.5.2　改变和调整 SmartArt 的样式

① 打开文档，选中需要更改的 SmartArt 样式。

② 选择"SmartArt 工具"的"设计"选项卡，在"SmartArt 样式"选项组中选择合适的样式，如"白色轮廓"、"优雅"等（见图 10 - 18）。

图 10 - 18　SmartArt 样式

10.6　插入数学公式——另一种"图形"方式的对象

在字体格式编排中，通过实例曾介绍了一些数学、化学等符号中上、下标的表达，但这种表达有时并不理想，很多数学公式和符号就无法表示，幸而 Word 提供了以对象方式表示的数学公式。

① 选择"插入"选项卡"文本"选项组，单击打开"对象"对话框，进入"新建"选项卡（如图 10 - 19 所示）。

② 在"对象类型"框内，选中"Microsoft 公式 3.0"，按"确定"按钮。系统便进入插入公式的状态，同时显示"公式"工具条，文档窗口的显示只有菜单栏和标尺（如图 10 - 20 所示）。

③ 在公式框内，插入点光标在闪烁。键入"C="，公式框内显示为：$C\exists$ 。

④ 单击"公式框内的求和模板"按钮，即会弹出下拉按钮，从中找到并选择 按钮，这时，Σ 符号被插入，同时 Σ 符号的上、下和右边各有一个虚框，整个公式框自动放大，即：$C=\sum$ ，它们是用来输

图 10 - 19　"对象"对话框的"新建"选项卡

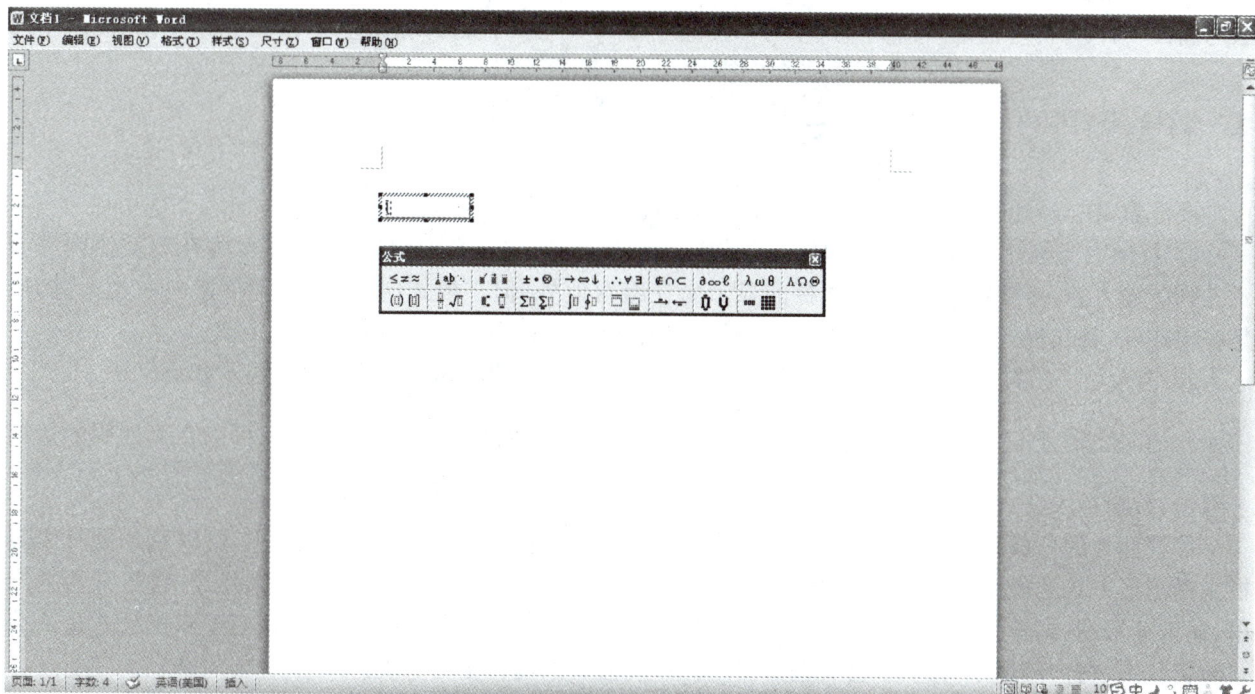

图 10 - 20　插入公式时的屏幕显示

入表达求和的对象和变量范围等。

　　⑤ 在Σ右边的虚框内键入大写的 A,然后单击"上标和下标模板"按钮 ，即会弹出下拉按钮,从中

找到并选择上下标按钮 ,表示要对 A 使用上下标。公式框内显示为: $C = \sum A_\square^\square$,光标停留在下标的

虚框内。

　　⑥ 在下标的虚框内键入小写字母"n",用向上箭头键($\uparrow$)将光标移到上标的虚框内,键入"3"作为 3 次

方,单击将光标移到Σ下面的虚框内,键入"n=1",将光标移到Σ上面的虚框内,键入"10",再单击 A 的上

下标虚框的后面(注意:如果仍是上标输入状态,则可按向右的光标键),光标放大。公式框内的显示

为: $C = \sum_{n=1}^{10} A_n^3$ 。

　　⑦ 键入"＋"号,单击"分式和根式模板"按钮 ,在弹出的下拉按钮中找到并选择 ,公式框内的

显示为：$C = \sum_{n=1}^{10} A_n^3 + \sqrt{\Box}$。

⑧ 单击"围栏模板"按钮 ▣▢，在弹出的下拉按钮中找到并选择绝对值按钮 ▯，公式框内的显示

为：$C = \sum_{n=1}^{10} A_n^3 + \sqrt{|\Box|}$。

⑨ 再次单击"分式和根式模板"按钮 ▦ √▯，在弹出的下拉按钮中找到并选择分式按钮 ▦，公式框内的

显示为：$C = \sum_{n=1}^{10} A_n^3 + \sqrt{\left|\frac{\Box}{\Box}\right|}$。

⑩ 在分子框内，键入"(x−φ)"，其中的 φ 通过单击"希腊字母(小写)"按钮，在弹出的下拉按钮中找到并选择 φ；乘号则是按"运算符号"按钮 ±·⊗，在弹出的下拉按钮中找到并选择 ×；在键入"(x＋φ)"后，将鼠标指针定位到分母内，单击"希腊字母(小写)"按钮，在弹出的下拉按钮中找到并选择 π；输入乘号的方法与前面一样，λ 符号也是"希腊字母(小写)"按钮中获得，平方的获得则通过"上标和下标模板"按钮中的

▣。这样，公式框内的显示为：$C = \sum_{n=1}^{10} A_n^3 + \sqrt{\left|\frac{(x-\varphi)\times(x+\varphi)}{\pi\times\lambda^2}\right|}$。

要注意，在分母的平方这个上标键入后，光标的显示仍为上标状态。

⑪ 按向右光标键，光标的显示为分母正常输入状态，再按向右光标键，光标的显示为在绝对值内与分式并列的输入态，再按向右光标键，光标的显示为在绝对值外、但在根式内的输入态，再按向右光标键，才是在根式外、且与根式并列的输入态。如果不习惯用键盘，可在根号后单击来定位插入点。

⑫ 键入"＋5!"符号，公式内的数学表达边便完成了，在公式框外单击，回到正常显示状态。

⑬ 单击选中公式：$C = \sum_{n=1}^{10} A_n^3 + \sqrt{\left|\frac{(x-\varphi)\times(x+\varphi)}{\pi\times\lambda^2}\right|} + 5!$。如果需要对公式的内容作修改，可以在其四周的边框上双击，重新进入公式编辑状态后再返回。

尽管插入的公式具有许多图形的特征，如：通过拖曳四周的控制点可以调整大小，可以利用图片工具栏来做图形方式的操作等，但插入的公式与一般的图形还是有不同之处，如果右击该公式，将打开快捷菜单，通常显示的"编辑图片"命令却自动换成了"公式对象"命令，其中"编辑"命令就相当于双击公式进入公式编辑状态；"打开"命令将进入"公式编辑器"窗口，使公式的编辑更为直观、方便。

第11章 设计表格

表格是文档的一个重要组成部分。Word 中,一张表格是按行列组成的若干方框,每个方框称为单元格。在这些单元格中,可以填入各种文字和图形,但不能填入另一张表格。

11.1 创建表格及行列处理

11.1.1 插入表格

在制作 Word 2010 文档的过程中,用户有时需要在文档中用插入表格的方法将复杂的内容简单地表达出来。Word 2010 提供了插入多种创建表格的方法,具体如下:

一、插入表格

① 先将光标定位于要插入表格的位置。

② 单击"插入"选项卡的"表格"选项组,打开"插入表格"下来菜单,选择要插入的行数和列数。如两列三行等。单击确定就可以在 Word 2010 文档中插入一个表格(如图 11-1 所示)。

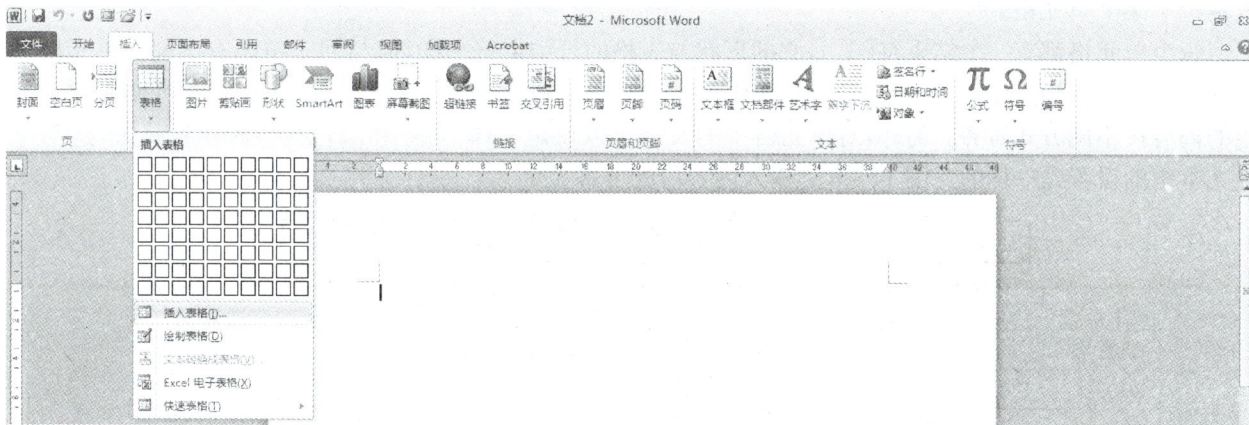

图 11-1 "插入表格"菜单

二、绘制表格

如上方法打开"插入表格"下拉菜单,选择"绘制表格",出现"画笔",用户可以根据需要绘制出行列数各不相同的表格。

三、插入 Excel 电子表格

① 确定插入表格的位置。

② 单击"插入"选项卡的"表格"选项组,打开"插入表格"下来菜单,选择"Excel 电子表格"。

③ 在文档中立即生成 Excel 电子表格,可以在表格中输入数据并进行计算排序等操作。

四、插入快速表格

① 确定插入表格的位置。

② 单击"插入"选项卡的"表格"选项组,打开"插入表格"下来菜单,选择"快速表格",立刻生成格式化表格(如图 11 - 2 所示)。

图 11 - 2　"快速表格"菜单

11.1.2　在表中输入内容

空表插入后,表中的每个格子称为单元格,插入点被定位于首行首列的单元格内,即可向表中输入内容(包括文字、数字和图形)。按 Tab 键或向右光标键,插入点将移到下一格。也可通过鼠标器单击将插入点定位于某个单元格。

每个单元格都有一个结束符(↵),它的形状与表格的行结束符一样,但与回车符略有不同。单元格中输入的内容均被插入在结束符的左边,并默认为两端对齐。利用格式栏中的四个对齐按钮,可使表中被选定的内容按不同方式对齐。另外,对单元格中的文字可以设定字体、字号和颜色等各种字符格式,这与一般文本中的设置是一样的。图 11 - 3 为输入内容后的屏幕显示。

销售额	销售员 1	销售员 2	销售员 3
2007	1708	1824	1365
2008	2892	3117	1512

图 11 - 3　表格示例

11.1.3　表格的选定

表格建立后,要调整表格的行高与列宽、增加或删除单元格、增加或删除行或列等一系列表格格式化的操作,往往需要对表格或表格的一部分选定后再进行。这也是符合 Word 最基本的原则,那就是"先选定,后操作"。

一、选定单元格

先将光标移到所需的单元格内最左侧,使鼠标器指针变为↗,单击左键,便选中了该单元格(如图11-4(a)所示)。

也可以将光标移到所需单元格内最左侧,鼠标器指针呈I形状,拖动鼠标器指针一个单元格位置,即可选中该单元格。若要选中连续数格,则可连续拖动若干个单元格。

当单元格被选中后,"插入表格"按钮 变为"插入单元"格

按钮 ,即 插入单元格 。

(a) 选中单元格　　　　(b) 选中列

图11-4　选中表格元素

二、选定行

先将鼠标器指针移到所要选定行左侧的文本选定区,使它变成↗,单击左键,便能选定该行;若要选定数行,则在单击时向下(或向上)拖动数行便可。

也可以将光标移到所要选定行的任一单元格中,打开"表格工具"的"布局"选项卡,单击"表"选项组中的"选择"选项,在打开的菜单中点击"选择行"命令。也可以点击右键打开快捷菜单,"选择""行"。

三、选定列

先将鼠标器指针移到所要选定列的上端,使其变成↓,单击左键便能选定该列(如图11-4(b)所示);若要选定连续的数列,则在单击同时向右(或向左)拖动数列便可。

也可以将光标移到所要选定列的任一单元格内,打开"表格工具"的"布局"选项卡,单击"表"选项组中的"选择"选项,在打开的菜单中点击"选定列"命令。也可以同上使用快捷菜单。

四、选定整表

选定整表,可以按整个表格的行数或列数来选定行或列,使整个表格被选定。

中文 Word 2010 选定整个表格的操作方式和 Word 2003 一样,单击表格左上角的符号 ⊞,即可选定当整个表格。此外,还可使用"表格工具"的"布局"选项卡中的"表"选项组,选择"选择表格"按钮,也可选定整个表格。

11.1.4　调整单元格高度和宽度

表格建立后,将插入点移到表中任意位置,在页面视图下水平标尺和垂直标尺上便会出现列标记和行标记。这些行标记和列标记反映了表格的行列空间及高度和宽度。

一、利用标尺调整表格高度和宽度

① 选中要调整的行(或列),或将插入点放在要调整行的单元格中。

② 将鼠标器指针放在垂直(或水平)标尺上的相应行(或列)标记上,拖动后便可调整表格的行高(或列宽)了。在释放鼠标器左键前,再按下 Alt 键,标尺上将会显示出每个行(或列)标记之间用厘米数表示的精确间距,在拖动行(或列)标记时,从行(或列)标记处有一条水平(或垂直)虚线在文档窗口中随之移动,释放后,该行(或列)的边线就停留在消失的虚线处。

二、利用菜单命令调整表格高度和宽度

如果要精确地调整表格高度(或列宽),应当使用菜单命令,方法为:

① 选中要调整的行,或将插入点放在要调整行(或列)所在的单元格中。

② 在"表格工具"功能区中切换到"布局"选项卡,在"单元格大小"分组中调整"表格行高"数值或"表格列宽"数值,以设置表格行的高度或列的宽度。

③ 或者通过打开"单元格大小"右下角的"表格属性"对话框,设置行列的数值(如图11-5所示)。

图11-5　"表格属性"对话框

三、利用表格线调整表格高度和宽度

将鼠标器指针放在行(或列)的边线处,鼠标器指针变成 ÷(或 ⊪),拖动鼠标器指针,便能调整行高(或列宽)。在按下鼠标器左键后,从行(或列)标记处有条垂直虚线在文档窗口中随之移动,释放后,该行(或列)的边线就停留在消失的虚线处。

四、利用功能区选项平均分布各行各列

在"表格工具"功能区中切换到"布局"选项卡,在"单元格大小"分组中有"分布行"和"分布列"命令,它能将选定的行(或列)或单元格的行高度(或列宽度)改为相等的行高度(或列宽度)。

五、利用功能区选项自动调整表格

① 选中需要设置的表格。

② 在"表格工具"功能区中切换到"布局"选项卡,在"单元格大小"中单击"自动调整"按钮(如图 11 - 6 所示)。

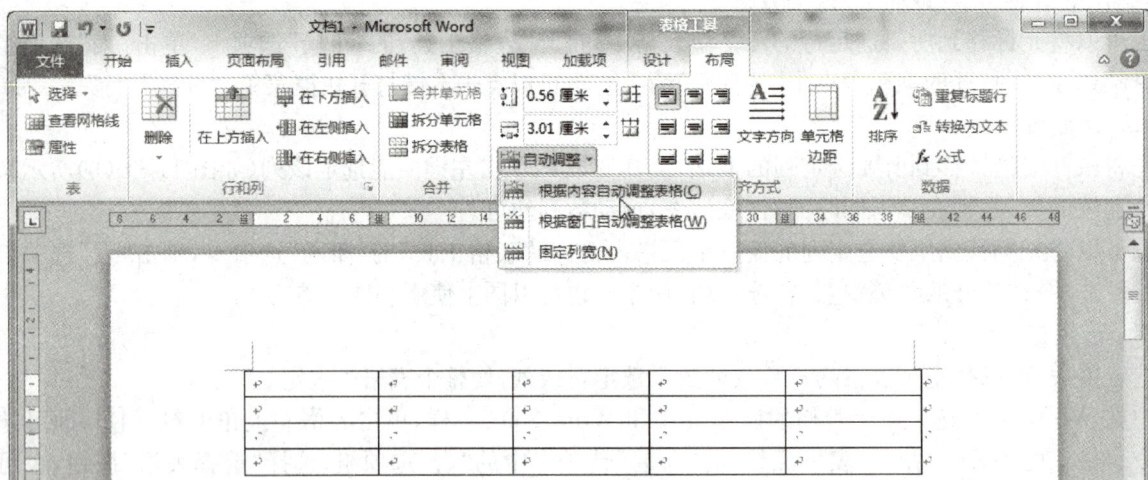

图 11 - 6 "自动调整表格"菜单

③ 在菜单中选择"根据内容自动调整表格"选项,则每个单元格根据内容多少自动调整高度和宽度。

④ 选择"根据窗口自动调整表格"选项,则表格尺寸根据 Word 页面的大小自动调整。

⑤ 选择"固定列宽"选项,则每个单元格保持当前尺寸。

11.1.5 处理表格元素

一、增加表格元素

① 选定一个或多个单元格。

② 使用"表格工具"的"布局"功能区的"行和列"选项组(如图 11 - 7 所示),采取四种插入方法:"在上方插入"、"在下方插入"、"在左方插入"、"在右方插入"。

图 11 - 7 插入方法

图 11 - 8 "插入单元格"对话框

③ 或者打开"行和列"选项组右下角"插入单元格"对话框(见图 11 - 8),同样可以增加表格元素。

- 活动单元格右移:在所选定的单元格左边插入新单元格。
- 活动单元格下移:在所选定的单元格上方插入新单元格。
- 整行插入:在含有选定单元格的行之上插入一行。
- 整列插入:在含有选定单元格的列左边插入一列。

二、删除表格元素

① 选定要删除的单元格。

② 使用"表格工具"的"布局"功能区的"行和列"选项组,点击"删除表格"按钮,在弹出的下拉菜单中共有四个选项(见图 11 - 9)。

③ 选择所需选项,然后按"确定"按钮。

另外,对整行或整列的删除则更加简单,选中要删的行或列,用开始选项卡下的"剪切"按钮 ✂ ,能直接删除整行或整列。

三、拆分单元格和表格

要将单元格进行拆分时,先将光标移进要拆分的单元格,使用"表格工具"的

图 11 - 9　删除单元格

"布局"功能区的"合并"选项组,从中选择"拆分单元格",在打开的对话框中,选择或输入要拆分的列数和行数便可以了。

其次"合并"选项组中的"拆分表格",就是将一个表拆分为上下两个部分。

先将插入点移至表中要进行拆分的位置,使用"拆分表格"按钮,Word 将在插入点所在的行的上方插入一个段落标记。如果原来的表格在文档的起始处,且插入点在第一行,Word 便在表的上方插入该段落标记。

四、合并单元格

要将多个单元格合并为一个单元格,方法是先选定多个单元格,在"合并"选项组中单击"合并单元格"按钮,这样,选定的多个单元格便一下子合并成一个大的单元格了。在合并后的单元格中,原来各单元格的内容各成一个段落。

11.2　设计表格格式

11.2.1　格线、边框和底纹的设置

在 Word 文档中,所有表格都默认为有 0.5 磅的黑色单实线边框。表格创建后,往往希望对表格的边框线加以设置。例如,要使表格边框设置为粗线,格线设置为细实线,就需要来设置表格的边框和格线。

首先选中整个表格(或部分单元格),选择"表格工具"的"设计"选项卡,打开"绘图边框"选项组右下角的窗口显示按钮,弹出"边框和底纹"对话框(如图 11 - 10 所示)。

图 11 - 10　"边框和底纹"对话框

一、"边框"选项卡

① "设置"区有五种边框格式可以设定:"无"(不设边框)、"方框"、"全部"、"虚框"和"自定义"。

② "样式"区提供了多种边框线的线型、颜色和宽度。

③ "预览"区显示了多条可能的边框中哪些有框线、哪些没有框线的组合形式。四周四条便是选定部分的边框,中间的两条则作为选中部分的格线,斜线则表示选中的表格有斜线线条。按下其中的八个按钮之一,就能使原来无框线则变成有框线,弹起八个按钮之一,就能使原来有框线变成无框线。

例如, ▦ 表示底下的一条线的设置按钮。这八个位置上的每一条边框线或格线都可以利用"线型"、"颜色"和"宽度"框进行设置来达到各种不同的效果。要注意对话框右下角的"应用于"框内究竟是"表格"、"单元格"还是"文字"或"段落"。

二、"页面边框"选项卡

其中的选项与"边框"选项卡类似:"无"(不设边框)、"方框"、"阴影"、"三维"和"自定义",只是它是用于对整篇文档或选定节的页面边框的设置。

三、"底纹"选项卡

"填充"区有多达 70 种颜色,还可以使用自定义颜色;"图案"区有 37 种浓淡及花样各异的底纹类型在"式样"框中进行选择;"预览"区可以看到设置底纹后的效果。

值得一提的是:边框和底纹不只是用于表格或单元格,它不是表格的专利,对选定的文字或段落同样可以设置边框和底纹,操作方法类似,这里就不再赘述了。

图 11 - 11
边框底纹设置

另外,在"表格工具"的"设计"选项下,单击"表格样式"的"底纹"、"边框"下拉菜单,打开后也可以选择底纹和边框(见图 11 - 11)。

11. 2. 2　自动套用格式

Word 2010 提供了 99 种可用的表格格式,用户可以从中选择合适的表格格式,应用于表格的不同部分或整个表格。

① 将插入点移到表格中。

② 选择"表格工具"的"设计"选项,单击"表格样式"的下拉标签 ▾,打开"表格样式"列表框,从中选择需要的样式(如图 11 - 12 所示)。

图 11 - 12　"表格样式"列表

在列表中还可以选择对所选表格格式作进一步调整,如点击"修改表格样式"或"新建样式",对边框、底纹、字体、颜色等进行个性化设置。

11.2.3　文字与表格的转换

在 Word 中,文本与表格可以方便地相互转换。

一、格式化的文字转换成表格

格式化的文字是指已用段落标记、制表符或逗号等分隔符区分了不同格式的文本(如图 11-13 所示)。

销售额	→	销售额 1	→	销售额 2	→	销售额 3↵
2007	→	1708	→	1824	→	1365↵
2008	→	2892	→	3117	→	1512↵

图 11-13　用制表符分隔成格式化的文字

要将格式化文本转换成表格,可按下列步骤进行:

① 选定该段文本。

② 选择"插入"选项卡的"表格"选项组,单击打开"插入表格"对话框,从列表中选择"文本转换成表格"对话框(如图 11-14 (a))。其中:"列数"和"行数"框的数值都将根据所选定文本数据项的多少自动生成;"自动调整"操作区默认选择"固定列宽"并选择为"自动";"文字分隔位置"也是根据选定文本中的分隔符而定的。

(a) 文字转换成表格　　　　　　　　(b) 表格转换成文字

图 11-14　文字与表格转换的对话框

③ 按"确定"按钮,便将选定文本转换成表格了。

二、将表格转换成文字

将表格转换成文字的方法也很简单,先选定要转换的表格,使用"表格工具"的"布局"选项,点击"数据"组中的"转换为文本"按钮,这时系统将弹出"表格转换为文本"对话框(如图 11-14(b)所示),根据需要,选择文字分隔符,按"确定"按钮后,便实现了转换。

11.3 引用公式与排序内容

11.3.1　引用公式

在 Word 2010 文档中,用户可以借助 Word 2010 提供的数学公式运算功能对表格中的数据进行数学运算,包括加、减、乘、除以及求和、求平均值等常见运算。用户可以使用运算符号和 Word 2010 提供的函数进行上述运算。

这里举例将图 11‐13 转换成表格,并增加一栏"年累计"和一栏"年平均"。方法步骤如下:

① 把插入点移入"年累计"这一栏下的第一个单元格内。

② 在"表格工具"功能区的"布局"选项卡中,单击"数据"分组中的"公式"按钮,将弹出"公式"对话框(如图 11‐15 所示),"公式"文本框中有默认的"=SUM[LEFT]",表示当前插入点所在单元格内容等于其左边各单元格内容之和,按下"确定"后,便可得到"年累计"的结果。

图 11‐15 "公式"对话框

图 11‐16 行与列

在上述图 11‐15"公式"对话框中,用户可以通过"数字格式"下拉列表框选择所需的结果格式;而在"粘贴函数"下拉列表框中,可以选择 Word 所提供的统计函数。

使用公式时,表格中的单元格可用诸如 A1、A2、B1、B2 之类的形式进行引用。其中的字母代表列,而数字代表行。如图 11‐16 所示。

在公式中引用单元格时,用逗号分隔,而选定区域的首尾单元格之间用冒号分隔。不区分大小写。

例如:

当键入了:"=average(b:b)"或"=average(b1:b3)",表示计算 b 列或 b1:b3 的平均值(▦);

当键入了:"=average(a1:b2)"表示计算 a1:b2 单元格的平均值(▦);

当键入了:"=average(a1:c2)"或 "=average(1:1,2:2)",表示计算从 a1:c2 的平均值(▦);

当键入了:"=average(a1,a3,c2)"表示计算 a1,a3 和 c2 三个单元格的平均值(▦)。

图 11‐17 所示为作了计算后所得到的表格。

销售额	销售额1	销售额2	销售额3	年累计	年平均
2007	1708	1824	1365	4897	1632.33
2008	2892	3117	1512	7521	2507

图 11‐17 运用公式的表格示例

当单击栏下的"年累计"或"年平均"单元格,由公式计算后的数据将会呈灰色显示。因为,Word 是将计算结果作为一个域插入选定单元格的。如果所引用的单元格有所改变,如对图 11-17 中的 1632.33(年平均),先单击,选定该域,再单击右键,打开快捷菜单,选择"切换域代码",则在该单元格中显示为一个公式"{=average(b2:d2)}",如果更改公式,单击"编辑域",如果更改后,则选择"更新域"命令,即可得到更改后的计算结果。

11.3.2 排序内容

对数据进行排序并非 Excel 表格的专利,在 Word 2010 中同样可以对表格中的数字、文字和日期数据进行排序操作,操作步骤如下所述。

① 先选定要进行排序的内容,在"表格工具"功能区切换到"布局"选项卡,并单击"数据"分组中的"排序"按钮(如图 11-18 所示)。

图 11-18 "排序"对话框

② 打开"排序"对话框,在"列表"区域选中"有标题行"单选框。如果选中"无标题行"单选框,则 Word 表格中的标题也会参与排序。

③ 在"主要关键字"区域,单击关键字下拉三角按钮选择排序依据的主要关键字。单击"类型"下拉三角按钮,在"类型"列表中选择"笔画"、"数字"、"日期"或"拼音"选项。如果参与排序的数据是文字,则可以选择"笔画"或"拼音"选项;如果参与排序的数据是日期类型,则可以选择"日期"选项;如果参与排序的只是数字,则可以选择"数字"选项。选中"升序"或"降序"单选框设置排序的顺序类型。

④ 在"次要关键字"和"第三关键字"区域进行相关设置,并单击"确定"按钮对 Word 表格数据进行排序。

第 12 章 设置页面与打印文档

> 设置页面是页面格式化的主要任务,页面设置的合理与否直接关系到文档的打印效果。页面设置主要包括页眉、页脚、页面方向、纸张大小和垂直对齐方式等与文档打印时页面布局有关的内容。

12.1 添加页眉、页脚和页码

页眉是位于上页边距与纸张边缘之间的图形或文字,而页脚则是下页边距与纸张边缘之间的图形或文字。典型的页眉和页脚的内容往往包括文档的标题、公司或部门的名称、日期以及作者的姓名等。

在 Word 中,页眉和页脚的内容还可以是用来生成各种文本(如日期或页码等)的"域代码"。域代码与普通文本有所不同,它在打印时将被当时的最新内容所替代,例如生成日期的域代码可以根据计算机的内部时钟生成当前的日期,倘若用户第一天录入的文档到第二天才打印时,那么打印时将使用第二天的日期;同样用于生成页码的域代码将在各页面上打印最终的准确页码。

12.1.1 设置页眉和页脚

Word 2010 中的页眉插入方法不同于 Word 2003 等较低版本,以插入自定义页眉为例介绍方法:

① 打开 Word 2010 文档窗口,切换到"插入"功能区,在"页眉和页脚"分组中单击"页眉"按钮,选择内置的版式或者选择"编辑页眉"(如图 12-1 所示)。

图 12-1 插入页眉菜单

② 然后用户可以根据需求进行版式设置，再选中编辑完成的页眉文字，在"页眉和页脚工具"的"设计"选项卡下单击"页眉和页脚"分组中"页眉"按钮，并在打开的页眉库中单击"将所选内容保存到页眉库"命令。

③ 打开"新建构建模块"对话框，分别输入"名称"和"说明"，其他选项保持默认设置，并单击"确定"按钮。

④ 如果用户需要插入自定义的页眉，则只需从 Word 2010 页眉库中选择即可。

⑤ 设置"页脚"的方式类同。

在"页眉和页脚工具"的"设计"选项卡下，可以插入"日期和时间"、"图片"等（见图 12-2）。比如单击"日期和时间"按钮，将弹出"日期和时间"对话框，在其中选择相应的格式，即可在页眉或页脚的输入区插入当前的日期和时间的域代码，以后将随着的日期和时间的更新而更新。

图 12-2　插入日期等

设置的页眉和页脚格式可以通过"页眉和页脚工具"的"设计"功能区的"插入对齐方式选项卡"，使页眉和页脚居中对齐或右对齐等。一般，页眉下默认设有一条划线，页脚上下则没有划线，如果需要，可以设置或取消划线，方法是：先选中页眉或页脚，打开"开始"选项卡，选择"段落"选项组中的 ⊞▾，然后在其下拉菜单中进行选择，单击所要设置的线条。

> 注意：在页眉或页脚上设置的划线，也是从左缩进到右缩进的，如果需要调整划线的长短，只要调整标尺上的左右缩进标记。

12.1.2　插入页码

我们在使用 Word 2010 编排书或者写论文时，经常要根据实际情况来编排页码，那么只要掌握了下面列出的几种常见页码的编排方法，就可根据需要插入页码。

一、从文档起始页插入页码

① 选择"插入"选项卡的"页眉和页脚"选项组，单击"页码"（如图 12-3(a)所示）。

② 选择页码设在"页面底端"，并选择页码设置版式，然后进入"页眉和页脚工具"的"设计"选项卡。

(a) 插入页码菜单　　　　　　　　　　(b) 页码格式对话框

图 12-3　"插入页码"菜单和"页码格式"对话框

③ 单击"页眉和页脚"选项组中的"页码",打开"页码格式"对话框(如图12-3(b)所示),选择格式和起始页,一般文章起始页为1,确定即可。

④ 如果第一页是封面,不需要页码,则可以在"页眉和页脚工具"的"选项"中的"首页不同"复选框上打钩,并设置起始页为0。

二、从任意页插入页码

① 如果需要在第三页插入页码,则第二页的末尾插入"分节符"。单击"页面布局"的"分隔符"/"分节符"的"下一页"。此时光标移到下一页的开头(第三页的开头)。

② 光标移到要插入页码的页面,点击"插入"菜单中的"页码"选项,选择"页面底端"中的某个页码的样式。这时会出现"页眉—第2节"、"页脚—第2节",而在右边是"与上一节相同"字样。

③ 单击"链接到前一条页眉"选项,设置为未选中状态。

④ 设置页码格式,将"页面编号"中的起始页码设置为1,然后确定。

⑤ 再次单击"页码"下拉菜单,根据需要选择页码位置,如"页面底端"里的任何一项。

12.2 页面设置

图12-4 "页面设置"对话框"页边距"选项卡

选择"文件"下的"打印"选项,单击左页面底端的"页面设置",打开"页面设置"对话框(或者选择"页面布局"选项卡的"页面设置"组,点击打开右下角的"页面设置"对话框)。图12-4显示这个对话框中,共有四个选项卡,分别用于设置页边距、纸型和纸张来源、版式以及文档网格。

在每个选项卡中,都有"预览"区、"应用于"框和"默认"按钮。"预览"区内供用户预览页面设置后的效果;"应用于"框指出整个设置针对哪部分文档,其中有:"整个文档"、"所选节"、"所选字"等选择。用户在设置时应当注意是针对哪部分文档;"默认"按钮将"页面设置"对话框中的当前设置储存为新默认设置,用于活动文档及所有基于当前模板的新文档。

12.2.1 设置页边距

在"页面设置"对话框的"页边距"选项卡,可对页边距进行设置。

设置页边距主要是对页面上下左右边距以及页面顶端和底端相关的页眉与页脚的位置的设置。对话框中"页边距"区中各选项的含义为:

① "上"表示页面顶点与第一行顶端之间的距离。

② "下"表示页面底点与最后一行底端之间的距离。

③ "左"表示页面左端与无左缩进的每行左端之间的距离。

④ "右"表示页面右端与无右缩进的每行右端之间的距离。

⑤ "装订线"表示要添加到页边距上以便进行装订的额外空间。

⑥ "装订线位置"区中有"左"和"上",和"装订线"配套使用。

在"方向"区中选择页面的方向:纵向 A 或横向 A 。在"预览"框用户可查看纸型和方向设置后的结果,如果不满意还可重新设置。

在"页码范围"区中有"多页"下拉选项,其中的选项有:普通、对称页边距、拼页、书籍折页,以及反向书籍折页,表示以上设置的页边距作用于相关的选项。

12.2.2　设置纸型和纸张来源

在打印文档时,常常需要根据不同情况使用不同的纸张,并以不同的方向进行。在"页面设置"对话框的"纸型"选项卡,便能对"纸张大小"及"纸张来源"进行设置。

下拉"纸张大小"列表,可以从中选择常用的纸型参数,如 A4、B5、16 开等。并且还可以根据个性需要选择"自定义大小",在下面的"宽度"和"高度"框中可以定义用户自己的纸张大小。

在"纸张来源"列表中,可以设置首页和其余各页的纸张来源。如:默认纸盒、手动送纸或自动选择等。

12.2.3　设置版式和文档网格

在"页面设置"对话框的"版式"选项卡,能设置有关节的起始位置、页眉和页脚、垂直对齐方式以及行号、边框等版面的选项。其中:

① "节的起始位置"下拉列表框用于选定开始新节同时结束前一节的位置,它包括以下五个选项:

* 接续本页:表示不插入分页符,紧接前一节。
* 新建栏:表示在下一栏顶端开始打印节中的文本。
* 新建页:表示在分节符位置进行分页,并且在下一页顶端开始新节。
* 偶数页:表示在下一个偶数页开始新节(常用于在偶数页开始的章节)。
* 奇数页:表示在下一个奇数页开始新节(常用于在奇数页开始的章节)。

② "页眉和页脚"区用于指定页眉和页脚的选项。

* 选中"奇偶页不同"复选框,将指定在奇数页与偶数页上设置不同的页眉或页脚。这一选项将影响整个文档,无论文档包含多少节。
* 选中"首页不同"复选框,将指定该节或文档首页的页眉或页脚与其他页的页眉或页脚不同。

③ 页面区"垂直对齐方式"下拉列表框中的选项确定在页面上,如何垂直对齐文本,其中包括:"顶端对齐"、"居中"、"两端对齐"和"底端对齐"四个选项。要注意这是对整个页面的对齐。例如,选择了"居中",便使文字位于整个页面的中央,即版面居中。

④ "行号"按钮用于设置行编号。

另外,在"页面设置"对话框的"文档网格"选项卡中,可对文字排列、网格、字符、行以及文字排列等进行设置。

12.3　页面背景

Word 2010 为用户提供了更为丰富的页面背景,能够渲染文档主体,让里面的文字、排版变得生动,像是给文章赋予了活力。

12.3.1　添加水印

在 Word 2010 中,用户可以利用内置的水印功能给自己的文档加上水印,水印的内容可以是自己的版权声明或者其他信息。用户可以为文档添加两种方式的水印:文字水印和图片水印,方法如下:

一、添加内置水印

在"页面布局"选项卡,"页面背景"选项组中,单击"水印"按钮(如图 12 - 5 所示),在随后打开的下拉列表中,我们可以选择 Word 2010 内置的水印效果,这样,一个文档水印就添加完成了。

二、添加自定义水印

① 如上操作进入"水印"列表,单击"自定义水印"按钮,打开"水印"对话框(如图 12 - 6 所示)。

② 在"水印"对话框中,选择"无水印"、"图片水印"或"文字水印"。

③ 如果选择"图片水印",然后点击"选择图片"按钮,在随后的"插入图片"对话框中,直接选择所要应用为水印的图片,然后单击"插入"按钮,单击确定,即可将起应用到当前文档中。

图 12-5 "水印"列表

④ 如果选择"文字水印",用户可以选择在备选的"文字"下拉菜单中选择,也可以定制文字。

⑤ 如果要删除水印,可以在水印下拉列表中直接点击删除水印按钮即可。

图 12-6 "水印"对话框

图 12-7 "稿纸设置"对话框

12.3.2 添加稿纸

Word 2010 针对中国用户的需求开发了稿纸功能,可以将当前文档中的文字快速转换为稿纸格式,操作如下:

① 在"页面布局"选项卡中,打开"稿纸设置"对话框,如图 12-7 所示,在"格式"下拉列表中用户可以

选择所需要的稿纸格式。

② 行数列数中有 5 种规格选项：10×10、15×20、20×20、20×25、24×25，当选择 20×20 以上时，页眉页脚无法设置。

③ 同时还可以对网格颜色及页面的纸张大小和方向进行设置。然后单击"确定"按钮即可。

12.3.3　设置页面颜色

一些用户希望给文档增加页面颜色，可以选择"页面布局"中的"页面背景"选项，点击"页面颜色"，即可根据个人喜好确定所需颜色。

在默认情况下，通过打印预览方式无法看到页面的颜色设置，但用户可以通过页面设置，对其进行调整。打开"页面设置"对话框，在"纸张"选项卡中，单击"打印选项"按钮，在随后打开的"Word 选项"对话框中，可以在打印选项区域中选择"打印背景色和图像"复选框，然后单击"确定"按钮，此时，便可以预览到打印背景颜色的整体效果。

12.3.4　设置页面边框

用户可以在 Word 2010 文档中设置普通的线型页面边框和各种图标样式的艺术型页面边框，使 Word 2010 文档更富有表现力。在 Word 2010 文档中设置页面边框的步骤如下所述：

① 打开 Word 2010 文档窗口，切换到"页面布局"选项卡。在"页面背景"分组中单击"页面边框"按钮。

② 在打开的"边框和底纹"对话框中切换到"页面边框"选项卡，然后在"样式"列表或"艺术型"列表中选择边框样式，并设置边框宽度。设置完毕单击"确定"按钮（如图 12-8 所示）。

图 12-8　"边框和底纹"的"页面边框"选项卡

12.4　打 印 预 览

Word 2010 对于打印功能，进行了很大程度上的改进，可以通过"文件"下的"打印"命令，快速完成打印之前的预览工作，操作如下。

① 单击"文件"下的"打印"命令，显示如图 12-9 页面。

② 在右侧的预览窗口中，可以看到文档的打印效果，用户可以对文档的打印页面、纸张的方向以及缩放比例进行相应的调整，设置完成以后，单击"打印"按钮即可。

在页面的右下角有调整"显示比例"的符号" 64% ⊖———○—⊕ "，移动滑块可以调整预览视图的大小。

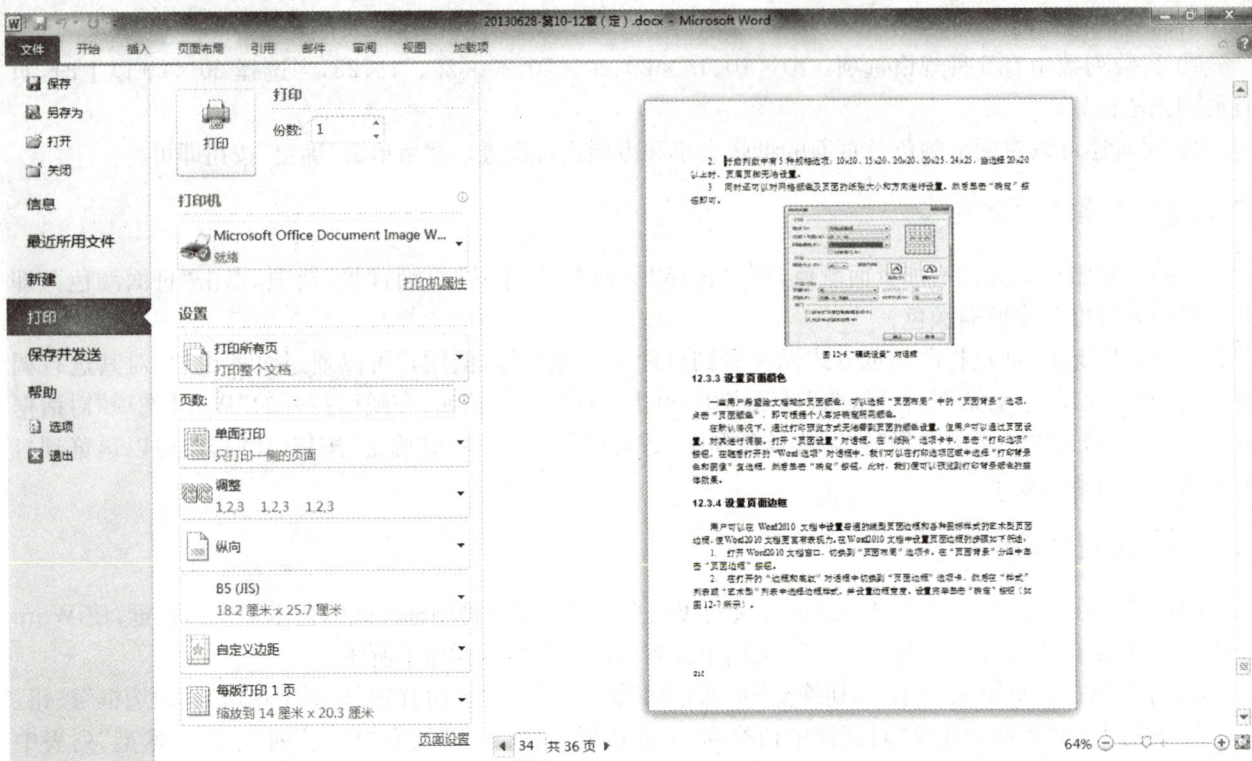

图 12 - 9　文档的打印页面

12.5　打 印 文 档

文档编辑完成后,经页面设置和打印预览查看后,便可打印文档。打印文档必须在硬件和软件上得到保证。硬件上,要确保打印机已经连接到主机端口上,电源接通并开启,打印纸已装好;软件上,要确保所用打印机的打印驱动程序已经安装,并连接到相应的端口,这一点,可以在 Windows 控制面板中的"打印机"选项中来查看打印机是否已经安装、端口是否连接、默认打印机是否已经设定等。对于当前活动窗口编辑的文档,可以直接打印,还可以使用"文件"的"打印"命令来打印文件。

12.5.1　指定打印份数、范围、内容和缩放

Word 2010 的打印界面,不仅可以预览打印窗口,还可以对所选页面、奇数页和偶数页等选项进行设置。

一、打印份数

在"份数"框内可以输入要打印的文档份数,其默认值为 1。

二、打印范围

在"打印"的"设置"区的"打印所有页"下拉菜单中,可以选择"打印所有页"、"打印当前页面"、"打印所选内容"等选项。

同时还可以选择打印"页数",在该文本框内输入页码或页码范围,例如:输入了"1,4-7,12",就表示要打印第 1 页、第 4 至 7 页以及第 12 页的文档。

其次,Word 2010 提供的"手动双面打印"功能,可以实现双面打印 Word 文档的目的。方法是单击"设置"区域内的默认选项"单面打印"下拉菜单,选择"手动双面打印",并单击"打印"按钮,则开始打印当前 Word 文档的奇数页。将已经打印奇数页的纸张再正确放入打印机则开始打印偶数页。

三、打印内容

在实际工作当中,用户经常需要将当前 Word 2010 文档以比实际设置的纸张更小的纸型进行打印。例如,将当前 A4 纸张幅面的文档打印成 B5 纸张幅面,操作如下:

① 在页面的"设置"区域下有"每版打印一页"按钮,在其下拉菜单中选择"缩放至纸张大小"。

② 在展开的菜单中选择合适纸型,然后"确定"即可。

四、缩放打印

Word 2010 提供了多版缩放打印功能,能将多页文档打印在一页纸上,从而实现打印类似缩略图文档类型的目的。打开"打印"下"设置"区的"每版打印一页"下拉菜单,选择合适的版数,如选择"每版打印 6 页",就是将 6 页的内容集中到 1 页上,"确定"即可。

12.5.2 选择打印机

如果用户的电脑中安装有多台打印机,在打印 Word 2010 文档时就需要选择合适的打印机,操作步骤如下所述:

① 单击"文件"选项的"打印"按钮。

② 在"打印"窗口中,打开"打印机"的下拉菜单,选择准备使用的打印机。

第四篇

电子表格处理软件
——中文Excel 2010

第 13 章 中文 Excel 2010 概述

中文 Excel 2010 是 Microsoft 公司推出的办公软件 Office 2010 套装软件中的一个重要成员,也是目前最流行的电子表格处理软件之一。中文 Excel 2010 强大的数据处理能力,丰富多彩的处理方法和类型,使它作为电子表格处理软件广泛用于各种"表格"式数据管理的领域,如财务、行政、金融、经济、经济和审计等方面。

13.1 Excel 窗口的组成

启动中文 Excel 2010 后得到的窗口如图 13-1 所示。

图 13-1 中文 Excel 2010 主窗口

一、标题栏①

标题栏位于窗口的顶部,显示当前应用程序和当前工作簿文件的名字。

二、菜单栏②

Excel 菜单栏由九个菜单项组成,其中"文件"菜单为下拉式菜单,其他菜单为选项卡式,显示每个菜单下的功能区。

三、功能区③

功能区由许多按钮组成，每一个按钮可以代表某一个命令或几个命令的集成。在初始状态下，Excel 2010 功能区显示"开始"菜单下的工具。最小化功能区的方法是点击右上角的 ⌃，如图 13 - 2 所示，快捷方式是 Ctrl+F1。

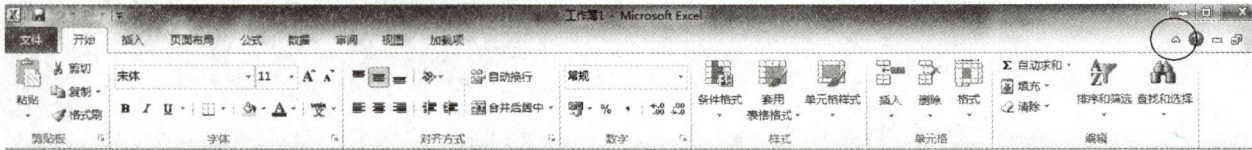

图 13 - 2　最小化功能区按钮

> 当用户对功能区的某个按钮功能不清楚时，可以将鼠标指针指向按钮片刻，该按钮下便会出现其功能的汉字说明。

图 13 - 3　自定义快速访问工具栏列表

四、快速访问工具栏④

快速访问工具栏默认情况下由三个按钮组成：保存、撤消、恢复，可以点击 ▾ 自定义快速访问工具栏，如图 13 - 3 所示。

五、列标⑤

列标位于各列上方，以字母 A,B,C,…… 来表示，列标从 A 一直变化到 IV(Z 列之后是 AA 列,AZ 列之后为 BA 列，类推至 IV 列)，共可有 256 列。

六、行号⑥

行号位于各行左侧，用数字 1,2,3,…… 来表示，共可有 65 536 行。

七、活动单元格⑦

Excel 2010 的工作表中，行和列交叉部分就是单元格，它是 Excel 的基本操作单元。每个单元格都对应一个地址，这个地址由列标加行号组成。比如，C4 就是代表位于第 3 列和第 4 行交叉位置的单元格地址。当前正在操作的单元格称为活动单元格。

八、名称框⑧

名称框用来给电子表格中的单元格或区域进行命名或显示。利用名称框，用户也可以快速地定位到相应的名称区域。另外，灵活使用单元格的命名还可以在各种数据处理过程中方便地引用单元格中的数据。一般情况下，名称框显示当前活动单元格的地址。

九、编辑栏⑨

编辑栏用于编辑或显示当前活动单元格的内容。用户既可以直接在当前活动单元格中输入数据，也可以通过编辑栏输入和编辑数据。

十、工作簿⑩

Excel 文件又称为工作簿(Workbook)。当启动 Excel 时，会自动打开一个文件名为工作簿 1. xls 的空工作簿。每个工作簿可以包含多张工作表(最多 255 张)。在 Excel 初始状态下，一个工作簿文件由 3 张工作表组成，名称分别为默认的 Sheet1、Sheet2、Sheet3，用户可以根据需要增加或者减少工作表的数量。

> 关于工作簿的新建、打开、保存等操作，即 Excel 的文件操作，与 Word 中的文件操作基本类似，此处不再赘述。

十一、工作表标签⑪

工作表(Worksheet)由单元格组成,在 Excel 2010 中一张工作表是由 256(列)×65 536(行)个单元格组成。

工作簿窗口底部的工作表标签上显示工作表的名称,用户可以通过单击相应的工作表标签在不同的工作表之间进行切换。

十二、状态栏⑫

状态栏在窗口的底部,用于显示当前命令或操作的有关信息。例如,在为单元格输入数据时,状态栏左端显示"输入",大多数情况下,状态栏左端显示"就绪"。

十三、垂直滚动条⑬和水平滚动条⑭

用于更改正在编辑的工作表的显示位置。

13.2　工作表的基本操作

13.2.1　添加和删除工作表

一个新建的工作簿在初始状态下只有三张空白工作表,用户可以根据需要在工作簿中进行工作表的添加和删除。一个工作簿最多可以容纳 255 张工作表。

一、工作表的添加

方法一:利用"插入工作表"按钮新建工作表。

把鼠标移动到 ▦ 按钮上,如图 13-4 所示,点击 ▦ 按钮,在 Sheet3 工作表后将插入一张名为 Sheet4 的工作表。

方法二:使用右键快捷菜单命令添加工作表。

在工作表标签区域中右击工作表标签,在弹出的快捷菜单中单击"插入"选项,如图 13-5 所示,弹出"插入"对话框,在"常用"选项卡下的列表框中单击"工作表"图标,单击"确定"按钮,此时在右击的工作表之前添加了一张名为 Sheet4 的工作表。

图 13-4　利用"插入工作表"按钮添加工作表

图 13-5　使用右键快捷菜单命令添加工作表

图 13-6　利用"插入"-"插入工作表"选项添加工作表

方法三:使用"插入工作表"选项新建工作表。

在"开始"选项卡下"单元格"选项组中单击"插入"按钮下侧的下三角按钮,如图 13-6 所示,在展开的下拉列表中单击"插入工作表"选项,此时在当前选中工作表之前添加一张名为 Sheet4 的工作表。

选中连续的多张工作表,使用鼠标右键单击某个工作表标签,在弹出的快捷菜单中单击"插入"命令,在弹出的"插入"对话框中选择"工作表"选项,然后单击"确定"按钮,可一次性插入多张工作表。

二、工作表的删除

方法一:使用右键快捷菜单命令删除工作表。

在工作表标签区域中右击工作表标签,在弹出的快捷菜单中单击"删除"选项,如图 13-7 所示,此时该工作表即被删除,其右侧的工作表将成为当前工作表。

图 13-7 使用右键快捷菜单命令删除工作表

图 13-8 利用"删除"-"删除工作表"选项删除工作表

方法二:使用"删除工作表"选项删除工作表。

在"开始"选项卡下"单元格"选项组中单击"删除"按钮下侧的下三角按钮,如图 13-8 所示,在展开的下拉列表中单击"删除工作表"选项,此时该工作表即被删除,其右侧的工作表将成为当前工作表。

13.2.2 重命名工作表

工作表标签的默认名称为"Sheet1"、"Sheet2"、"Sheet3",既不直观又难以记忆,因此为其重命名一个容易记忆的名称非常重要,可节省查找和管理工作表的时间。

方法一:双击工作表选项卡。

双击工作表选项卡,可以进入工作表名更名状态,可以为工作表定义一个有意义的名字。

方法二:使用右键快捷菜单命令重命名工作表。

在工作表标签区域中右击工作表标签,在弹出的快捷菜单中单击"重命名"选项,如图 13-9 所示,此时进入工作表名更名状态,可以为工作表定义一个有意义的名字。

图 13-9 使用右键快捷菜单命令
重命名工作表

13.2.3 选取工作表

一、单张工作表的选取

要编辑某一张工作表,先要选择该工作表页面。单击工作表标签,可以方便地选取一个工作表,被选中激活的工作表被称为当前工作表。

二、多张工作表的选取

1. 多张连续工作表的选取

选中要选择的第一张工作表,然后按住 Shift 键,同时单击另一张工作表的标签,可选中这两张表之间的所有工作表。

2. 多张不连续工作表的选取

选中要选择的第一张工作表,按住 Ctrl 键不放,然后依次单击其他需要选择的工作表对应的标签。

3. 全部工作表的选取

使用鼠标右键单击任意一张工作表标签,在弹出的快捷菜单中选择"选定全部工作表"命令。

三、清除工作表的选取

单击未被选取的工作表选项卡,可以清除已经选取的工作表的选取,并且此表被激活。若所有工作表均被选中,则单击除被选中的第一个工作表标签以外的其他标签,即可清除已经选取的多张工作表选中状态,并且此表被激活。

13.2.4 移动和复制工作表

可以用"编辑"菜单中的"移动或复制工作表"命令来复制或移动工作表。但在同一工作簿中复制或移动工作表,可以用鼠标器简单方便地操作。

一、在工作簿内进行工作表的移动或复制的简单方法

在工作簿内进行工作表移动,只要用鼠标器单击需要移动的工作表标签,然后沿着标签行进行拖动到所需位置后释放鼠标即可。指针在拖动时显示一个小表格符号,并且有一个小三角箭头指示目标位置(如图 13-10 所示)。

图 13-10 工作表移动过程图

在工作簿内进行工作表复制的方法类似于移动,区别只是在拖动标签时需同时按下 Ctrl 键,鼠标器指针会变成一个有加号的小表格符号。

图 13-11
移动或复制工作表"对话框

二、工作表复制和移动的一般方法

工作表复制和移动的一般方法步骤为:

① 单击要复制或移动的工作表标签,使之成为当前工作表;

② 在"编辑"菜单中选择"移动或复制工作表"命令,打开如图 13-11 所示的对话框;

③ 在"工作簿"列表框中列出了当前打开的所有工作簿名,用户可以选取目标工作簿;

④ 在"下列选定工作表之前"列表框中决定工作表的位置;

⑤ 若是需要复制工作表,则选中"建立副本"复选框。若此框不被选中,则表示该工作表将被移动而非复制至目标工作簿的指定位置;

⑥ 单击"确定"按钮。

13.2.5 隐藏和显示工作表

如果不希望被其他人查看某些工作表的数据,可以使用隐藏工作表功能将工作表隐藏起来,减少屏幕上显示的窗口和工作表。

一、隐藏工作表

隐藏工作表是将工作表及工作表标签隐藏,使其在屏幕上无法查看,但隐藏的工作表仍然处于打开状态,其他文档仍可以利用其中的信息。隐藏工作表可通过选项组中的命令按钮或右键快捷菜单命令来完成。

方法一:通过右键快捷菜单隐藏工作表。

在打开的工作簿中右击需要隐藏的工作表,在弹出的快捷菜单中单击"隐藏"选项,如图 13-12 所示。

方法二:通过选项组按钮隐藏工作表。

在打开的工作簿中选中需要隐藏的工作表,在"单元格"选项组中单击"格式"按钮,在展开的下拉列表中依次单击"隐藏和取消隐藏→隐藏工作表"选项,如图 13-13 所示。

图 13-12 快捷菜单中的"隐藏"按钮

图 13‑13　快捷菜单中的"隐藏和取消隐藏"按钮　　图 13‑14　快捷菜单中的"取消隐藏"按钮

二、显示工作表

如果需要再次查看隐藏工作表的数据,可以取消对工作表的隐藏。

方法一:通过右键快捷菜单显示工作表。

打开已隐藏工作表的工作簿,右击工作表标签,在弹出的快捷菜单中单击"取消隐藏……"选项,如图 13‑14 所示,弹出"取消隐藏"对话框,选择工作表名称,单击"确定"按钮即可。

方法二:通过选项组按钮隐藏工作表。

打开已隐藏工作表的工作簿,在"单元格"选项组中单击"格式"按钮,在展开的下拉列表中依次单击"隐藏和取消隐藏→取消隐藏工作表……"选项,弹出"取消隐藏"对话框,选择工作表名称,单击"确定"按钮即可。

13.2.6　保护工作表

为了防止工作表中的重要数据被他人修改,可对工作表设置保护,具体操作方法如下。

① 选中需要保护的工作表,切换到"文件"选项卡,在左侧窗格中单击"信息"命令,在中间窗格中单击"保护工作簿"按钮,在弹出的下拉列表中单击"保护当前工作表"选项,如图 13‑15 所示。

图 13‑15　"保护工作簿"按钮　　　　　图 13‑16　"保护工作表"对话框

② 弹出"保护工作表"对话框,在"取消工作表保护时使用的密码"文本框中输入密码,然后单击"确定"按钮,如图 13‑16 所示。

③ 弹出"确认密码"对话框,再次输入密码,然后单击"确定"按钮即可。

13.3　数据的输入和编辑

Excel 中的数据可以是数值型数据或者字符型数据,也允许输入日期和时间。输入的数据既在活动单元格,也在编辑栏内显示。

输入数据后,按回车键或者编辑栏上的"✓"按钮表示确认,按 Esc 键或者编辑栏上的"✗"按钮表示取消本次输入。

> 按回车键的确认方法使得输入数据后活动单元格转入下方一单元格,按"✓"按钮的确认方法使得输入数据后活动单元格仍然保持在输入数据的位置,即活动单元格不变。

如果用户要同时在多个单元格中输入相同数据,可以先选定需要输入数据的所有单元格(选定的单元格可以是相邻的,也可以是不相邻的),然后键入相应数据,然后按"Ctrl+Enter"键。

13.3.1　选择单元格

一、选取一个单元格

用鼠标器或者键盘选中一个单元格时,这个单元格就成为活动单元格,如图 13-1 中的 A1 单元格就是活动单元格,用户键入数据或者进行编辑都是针对当前单元格而言的。活动单元格周围有边框线,同时编辑栏名称框中也显示其地址或名称,同时相应行号和列标也突出显示。

用键盘上的方向键可以改变活动单元格。(见表 13-1)

表 13-1　键盘切换按钮

按　键	功　能
↑	移动到当前活动单元格上方的单元格
↓	移动到当前活动单元格下方的单元格
←	移动到当前活动单元格左方的单元格
→	移动到当前活动单元格右方的单元格
Tab	移动到当前活动单元格右方的单元格
Enter	系统默认状态下移动到当前活动单元格下方的单元格 (在"工具"菜单的"选项"/"编辑"中可设置)
PageUp	向前翻一页
PageDown	向后翻一页
Home	移动到本行的第 1 个单元格

二、选取多个单元格

相邻的多个单元格称为区域。小至单个单元格,大至整个工作表,都可以定义为区域。

1. 单个区域的选取

① 用鼠标器操作

用鼠标器从所要选取区域的最左上角单元格拖曳至区域的最右下角单元格,即可选取所需的区域,所选区域为突出显示。

② 用键盘辅助操作

当选取的区域范围较大,不便于用鼠标器拖曳时,可用键盘上的 Shift 键辅助选取操作,方法是:先选取区域最左上角的单元格,按住 Shift 键,再选取最右下角的单元格。例如,要选取 A1 和 D4 之间的区域,

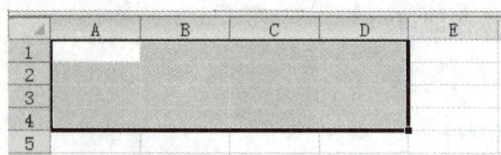

先单击 A1,再按住 Shift 键并单击 D4,如图 13-17 所示。

和单个单元格一样,区域也有自己的地址。区域地址的定义的一般方法是用整个连续区域的左上角单元格地址和右下角单元格地址,中间用一个":"(冒号)来间隔而组成。例如,图 13-17 中的区域即可表示为 A1：D4。

图 13-17　选中单个区域

尽管一个区域中的单元格可以同时被选中,但是在这些选中的单元格内,活动单元格只有一个,如在图 13-17 中只有 A1 单元格是活动单元格。

2. 整行或整列的选取

要选取整行或整列,只要单击相应行号或列标。

要选择连续的多行或者多列,可以在行号或列标上拖曳鼠标。

3. 整个工作表的选取

单击工作表左上角行号和列标交汇处的全选按钮,如图 13-18,可选定该工作表的所有单元格。

图 13-18　全选按钮区域

4. 多个区域的选取

如果希望同时选取几个区域,可以先选取第一个区域,按住 Ctrl 键,再选取其他区域。

5. 清除区域的选取

在工作表中的任意位置单击,可以清除区域的选取。

6. 三维区域的选取

Excel 除了在同一张表中进行区域的选取外,还可以同时在不同的几张工作表中选定多个区域,这样所选取的区域称为三维区域。方法是:先选取所要选取的若干工作表,然后再选取所需的区域。

例如,要选取 Sheet1、Sheet2 和 Sheet3 的 A2：D5 这个三维区域,步骤为:

① 同时选中 Sheet1、Sheet2 和 Sheet3 工作表;

② 用鼠标从 A2 单元格拖曳至 D5 单元格,这样就选定了三张工作表的 A2：D5 区域,表示为 Sheet1：Sheet3！A2：D5。

13.3.2　输入字符

在每个单元格中最多可以输入 32 767 个字符。如果单元格内的文本长度超出单元格的列宽范围时,在显示时会占据相邻单元格,如图 13-19 中的 A1 单元格;但是如果相邻单元格有内容,则内容被截断,而在编辑栏中则可显示全部内容,如图 13-19 中的 A4 单元格。

如果输入的是由数字字符组成的字符数据,则可以在输入的时候先输入一个半角的引号,再输入数字字符。例如,要输入字符 10 500,输入时应输入'10 500,在屏幕上显示 10 500。

图 13-19　输入字符

在默认状态下,Excel 2010 中所有文本在单元格中的对齐方式均为左对齐。

13.3.3　输入数字

数字数据的输入和字符的输入基本相同。如果输入的数字数位很长,Excel 在单元格中以科学计数法显示,而在编辑栏中显示数字本来的情况(如图 13-20),但是 Excel

图 13-20　输入较大的数字

2010 最多保留数字数据的 15 位有效数字。

> 在默认状态下，Excel 2010 中所有数字数据在单元格中的对齐方式均为右对齐。

13.3.4　输入日期和时间

日期和时间的输入可以直接键入，也可以通过函数来实现，这里主要介绍用键盘进行日期和时间的输入方法。

日期型数据输入的通用格式为"年-月-日"或"年/月/日"，在系统默认状态下，均自动转换为"年-月-日"的格式。

例如，输入"2013－3－5"或"2013/3/5"，系统均显示为"2013－3－5"。

当用户向单元格中输入日期时，如果输入的年份只输入两位数（比如将 2013/3/5 简化为 13/3/5），Excel 将如下解释用户所输入的年份：如果输入的年份数字在 00～29 之间，系统将会将其解释为 2000～2029 年。例如，输入 19/3/20，系统会认为这个日期是 2019 年 3 月 20 日。如果输入的年份数字在 30～99 之间，系统会将其解释为 1930～1999 年。例如，输入 74/8/7，系统会认为这个日期是 1974 年 8 月 7 日。

时间型数据输入的通用格式为"时：分：秒"。例如，输入时间"1：30"。这时系统会认为这时使用的是 24 小时制，即从 0：00～24：00。

如果要使用 12 小时制，则可以在输入的时候在时间的后面加上 AM 或者 PM 来表示上午或者下午。例如，输入下午 1：30，则可以输入"1：30 PM"。但是这时候要注意，使用 12 小时制的时候，在时间和 AM 或 PM 之间一定要加上一个空格，否则系统会认为这一单元格中内容为字符型数据而非时间。

如果要输入的日期和时间是当前的系统日期和时间，以使用快捷键："Ctrl＋；"表示输入当前系统日期；"Ctrl＋Shift＋；"表示输入当前系统时间。

13.3.5　填充数据

在输入数据到工作表的时候，可能经常遇到一些输入一个序列数字的情况。例如输入表格中的项目序号、输入一个工资表中的工资序号或者输入一个日期序列等。Excel 2010 提供了功能强大的"自动填充"功能，可以非常轻松地完成这些工作。

填充柄是位于活动单元格区域角上的一个黑色小方块，将光标指向填充柄的时候，光标的形状会变成黑色的十字形状，如图 13－21 所示。利用填充柄，可以高效率地完成一些数据的输入。

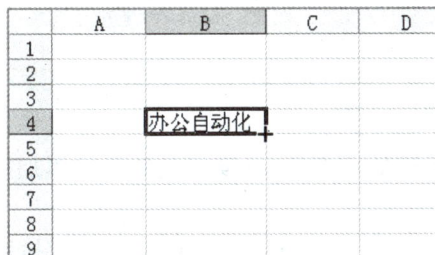

图 13－21　填充柄及鼠标变化　　　　图 13－22　利用填充柄复制字符数据例

一、复制单元格数据

如果活动单元格的内容是普通的字符数据，则拖动该活动单元格的填充柄向上、下、左、右各个方向拖曳，即为复制该活动单元格的内容至目标单元格。

在拖曳填充柄的时候会出现一个虚线框，指示目标单元格的位置。另外，在鼠标光标的右侧还会出现一个提示框，显示将要在光标所在单元格出现的复制结果，如图 13－22 所示。

二、数字序号填充

利用填充柄除了可以复制字符文字内容外,也可以快速地建立各类序号。如果单元格中的内容是数字的话,利用填充柄可以很方便地产生数字序号1、2、3等。

例如,要求在B2:B11区域中产生数字序号1、2、3……10,步骤如下:

① 在B2单元格输入数字1;

② 选中单元格B2;

③ 按住Ctrl键不放,然后用鼠标拖动填充柄至B11,释放鼠标,则快速建立了一系列数字序号,如图13-23所示。

图13-23 填充数字序号

图13-24 自动填充选项

如果单击自动填充柄旁边的"自动填充选项"下拉列表,如图13-24所示,可以选择更多的自动填充方式。

三、等差数列及其他特殊序列的填充

Excel 2010还可以根据系列数据变化的规律,来填充系列的其余数据。

例如,要求在A2:H2区域中输入等差数列1、3、5、7……15,步骤如下:

① 在A2单元格中输入数字1;

② 在B2单元格中输入数字3;

③ 选中A2:B2区域;

④ 拖动该区域填充柄至H2单元格,释放鼠标,则建立了等差数列,如图13-25所示。

图13-25 建立(填充)等差数列

如果在单元格中的内容为一日期型数据,则拖动该单元格的填充柄,日期将按照逐日累加的规律在目标单元格中进行填充。

如果单元格中的内容为文字与数字的组合,如"项目1","A1",则利用填充柄同样可以按照序号变化的规律进行特殊的填充。

例如,要求在C4:G4区域填充"项目1"、"项目2"……"项目5",步骤为:

① 在C4单元格中输入"项目1";

② 选中C4单元格,拖动填充柄至G4单元格后释放鼠标,完成填充。

13.3.6 编辑数据

一、数据删除

如果需要覆盖某个单元格中的数据,只要选取单元格,直接键入新信息,则新的数据可以覆盖原有数据。

如果只需要删除原有数据而不必输入新的数据,则选取单元格后单击 Delete 键即可,也可以用"编辑"菜单中的"清除"/"全部"或者"内容"命令来删除数据。

二、对单元格部分内容的编辑

如果要对单元格中的内容进行部分修改或编辑,可以有两种方法:

1. 利用编辑栏编辑

选取要编辑的单元格,然后将插入点定位于编辑栏中需要编辑的位置,然后进行编辑操作。

2. 在单元格中编辑

直接双击要编辑的单元格(或按 F2 键),这时插入点直接定位在单元格中,用户则可以进行编辑操作,完成后用回车键确认修改。

三、撤消

如果用户在操作过程中出现误操作,和 Word 类似,Excel 提供了"撤消"按钮,但在 Excel 2010 中用户最多只可以撤消最后 16 次操作。

当用户将修改的内容存盘后,就无法再撤消任何操作。

13.4　编辑行、列和单元格

在单元格中输入数据后,有时还可根据实际需要对行、列和单元格进行相应的编辑操作,如插入行、列和单元格,设置行高与列宽等。

13.4.1　插入行、列和单元格

完成表格的编辑后,若需要添加内容,可在原有表格的基础上插入行、列或单元格,以便添加遗漏的数据。

例如,要在工作表中插入一个单元格,可按下面的操作步骤实现。

① 打开需要操作的工作簿,选中某个单元格,在"开始"选项卡的"单元格"组中,单击"插入"按钮右侧的下拉按钮,在弹出的下拉列表中单击"插入单元格"选项,如图 13－26 所示。

图 13－26　"插入"按钮

图 13－27　"插入"对话框

② 在弹出的"插入"对话框中选择单元格的插入方式,如"活动单元格下移",然后单击"确定"按钮即可,如图 13－27 所示。

在"插入"对话框中有 4 个单选项,除了上述操作中介绍的"活动单元格下移"单选项外,其余单选项的作用如下。

- 活动单元格右移:在当前单元格的左侧插入一个单元格。
- 整行:在当前单元格的上方插入一行。
- 整列:在当前单元格的左侧插入一列。

13.4.2 删除行、列和单元格

在编辑表格的过程中,对于多余的单元格可将其删除。例如要删除某个多余的单元格,可按下面的操作步骤实现。

① 打开需要操作的工作簿,选中要删除的某个单元格,在"开始"选项卡的"单元格"组中,单击"删除"按钮右侧的下拉按钮,在弹出的下拉列表中单击"删除单元格"选项,如图 13 - 28 所示。

图 13 - 28 "删除"按钮

图 13 - 29 "删除"对话框

② 在弹出的"删除"对话框中选择单元格的删除方式,如"下方单元格上移",然后单击"确定"按钮即可,如图 13 - 29 所示。

在"删除"对话框中有 4 个单选框,除了上述操作中介绍的"下方单元格上移"单选项外,其余单选项的作用如下:

● 右侧单元格左移:删除当前单元格后,右侧单元格会移至该处。
● 整行:可删除当前单元格所在的整行。
● 整列:可删除当前单元格所在的整列。

13.4.3 设置行高与列宽

工作表中的行高和列宽是可以改变的,以适应不同的数据的高度和宽度。

一、行高

在 Excel 2010 中可以使用两种方法来改变选定行的行高。第一种方法是直接使用鼠标对行高进行调整;第二种方法是通过执行菜单命令来调整,利用该方法可以精确设定行高。

1. 用鼠标器操作

将鼠标器指针移动到所要调整行高的行号的下边沿线上,这时指针变成一双箭头,如图 13 - 30 所示,此时若双击鼠标左键,则行高将变化为最合适该行显示的最高行高;若拖动该双箭头向上或向下,拖动时行高自动显示,在适当的时候释放鼠标则可设置所需要的行高。

图 13 - 30 用鼠标器调整行高

2. 用菜单命令操作

下面通过例子具体介绍如何使用菜单命令来改变行高。

例如，我们要将工作表的第 2、第 3 行行高设置为 40，并将第 5 行行高设置为最适合的行高。步骤为：

① 同时选中第 2 行和第 3 行；

② 右击后选择"行高"，出现图 13－31 所示的"行高"对话框；

③ 在对话框中填入数字 40，单击"确定"按钮；

图 13－31　"行高"对话框

④ 选中第 5 行，在"格式"菜单的"行"命令中选择"最合适的行高"命令。

二、列宽

在 Excel 2010 中，默认的单元格宽度为 8.43。当单元格中的数值数据的长度超过了这一宽度，则会显示一串"♯"，这时只要调整该列的列宽就可以完整地显示其内容。

设置列宽的方法类似于设置行高。

13.4.4　合并与拆分单元格

制作电子表格时，有的单元格中输入的数据较多，有的又没有输入内容，这样就影响了表格的整体美观，这时可通过合并和拆分单元格来调整表格样式。

1. 合并单元格

在制作表格的过程中，可将多个单元格合并为一个单元格，以满足大段数据的显示。例如表格标题的内容较多，通常需要占用多个单元格，这时就需要合并单元格。

合并单元格的具体操作步骤如下：

① 打开需要操作的工作簿，选中需要合并的单元格区域，在"开始"选项可的"对齐方式"组中，单击"合并后居中"按钮右侧的下拉按钮，在弹出的下拉列表中选择合并方式，如"合并后居中"，如图 13－32 所示。

图 13－32　"合并后居中"按钮

② 选中的多个单元格将合并成一个单元格，并居中显示单元格内容。

对单元格进行合并操作时，有"合并后居中"、"跨越合并"和"合并单元格"3 种方式，除了上述操作中介绍的"合并后居中"方式外，其余合并方式的作用如下：

● 跨越合并：将选择的多个单元格按行进行合并。

● 合并单元格：将选择的多个单元格合并成一个较大的单元格，新单元格中的内容仍以默认的对齐方式"垂直居中"进行显示。

2. 拆分单元格

在 Excel 中，只允许对合并后的单元格进行拆分，并将它们还原为合并前的单元格个数。

拆分单元格的方法为：选中合并后的单元格，单击"合并后居中"按钮右侧的下拉按钮，在弹出的下拉列表中单击"取消单元格合并"选项即可。

13.4.5　隐藏行和列

一、用鼠标器操作

在使用拖动的方法改变单元格的行高或列宽时，如果将高度或者宽度调整得很小，则这时行或列会从屏幕上消失，这些行或列并不是被删除了，而是暂时被隐藏起来。

要将被隐藏的行或列重新显示出来，可以将鼠标指针移动到隐藏行或列的交界处，当指针变成"⬍"或"⬌"时，拖动或双击鼠标器，即可取消隐藏。

二、用菜单命令操作

选定已隐藏的行或列所在的区域,右击后选择"取消隐藏"可以将隐藏的行或列重新显示出来。

13.5　工作表的格式化

13.5.1　自动套用格式

在 Excel 2010 中,可以套用整个工作表样式,节省格式化工作表的时间。在"样式"组中,单击"套用表格格式"按钮,弹出工作表样式菜单,如图 13-33 所示。

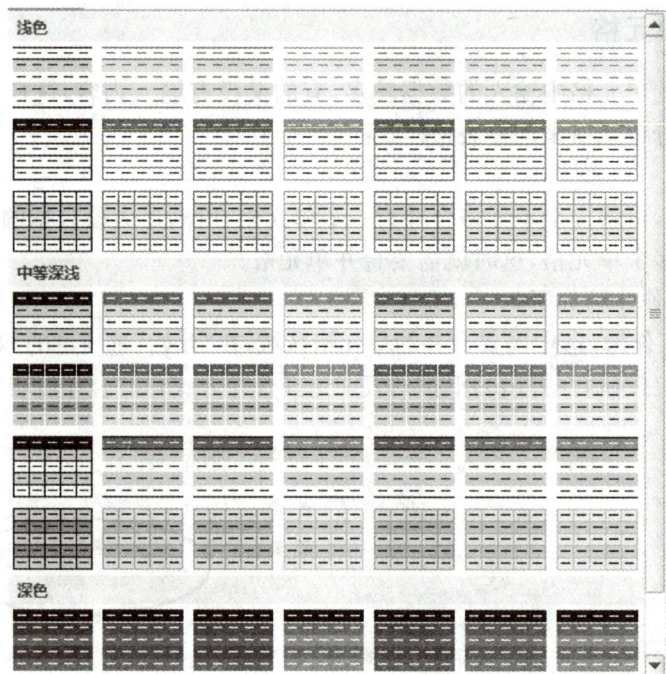

图 13-33　"套用表格格式"呈现的样式

在菜单中单击要套用的工作表样式,会打开"套用表格式"对话框,选择套用工作表样式的范围,然后单击"确定"按钮,如图 13-34 所示。

图 13-34　"套用表格式"对话框

13.5.2　设置数据格式

一、设置文字外观格式

1. 工具按钮

与 Word 2010 相似,要对文字进行格式化设置,最简单的方法就是选中要设置的对象,然后使用工具栏上的格式按钮,其效果可以立即体现在表格中,非常直观。工具栏中与文字外观有关的按钮如图 13-35 所示。

图 13-35　字体常用工具按钮

2. 菜单命令

虽然使用工具按钮操作比较简单,但对于用户一些特殊的要求,比如 X^3(上标)、H_2(下标)等情况,要使用菜单命令来完成。

例如,如图 13-36 所示,要对单元格 C2、C4 分别设置删除线、上标的格式,步骤为:

① 选取单元格 C2;

② 右击后选择快捷菜单中的"设置单元格格式"命令,并在弹出的对话框中选择"字体"选项卡,如图 13-37 所示;

③ 选中"删除线"前的复选框,单击"确定"按钮;

④ 双击 C4 单元格,进入文字编辑状态,选中"3"(或选中 C4 单元格后,在编辑栏中选中"3");

图 13-36　特殊字体样式原始数据

图 13-37　"字体"选项卡

图 13-38　设置删除线、上标后的效果

⑤ 在"格式"菜单中选择"单元格"命令,出现"单元格格式"对话框,但是要注意这时由于是处于单元格文字编辑状态,所以对话框中只有一个"字体"选项卡;

⑥ 选中"上标"前的复选框,单击"确定"按钮,完成设置。效果如图 13-38 所示。

二、设置文字对齐格式

在默认状态下,单元格内的文字对齐方式是左对齐,数字是右对齐,但是这并不是绝对的,用户可以根据自己的需要来定义单元格内数据的对齐方式。

1. 工具按钮

使用工具按钮主要是调节单元格内数据的水平对齐方式,工具栏上有关于对齐方式的按钮见图 13-39。

图 13-39　格式工具栏中有关于对齐方式的按钮

2. 菜单命令

右击后选择快捷菜单中的"设置单元格格式"命令,打开"单元格格式"对话框,单击"对齐"选项卡,如图 13 - 40 所示,可以完成对齐方式的一些复杂设置,其中各项功能参见表 13 - 2。

图 13 - 40 "对齐"选项卡

表 13 - 2 单元格对齐方式

对 齐 方 式	功 能
水平对齐	决定单元格中文字在水平方向的对齐方式,包括:常规、靠左、居中、靠右、填充、两端对齐、跨列居中、分散对齐
缩 进	决定单元格中文字在水平方向上的缩进量,仅对左对齐有效
垂直对齐	决定单元格中文字在垂直方向上的对齐方式,包括:靠上、居中、靠下、两端对齐、分散对齐
文本方向	在单元格中文字可以任何方向来显示,单击左侧的"竖排文本框"可使文本方向变为垂直,也可直接在下方输入一个度数值,或者用鼠标拖动红色控点的方法旋转文本
自动换行	当单元格内的文字超出单元格边框时,自动换行
缩小字体填充	当单元格内的文字超出单元格边框时,系统自动缩小字体来适合单元格的宽度
合并单元格	将两个或多个单元格合并为一个单元格,主要用于设置表格的标题等

水平方向上的"靠左"、"居中"、"靠右"命令分别对应于工具栏上的相应按钮,而工具栏上的"合并及居中"按钮则是选择水平方向上的"居中"命令和"合并单元格"复选框的组合。

图 13 - 41 是对齐方式的各种显示效果。其中:标题部分是从 A1 到 G1 单元格范围的合并及居中对齐;"大专以上文化程度"(内容在 B3 单元格内)在 B3:D3 范围内跨列居中;"高中以上文化程度"(内容在

图 13 - 41 对齐方式例

E3 单元格内)在 E3：G3 范围内跨列居中；另外，除了常规的水平和垂直对齐设置外，"年份"在 A4 单元格内采用文本竖排文本方式，C4、D4、F4 和 G4 单元格增加了自动换行效果。

三、设置数字格式

数字是 Excel 2010 中非常重要的对象，对于填写数字的单元格而言，除了可以像普通文字一样改变其显示效果、对齐方式以外，还有其特殊的格式设置方法。例如小数点位数、货币形式、百分数等。

1. 工具按钮

工具栏上的有关数字格式设置的按钮见图 13-42。其中：

① "会计数字格式"按钮：此格式用于满足财会方面的需要而设置；
② "百分比样式"按钮：将选中的数值型数据乘以 100 后加上百分号，成为百分比表示形式；
③ "千位分隔样式"按钮：为选中的数值型数据加上千分号；
④ "增加小数位数"按钮：使选中的数据小数位增加 1 位；
⑤ "减少小数位数"按钮：使选中的数据小数位减少 1 位。

图 13-42　格式工具栏中有关于数字格式的按钮

2. 菜单命令

右击后选择快捷菜单中的"设置单元格格式"命令，打开"单元格格式"对话框的"数字"选项卡，如图 13-43 所示，可以定义一些更为复杂的数字格式。

图 13-43　"数字"选项卡

"数字"选项卡包含几十种格式，共分成 12 类。用户在左边的"分类"列表中选定一类，在右边将会出现与之相关的一些选项。

Excel 的数字分类是：常规、数值、货币、会计专用、日期、时间、百分比、分数、科学记数、文本、特殊和自定义。其中：

① 常规格式：常规格式是 Excel 默认的数字格式，是指 Excel 使用整数格式(如 576)、十进制小数格式(如 576.2)、或当数字比单元格宽度长时用科学记数法(如 5.76E＋15)来显示数字。

② 数值格式：包括小数位数、使用千位分隔符以及负数的显示格式等。

③ 货币格式：可选择货币符号的格式，如"￥"等。

④ 会计专用格式：Excel 提供会计专用格式用于满足财会方面的需要，可对一列数值进行货币符号和小数点的对齐。

⑤ 日期格式：允许用各种形式表示日期。

⑥ 时间格式：允许用各种形式表示时间。

⑦ 百分比格式：以百分比形式表示数值数据，并可以设置小数位数。

⑧ 分数格式：将数值数据以分数形式而不是小数形式显示。

⑨ 科学记数格式：以指数记数法表示数值数据。

⑩ 文本格式：将数值数据作为文本处理。

⑪ 特殊格式：将数值数据设置一些特殊格式，如数据为 200，设置成"中文大写数字"格式后，显示为"贰佰"。

⑫ 自定义格式：用户可以选择或自己定义需要的数字格式。例如要以"03 年 5 月 1 日"的格式显示数据时，可以在"类型"框中输入：yy 年 m 月 d 日。

13.5.3　设置表格的边框和背景

一、设置表格的边框格式

尽管可以在系统默认状态下看到每个单元格都有边框，这些灰色的线条称为网格线，但是在打印的时候(默认状态下)是不打印的，并且这些网格线显示效果也不理想，要设置更为美观的格式，需要为表格添加实际的边框线。

1. 工具按钮

在选择了要添加边框线的区域后，在工具按钮上单击"边框"按钮旁的下三角箭头，可以看到一个下拉列表，如图 13－44 所示，单击其中的按钮可以为选择的区域添加相应位置和线型的边框线。

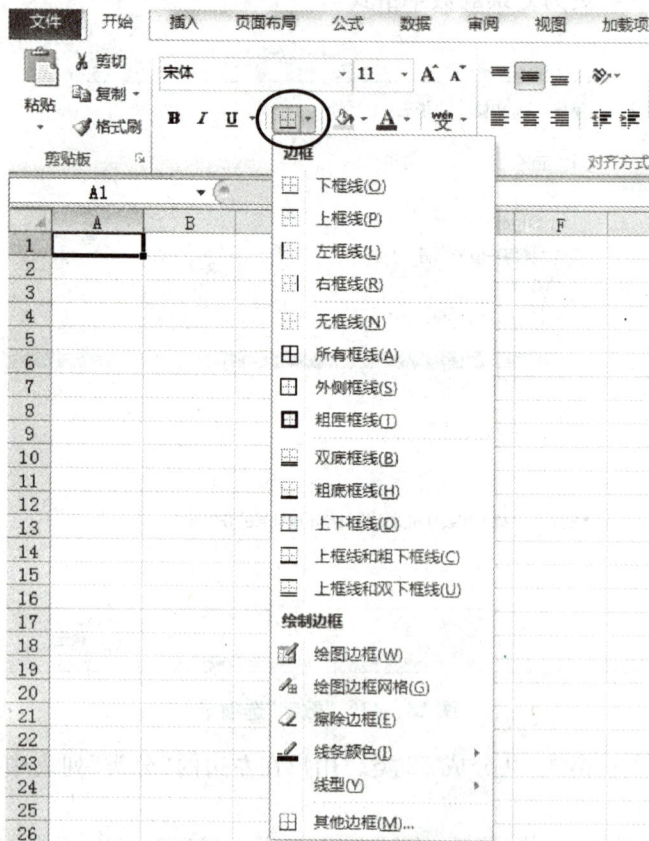

图 13－44　格式工具栏中有关于边框格式的按钮

2. 菜单命令

使用工具栏上的按钮所能添加的边框线型是有限的,可以使用"单元格格式"对话框中的"边框"选项卡(如图 13 - 45)来完成更多样的边框绘制。

图 13 - 45　"边框"选项卡

在使用"边框"选项卡绘制表格边框时,首先要选择线条的样式,并为其选择一种合适的颜色,然后再单击边框按钮确定边框的位置,在中间的预览区中可以看到设置的草图。

二、设置单元格背景和底纹

Excel 2010 中除了可以为表格加上边框之外,还可以为单元格添加背景和底纹,以便突出重要的或是提示性的内容。

1. 工具按钮

填充单元格或者区域的背景色可以用工具栏中的"填充颜色"按钮,颜色的选择可以单击按钮旁的下三角箭头,在下拉列表中寻找需要的颜色,如图 13 - 46 所示。

图 13 - 46　格式工具栏中有关填充颜色的按钮

2. 菜单命令

使用"填充颜色"按钮只能设置选定单元格或区域的背景色,如果要设置更为丰富的单元格底纹,可在"单元格格式"对话框中选择"填充"选项卡。

在"填充"选项卡的对话框中"图案样式"将会显示各种条纹和剖面线进行选择,如图 13‐47 所示。

图 13‐47 "图案"选项卡

13.5.4 使用条件格式

当一个单元格的格式设置好以后,它是不会随着数字的改变而改变的。条件格式是指根据单元格中的数据是否满足所规定的要求而设置不同的格式。下面通过一个实例来介绍条件格式的设置,比如在图 13‐48 所示的数据表中,要求设置学生成绩中 100 分的数据单元格加上红色边框,60 分以下的数据单元格为浅红填充色深红色文本,步骤如下:

图 13‐48 条件格式例

图 13‐49 "突出显示单元格规则"显示的内容

① 选取 C3:E19 区域,点击"样式"中的"条件格式",选择"突出显示单元格规则"中的"等于(E)",如图 13‐49 所示。

② 在"等于"对话框中第一个输入 100,设置为"红色边框",如图 13‐50 所示。

图 13 - 50　"等于"对话框

③ 继续选择"突出显示单元格规则"中的"小于(L)"，在"小于"对话框中第一个输入 60，设置为"浅红填充色深红色文本"，点击确定后完成条件格式设置。

13.5.5　格式复制和删除

在设置好了一种单元格格式后，如果其他单元格也要设置成同样的格式，用户可以不必重新设置，只需要使用格式复制功能将格式复制到目标单元格。同样，用户也可以清除不需要的单元格格式。

一、格式的复制

1. 用"格式刷"按钮复制格式

"格式刷"是一个专门用于进行格式传递的工具。只要选择要复制格式的源单元格，单击"格式刷"按钮，再选取目标单元格，就能进行格式的复制。

如果要复制格式的目标不止一处，则可以双击"格式刷"按钮，分别选取目标单元格，复制完毕后，再单击格式刷按钮使之复位。

2. 用菜单命令复制格式

右击后出现的"复制"和"选择性粘贴"命令也可以进行格式的复制，在工具栏中也可以应用"复制"和"选择性粘贴"命令，如图 13 - 51 所示。

图 13 - 51　"选择性粘贴"显示的内容

一般复制粘贴的步骤主要是：

① 选取要复制格式的源单元格。

② 在"编辑"菜单中选择"复制"命令。

③ 选取目标单元格。

④ 右击后选择"选择性粘贴"命令，得到"选择性粘贴"对话框。

⑤ 在"粘贴"区中选择"格式"，单击"确定"按钮。

二、格式的删除

要删除已经设置好的格式，可以选取目标单元格或区域后，在工具栏"编辑"中的"清除"命令中选择

"格式"子命令,如图 13 - 52 所示。

图 13 - 52 "清除格式"按钮

格式清除后单元格中的数据将以默认格式来表示。格式的删除将不影响单元格中的原有内容。

第 14 章 数据运算

14.1 使用公式计算数据

14.1.1 简单公式的输入

强大的计算功能是电子表格软件必不可少的,Excel 2010 在这方面具有出色的表现。在 Excel 2010 中,最简单的计算就是自动计算,下面就由自动计算开始,发掘 Excel 2010 的强大功能。

一、自动计算

在没有输入任何公式的情况下,Excel 2010 可以使用自动计算功能,在窗口的状态栏中显示所选择区域数字的平均值、数量、最大值、最小值以及所有数字的和等。步骤为:

① 选择要计算的数据区域,系统默认状态下,在工作表窗口底部的状态栏中显示此区域计算出的一个总计值,如图 14-1 所示。

图 14-1 状态栏中的数据计算

② 如果要执行其他类型的计算,则用鼠标右击状态栏的任意位置,在弹出的快捷菜单中选择需要执行的计算类型。

二、自动求和

自动计算只是一种最简单的计算,它仅仅在状态栏中显示一个计算结果的数值,并没有将这个计算结果填入工作表中的任何一个单元格,也不能被其他单元格引用。

求和是统计运算中最常用的一种运算,为了在工作表中确切地显示一个求和计算的结果,最常用的一

211

图 14-2　自动求和例

	A	B	C	D	E	F	G
1			图书销售统计表				
2							
3		一月份	二月份	三月份	四月份	分类合计	最大销量
4	科技类	65.32	54.34	40.60	56.45		
5	金融类	37.23	23.12	34.23	23.18		
6	教育类	101.78	134.21	123.89	123.12		
7	外语类	78.56	69.85	56.68	45.98		
8	生化类	45.12	41.29	38.92	67.21		
9	工程类	43.16	34.85	29.12	56.14		
10	月份合计						

个工具就是"自动求和"。方法有两种:

1. 在最接近数据源的区域中自动求和

例如,在图 14-2 中要统计"分类合计"和"月份合计"的数据,分别为对应行或列的求和计算,方法为:选取 B3：F9 区域,这个区域包括一个空行和一个空列用于存放求和结果,单击常用工具栏中的自动求和按钮"Σ 自动求和",如图 14-3 所示,则得到对应行、列的合计结果。

图 14-3　自动求和按钮

2. 自动求和的一般方法

自动求和的一般方法是:先确定结果存放的位置,单击"自动求和"按钮,然后选取求和的范围,最后按回车键即可。

例如,在图 14-2 中,希望将一月份合计的数据存放在 B10 单元格中,步骤为:

选中 B10 单元格,单击"Σ 自动求和"按钮,在 B10 单元格中会显示"=SUM(B4：B9)";

按回车键,结果出现在 B10 单元格中。

> 求和的范围可以为单个区域,也可以是多个区域,甚至是三维区域,选择范围的方法和区域选取的方法一致。

14.1.2　复杂公式的输入

一、公式输入

在 Excel 2010 中,利用公式可以进行一些简单的数学运算,如加法、减法、乘法等,也可以进行复杂的数学运算或者在公式中使用各种函数进行计算。

输入公式时,要在公式的最前面输入一个"="(等号),表示公式输入的开始。

例如,在图 14-4 中,要计算大族激光股票的涨跌情况,其中:涨跌%=(今收盘-前收盘)÷前收盘×100,步骤如下:

① 选中 F3 单元格;

② 输入"=(",单击 E3 单元格,输入减号"-",单击 B3,输入")/",单击 B3 单元格,输入"＊100",即可得编辑区域的公式"=(E3-B3)/B3＊100",按回车键,结果出现在 F3 单元格中。

	A	B	C	D	E	F
1			部分股票行情			
2	股票简称	前收盘	最高	最低	今收盘	涨跌(%)
3	大族激光	10.77	11.13	11.1	10.6	
4	天奇股份	8.1	8.20	8.34	8.06	
5	中航精机	7.68	7.51	7.68	7.25	
6	东信和平	9.65	9.78	9.85	9.60	
7	平均					
8	最小					

图 14-4　公式输入例

> 除了用鼠标器选取要引用的单元格外,在公式中引用单元格还可以直接在公式中输入单元格的地址或区域的名称,也就是说上述公式的建立在选取 F3 单元格后,直接输入"=(E3-B3)/B3＊100",然后按回车键即可。

二、公式的运算次序

Excel 2010 中的公式遵循一个特定的语法和次序,与数学运算规律一样,最简单的规则就是从左到右,先乘除后加减,在有括号(只允许是小括号)的情况下先内层后外层。

三、公式中的运算符

在 Excel 中,主要用到以下 3 种类型的运算符:算术运算符、比较运算符、文本运算符。

1. 算术运算符

算术运算符用于完成基本运算,如加、减、乘、除等,算术运算符有:"+"(加)、"-"(减)、"*"(乘)、"/"(除)、"^"(乘方)、"%"(百分比)。

2. 文本运算符:"&"(连接)

使用文本运算符 & 可以连接一个或多个字符,例如"首都"&"北京"的结果为"首都北京"。

3. 比较运算符

比较运算符用来比较两个数的大小,返回的是一个逻辑值:TRUE(真)或者 FALSE(假)。比较运算符有:"="(等于)、">"(大于)、"<"(小于)、">="(大于或等于)、"<="(小于或等于)、"<>"(不等于)。

14.2 使用函数计算数据

Excel 2010 中有几百个函数,其内容涵盖了包括数学和三角函数、统计函数、逻辑函数、金融函数、工程函数、信息函数等各个方面,利用函数不仅能够提高效率,而且可以减少在数据处理过程中的错误。

14.2.1 函数的结构

Excel 2010 中函数最常见的结构一般都是以函数名称开始,然后是左圆括号,以逗号分隔函数中所使用的每一个参数,最后用右圆括号结束。例如,求和函数 SUM 的标准结构为:

SUM(number1,number2,…)

函数中的参数可以是数字、文本、逻辑值或者单元格引用等。其中:

① 数字:普通的运算数字,例如,在 SUM 函数中加入数字 SUM(D10:J10,50),则运算结果为区域 D10:J10 内的数值之和再加上 50。

② 文本:文本可以是任何的符号,在一些特殊的情况下使用。例如,函数 IF(D10>10,"是","否"),则函数的运算结果为:当 D10 单元格中的数值大于 10 时,显示文本"是",否则显示文字"否"。

③ 逻辑值:逻辑值即 TRUE 和 FALSE。逻辑参数也可以是一个语句,例如上例中的 D10>10 就是一个逻辑判断语句,它可以自动判别条件成立与否,成立则返回值 TRUE,否则就返回 FALSE。

④ 单元格引用:公式中最常见的是要包含其他单元格中的内容,成为单元格引用。例如,D10:J10,就是引用了从 D10 到 J10 之间的所有单元格。

14.2.2 函数的输入

如果用户对所使用的函数非常熟悉,那么在单元格内直接输入函数是最简便的方法。但是在很多情况下,用户并不是很清楚所要使用的函数的参数类型及其排列顺序,因此,可以利用 Excel 2010 中提供的"插入函数"功能来快速进行函数的输入。

单击"编辑"工具栏中的" Σ ▾ 自动求和"的下拉按钮,可以选择常用的函数(如图 14-5),如求和、平均值、计数、最大值、最小值等函数。

如果单击如图 14-5 中"其他函数…"命令或者单元格编辑区域旁边的 fₓ 按钮,则出现"插入函数"对话框,如图 14-6 所示。

图 14-5 "自动求和"下的按钮

图 14 - 6 "插入函数"对话框

对话框上部分是"函数类别"的下拉列表,下部分是每类函数的函数名列表。可在"函数类别"列表中选择一类函数,再在这类函数中选择一个函数名,则在下方会出现该函数的功能说明。

在对话框中,Excel 2010 还提供了"搜索函数"功能,用户可以输入函数功能的关键字或简单说明,如"最大"、"统计"等,然后单击"转到",则系统将列出与之相关的函数供用户选择。

例如,在图 14 - 2 的表格中,要计算科技类图书的最大销量,存放在 G4 单元格中,步骤如下:

① 选取 G4 单元格;

② 单击 G4 单元格编辑区域旁边的 f_x 按钮,在图 14 - 6 所示的对话框中选择"常用函数"中的"MAX"函数,单击"确定"按钮,出现"函数参数"对话框,如图 14 - 7 所示;

图 14 - 7 MAX 函数的公式选项板

③ 在公式选项板中,系统会根据数据清单中数据的情况,在函数的参数框中自动填入默认的参数范围,如果参数范围需要修改,可以重新选取,如在此例中,可单击第一个参数框右方的折叠对话框按钮,选取表格的 B4：E4 区域,再单击展开对话框按钮,此时参数出现在参数框中,单击"确定"按钮,在 G4 单元格中出现结果。

此外,如果在单元格中直接输入"=",也可以进入公式编辑状态,此时,原来名称栏的位置上会出现"函数框",显示最近一次用到的函数,如图 14 - 8 所示。单击其右端的箭头,可以在函数列表框中选择其他函数。如果在列表中没有发现所需的函数,可单击"f_x"按钮,进入"插入粘贴函数"对话框进行选择,其他过程同上所述。

图 14 - 8 公式编辑状态

14.3 公式的编辑

14.3.1 修改公式

公式输入完成以后,经常由于一些变化需要对单元格中的公式进行修改,事实上,编辑公式与编辑其他任何单元格的内容是完全一样的,除了上述介绍的在编辑栏或者在单元格内部直接编辑内容的方法外,还可以单击编辑栏旁边的"f_x"按钮,然后使用"函数参数"对话框进行公式编辑。

14.3.2 复制公式

一、公式的复制

Excel 2010 中的公式可以方便地进行复制。也就是说在一个单元格内输入公式以后,是可以非常方便地将其应用到其他需要相似公式的单元格中的。

例如,在图 14 - 2 中,我们需要统计经济类图书的最大销量,可以利用填充柄将 G4 单元格中的公式复制到 G5 单元格中,此时 G5 中的公式会自动变为:=MAX(B5:E5)。

利用复制和粘贴的方法同样可以进行公式的复制。

例如,我们要继续统计工程类图书的最大销量,此时存放结果的单元格为 G9,中间跨过了几个单元格,此时可以进行如下操作:

① 选中 G4 单元格;

② 单击"复制"按钮进行复制;

③ 单击 G9 单元格,单击"粘贴"按钮,则 G9 中的公式为:=MAX(B9:E9)。

二、公式的移动

用鼠标拖动单元格边框或者用剪切和粘贴的方法都可以移动一个单元格内公式,操作方法与复制操作很接近,可是其操作以后的结果却大不相同。例如,图 14 - 9 所示是 G4 单元格的公式移动到 G6 以后的结果。

图 14 - 9 公式移动后的结果

> 也就是说,在复制公式时,公式中引用的单元格是会随着目标单元格与原单元格相对位置的不同而发生变化的;而移动公式时,其中所有引用的单元格都不会发生任何变化。

14.3.3 单元格特定属性的复制

有时,用户可能不想复制单元格中的公式而只想复制公式的结果,或者只想复制公式而不要单元格的格式等,此时可以用"编辑"菜单中的"选择性粘贴"命令来完成。这条命令是为复制单元格中的特定属性而设置的,特定属性是指公式、格式、批注和数值等。在选取了数据源区域,使用"复制"命令或按钮后,右

图 14 - 10 "选择性粘贴"对话框

击后使用"选择性粘贴"命令,出现"选择性粘贴"对话框,如图 14 - 10 所示。

例如,要将图 14 - 9 中的科技类图书的分类合计(即 G4 单元格)的值复制到 H4 单元格,步骤为:

① 选中 G4 单元格,单击"复制"按钮;

② 选中 H4 单元格,右击后选择"选择性粘贴"命令,打开"选择性粘贴"对话框,如图 14 - 10 所示;

③ 在"粘贴"区中选择"数值",在"运算"区中选择"无",单击"确定"按钮。

此时,就将 G4 单元格中公式的计算结果复制到 H4 单元格中。这时,虽然 G3 和 H3 单元格显示的数据完全一致,但是两者的内容是完全不同的,G3 单元格中是公式,而 H3 单元格中是纯粹的数值。

14.4 公式中的单元格引用

既然在公式进行复制的时候,其中引用的单元格会发生变化,那么这些变化究竟是如何产生的,又是否存在变化的规律呢?

事实上,对于单元格在公式中的引用有三种:相对引用、绝对引用和混合引用。

14.4.1 相对引用

相对引用是最常用也是 Excel 2010 默认的一种引用方式。其实,在前面函数中所用到的所有对于单元格或者是区域的引用,都是使用的相对引用,这种单元格地址的表示方式被称为相对地址。

例如,在单元格 A5 中输入公式"=SUM(A1:A4)",其中引用的就是单元格区域 A1:A4。此时如果将公式从 A5 复制到 B5 单元格,则公式自动变为"=SUM(B1:B4)",这是由于目标单元格 B5 相对于原来的单元格 A5 而言,在表格中的位置相差一列,所以在公式复制时,系统自动将公式中引用的单元格列标加1(行号因为没有变化所以没有相对的变化量),变为 B1:B4。也就是说,A5 的公式中对地址的引用是一种相对引用。

14.4.2 绝对引用

有时候,用户是不希望公式中所引用的一些单元格地址发生变化的。于是可以在不希望发生变化的单元格地址的行号或列标前加上一个"$"符号,这种地址的表示方式被称为绝对地址。相应地,这种引用就成为绝对引用。

例如,在单元格 A5 中将公式修改为"=SUM($A$1:$A$4)",然后将公式从 A5 复制到 B5,那么此时 B5 单元格的结果依然为"=SUM($A$1:$A$4)",使用绝对引用的单元格地址没有发生任何变化。

14.4.3 混合引用

混合引用是相对引用和绝对引用的综合。例如,在单元格 A5 中将公式修改为"=SUM($A$1:A4)",然后将公式从 A5 复制到 B5,此时 B5 单元格的结果为"=SUM($A$1:B4)",前面使用绝对引用的 A1 单元格地址没有发生任何变化,而使用相对引用的 A4 单元格地址还是发生了变化,变为 B4。

混合引用的例子很多,如:$A1:A$4,$A1:A$4,A$1:A$4,等等,读者可以自己体会其中地址变化的规律。

第 15 章 数据图表化

利用 Excel 2010 强大的计算功能得到精确的数据结果之后,将这些大量的数字转化为具有良好视觉效果的图表,可以大大提高数据分析的效率。

利用图表,可以非常直观、清晰地表示工作表中的数据及其数据变化的趋势,帮助用户分析数据和比较不同数据之间的差异。另外,图表是与生成它的工作表数据是相链接的,因此,当工作表中的原有数据发生变化时,图表也会自动更新。

15.1 图表类型

Excel 2010 提供了包括柱形图、饼图、条形图、曲面图等多种图表类型,每一种类型中又有若干子类型。这些不同类型的图表创建的方法大同小异,但各自都有不同的特点和适合使用的对象。

用户选择的图表类型主要取决于要表示的数据类型及其表示方式。并不是所有的图表类型适合所有的数据类型。比如某些图表类型适合显示随时间变化的事物,而某些图表类型更适合显示一组数据与整体的关系。这里首先介绍几种 Excel 图表类型及其他们各自的特点,以便用户可以选择最贴切的图表类型。

15.1.1 柱形图

柱形图有二维和三维两种。二维柱形图是 Excel 默认的图表类型。

由于柱形图的各数据点不互相连接,主要适合数据间的横向比较。例如,图 15-1 中反映了三类图书一年中销售量的变化情况,比表格数据更为形象和直观。

图 15-1　柱形图例

15.1.2 条形、圆锥、圆柱和棱锥图

这几类图表事实上都是柱形图的各种变形,条形图其实是横向的柱形图,当用户用于图表的水平空间多于垂直空间时,条形图会比柱形图看得更清楚。

圆锥、圆柱和棱锥图同样是柱形和条形图的变形,唯一的差别就是它们的形状不同。

图 15-2　折线图例

15.1.3 折线图

折线图可以简单地根据已知的两组相关数据,绘制出一条折线。折线图主要用于显示数据的变化趋势,强调的是变化速率而不是变化量。例如,图 15-2 中的折线图表示了从 1952 年到

2000 年笔记本市场份额统计图

图 15-3　饼图例

1978 年期间两类学校教师人数的上升趋势。

15.1.4　饼图

饼图主要体现的是各个数据在整体中所占的比例。如图 15-3 所示为 2000 年笔记本电脑市场中各大品牌的市场占有率。

要注意的是饼图只能显示一个数据序列,任何已被定义的其他系列都将被忽略。饼图也有二维和三维两种。

15.2　图表的组成

图表分为图表区和绘图区两个区域,主要由各图表对象组成,如图 15-4 所示。当鼠标器指针停留在图表的某个图表对象时,系统将显示该图表对象的名称。

图 15-4　图表的组成

图表中常用的图表对象及其主要作用,参见表 15-1。

表 15-1　图表中的主要图表对象

对　象	描　述
图表区	整个绘制图表的区域
绘图区	图表中包含数据系列的区域,以坐标轴为边界
图表标题	显示该图表的标题部分
数据标记	可以是用条形、柱形等图表类型表示的单个数据值所对应的图形对象
数据系列	与一组数据相对应的数据标记集合
数据表	可以显示在图表中的表格,包含用来创建图表的数据
网格线	是为图表添加的线条,使得观察图表中的数据更为方便

续 表

对 象	描 述
图例	一种说明,将数据系列的名称与图形表示联系起来
坐标轴	为图表中绘制的数值提供刻度的直线,对于大多数图表,数据值沿数值轴绘制,数值轴通常是垂直的(Y轴),数据分类点沿分类轴绘制,分类轴通常是水平的(X轴)

15.3 创建和更改图表

在 Excel 中创建专业外观的图表非常简单,只需要选择图表类型、图表布局和图表样式,就可以创建简单的具有专业效果的图表。

15.3.1 创建图表

在 Excel 2010 种创建图表既快速又简便,只需要选择数据区域,然后再选项组中单击需要的图表类型即可。
如图 15－5 所示,将图书销售统计表生成圆柱图。步骤如下:

图 15－5 图书销售统计表数据及生成后的图书销售统计表

① 选中需要创建图表的单元格区域 A3：E9。

② 切换至"插入"选项卡下,单击"图表"选项组中的"柱形图"按钮,在展开的下拉列表中单击"圆柱图"中的第一个"簇状圆柱图",如图 15－6 所示,此时在工作表中根据选定的数据创建了与其对应的带有数据标记的圆柱图。

图 15－6 选择"簇状圆柱图"

15.3.2 更改图表类型

如果在创建图表后觉得图表类型并不合适,可以更改图表类型,具体操作步骤如下:

① 在打开的工作表中,选中需要更改图表类型的图表,在"图表工具-设计"选项卡下的"类型"组中单击"更改图表类型"按钮,如图 15-7 所示。

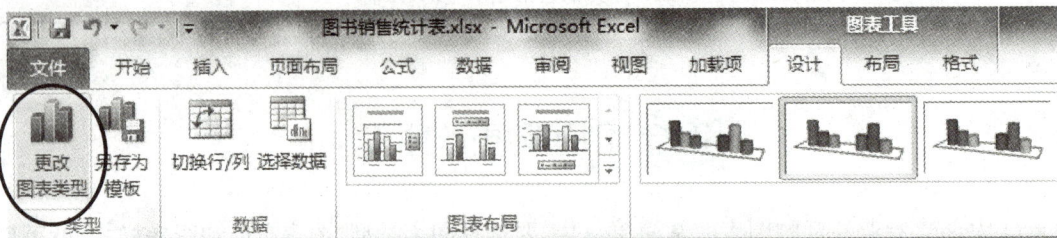

图 15-7 图表工具"设计"中的"更改图标类型"按钮

② 弹出"更改图表类型"对话框,重新选择需要的图表类型,如单击"三维圆锥图"图表,然后单击"确定"按钮。

15.3.3 重新选择数据源

在图表创建完成后,还可以根据需要向图表中添加新的数据或者交换图表中的行与列数据。

一、切换表格的行与列

创建图表后,如果发现图表中图例与分类轴的位置颠倒,可以对其进行调整,这只需在"数据"选项组中单击"切换行/列"按钮即可。

① 选中需要更改的图表,右击后点击选择数据,出现对话框如图 15-8 所示。

图 15-8 "选择数据源"对话框

② 点击"切换行/列",即可将图表中的图例与分类轴进行交换。

二、更改图表引用的数据

如果用户需要在图表中新增数据,可以通过"选择数据源"对话框为图表重新选择数据或只添加新增加的数据系列,在该对话框中还可以调整图表中数据系列之间的排列顺序等。

在图 15-8 中可以针对图表数据区域重新选择数据;在"图例项(系列)"中可以添加、编辑和删除数据,也可以调整数据之间的排列顺序;在"水平轴标签"中可以编辑数据。

15.3.4 更改图表布局

一个图表包含多个组成部分,默认创建的图表只包含其中的几项,如数据系列、分类轴、数值轴、图例,而不包含图表标题、坐标轴标题等图表元素。如果希望图表包含更多的信息,更加美观,可以使用预设的图表布局快速更改图表的布局。

①　如果需要更改图表布局,选中需要更改图表布局的图表,在"图表工具—设计"选项卡的"图表布局"选项组中单击快翻按钮,如图 15-9 所示。

图 15-9　"图表布局"选项组

②　展开图表布局库,选择需要的布局样式,如单击"布局 5"选项,此时选中的图表更改为指定的图表布局,如图 15-10 所示。

15.3.5　移动图表位置

在 Excel 中,创建的图表会默认将其作为一个对象添加在当前工作表中,用户可以将创建好的图表移至图表工作表中或其他工作表中。方法如下:

①　单击需要移动位置的图表,在"图表工具-设计"选项卡下单击"位置"选项组中的"移动图表"按钮,如图 15-11 所示。

图 15-10　选择"布局 5"后的图表

图 15-11　图表工具"设计"中的"移动图表"按钮

②　弹出"移动图表"对话框,单击"新工作表"单选按钮,并在文本框中输入工作表名称,如图 15-12 所示。

③　此时选中图表移动至"图书销售统计"图表工作表中。

图 15-12　"移动图表"对话框

15.4 为图表添加标签

在 Excel 中,除了可以使用预定义的图表布局更改图表元素的布局,还可以根据实际需要自行更改图表元素的位置,如在图表中添加图表标题并设置其格式、显示与设置坐标轴标题、调整图例位置、显示数据标签等,从而使图表表现的数据更清晰。

15.4.1 为图表添加标题

默认的图表布局样式不显示图表标题,用户可以根据需要为图表添加标题,使图表一目了然地体现其主题。为图表添加标题并设置格式的操作如下。

① 选中需要添加标题的图表,在"图表工具-布局"选项卡中单击"标签"选项组中的"图表标题"按钮,在展开的下拉列表中单击"图表上方"选项,如图 15－13 所示。

图 15－13　图表工具"布局"中的"图表标题"按钮

② 此时在图表上方添加了图表标题文本框,在其中输入图表标题文本,单击图表外的任意位置即可得到图表标题效果。

15.4.2 显示与设置坐标轴标题

为了使图表水平和垂直坐标的内容更加明确,还可以为图表的坐标轴添加标题。坐标轴标题分为水平(分类)坐标轴和垂直(数值)坐标轴,用户可以根据需要分别为其添加坐标轴标题。

选中需要添加坐标轴标题的图表,在"图表工具-布局"选项卡中单击"标签"选项组中的"坐标轴标题"按钮,在展开的下拉列表中指向"主要横坐标轴标题"选项,在级联列表中单击"坐标轴下方标题"选项,如图 15－14 所示,即可添加横坐标轴标题。

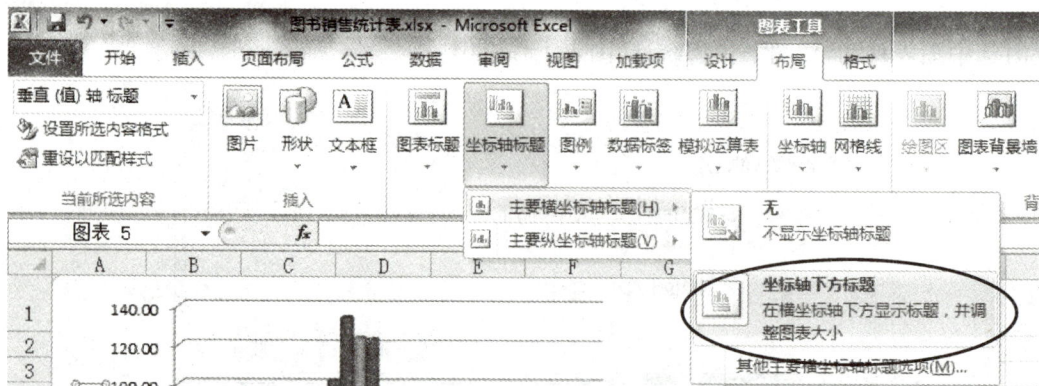

图 15－14　图表工具"设计"中的"坐标轴标题"按钮

添加纵坐标轴标题,则再次单击"坐标轴标题"按钮,展开下拉列表后指向"主要纵坐标轴标题"选项,在级联列表中单击"竖排标题"选项。

15.4.3 显示与设置图例

图例是用于体现数据系列表中现有的数据项名称的标识。默认情况下,创建的图表都显示图例且显示在图表的右侧。用户可根据需要调整图例显示的位置,也可隐藏图例。

选中需要调整图例位置的图表,在"图表工具-布局"选项卡下单击"标签"选项组中的"图例"按钮,在展开的下拉列表中单击"在底部显示图例"选项,如图 15 - 15 所示,此时选中图表中的图例显示在图表下方。

图 15 - 15 图表工具"布局"中的"图例"按钮

15.4.4 显示数据标签

数据标签是用于解释说明数据系列上的数据标记的。在数据系列上显示数据标签,可以明确地显示出数据点值、百分比值、系列名称或类别名称。方法是:

① 选中图表,在"图表工具—布局"选项卡中单击"标签"选项组中的"数据标签"按钮,在展开的下拉列表中单击"其他数据标签选项"选项,如图 15 - 16 所示。

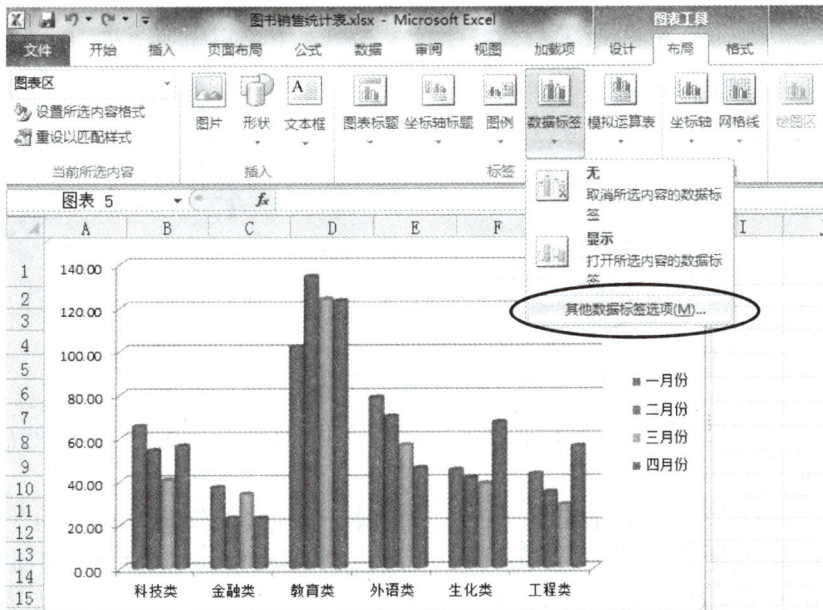

图 15 - 16 图表工具"布局"中的"数据标签"按钮

② 弹出"设置数据标签格式"对话框,在"标签选项"选项面板的"标签包括"选项组中勾选"系列名称"和"值"复选框,如图 15 - 17 所示,单击"关闭"按钮。

图 15 - 17　"设置数据标签格式"对话框

③ 此时,选中图表中的数据系列显示了数据标签,包括系列名称和值。

15.5　美化图表

对于已经完成的图表,可以设置图表中各种元素的格式来对其进行美化。在设置格式时可以直接套用预设的图表样式,也可以选择图表中的某一对象后手动设置其填充色、边框样式和形状效果等,为其添加自定义效果。

15.5.1　设置图表背景

如果希望是用背景色或图案装饰图表,可以通过"背景"选项组中的"绘图区"、"图表背景墙"、"图表基底"和"三维旋转"功能来设置图表背景。需要注意的是,"图表背景墙"、"图表基底"和"三维旋转"功能在默认情况下为不可用状态,只有图表类型为三维图表时才可对其进行设置。

选中圆柱图,在"图表工具—布局"选项卡下单击"背景"选项组中的"图表背景墙"按钮,在展开的下拉列表中单击"其他背景墙选项",如图 15 - 18 所示。

图 15 - 18　图表工具"布局"中的"图表背景墙"按钮

弹出"设置背景墙格式"对话框,在"填充"选项面板中单击"纯色填充"单选按钮,然后在展开的颜色中选择需要的颜色样式。

如果需要设置"图表基底",在"图表工具—布局"选项卡下单击"背景"选项组中的"图表基底"按钮,在展开的下拉列表中单击"其他基底选项",弹出"设置基底格式"对话框,在"填充"选项面板中单击"纯色填充"单选按钮,然后在展开的颜色中选择需要的颜色样式。如图 15 - 19 为已设置背景墙和基底的图表效果。

图 15‑19　已设置背景墙和基底的图表效果

15.5.2　使用图片填充图表区

在图表中可以利用实物图照片等标识性图片填充图表区,这不仅仅可以使图表更加美观,具有个性化,而且还能更加明确地表现图表制作的目的。

① 选中圆柱图,在"图表工具-布局"选项卡下的"当前所选内容"选项组中单击"图表元素"下三角按钮,在下拉列表中单击"图表区"选项,如图 15‑20 所示。

② 选中图表区后,在"形状样式"组中单击"形状填充"下三角按钮,在展开的下拉列表中单击"图片"选项,如图 15‑21 所示。

图 15‑20　图表的各个名称区

图 15‑21　"形状填充"区域

③ 弹出"插入图片"对话框,选择图片文件保存的位置,然后单击选中要填充的图片,单击"插入"按钮即可。

15.5.3 使用纯色填充绘图区

除了使用图片填充图表区,还可以设置以纯色填充绘图区,使图表中的数据系列与图表区、绘图区的内容更加协调。

① 单击选中图表中的绘图区并右击,在弹出的快捷菜单中单击"设置绘图区格式"选项。如图 15–22 所示。

图 15–22 图表的快捷按钮

② 弹出"设置绘图区格式"对话框,在"填充"选项面板中单击"纯色填充"单选按钮,如图 15–23 所示。

图 15–23 "设置绘图区格式"对话框

③ 在"填充颜色"选项组中单击"颜色"按钮,在展开的颜色列表中选择需要设置颜色的图标,设置完成后单击"关闭"按钮即可。

15.5.4 使用预设样式设置数据系列格式

Excel 2010 提供了预设的形状样式,可用于设置图表区、绘图区、数据系列、图例等图表元素的形状样式及填充格式。在此介绍如何使用预设形状样式设置数据系列的格式。

① 单击图表中需要更改格式的数据系列,如选择系列"四月份",切换至"图表工具-格式"选项卡下,单击"形状样式"选项组的"其他"按钮,在展开的形状样式中选择需要的形状样式,如图 15–24 所示。

② 此时选中的数据系列应用了指定的形状样式,使用相同的方法设置其他数据系列的格式。

15.5.5 应用预设图表样式

在 Excel 2010 中除了手动更改图表原色的格式外,还可以使用预定义的图表样式快速设置图表元素的样式,具体操作如下:

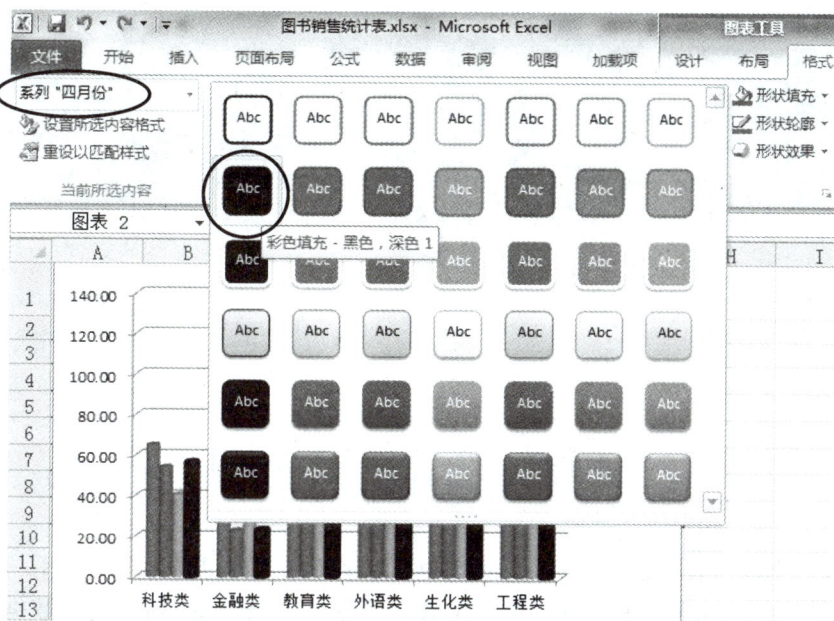

图 15 – 24　"形状样式"选项

　　① 选中所需要应用图表样式的图表,在"图标工具-设计"选项中单击"图表样式"组的"其他"按钮,在展开的图表样式库中选择需要的图表样式,如图 15 – 25 所示。

图 15 – 25　"图表样式"选项

　　② 经过上述操作,选中图表即应用了选定的图表样式。

第 16 章　数据管理和分析

16.1　数据清单

Excel 2010 是一个电子表格处理软件,同时它也可以作为小型的数据库来使用。如果将 Excel 2010 中的表格当作数据库来看,则表格中的每一行就是数据库中的一条记录,列相当于数据库中的字段,一般将这样的表格称之为数据清单。

> 一个数据清单最好单独占据一个工作表,如果做不到,则至少要有一个空行和空列将表格和其他信息分隔开,数据清单内部则应避免空行或空列。

16.2　数据排序

排序是数据库中的一项重要的操作,对数据清单中的数据以不同的字段来进行排序,可以满足不同数据分析的要求。

图 16-1　图书销售统计表

16.2.1　单条件排序

单条件排序就是依据某一个列的数据规则对表格数据进行升序或降序操作,按升序方式排序时,最小的数据将位于该列的最前端;按降序方式排序时,最大的数据将位于该列的最前端。

如图 16-1 所示,将"图书销售统计表"中的数据按"分类合计"降序进行排列。方法如下:

① 选中"图书销售统计表"中"分类合计"下的任意单元格,然后单击工具栏中"编辑"下"排序和筛选"组中的"降序"按钮,如图 16-2 所示。

图 16-2　工具栏中的"排序和筛选"

② 此时,工作表中的数据将按照关键字"分类合计"进行降序排列。

> 默认情况下,排序关键字为英文时,将会按照单词首字母进行排序;排序关键字为中文时,将会按照首字拼音的第一个字母进行排序。

16.2.2　多条件排序

多条件排序就是指依据多列的数据规则对表格数据进行排序操作。对表格中的数据进行排序后,如果排序结果中有并列记录,这时可以使用多条件排序方式进行排序。

如图 16-3 所示,将"工资奖金表"中的数据以工资、奖金、年龄为第一、第二、第三关键字均递增排序。方法如下:

① 选中 A2:F14,然后单击工具栏中"编辑"下"排序和筛选"组中的"自定义排序"按钮。

② 在"自定义排序"对话框中,根据题目要求,列的主要关键字选择"工资"、排序依据为"数值"、次序为"升序";列的次要关键字依次为"奖金"、"年龄",点击确定即可。如图 16-4 所示。

姓名	性别	年龄	职称	工资	奖金
朱红燕	女	31	工程师	3768.5	¥ 598.0
张　辉	男	41	工人	4452	¥ 343.0
曲晓东	男	40	高级工程师	6453	¥ 998.6
杨梅华	女	33	工人	2402.6	¥ 602.8
程文艺	女	34	工人	2587.2	¥ 375.4
沈东坚	男	42	工人	3321.5	¥ 765.5
姚小遥	男	33	工程师	4412.8	¥ 778.0
黄　军	男	46	工程师	4452	¥ 952.5
李进	男	31	工人	3346.8	¥ 476.0
吴华	女	32	助理工程师	2425.8	¥ 298.3
王平	女	34	高级工程师	6456.6	¥ 456.0
王小帧	女	40	工人	4452	¥ 778.0

图 16-3　工资奖金表

图 16-4　自定义排序对话框

> 在"排序"对话框中,每单击一次"删除条件"按钮,可删除最下面一个排序条件。

16.2.3　按自定义序列进行排序

在 Excel 中,若要对"职称"、"学历"等数据进行排序,无论按照怎样的方式进行都可能无法达到用户的需求。此时,可通过自定义的方式来进行排序。

如图 16-3 所示,将"工资奖金表"中的数据以高级工程、工程师、助理工程师和工人的方式进行排序。方法如下:

① 选中 A2:F14,然后单击工具栏中"编辑"下"排序和筛选"组中的"自定义排序"按钮。

② 在"自定义排序"对话框中,主要关键字选择"职称",排序依据选择"数值",次序选择"自定义序列",如图 16-5 所示。

③ 在"自定义序列"对话框中,在右边"输入序列"中依次输入"高级工程师"、"工程师"、"助理工程师"、"工人",点击"添加"按钮,然后再依次点击"确定"按钮即可,如图 16-6 所示。

图 16-5　自定义排序中选择"自定义序列"

图 16-6　自定义序列对话框

> 在"自定义序列"对话框的"自定义序列"列表框中,提供了部分排序方式,用户可根据需要进行选择。此外,在"自定义序列"列表框中选中自己定义的排序方式,然后单击"删除"按钮可删除该方式。

16.3　数据筛选

用户在管理数据时,可通过筛选功能将工作表中满足某个条件的数据显示出来,将不满足条件的数据隐藏起来,以便从大量的数据中快速地找到需要的数据。

16.3.1　单条件筛选

单条件筛选就是将符合单一条件的数据筛选出来。

如图 16-3 所示,在"工资奖金表"中筛选出性别为"男"的数据。

① 选中 A2:F14,点击"排序和筛选"中的"筛选"按钮。如图 16-7 所示。

② 单击"性别"字段处的下拉按钮,在弹出的下拉列表中只选择"男"数据,点击"确定"按钮即可,如图 16-8 所示。

图 16 - 7　针对工作表进行"筛选"操作

图 16 - 8　在字段"性别"中筛选数据

图 16 - 9　在字段"年龄"中筛选数据

16.3.2　多条件筛选

多条件筛选是将符合多个指定条件的数据筛选出来,其方法就是在单个筛选条件的基础上添加其他筛选条件。

如图 16 - 3 所示,在"工资奖金表"中筛选出性别为"男"、年龄为"31"的数据。方法是:

① 选中 A2:F14,点击"排序和筛选"中的"筛选"按钮。如图 16 - 7 所示。

② 单击"性别"字段处的下拉按钮,在弹出的下拉列表中只选择"男"数据,点击"确定"按钮,如图 16 - 8 所示。

③ 再次单击"年龄"字段处的下拉按钮,在弹出的下拉列表中只选择"31"数据,点击"确定"按钮即可,如图 16 - 9 所示。

16.3.3　自定义筛选

在筛选数据时,可以通过 Excel 提供的自定义筛选功能进行更复杂、更具体的筛选,使数据筛选更具灵活性。

如图 16 - 3 所示,在"工资奖金表"中筛选出年龄大于 35 的数据。方法是:

① 选中 A2:F14,点击"排序和筛选"中的"筛选"按钮。如图 16 - 7 所示。

② 单击"年龄"字段处的下拉按钮,在弹出的下拉列表中选中"数字筛选"中的"大于",如图 16 - 10 所示。

图 16 - 10　在字段"年龄"中进行数字筛选

③ 在自定义自动筛选方式中"大于"相应的文本框中输入"35",点击"确定"按钮,如图 16 - 11 所示。

图 16 - 11 "自定义自动筛选方式"对话框

图 16 - 12 筛选记录约束
条件区域数据

16.3.4 高级筛选

利用 Excel 提供的高级筛选功能,不仅能筛选出同时满足两个或两个以上约束条件的数据,还可通过已经设置好的条件来对工作表中的数据进行筛选。

如图 16 - 3 所示,在"工资奖金表"中筛选出性别为男,年龄大于 35,工资大于 4000 的数据。方法如下:

① 在 A16:C17 单元格区域中建立一个筛选记录约束条件,如图 16 - 12 所示。

图 16 - 13 "排序和筛选"中的"高级"按钮

图 16 - 14 "高级筛选"对话框

② 在"数据"菜单中单击"排序和筛选"组中的"高级"按钮,如图 16 - 13 所示。

③ 在"高级筛选"对话框中列表区域选择 A2:F14,在条件区域选择 A16:C17,点击"确定"按钮,如图 16 - 14 所示。

在"高级筛选"对话框的"方式"栏中,若选中"在原有区域显示筛选结果"单选项,可在原有数据区中显示筛选结果;若选中"将筛选结果复制到其他位置"单选项,可在出现的"复制到"参数框中设置存放筛选结果的单元格区域。

16.3.5 关闭筛选

关闭筛选的方法是在再次点击"排序和筛选"中的"筛选"按钮,则"筛选"前的选中标记消失,表示关闭筛选功能,工作表中字段旁的自动筛选箭头也随之消失。

16.4 分 类 汇 总

Excel 可以对计算数据清单的某个列提供诸如"求和"、"均值"之类的汇总函数,实现对分类汇总值的计算，并且可以将结果分级显示出来。

16.4.1 基本分类汇总

使用分类汇总前，数据清单中必须包含带有标题的列，并且数据清单必须要根据进行分类汇总的字段名排序，使得在数据清单中拥有同一主题的记录集中在一起，然后就可以对记录进行分类汇总。

如图 16-3 所示，在"工资奖金表"中按职称进行分类汇总工资和奖金。方法如下：

① 选中"工资奖金表"中"职称"下的任意单元格，然后单击工具栏中"编辑"下"排序和筛选"组中的"升序"按钮。

② 在"数据"菜单中单击"分级显示"组中的"分类汇总"按钮，如图 16-15 所示。

图 16-15 "分类显示"中的"分类汇总"按钮

③ 在"分类汇总"对话框中，分类字段选择"职称"，汇总方式选择"求和"，选定"工资"、"奖金"汇总项，如图 16-16 所示。

④ 点击"确定"按钮后，所得的分类汇总表格如图 16-17 所示。

图 16-16 "分类汇总"对话框

图 16-17 "工资奖金表"的基本分类汇总表

16.4.2 多级分类汇总

多级分类汇总就是在原有分类汇总的基础上再进行分类汇总。

如图 16-17，针对"工资奖金表"按职称进行分类汇总工资和奖金的基础上再次按性别进行分类工资和奖金的平均值。方法如下：

① 选中图 16-17 数据区域中的任意单元格，在"数据"菜单中单击"分级显示"组中的"分类汇总"按钮。

② 在"分类汇总"对话框中，分类字段选择"性别"，汇总方式选择"平均值"，选定"工资"、"奖金"汇总项，同时不选择"替换当前分类汇总"，如图 16-18 所示。

③ 点击"确定"按钮后，所得的分类汇总表格如图 16-19 所示。

> 在"多级分类汇总"中，应先以需要分类汇总的数据作为关键字进行多条件排序，以避免无法达到预期的汇总效果。

图 16‑18　"分类汇总"对话框

图 16‑19　"工资奖金表"的多级分类汇总表

16.4.3　分级显示

在创建分类汇总后,Excel 自动分级显示工作表,如图 16‑19 所示。利用左边的分级显示控制区域中的线和数字,使用户可以对分类汇总中的明细数据的显示层次进行控制。例如,图 16‑19 中有四级分级显示。用户可以直接单击级别号 1、2 显示或隐藏明细数据,也可以直接单击展开(＋)或折叠(－)按钮显示或者隐藏明细数据。

16.4.4　清除分级显示

如果不希望工作表中显示分级情况,可用"数据"菜单中"取消组合"下的"清除分级显示"命令,如图16‑20 所示。清除分级显示不会改变工作表中的数据。

图 16‑20　"清除分级显示"区域

16.4.5　清除分类汇总

在"分类汇总"对话框中,如图 16‑18 所示,如果单击"全部删除"按钮,就能将分类汇总清除。

16.5　数据透视表和数据透视图

数据透视表是用于快速汇总大量数据的交互式表格。它是集排序、筛选和分类汇总功能于一身的动态数据分析工具,用户可以旋转其行或列以查看对数据源的不同汇总,还可以显示用户所关心区域的明细数据,或者通过不同的页来筛选数据。此外,还可以用数据透视表中的数据形成数据透视图。

16.5.1　创建数据透视表

数据透视表的创建只需连接到一个数据源,并输入报表的位置即可。

如图 16－21 所示，将"电视机价格汇总表"中的数据按品牌进行统计商家销售的数量总和统计生成透视表。方法如下：

	A	B	C	D	E	F	G	H
1	电视机价格汇总表							
2								
3	品牌	型号	商家	上周价格(元)	折扣率	本周价格(元)	数量(台)	种类
4	长虹	51PDT18	国美电器	18300	0.9837	17000	21	背投
5	TCL	2118E	第六百货	1170	0.9829	1150	48	直角平面
6	TCL	2136G	大西洋百货	1160	0.9957	1155	47	直角平面
7	LG	21K49	大西洋百货	1300	0.9846	1280	45	直角平面
8	LG	21M60E	第六百货	1318	0.9712	1280	39	直角平面
9	TCL	3480GI	苏宁电器	8388	1.0000	8388	18	纯平
10	TCL	3480GI	东方商厦	9198	0.9980	9180	25	纯平
11	TCL	3480GI	太平洋百货	8398	0.9990	8390	20	纯平
12	LG	48A80	国美电器	16500	1.0000	16500	9	背投
13	长虹	51PT28	太平洋百货	18580	0.9957	18500	7	背投
14	长虹	G2109	国美电器	998	0.9820	980	84	直角平面
15	LG	53A80	苏宁电器	17500	1.0000	17500	7	背投
16	TCL	2102	太平洋百货	1000	0.9980	998	59	直角平面
17	LG	53A80	大润发	17300	1.0000	17300	6	背投
18	长虹	DP5188	苏宁电器	18490	0.9951	18400	31	背投
19	长虹	G2108	第六百货	1000	0.9980	998	58	直角平面
20	长虹	G2109	太平洋百货	988	0.9970	985	53	直角平面
21	LG	21K92	大润发	1280	0.9379	1209	56	直角平面

图 16－21　电视机价格汇总表

① 选中 A3：H21 单元格区域，然后切换到"插入"选项卡，在"表格"组中单击"数据透视表"按钮下方的下拉按钮，如图 16－22 所示。

图 16－22　"数据透视表"按钮所在的位置

② 在"创建数据透视表"中，"表/区域"为 A3：H21，"选择放置数据透视表的位置"为新工作表，点击"确定"按钮，如图 16－23 所示。

图 16－23　"创建数据透视表"对话框

③ 将"品牌"拖入到"行标签"，将"商家"拖入到"列标签"，将"数量(台)"输入到"数值"，默认为求和项，这样数据透视表便生成。如图 16－24 所示。

图 16 - 24　数据透视表的生成

16.5.2　编辑数据透视表

创建数据透视表之后,还可对其进行重命名、更改源数据等相关操作。

一、重命名数据透视表

默认情况下,数据透视表以"数据透视表 1"、"数据透视表 2"……的形式自动命名,根据操作需要,可对其进行重命名操作,其方法为:打开需要编辑的工作簿,选中数据透视表中的任意单元格,切换到"数据透视表工具/选项"选项卡,然后在"数据透视表"组的"数据透视表名称"文本框中输入新名称即可,如图 16 - 25 所示。

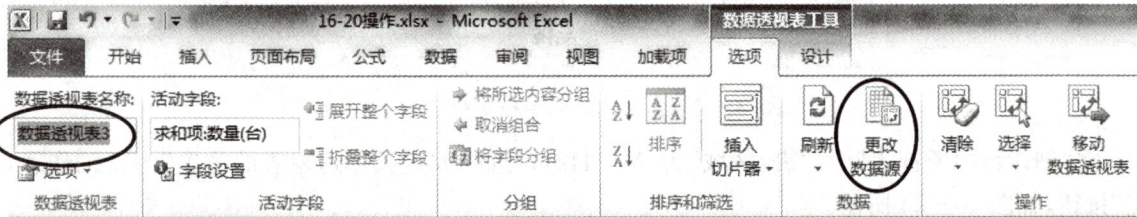

图 16 - 25　数据透视表工具的"选项"

图 16 - 26　数据透视表字段列表

二、更改数据透视表的源数据

创建好数据透视表后,若需要更改数据透视表中的源数据,其方法为:选中数据透视表中的任意单元格,切换到"数据透视表工具/选项"选项卡,然后在"数据"组中单击"更改数据源"按钮下方的下拉按钮,在弹出的下拉列表中单击"更改数据源"选项,如图 16 - 25 所示。

三、添加数据字段

创建数据透视表后,有时需要添加其他数据字段到透视表中,其方法为:在"数据透视表字段列表"窗格的"选择要添加到报表的字段"列表框中,勾选各字段名称对应的复选框,这些字段将放置在数据透视表的默认区域中。如图 16 - 26 所示。

四、隐藏数据字段

在查看数据透视表中的数据时,为了更清晰地查看某一字段的数据,可以将其他字段隐藏起来,其方法为:在数据透视表中,单击"行标签"或"列标签"右侧的下拉按钮,在弹出的下拉列表中取消勾选要隐藏的字段对应的复选框即可。

五、在数据透视表中筛选数据

在查看数据透视表中的数据时,不仅可以通过隐藏数据字段来查看,还可通过筛选功能筛选出要查看的数据。其方法为:选中作为某类筛选条件的任意单元格,单击"行标签"或"列标签"右侧的下拉按钮,在弹出的下拉列表中单击"标签筛选"或"值筛选"选项,在弹出的对话框中设置筛选条件。

16.5.3 创建数据透视图

数据透视表虽然有其灵活的特点,但是也同时存在数据表示不够直观的问题,因此,将透视表中的数据变成一张图表,就可以清晰地反映出数据的变化。

如图 16-21 所示,将"电视机价格汇总表"中的数据按品牌进行统计商家销售的数量总和统计生成透视表。方法是:

① 选中 A3:H21 单元格区域,然后切换到"插入"选项卡,在"表格"组中单击"数据透视表"按钮下方的"数据透视图",如图 16-22 所示。

② 在"创建数据透视表及数据透视图"中,"表/区域"为 A3:H21,"选择放置数据透视表的位置"为新工作表,点击"确定"按钮。

③ 将"品牌"拖入到"行标签",将"商家"拖入到"列标签",将"数量(台)"输入到"数值",默认为求和项,这样数据透视图便生成。如图 16-27 所示。

图 16-27 数据透视图的生成

第17章　页面设置和打印

使用 Excel 对数据进行了计算和分析之后，往往需要将设计好的电子表格、图表、数据透视表等进行打印输出。为了满足用户对电子表格不同的打印需求，在 Excel 中，对于普通电子表格、图表、数据透视表等各类图形和表格的打印都有一些特殊的设置，使用户可以根据需要调节打印页面的最终效果。

17.1　视　图

视图是一个非常方便的工具，可以让用户根据不同的需要从不同的角度观察 Excel 的表格。

在 Excel 中有 3 种主要的视图方式：

① 普通视图：Excel 默认的视图方式，使用于屏幕查看和处理，是用户在制作表格时最常用的视图方式。

② 分页预览视图：显示每一页中所包含的数据，以便快速调整打印区域和分页。

③ 打印预览视图：显示打印页面，方便用户调整列和页边距。

前两种视图的切换可以使用"视图"选项卡中的"普通"和"分页预览"按钮，打印预览视图则需单击"文件"中的"打印"按钮。

17.2　页面设置

完成表格的编辑后，需要对其页面版式进行设置，如页面设置、设置页眉和页脚等，以达到更完美的效果。

17.2.1　页面设置的内容

页面设置主要包括设置纸张方向、纸张大小等，这些参数的设置取决于打印机所使用的打印纸张和打印表格的区域大小。

页面设置的操作方法为：在要进行页面设置的工作表中，切换到"页面布局"选项卡，然后在"页面设置"组中通过单击某个按钮可进行相应的设置，如页边距、纸张方向和纸张大小等，如图 17 - 1 所示。

图 17 - 1　"页面设置"显示图

● 单击"页边距"按钮，可在弹出的下拉列表中选择页边距方案，以确定表格在纸张中的位置。

● 单击"纸张方向"按钮，可在弹出的下拉列表中设置纸张方向。

● 单击"纸张大小"按钮,可在弹出的下拉列表中设置纸张大小。

● 单击"打印区域"按钮,可在弹出的下拉列表中单击"设置打印区域"选项,将选中的单元格区域设置为打印区域,以便在打印时只打印该区域。

● 单击"打印标题"按钮,可弹出"页面设置"对话框,并自动定位在"工作表"选项卡,此时可设置是否打印网格线、行号和列标等。

17.2.2 设置页眉页脚

通常情况下,页眉位于每一页的顶端,用于表明名称和报表标题等信息;页脚位于每一页的底部,用于表明页号及打印日期、时间等信息。Excel 提供了大量的页眉和页脚格式,用户可根据需要进行选择。

对工作表设置页眉页脚的具体步骤如下。

① 打开需要编辑的工作簿,切换到"页面布局"选项卡,然后单击"页面设置"组中的"功能扩展"按钮。

② 弹出"页面设置"对话框后切换到"页眉/页脚"选项卡,在"页眉"下拉列表中选择需要的页眉样式,在"页脚"下拉列表中选择需要的页脚样式,设置完成后单击"确定"按钮即可,如图 17-2 所示。

图 17-2 页面设置对话框

在"页面设置"对话框的"页眉/页脚"选项卡中,单击"自定义页眉"按钮可在弹出的"页眉"对话框中自定义设置页眉;单击"自定义页脚"按钮可在弹出的"页脚"对话框中自定义设置页脚。此外,页眉和页脚独立于工作表数据,只有在预览打印效果或打印工作表时才会显示出来。

17.3 打 印 工 作 表

图 17-3 点击"打印"显示的区域

将表格制作完成后,还可将其打印出来。在打印工作表前可通过打印预览查看打印出来后的效果,以保证符合用户的需求。

17.3.1 打印预览

为了避免浪费纸张,在打印前进行打印预览以查看打印结果是否符合要求。对工作表进行打印预览的具体操作步骤如下。

在需要打印的工作表中,切换到"文件"选项卡,然后单击左侧窗格中的"打印"命令。如图 17-3 所示。

此时,将在右侧窗格中预览到打印效果,如图 17-4 所示。

完成预览后若确认没有任何问题,可单击中间窗格的"打印"按钮进行打印。若还需要对工作

图 17‑4　打印预览图

表进行修改,可单击"文件"标签或其他选项卡的标签返回工作表。

17.3.2　打印输出

如果确认工作表的内容和格式都正确无误,或者对各项设置都很满意,就可以开始打印工作表了。

打印工作表的操作方法为:在工作簿中切换到需要打印的工作表,切换到"文件"选项卡,在左侧窗格中单击"打印"命令,在中间窗格的"份数"微调框中可设置打印份数,在"页数"微调框中可设置打印范围,相关参数设置完成后单击"打印"按钮,与电脑连接的打印机会自动打印输出工作表。

图 17‑5　"打印"中的"设置"区域

在"设置"栏下方有一个下拉列表,其中包含"打印活动工作表"、"打印整个工作簿"、"打印选定区域"和"忽略打印区域"4 个选项,如图 17‑5 所示。

① 选择"打印活动工作表"选项,将打印当前工作表或选择的多个工作表。

② 选择"打印整个工作簿"选项,可打印当前工作簿中的所有工作表。

③ 选择"打印选定区域"选项,可打印当前选择的单元格区域。

④ 选择"忽略打印区域"选项,可使其呈勾选状态(再次单击该选项,可取消勾选状态),本次打印中忽略在工作表中设置的打印区域。

第五篇

办公自动化网络应用基础

第18章　计算机网络常识及基本设置

随着网络技术和 Internet 的飞速发展,办公自动化与计算机网络之间形成了密不可分的关系。办公自动化技术在计算机网络技术的支持下,好像插上了翅膀,取得了突飞猛进的发展。网络技术引领办公自动领域中多个方面的变革,包括:办公的方式、办公的方法、办公的空间及时间等。因此,学习办公自动化知识需要熟悉计算机网络的基本概念,掌握网络的基本操作和使用。

18.1 计算机网络概述

"计算机网络"这个名词大家都不陌生,很多人都有上网"冲浪"的体验。但是要理解计算机网络是什么、是什么支撑着这个计算机网络、计算机网络有哪些类型等等问题,需要对计算机网络的概念加以全面的认识。

18.1.1 计算机网络的概念和功能

一、计算机网络

计算机网络是指将地域分散在各地的计算机(如工作站、服务器等)和外部设备(如打印机、终端等)通过通信设备和通信线路连接起来,在网络软件(网络通信协议、信息交换方式控制程序以及网络操作系统)的控制管理下,实现相互通信和资源共享的系统。

要把一台台独立的计算机连成计算机网络,需要硬件和软件两个方面的支持。在硬件上,基本的通信设备包括网卡和 Modem 等,复杂的设备包括中继器、网桥、路由器、网关、集线器(Hub)和交换器等。通信线路通常采用同轴电缆、光导纤维、双绞线或现有的通信线路,如电话线、ISDN 专线等,也可以采用卫星、红外遥控、激光和微波等无线技术。在软件上,网络协议是指事先约定好的通讯规则,好比会中大家都约定使用普通话进行对话一样。网络操作系统的任务是要越过单机操作系统的界限,克服本地机器资源和其他机器资源之间的差别,以实现对整个网络资源的统一管理和控制。网络操作系统使用户在各自的计算机上使用网络中的各种资源,如同使用自己计算机上的资源一样方便,而并不要求用户对网络的具体内容有很多了解。因此网络使用性能的关键是在于网络操作系统的选择。

二、计算机网络的主要功能

不同的计算机网络是为不同的目的和解决不同的问题而设计的。一般来说,计算机网络有以下共同的应用范围和主要功能:

1. 资源共享

计算机网络中的软件和硬件资源可以共享。例如,在没有计算机网络的条件下,办公室里若只有一台打印机,那么其他用户必须将需要打印的文件复制到与打印机连接的计算机上进行打印。如果将办公室里的计算机连成网络,那么所有的用户都可以在各自的计算机上使用那台打印机了。

计算机连网后,在硬件上,几乎所有与计算机相连的设备(如硬盘、软盘、CD - ROM、扫描仪、打印机等)都可以为网上用户所共享。在软件上,大量的系统软件、应用软件和电子信息等也可以实现共享。

2. 快速通信

通信是计算机网络最基本的功能之一。利用网络可以传送各种信息,从而使分散在不同地点的人们缩短距离。尤其是 Internet 的普及,使得远程用户可以共同起草文件、讨论问题、发布公告等。

3. 提高可靠性

如果网络中的一台计算机出了故障,可以使用网络中的另一台计算机替代,如果网络中一条通信线路出了故障,也可以使用另一条通信线路替代,这样就提高了整个网络系统的可靠性。可靠性问题对于银行业、民航业、工业过程控制部门以及在军事上的应用需求更为突出。

4. 集中管理

对于地理上分散的公司或其他组织机构,通过计算机网络可以进行集中管理。如民航售票系统、远洋航船指挥系统、军事指挥系统等。

5. 分布处理

把要处理的任务分散到各个计算机上进行,网络中每台计算机承担并完成一部分工作。分布式处理就是采用网络技术,共享每台计算机上的信息、服务和处理能力。这样可以降低软件设计的复杂性和成本,极大地提高工作效率。

总之,计算机网络在办公自动化领域有着极其广泛的应用,它已成为办公自动化环境下不可缺少的重要组成。有了计算机网络的支持,办公活动和信息通信将可超越时空。

18.1.2 计算机网络的分类

对于计算机网络,可以从不同的角度来分类。在办公自动化环境下,使用较多的有局域网、对等网、Internet 和 Intranet。

一、局域网(Local Area Network,LAN)

局域网是由一组相互连接的具有通信能力的计算机组成,并分布在较小地理范围内的计算机网络。局域网通常建立在地理上比较集中的组织内,如:政府部门、学校、研究所、公司、中小型企业、商业大楼。

计算机网络数据传输的速度通常以 bps(二进制位数/秒)为单位来度量。局域网的数据传输速度范围在 10～100 Mbps,传输速度为每秒 1 000 兆位(即 1 Gbps)的千兆位以太网(Ethernet)也已开始使用。它最初用于大型校园网,能把现有的 10 Mbps 以太网和 100 Mbps 快速以太网连接起来。2002 年公布了万兆位(10 Gbps)的以太网国际标准。全世界大约 90% 的局域网是以太网,它每隔 3～4 年在传输速度上提升一个数量级。

局域网的连接方式有多种,常见的有:总线型、星型和环型结构等。组成局域网的网络硬件有:网络服务器、工作站、外设和通信系统等。

服务器是局域网的硬件核心之一,它是一台为网络中的用户提供服务的计算机。它负责管理系统中的资源,协调网络用户对系统资源的访问和使用。它可以是一台 PC 机,但要求有较好的系统性能,如较快的处理速度,大容量的内存和硬盘等。这主要是由于它每时每刻都可能要为网络上的用户提供服务,在同一时刻可能有多个用户同时访问服务器。

作为局域网的软件核心,**网络操作系统**能够克服本地计算机资源的不足,越过单机操作系统的界限,对整个网络资源进行统一的管理和控制,使用户使用网络中的各种资源就像使用单机一样方便。Microsoft Windows 2003 便是目前普遍使用的局域网操作系统软件。

二、对等网(Peer to Peer,简称 P2P)

对等网采用一种称为"客户机/服务器"(Client/Server,C/S)的工作模式,网络中的每台计算机同时充当网络服务的提供者和请求者。也就是说,网络中的每台计算机处于同等的地位,因此不需要对软硬件作额外投资。这种网络适合于共享要求简单的小型网络,通常被广泛地用于小型办公室的联网。计算机的互连并不等于是计算机网络,互连着的计算机采用某种协议进行通信便可形成计算机网络。在对等网络中需要安装 NetBEUI 协议以及 TCP/IP 协议。这样,在 Windows XP Professional 环境下,访问和使用对等网络中共享资源就将十分方便。

三、因特网(Internet)

因特网(Internet)也称为国际互联网,它是由遍布全球的众多计算机网络,通过高速的通信主干线路连接而成的最大的计算机网络。组成 Internet 的计算机网络包括局域网（Local Area Network, LAN）、城域网（Metropolitan Area Network, MAN）以及规模更大的广域网（Wide Area Network, WAN）等。

Internet 的起源可以追溯到 20 世纪 60 年代，美国高级研究计划署资助 BBN 公司研制的一个计算机网路，称作 ARPANET，这就是 Internet 的前身。之后，美国国防部将 ARPANET 分为军用和民用两个部分。民用部分归 NSF（美国国家科学基金会）管理，称作 NSFNET。1985 年美国计算机科学家研制成功异构网络传输协议 TCP/IP 协议，并在所有的 NSFNET 网络上使用该协议，这促使全球的 Internet 环境的产生。Internet 的名称就是取自 IP 协议中的 Internet 一词。

随着网络技术的不断发展，英特网提供的信息服务不断增加，主要的信息服务有：电子邮件（E-mail），信息检索（浏览），文件传输（FTP），远程登录（Telnet），新闻组（Usenet）和电子公告栏（Bulletin Board Service, BBS）等。

四、内联网（Intranet）和外联网（Extranet）

内联网（Intranet），又称企业内部网，是一项基于 Internet 标准和协议的技术，可以看作是一个局部的 Internet，供企业内部员工充分共享企业信息和应用资源。Intranet 可以是一个局域网，它也采用 TCP/IP 协议进行信息传送。

由于 Internet 采用的是开放式的结构，往往具有不安全、不可靠等因素。在 Intranet 通过 Internet 向外界延伸的同时，为了有效地防止非法的入侵，提高 Intranet 的安全，往往在企业内的 Intranet 与 Internet 之间建造一堵"**防火墙**"（Firewall），从而使得 Intranet 通过防火墙的安全系统与 Internet 连接。随着信息技术的进一步发展，Intranet 与 Internet 之间的界限将变得越来越模糊。

外联网（Extranet），也称企业外联网，它是一个使用 Internet/Intranet 技术使企业与其客户和其他企业相连来完成其共同目标的交互合作网络，它可以看作是内联网的一种扩展。外联网除了允许组织内部人员访问外，还允许经过授权的外部人员访问其中的部分资源。应当注意：外联网不是新建的物理网络，而只是一种虚拟专用网络（Virtual Private Networks, VPN），它是 Internet 和 Intranet 基础设施上的逻辑覆盖。它主要通过访问控制和路由表逻辑联结两个或多个已经存在的 Intranet，使它们之间可以方便安全地进行各种交流。因此通常可以把 Extranet 看作是在 Internet 上建立起来的 Intranet 之间的桥梁，并把多个企业联结起来。

18.2 设置局域网

局域网是办公场合网络的主要形式。一般情况下，IT 工程师已经为用户连入网络准备了基本设备，包括：网卡、双绞线等。用户可以通过 Windows 7 的"网络和共享中心"对局域网进行一些必要的设置，以适应不同的网络情况，就可以连入网络中。

Windows 7 支持 4 种网络位置：家庭网络、工作网络、公共网络和域网络。

① 家庭网络：适合于家庭使用的网络，或者用户信任的网络。家庭网络中的计算机可以属于某个家庭组。该网络位置中，网络发现功能处于开启状态，允许用户查看网络上的其他计算机和设备。

② 工作网络：适合于小型办公网络或其他工作区域。该网络位置中，网络发现功能默认处于启用状态。允许用户查看网络中其他计算机和设备。

③ 公共网络：适合于公共场所的网络。该网络位置中，用户计算机对周围不可见，并且保护计算机免受来自 Internet 的攻击。

④ 域网络：适合于有域管理的网络。这类型的网络由与管理员进行控制。

本章节将介绍"网络和共享中心"的使用及局域网的基本设置方法。

18.2.1 认识"网络和共享中心"

"网络和共享中心"是 Windows 7 帮助用户配置计算机网络的重要工具，几乎所有关于网络的配置的工作都可以在该工具中完成。在"控制面板"窗口中单击"网络和共享中心"超级链接，打开"网络和共享中心"窗口，如图 18-1 所示。

"网络和共享中心"窗口，分为左右两个窗格，右边窗格中有三个区域，第一个区域显示了网络的连接

图 18-1 "网络和共享中心"窗口

图 18-2 查看连接状态

状态,如计算机已经连接到 Internet,则显示一条与 Internet 连接的细线,否则显示断开标志,如图 18-2 所示。第二区域显示了当前网络的活动及其连接的情况。第三个区域提供了更改网络设置功能,用户可以设置新的连接或网络、连接到网络中、选择家庭组和共享网络或者疑难解答等。

18.2.2 配置网络

要使得计算机连入局域网,需要配置网络协议。在这之前,要做好一些准备工作,需要准备一根配有水晶头的网线,其一头插在路由器、集线器或者墙上的网络模块上,另一头插在计算机的网卡口上,如图 18-3 所示。目前,计算机主板上一般都集成了网卡。

图 18-3 计算机的网线接口

图 18-4 "网络连接"窗口

一、配置网络协议

经过上述准备后,配置网路协议的步骤如下:

① 单击"开始"按钮,在弹出的"开始"菜单中点击"控制面板"命令,打开"控制面板"窗口,单击"网络和共享中心"超级链接,打开"网络和共享中心"窗口。单击子左侧的"更改适配器设置"超级链接,打开"网络连接"窗口,如图 18-4 所示。

② 右击连接图标,在弹出菜单中选择"属性"命令,打开"本地连接 属性"对话框,如图 18-5 所示。双击"此连接使用下列项目"列表框中的"Internet 协议版本 4(TCP/IPv4)"选项,打开"Internet 协议版本 4

(TCP/IPv4)属性"对话框,如图 18-6 所示。在该对话框中,用户按照网络管理员分配的 IP 地址及 DNS
地址进行设置。如果网络提供动态自动分配 IP 地址服务,用户只需选中"自动获得 IP 地址"单选按钮即
可。完成后,点击"确定"按钮后返回"本地连接 属性"对话框。

图 18-5　"本地连接 属性"对话框

图 18-6　"Internet 协议版本 4(TCP/IPv4)属性"对话框

③ 在"本地连接 属性"对话框中点击"确定"
按钮完成设置任务。

二、配置"共享功能"

配置好局域网络协议后,若要在局域网中共
享各台电脑中的文件、文件夹以及打印机等资
源,还需开启文件和打印机共享功能,具体操作
步骤如下:

① 打开"网络和共享中心"窗口,单击左侧
的"更改高级共享设置"超级链接,打开"高级共
享设置"窗口,如图 18-7 所示。

② 选中"网络发现"栏下的"启用网络发现"
单选项;选中"文件和打印机共享"栏下的"启用
文件和打印机共享"单选项。单击"保存修改"按
钮开启共享功能。

图 18-7　"高级共享设置"对话框

18.2.3　组建无线局域网

随着信息技术的发展,无线网络技术不断成熟并开始广泛应用。无线局域网(WLAN)是计算机网络
与无线通讯技术结合的产物,它利用射频技术,在不使用传统电缆的情况下,为用户提供所有局域网的功
能。WLAN 的基础是有线网络,它采用以太网的帧格式,使用简单。WLAN 的应用范围非常广泛,包括大
型办公室、学校、酒店、体育场、油田、银行等。

目前,WLAN 采用的行业标准是 802.11。这个标准是 1997 年由美国电气与工程师协会(IEEE)制定的,
它是首个无线网络通信的标准。802.11 标准经过不断地发展与扩充,目前主要包括:802.11a、802.11b和
802.11g。另外,新兴的 802.11n 标准比较前代的标准能提供更高数据传输率和更远的传输距离。许多执行
802.11 标准的设备都经过 Wi-Fi 联盟认证,以确保无线局域网产品之间的互操作性。

有线网络通过网线与交换机连接,优点是网络稳定、抗干扰能力强、速度快;缺点是需要组建网络之前
的详细设计、需要布线等。而无线网络是通过无线网络设备与交换机相连,并提供客户端的无线连接服

务,体现出快速部署、成本低廉、连接方便等突出优点,为现代办公提供了便捷的连网服务。

一、硬件设备的准备

组建无线局域网,需要准备一些硬件,具体包括:无线路由器(Wireless Router)、具有无线网卡的电脑及网线。其中,无线路由器是带有无线覆盖功能的路由器,它主要应用于用户上网和无线覆盖。无线路由器继承了无线 AP 和宽带路由器的功能。无线网卡的作用与有线网卡是一致的。无线网卡的种类根据与计算机之间的接口的不同,可以分为:ISA 接口、PCI 接口、PCMCIA 槽或 USB 接口等。目前大部分笔记本都带有无线网卡。

二、路由器设置

本节以 D-Link 无线路由器为例,对如何组建一个 WLAN 做一简要介绍。首先,将一根网线的一端联入交换机接口或者 Internet 运营商提供的调制解调器上,另一端连入路由器的 WAN 端口,如图 18-8 所示。它是一根网线,其一端连接到路由器的 LAN 端口上,另一端连到一台计算机的网口上。开启路由器电源。目前的路由器多通过 Web 界面设置。在与路由器连接的计算机上,打开 IE 浏览器,在地址栏中输入路由器的 IP 地址,如:192.168.0.1。系统提示路由器管理员验证,如图 18-9 所示,按照说明书要求输入(不同的路由器的 IP 地址、管理员密码可能不同,具体参见使用说明书)。

图 18-8 无线路由器接口

图 18-9 路由器登录验证对话框

图 18-10 路由器配置界面

配置路由器步骤如下:

① 管理员验证通过后,进入路由器配置界面,如图 18-10 所示,点击"联机设置精灵"按钮,打开设置向导对话框,如图 18-11 所示,点击"下一步"按钮。

② 打开向导对话框,如图 18-12 所示,选择"否,我要自行运行手动配置",点击"下一步"按钮。

③ 打开向导对话框,如图 18-13 所示,这里根据连接的方式分为四种。在办公场所一般选择"固定 IP 地址",由管理员分配;在小型公司或者家庭,一般选择"PPP over Ethernet",即向 ISP 服务商购买的连网服务,例如家庭的 ADSL,点击"下一步"按钮。当选择"固定 IP 地址",打开界面如图 18-14 所示,输入网络管理员分配的信息;当选择"PPP over Ethernet",打开界面如图 18-15 所示,输入 ISP 服务商提供的信息。上述两种方式设置完毕后,点击"下一步"按钮。

④ 系统打开对话框,如图 18-16 所示,输入无线网络的名称、共享密码、信道数,选择安全方式。点击"下一步"按钮后路由器确认信息,并完成设置工作。

上述工作完成了路由器的基本设置,更详细的无线路由器设置请参考具体产品的说明书。

三、客户端连入无线局域网

用户通过 WLAN 连入局域网的常用步骤如下:

图 18‑11 路由器设置向导 1

图 18‑12 路由器设置向导 2

图 18‑13 路由器设置向导 3

图 18‑14 路由器设置向导 4

图 18‑15 路由器设置向导 5

图 18‑16 路由器设置向导 6

① 打开计算机或者笔记本电脑上的 Wi‑Fi 设备开关。

② 从任务栏区域中双击无线网络连接图标：📶，打开无线网络连接对话框，如图 18‑17 所示。

③ 从对话框中选择可识别的网络信号。若没有发现可识别网络信号，点击窗口右上角的 🔄 进行刷

新。点击可识别网络信号后,在菜单中选择"连接"命令。若希望下一次开机后能自动连接,勾选"自动连接"复选框。

④ 如果用户选择的无线网络设置了密码,系统弹出密码对话框,如图 18-18 所示。正确输入密码后,就可以连入局域网。

图 18-17　无线连接对话框　　　　　图 18-18　无线连接密码验证

18.3　连入 Internet

Internet 是一个丰富的资源库,用户不仅可以在 Internet 上获得很多信息,而且能享受信息时代带来的便捷。若想享受 Internet 的信息服务,用户必须将计算机连入 Internet。目前,计算机连入 Internet 的方式有很多种,从长期接入到短期接入,从有线的接入方式到无线的接入方式。

18.3.1　Internet 能够提供的服务

Internet 到底能提供哪些服务呢,目前,比较常用的服务有如下几种:

一、电子邮件(E-mail)

电子邮件是指通过计算机网络收发信息的服务,它称为 Internet 上最普遍的应用。电子邮件拓宽了人人之间的沟通渠道,加强了人与人之间的联系。不管用户在地球的什么位置,只要有一台连入 Internet 的电脑,就可以便捷地收发自己的电子邮件。

二、浏览网站信息

浏览网站信息是当前 Internet 上最重要的服务方式之一。利用网络人们能浏览各类网站的最新信息,搜索需要的信息资源,进行娱乐和消费等。在网站日益丰富、服务日趋完善的今天,上网浏览比通过报刊等新闻媒体所获得的信息更及时、内容更广泛,获得的综合服务,如:网上购物、信息查询、电子商务服务等,更丰富、更快捷。

三、远程登录

远程登录是 Internet 上较早提供的服务之一。用户可通过专门的 Telnet 命令登录到一个远程计算机系统,该系统根据用户账号判断用户对本系统的使用权限,用户登录进入后可以使用系统的全部或部分资源。远程登录的根本目的在于可以像本地用户一样方便地使用远地系统权限所允许的各种资源。

四、FTP 文件传输

FTP 是 Internet 上的文件服务系统。利用 FTP 服务可以直接将远程系统上任何类型的文件下载到本地系统,或将本地文件上传到远程系统。FIP 服务分为注册用户 FTP 服务和匿名(anonymous)FTP 服务两类。

五、新闻组

又称网上论坛或电子公告板系统(Bulletin Board System,简称为 BBS),是人们在一起交流思想观点,公布公共注意事项,寻求帮助的地方。

18.3.2　通过局域网连入 Internet

将一个局域网连接到 Internet 常用如下两种方法:一种是通过局域网的服务器,使用高速调制解调器把局域网与 Internet 主机连接起来,局域网的所有计算机共享服务器的 IP 地址。另一种是通过路由器把局域网与 Internet 主机连接起来,局域网上的所有计算机都有自己的 IP 地址,整个局域网加入到 Internet 中,成为开放式局域网。

以上这些都是"网络管理员"操心的事。对使用局域网的用户来说,只要他打开连在局域网上的计算机(即开机),将始终与 Internet 保持相连。各台计算机传输信息的速度(也称带宽)取决于局域网上同一时刻访问 Internet 的计算机个数,局域网上同一时刻访问 Internet 的用户越多,响应速度将会明显下降。

对于利用 WLAN 连入 Internet 来说,只要利用前文提及连入 WLAN 的方法,用户就可以连入 Internet。当前,除了办公室及家庭组建的 WLAN 之外,在很多公共设施中 WLAN 也日益普及。WLAN 覆盖的地方称为"热点"。用户可以在"热点"位置,通过笔记本电脑平板电脑乃至手机接入 WLAN,从而接入 Internet。要接入公共区域的 WLAN,用户需要有无线服务提供商提供的账户,为此用户需要支付通讯费用。公共区域"热点"的范围和上网速度视环境和其他因素而定。

18.3.3　通过 ADSL 连入 Internet

ADSL(Asymmetrical Digital Subscriber Line)又称为非对称式数字用户线路,是属于 xDSL 的一种通信方式。xDSL 是 DSL(Digital Subscriber Line)的总称,即数字用户线路。ADSL 的优点是利用现有的电话线路,配上特殊的 Modem 接到用户的计算机上。传统的 Modem 虽然也是使用电话线传输的,但它只使用了 4 KHz 以下的低频段,而电话线理论上有接近 8 MHz 的带宽,ADSL 使用了 26 KHz 以后的高频段,这样大大提高了速度。同时,由于 ADSL 采用了频分复用技术,数据信号和话音分别走在不同的通道上,用户完全可以在打电话的同时上网,两者互不影响。

之所以称作"非对称式数字用户线路",是因为利用 ADSL 上网,数据下载的速度和上传数据的速度是不一致的,下载速度为 1～8 Mbps,上传速度为 640 Kbps～1 Mbps。由于普通用户上网,大多是浏览网上的信息,下载数据量大,所以采用这种设计适用于普通用户上网。由于 ADSL 可以提供比较好的上网速度,使得需要高速网络视频通信的视频点播(VOD)、电影、游戏等成为可能,这样给广大的普通用户提供了更广阔的网络使用空间。

ADSL 的 Modem 也分为内置和外置两种。内置 Modem 通常安装在计算机的 PCI 总线插槽上,安装过程与普通硬件安装相似。外置 Modem 与计算机连接,有两种接口标准:标准局域网接口或 USB 接口,前者需要在计算机中再安装一块网络适配器。

ISP 服务商提供的线路,也就是连入用户家的线路,必须首先连接在 ADSL 的 Modem 上。不同的 ISP 服务商提供的接口可能不相同,有 RJ－11 和 RJ－45 两种,前者是两芯电话线,后者是一条交叉网线。目前,ADSL 设备的安装和调试,都会有专业人员上门服务。

另外,ADSL 接入互联网有两种主要方式:专线接入和虚拟拨号。所以在硬件连接完成以后,对软件的安装设置也不同。

① 专线接入方式:由 ISP 提供静态 IP 地址、主机名称、DNS 等入网信息,软件的设置和安装局域网一样,安装好 TCP/IP 协议,直接在网卡上设定好 IP 地址,DNS 服务器等信息,就直接连在互联网上了。由于这种方式设置技术性稍多且占用 ISP 有限的 IP 地址资源,所以目前主要针对企业用户。

② 虚拟拨号方式:在 ADSL 中使用 PPPoE (PPP over Ethernet)协议用来接驳 ADSL Modem 与家庭中的个人电脑。用户使用 PPPoE 协议软件,然后按照传统拨号方式上网,ISP 分配动态 IP 地址。由于使

用 PPPoE 形式的入网,与用户所使用的 PPPoE 软件有较大关系,由于各种拨号软件都遵守 PPPoE 协议,所以用户可自行选择。

在 Windows 7 中建立 ADSL 连接的步骤如下:

① 准备一根网线,一端连接计算机的网口,另一端连接 ADSL Modem 的端口,开启 ADSL Modem 电源。

② 点击"开始"按钮,在"开始"菜单中选择"控制面板"命令,打开"控制面板"窗口,从中找到"网络和共享中心"超链接,打开"网络和共享中心"窗口,如图 18-19 所示。点击"设置新的连接或网络"超链接。

③ 系统打开"设置连接或网络"窗口,如图 18-20 所示。点击其中的"连接到 Internet"选项。

图 18-19 "网络和共享中心"窗口

图 18-20 "设置连接或网络"窗口

④ 系统打开"如何连接"窗口,如图 18-21 所示,选择"宽带(PPPoE)"选项。

⑤ 系统打开 ISP 信息输入窗口,如图 18-22 所示。输入 Internet 服务商提供的用户名、密码信息,并为此连接命名。勾选"允许其他人使用此连接"复选框,以允许其他用户也可以利用此连接连入 Internet。

图 18-21 如何连接窗口

图 18-22 ISP 信息输入窗口

⑥ 点击"连接"按钮,即可创建并保存一个宽带连接。

在完成了接入设备的安装后和拨号方式设置后,就可以拨号连接 Internet 上网"冲浪"了。

18.3.4 通过无线网卡连入 Internet

无线上网卡是目前无线广域通讯网络广泛应用的联网技术,其作用类似于调至解调器的作用。在无线信号覆盖的区域,利用手机的 SIM 卡来连接到 Internet。目前,我国提供的无线上网卡的运营商包括:中国联通的 WCDMA、中国移动的TD‐SCDMA 和中国电信的 CDMA2000。由于采用的技术标准不同,它们的网卡不能通用。

本节以联通的 WCDMA 为例,简要介绍一下无线上网卡的安装及联网步骤。

一、连接硬件准备

用户需要购买无线上网卡及充有资费的 SIM 卡。目前的上网卡多采用 USB 接口,WCDMA 上网卡也不例外,如图 18‐23 所示。无线上网卡中提供了 SIM 卡的卡槽,将 SIM 卡放入其中。之后将上网卡插到电脑的 USB 接口上。

二、安装驱动程序

运行无线上网卡提供的驱动程序,如图 18‐24 所示。按照向导步骤,先后完成接受协议、指定安装位置、执行安装步骤这些安装工作。在桌面会生成一个　　图标,双击它打开上网卡程序界面,如图 18‐25 所示。点击其中的"网络连接"按钮,程序开始连接。成功连接后,系统给出提示,用户就可以连接到 Internet 了。

图 18‐23　无线上网卡

图 18‐24　无线上网卡驱动程序安装向导　　　　图 18‐25　无线上网卡程序界面

18.4　使用网络资源

在组织内设置局域网的目的是为实现信息资源和设备资源的共享。对于一台连入局域网的计算机来说,可以通过多种方法访问网络共享的资源。

18.4.1　使用"资源管理器"查看共享资源

在"资源管理器"左边的窗格中选中"网络"图标或者在双击桌面　图标上,打开"资源管理器"中的"网络"文件夹,如图 18‐26 所示。"网络"文件夹提供对网络上计算机和设备的便捷访问。可以在"网络"文件夹中查看网络计算机的内容,并查找共享文件和文件夹。还可以查看并安装网络设备,例如打印机。点击一台网络中的计算机,可以看到其具体共享内容,如图 18‐27 所示。

当访问某个共享资源对象时,若资源提供者设置了访问权限,需要访问者输入验证的账户名和密码。账户名和密码验证通过后,用户才能访问。

18.4.2　设置共享资源

作为网络中的一个用户,既可以让其他用户共享自己计算机上的软、硬件资源,也可以访问其他用户开放共享的资源。其中,共享文件夹或驱动器是最常用的共享资源方式。实现文件夹或驱动器共享有两

图 18-26　在网络文件夹中浏览共享资源

图 18-27　浏览计算机上的共享资源

种方式,一种是不限定共享数量和用户的简单文件共享,另一种是有详细设定的简单文件共享,下面分别介绍。

一、利用"家庭组"共享资源

使用家庭组,可轻松在家庭网络上共享文件和打印机。可以与家庭组中的其他人共享图片、音乐、视频、文档以及打印机。其他人无法更改家庭组成员共享的文件,除非用户授予他们执行此操作的权限。如果家庭网络上不存在家庭组,则 Windows 7 会自动创建一个家庭组。如果已存在一个家庭组,则用户可以加入该家庭组。创建或加入家庭组后,可以选择要共享的库。用户可以阻止共享特定文件或文件夹,也可以在以后共享其他库。可以使用密码帮助保护家庭组,该密码可以随时更改。

配置"家庭组"的具体操作步骤如下:

① 打开"网络和共享中心"窗口,在"查看活动网络"中单击"工作网络"超链接。用户也可能看到的是"家庭网络"超链接,这是 Windows 7 默认创建的,仍然需要设置。打开"设置网络位置"对话框,如图 18-28 所示。

② 在"设置网络位置"对话框中选择"家庭网络",打开"创建家庭组"对话框,如图 18-29 所示。在其中设置允许共享的内容,之后点击"下一步"按钮。

图 18-28　"设置网络位置"对话框

图 18-29　"创建家庭组"对话框之一

③ 打开"使用此密码向您的家庭组添加其他计算机"窗口,如图 18-30 所示,在该窗口中提供了家庭组的创建密码,单击"完成"按钮完成家庭组的创建。

对于需要加入"家庭组"的计算机来说,具体执行如下步骤加入:

①在开始"菜单"中,选择"控制面板",命令,打开控制面板窗口,在"网络和 Internet"类别中单击"选择家庭组和共享选项"超链接,如图 18‑31 所示。打开"家庭组"设置对话框,如图 18‑32 所示。

②"家庭组"设置对话框中点击"立即加入"按钮,打开如图 18‑33 的对话框,填写"家庭组"预设的密码。点击"下一步"按钮。系统提示加入成功,用户点击"完成"按钮,完成设置。

设置"家庭组"的作用是在家庭局域网环境中共享资源。打开"资源管理器",在左边窗格中点击"家庭组",就可以看到"家庭组"成员共享的内容,如图 18‑34所示。

图 18‑30　"创建家庭组"对话框之二

图 18‑31　"控制面板"窗口

图 18‑32　"家庭组"设置对话框

图 18‑33　"加入家庭组"对话框

图 18‑34　浏览"家庭组"共享内容

二、共享指定的文件夹或驱动器

设置共享文件夹和驱动器的方法类似,以设置共享"E:\Tom 的共享文件夹"为例,步骤如下:

① 启动资源管理器,选定要设置为共享的驱动器或文件夹,本例为"E：\Tom 的共享文件夹"。

② 如图 18－35 打开工具栏,点击"共享",从中选择"特定用户"命令,打开"文件共享"对话框,如图 18－36 所示。

图 18－35　共享文件夹设置

图 18－36　"文件共享"对话框

③ 在"文件共享"对话框中,从下拉列表选择一个用户,点击"添加"按钮,并指定其权限,如"读取"如图 18－37 所示。完成后,点击"共享"按钮。

④ 系统打开共享确认窗口,点击其中的"完成"按钮。

图 18－37　指定文件夹共享权限

图 18－38　公用文件夹共享

三、使用"公用文件夹"共享

用户可以将文件和文件夹复制或移动到 Windows 7 公用文件夹之一,例如"公用视频"或"公用图片",来共享文件和文件夹。用户可以依次单击"开始"按钮、用户账户名称,然后单击"库"旁边的箭头展开文件夹进行查找,如图 18－38 所示。

四、停止共享文件夹

用户如果决定停止共享文件夹或驱动器,步骤如下:

① 打开"资源管理器",选中已设置为共享的文件夹(如"Tom 的共享文件")。右击该文件夹,在弹出菜单中选择"属性"命令,打开"Tom 的共享文件 属性"对话框,点击"共享"选项卡,如图 18－39 所示。

② 在"Tom 的共享文件 属性"对话框中,点击"高级共享"按钮,打开"高级共享"对话框,如图 18－40 所示。

③ 在"高级共享"对话框中,取消"共享此文件夹"复选框,点击"确定"按钮,返回"Tom 的共享文件 属性"对话框。再点击其中的"确定"按钮,实现取消共享。

图 18-39　"Tom 的共享文件 属性"对话框

图 18-40　公用文件

如果被停止共享的文件夹或驱动器正在被其他用户使用,则会出现提示对话框。如果强行停止,则会导致这些用户丢失数据。

第 19 章　Internet 的使用

　　在信息爆炸的时代里,任何组织或个人都不可能保存工作所需的所有资源。当前,在人们需要信息时,必然会利用 Internet,上网浏览、信息搜索已成为办公活动中必不可少的一部分。另外,在办公活动中网络会议也被也被广泛采用。通过网络会议,与会者能通过话筒、摄像头和屏幕听到对方的声音并看到对方的形象,同时通过电子白板、即时文字交谈和电子文件的传递等方式进行交互。针对上面所说的办公活动,Windows 7 包含了中文 Internet Explorer 8.0,它可以帮助用户实现 Internet 资源浏览、搜索,实现用户联系交流等功能。Internet Explorer(IE)作为一种 Web 浏览器软件,也在不断地升级发展。目前,IE 最新版是 IE11,它适合安装在有触摸屏的计算机上。通过 IE 访问 Internet,用户可以访问存储在全球众多计算机上的海量信息,无论是从中搜索信息,还是想把信息传送到计算机上,IE 都会使用户在网上的漫游更加轻松自如、妙趣横生。掌握对 Internet 的使用是现代办公不可缺少的技能。本章节将以中文 IE 9 为蓝本,介绍 Internet 的使用。用户可从 http：//www. microsoft. com/zh-cn/download/internet-explorer-9-details. aspx 网址免费下载 IE 9。

19.1　Internet Explorer (IE 9)浏览器软件的使用

　　2011 年 3 月 21 日,微软在中国发布 IE 9 的正式版本,但该版本不支持 Windows XP 操作系统。IE 9 吸取了很多其他浏览器软件的优点,整合了很多新功能的战略性产品。通过微软网站下载并安装 IE 9 后,双击桌面上的 IE 图标：，就能启动 IE 9。用户在"开始"菜单、"所有程序"中选择 Internet Explorer 命令也能启动 IE 9。IE 9 的程序文件为 iexplore. exe,一般存放在 C：\Program Files\Internet Explorer 文件夹中。

　　IE 9 引入了很多新的功能,其中包括:

　　① 标准互通:IE 9 将支持 HTML 5、CSS3、JS、SVG 矢量图等互联网浏览通用标准,这样做的好处是网页不需要专门针对 IE 来进行测试也能正常地展现在用户面前。

　　② 速度更快:由于 IE 9 支持 GPU 硬件加速,充分利用当前电脑中的硬件来让浏览器渲染变得更快,从而大幅度提高浏览器速度。

　　③ 优化体验:IE 9 内置视频引擎,通过 Windows Media Foundation(WMF)多媒体平台来播放 HTML5 的标准视频,而无需另外安装任何插件(Plug-in)。该功能同样支持 GPU 加速。

19.1.1　IE 9 操作界面

　　打开 IE 9 后,用户会发现其界面非常紧凑,如图 19-1(a)所示。选项卡自动出现在地址栏右侧,不过可以将它们移动到地址栏下面,就像在以前版本的 Internet Explorer 中那样。单击"工具"按钮 时,可以发现大多数命令栏功能,如"打印"或"缩放";单击"收藏夹"按钮 时,会在"收藏中心"显示收藏夹和源。IE 9 可以始终显示收藏夹栏、命令栏、状态栏和菜单栏,方法是右键单击"工具"按钮 ,然后在菜单中进行选择,如图 19-1(b)所示。其中,执行"在单独一行上显示选项卡"命令,则选项卡将出现在地址栏下方。

(a)　　　　　　　　　　　　　　　　(b)

图 19 - 1　IE 9 的界面

启用了"菜单栏"、"收藏夹栏"、"命令栏"、"状态栏"的 IE 9 界面如图 19 - 2 所示。

图 19 - 2　IE 9 的界面

一、地址栏①

在地址输入栏中，用户可以输入要访问的网站地址，以便访问对应的网站。与前序版本不同的是，IE 9

的地址栏放置在窗口的最上面,并且相邻处加入了几个最常用的按钮,最大限度地方便用户的使用。其中"刷新"按钮 ↻ 用于立即中止当前页面的传送,并重新开始传送这一页。由于很多网页是随着时间推移而更新的,刷新按钮就能使当前页面的内容保持最新。"停止"按钮 × 用于立即停止页面的传送;"兼容性视图"按钮 ▣ 可以正常显示针对老版本浏览器设计的那些网站。"搜索按钮"按钮 ⌕ 用于按照用户输入的关键字进行搜索。如图 19-3 所示。

图 19-3 IE 9 地址栏

二、菜单栏②

在地址栏的下面是菜单栏,如图 19-2 所示。菜单栏包括:文件、编辑、查看、收藏夹、工具及帮助六个主要菜单。每个菜单项中包含对应的菜单命令,有些还有下级子菜单。

三、收藏夹栏③

"收藏夹栏"如图 19-4 所示。如同前序 IE 版本,可以将 Web 地址从地址栏拖到收藏夹栏。用户还可以拖动正在查看的网页中的链接到收藏夹栏中。

图 19-4 IE 9 收藏夹栏

四、命令栏④

IE 9 的命令栏布局与 IE 8 版本基本相同,包括:主页、RSS、阅读邮件、打印机、页面、安全、工具按钮及帮助,如图 19-5 所示。

图 19-5 IE 9 命令栏

19.1.2 网络浏览的基本概念

一、WWW

WWW 是 World Wide Web 的简称,译为万维网或全球网。WWW 是在因特网上以超文本为基础形成的信息网,它为用户提供了一个可以轻松驾驭的图形化界面。用户通过它可以查阅 Internet 上的信息资源。WWW 是通过互联网获取信息的一种应用,我们所浏览的网站就是 WWW 的具体表现形式。WWW 本身并不是互联网,只是互联网的组成部分之一。

二、超文本

超文本(Hyper Text)是一种不同于传统文本的特殊文本,它利用新颖的文本信息管理技术,以一种网状的结构排列文本信息。它以节点为基本单位,在节点和节点之间用表示关系的链(Link)加以连接。例如,Windows 的"帮助信息"就使用了超文本结构。

三、超链接

超链接(Hyper Link)是指可以用鼠标器单击来访问 Web 上的目标资源,它通常有一条下划线或当鼠标指针放在其上时有特殊的指针显示,一般变为 🖑 型。用户通过单击它,可以访问所链接的 Web 目标资源。目标资源可以在本地硬盘上,也可以在任何连接 Internet 的 Web 服务器上。

四、域名

每一台在 Internet 上的计算机都有一个唯一的 IP 地址。**IP 地址**由一串数字组成,不方便记忆。域名系统的作用就用一串文字,即**域名**(Domain Name),与 IP 地址联系起来,以方便寻找到 Internet 上对应的计算机。

国际域名的申请由 InterNIC 及其他由"Internet 国际特别委员会(IAHC)"授权的机构进行。中国的国家二级域名的注册工作由中国互联网络信息中心(CNNIC)负责进行。其中,特定的域名有特定的含义,常见的部分国家顶级域名及国际顶级域名如表 19 - 1 所示。

表 19 - 1　顶级域名表

国家顶级域名(部分)	国际顶级域名(部分)
au:澳大利亚	com:商业组织
be:比利时	gov:政府部门
ca:加拿大	edu:教育机构,如大学
cn:中国	int:国际组织,如 NATO(北约)和联合国
dk:丹麦	net:网络组织
fr:法国	mil:军事机构
it:意大利	org:非盈利机构
jp:日本	biz:商业组织
uk:英国	tv:提供宽频服务的组织
za:南非	mobi:专为手机及移动终端设备服务的域名

很多公司、大学、机构、组织等,采用容易记忆又相互区别的域名,以便于用户的记忆和使用。例如:

www. intel. com 表示 Intel 公司的网址;

www. psu. edu 表示美国宾夕法尼亚州立大学的网址;

www. hollywood. com 表示好莱坞电影公司的网址;

www. worldbank. org 表示世界银行的网址;

www. sdeg. org. cn 表示中国上海远程教育集团的网址;

www. shtvu. edu. cn 表示中国上海电视大学的网址。

五、URL

URL 是指统一资源定位器,通常就是指 Internet 上的资源的地址(或网址),例如:http://www. microsoft. com/zh/cn/default. aspx。其中:http 是指超文本传输协议;www 表示服务器主机;Microsoft. com 是个域名;/zh/cn 是一个目录结构;default. aspx 是服务器上的一个文件。当用户向 IE 9 提供了 URL,IE 9 将打开对应的站点的指定文件。

有些 URL 的开头不是 http,而是以 ftp 开头,这是因为这个 URL 使用了文件传输协议(FTP)。FTP 协议用于在 Internet 上传输文件,用户可从成千上万个站点下载文件。

六、主页

主页(Home page)是访问 Web 站点而未指定其中具体文件名时,由服务器发来的第一个页面。例如:访问站点:http://www. ctrip. com. cn/ 则可进入携程旅行网的主页,而如果在 URL 中指定 http://www. ctrip. com/member/login. asp 则可跳过主页,直接进入指定的用户注册页面。有些 URL 以 htm 或 html 结尾,两者是一致的,表示指定的页面。

19.1.3　页面漫游

一、访问网站

用户访问网站需要在地址栏中输入网站的 URL 地址,基本方法是在地址栏输入 URL 信息之后按回车键。IE 9 的地址栏有"联想"功能,当用户在地址栏编辑框中输入 URL 地址时,IE 9 会根据用户输入信息自动搜索您的历史记录、收藏夹和 RSS 源,并在下拉框中显示网站标题或 URL 中任何相符的匹配项。这样,用户只需输入几个字符,就可以更快、更容易地转到自己想去的站点。例如:用户输入:www. s 时,IE 9 会联想出以"www. s"开头的用户曾经访问过的网址,如图 19-6 所示。如果 IE 9 记录的 URL 地址有误,用户可以通过单击地址右边的红色删除图标"X"进行删除。

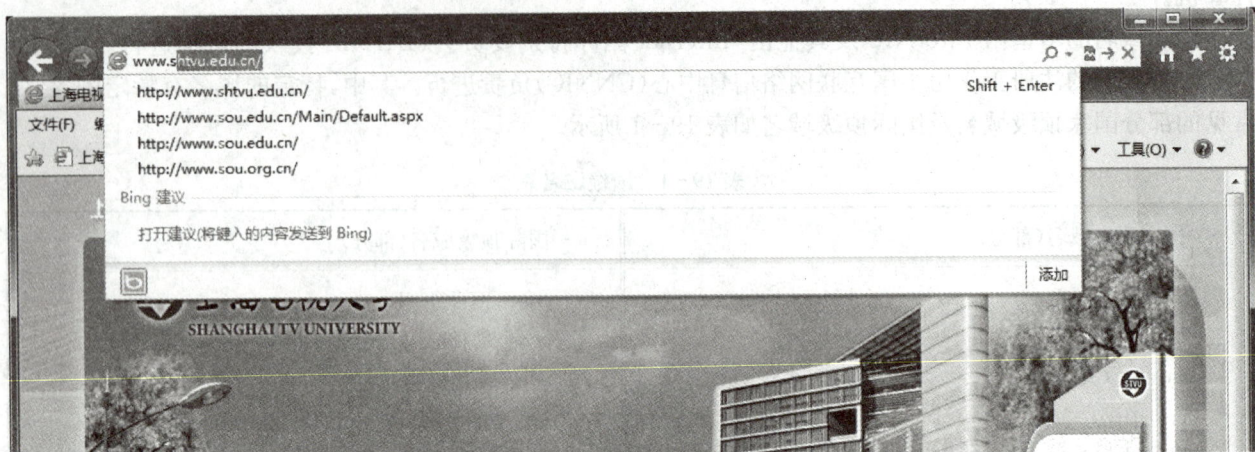

图 19-6 "地址栏"的"联想"功能

二、利用超链接在站点之间漫游

Internet 最精彩的技术是页面中嵌入的超链接,用户单击超文本和图形链接即可打开目标。这是在 IE 9 中各个页面之间移动的主要手段。超链接的目标可以在 Web 上任何地方,但用户无须知道目标在哪里。当鼠标器指针放在某个超文本或图形链接上,指针将变为🖑型。单击后,即可进入链接目标。同时在 IE 9 的状态栏上会显示链接目标的 URL,所以可以知道单击时会到哪里。许多情况下,超链接目标是另一个 Web 页面,也许本身还包含超链接。有时超链接目标可能是另一种资源,例如一个扩展名为 jpg 图形文件等,而不是一个 Web 页面。

三、在页面间移动

1. 前进与后退按钮

在窗口的左上角有前进/后退按钮: ←→ 。"后退"按钮 ← 用于返回到当前页的上一页面;在使用过"后退"按钮后,"前进"按钮 → 便会有效,它用于前进到当前页的下一页。用户可以利用前进/后退按钮在页面间跳转。

图 19-7 主页命令列表

2. 设置 IE 9 的主页

IE 9 的主页是启动 IE 9 后显示的第一个页面。用户可以使用命令栏上的主页按钮 🏠 进入 IE 9 的主页。一般情况下 IE 9 主页设置为用户最常访问的网站地址。用户若需修改主页,可以点击主页按钮右边的 ,在下拉列表中选择"添加或更改主页"命令,如图 19-7 所示。系统打开"添加或更改主页"对话框,如图 19-8 所示,用户可以将当前页面添加到 IE 9 的主页中。其他的主页修改方法,用户可以通过"工具"菜单的"选项"命令进入"Internet 选项"对话框,在"常规"选项卡的"主页"区域的"地址"框内键入自己喜欢的 URL 地址,或者利用"使用当前页面"、"使用默认页面"及"使用空白页面"来设置主页内容,如图 19-9 所示。

四、使用收藏夹栏

"收藏夹栏"替代了以前版本 IE 的链接工具栏。转到要添加到收藏夹栏中的网页后,用户可以用三种方法将其添加到"收藏夹栏"上:1. 将网页图标从地址栏拖到收藏夹栏;2. 将网页上的链接直接拖到收藏夹栏;3. 单击"添加到收藏夹栏" ☆ 按钮。图 19-10 显示了添加了上海电视大学主页及 MSN 主页的"收藏夹栏"中的效果。另外,用户还可以使用"收藏夹栏"的"网页快讯库"查看某个网页的一部分内容或片段,如室外气温或拍卖商品的价格。如果收藏夹栏上"网页快讯库"的外观发生了变化,则表示该部分网页发生了改变,因此您可以查看最新的信息。

图 19－8　"添加或更改主页"对话框　　　　　　图 19－9　"Internet 选项"对话框

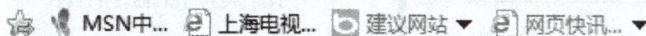

图 19－10　收藏夹栏显示效果

五、使用历史记录

在浩瀚无边的 Web 中浏览时,最好保存那些喜欢的地址,否则下一次又要花很长时间才能故地重游。在 IE 9 中,可以将自己喜欢的站点添加到收藏夹,生成喜欢的站点表。用户以后就不需要在地址栏中输入这些站点的 URL,只要从"收藏夹"菜单选择即可访问这些站点,如图 19－11 所示。

用户若想收藏当前网站,在"收藏夹"菜单中执行"添加到收藏夹"命令,系统弹出添加收藏对话框,如图 19－12 所示。点击"添加"按钮即可完成。新添加的收藏网站会出现在"收藏夹"菜单中。经过一段时间的使用,IE 9 中的收藏夹会有很多项目。若用户需要整理,可以执行"收藏夹"菜单中的"整理收藏夹"命令,系统将打开"整理收藏夹"对话框,如图 19－13 所示。用户可以在这个对话框中移动、删除、重命名、创建新文件夹来管理收藏夹中的项目。

图 19－11　收藏夹菜单

图 19－12　"添加收藏"对话框　　　　　　图 19－13　"整理收藏夹"对话框

六、设置浏览历史记录

为提高访问速度,IE 9存储了用户访问过的网页、图像和多媒体的副本,这些都是 IE 9保存的临时文件。此外,临时文件还包括网页的密码、历史记录、Cookie 等信息。这些信息一方面可以提高访问速度,另一方面也可能泄露用户的个人信息。同时大量的临时文件占据很多的磁盘空间。因此,需要对临时文件进行清理。用户可以通过"工具"菜单的"选项"命令进入"Internet 选项"对话框,如图 19－14 所示。在"浏览历史记录"区域中点击"删除"按钮完成临时文件进行清理工作。点击"设置"按钮,在打开对话框中可以对临时文件和历史记录进行设置,如图 19－15 所示。

图 19－14　"Internet 选项"对话框

图 19－15　临时文件和历史记录设置对话框

七、在网页中查找信息

IE 9 的查找信息功能可以帮助用户迅速地在网页中查找到所需的内容并高亮显示,同时还能统计查找到文字的数量。在网页中查找信息的步骤如下:

① 在 Internet Explorer 中,单击"编辑"菜单,选择"在此页上查找"命令,IE 选项卡上将出现如图 19－16 所示的查找编辑框。

图 19－16　查找信息编辑框

② 在查找编辑框中,输入要查找的单词或短语。找到的匹配项数将显示在"选项"按钮旁边,并且此页面将自动滚动到此单词或短语的第一个匹配项位置。

③ 若要转到待搜索的单词或短语的上一个或下一个实例,请单击"上一个"或"下一个"按钮。

八、使用"新建选项卡"页管理常用网站

通过"新建选项卡"IE 9 将用户的常用网站置于表面,通过一次单击即可访问。打开 IE 后,"新建选项卡"页,如图 19－17 所示,其为用户提供有用的建议和信息,从而帮助用户快速找到所需的网站。

九、查看通知栏信息

IE 9 中的所有通知消息都合并到浏览器框架底部的"通知栏"中,而不会意外弹出对话框,妨碍用户的操作,如图 19－18 所示。用户可以选择忽略通知,并在希望的任何时候对其进行操作。通知不会中断用户的浏览。此外,通知栏中显示的消息、错误通知和警告所提供的信息更加丰富、更加易于理解,更重要的是,更加易于操作。

图 19‑17　新建选项卡

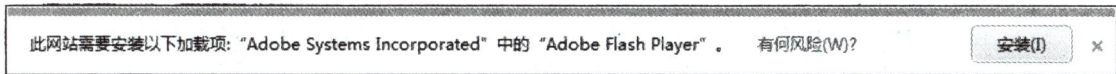

图 19‑18　IE 通知栏

19.1.4　利用 Internet 搜索信息

Internet 是一个庞大的信息资源库,用户可以从中搜索到丰富的内容。在 Web 上寻找信息的方法有多种,用户可以灵活使用。Web 搜索通常通过关键字来查找,例如:搜索所有包含指定关键字"办公自动化"的页面,则会找出所有这个关键字的页面。

一、利用 Bing 搜索

Bing 搜索是 IE 9 自带的搜索工具。Bing 的中文名称为"必应",它是美国微软公司推出全新搜索引擎,为用户提供一种全新搜索体验,力图借助语义识别技术更好掌握用户搜索意图,提供更符合需求的内容链接。

用户在地址栏中输入搜索关键字,如"办公自动化",然后点击 🔎 按钮,Bing 搜索引擎会首先为用户提供搜索建议,如图 19‑19 所示。用户根据自己的情况选择采纳或者保持原关键词。确定关键词所在地址栏中回车后,Bing 将给出搜索结果。图 19‑20 显示了利用 Bing 搜索"办公自动化"关键字后的搜索结果。

图 19‑19　Bing 搜索的建议

图 19‑20　Bing 搜索结果

二、使用搜索引擎网站

搜索引擎(Search Engine)是指对 Internet 各种信息资源进行标引和检索的工具。目前主流的通用搜索引擎有：谷歌 www.google.com，百度 www.baidu.com 和必应 www.bing.com。每个搜索引擎都各自拥有多种搜索功能，各有特色。以"百度"为例，它可以搜索新闻、网页、贴吧、MP3、图片、视频等，如图 19 - 21 所示。此外，百度提供搜索关键字语法、网页快照以及高级搜索功能等，可以帮助用户更精准地搜索信息。图 19 - 22 显示了百度高级搜索界面。

图 19 - 21　百度主页

图 19 - 22　百度高级搜索

19.1.5　保存网页中的内容

在 Web 上漫游的过程中，经常会发现一些精彩的内容，本章简要介绍如何下载、保存或打印 Web 页面或图片等。

一、下载(Download)文件

在一台计算机上接收另一台计算机数据的过程称为**下载**。像其他链接一样，单击链接到目标文件的超链接，这时 IE 9 将显示目标文件(如应用程序文件)，而不是 Web 页面或 GIF、JPG 图形文件。IE 9 提供了一个"下载管理器"，它可保留已下载文件的列表，并在文件可能为恶意文件(恶意软件)时通知用户。它还可以暂停和重新开始下载，并显示在计算机上的何处找到已下载的文件。例如从奇虎 360 网站上下载"360 安全卫士"软件，首先利用网站地址：http：//www.360.cn/登录到 360 网站。从主页中找到"360 安全卫士"，点击"免费下载"按钮。IE 9 会在屏幕的底部给出一个通知，如图 19 - 23 所示。用户可以从"保存"按钮边的下拉列表中选择"直接下载"、"另存为"或者"另存并运行"命令。下载完毕后，通知栏的内容显示为： inst.exe 下载已完成。 运行(R) 打开文件夹(F) 查看下载(V) 。点击"查看下载"按钮，系统将打开"下载管理器"窗口，如图 19 - 24 所示。如果下载的文件较大，在下载过程中一定要注意传输的速度和大约余下的时间。当很

图 19 - 23　"文件下载"对话框

图 19 - 24　下载管理器窗口

长时间没有响应或传送时,应当取消下载,等网络不忙时再重试。用户也可以在 IE 9 中使用"Ctrl+J"组合键,调出下载管理器窗口。在"下载管理器"窗口中可以利用"清除类表"按钮清除已经下载的记录。

二、保存 Web 页面

要在 IE 9 中保存页面,可使用"文件"菜单的"另存为"命令。然后指定文件名或直接使用页面本身的文件名(一般以 HTML 或 HTM 为扩展名)。但页面中的图形并不是 HTML 文档的一部分,所以在保存页面时,只保存其中的文本,而不保存其中的图形。在下次打开保存的页面(HTML 文件)时,它能保持原页面的布局和格式,只是缺少图形。

当需要保存部分页面时,最简单的方法是利用剪贴板,即:用鼠标器拖动选中所要保存的文本内容,然后在"编辑"菜单中使用"复制"命令,再启动其他程序(如 Word),将剪贴板内容粘贴进去,再加以保存。

三、保存图形和保存链接

要将页面中的图片存到本地磁盘中,用户可以用鼠标在图片上单击右键,系统会打开快捷菜单,如图 19-25 所示。在快捷菜单中使用"图片另存为"命令,系统将弹出"保存图片"对话框,如图 19-26 所示。用户选择保存的位置、文件类型和文件名即可保存图片。若用户在弹出菜单中选择"设置为背景"命令,该图片将被设置为桌面上的背景图案。

图 19-25　保存图片快捷菜单

图 19-26　"保存图片"对话框

图 19-27　"打印"对话框"常规"选项卡

图 19-28　"打印"对话框"选项"选项卡

若用户在超链接上右击鼠标,可以使用快捷菜单中的"目标另存为"命令将超链接目标保存到本地磁盘。这个目标可能是一个图片、网页、MP3 文件等,只是这个目标还没有被打开,保存时需要从网上传送。

四、打印

当需要打印当前浏览的网页,最简单的方法是使用命令栏中的 ▣▾ 按钮。如果只想打印选定部分或还要进行其他选择,就需要使用"文件"菜单中的"打印"命令,进入"打印"对话框,来作相应的选择,如图 19-27 所示。

若需要打印页面中每个链接的目标,如打印联机书籍或手册的各章。用户仍然可以使用"文件"菜单的"打印"命令,进入"打印"对话框,在"选项"选项卡中选中"打印链接的所有文档"复选框,如图19-28,

然后打印。另外,用户也可以使用右键打开快捷菜单,其中的"打印目标"命令,可以打印选定的超链接目标。但使用这些命令时要小心,因为不知道目标文件会有多大。

19.1.6 其他的浏览器

目前,很多软件厂商都设计了各具特色的浏览器。常见的浏览器包括:Firefox 浏览器、Google Chrome 浏览器、遨游浏览器、360 浏览器。这些浏览器各有优点,用户可以根据自己的喜好选择。下面介绍两个较为流行的浏览器。

一、Firefox 浏览器

Firefox 浏览器既是常说的火狐浏览器。它是一个开源网页浏览器,使用 Gecko 引擎,而非 IE 作为内核。它由 Mozilla 基金会与数百个志愿者所开发,适用于 Windows、Linux 和 Mac OS 平台。目前最新的正式版本为 Firefox 22.0。

图 19 - 29 显示了 Firefox 的界面,其界面由标题栏、菜单栏、工具栏及收藏夹等组成。使用 Firefox 浏览器需要对其进行必要设置。在"工具"菜单中,选择"选项"命令,打开"选项"对话框,如图 19 - 30 所示。

图 19 - 29　Firefox 界面

图 19 - 30　"选项"对话框

图 19 - 31　Google Chrome 界面

二、Google Chrome 浏览器

Google Chrome,又称 Google 浏览器,是由 Google(谷歌)公司开发的开放源代码浏览器软件。图 19 - 31 显示了 Google Chrome 的界面。该浏览器是基于其他开源软件所撰写,包括 WebKit 和 Mozilla。Google Chrome 支持多标签浏览,每个标签页面都在一个独立的"沙箱"内运行,在提高安全性的同时,一个标签页面的崩溃也不会导致其他标签页面被关闭。Google Chrome 表现出稳定性强、速度快和安全性高的特点。Google Chrome 支持各种主流平台,包括 Windows、Mac OS 和 Linux 等。

19.2　电子邮件的使用

电子邮件服务是 Internet 的基本功能之一，也是现代办公不可缺少的办公手段。本节介绍 Web 免费邮箱的申请及使用，以及客户端电子邮件的使用。

19.2.1　使用免费的 Web 电子邮箱

目前，很多门户网站都提供电子邮件服务，包括新浪、雅虎、网易等。下面以网易免费邮箱为例，介绍其申请及使用方法。

一、邮箱的申请

申请邮箱的步骤如下：

① 打开 IE 浏览器，在地址栏中输入网易邮箱的地址：http：//mail.163.com，然后按回车键。

② 对于新用户来说，首先要进行注册，点击界面的"注册"按钮，如图 19-32 所示。打开注册页面，如图 19-33 所示，输入用户拟定的信箱名称。由于是公共免费邮箱，可能存在信箱名称冲突，网易将帮助检测重复情况，并给出注册建议。

图 19-32　网易邮箱界面

图 19-33　网易邮箱注册

③ 选择一个用户喜欢的邮箱名，设置邮箱密码并确认密码，再输入界面提供的验证码，并勾选"同意服务条款和隐私权相关政策"复选框，点击"立即注册"按钮，即可完成注册。

二、邮箱的使用

申请完毕邮箱后，即可使用。首先需登录邮箱页面，打开 IE 浏览器，在地址栏中输入网易邮箱主页的地址：http：//mail.163.com，然后按回车键。在登录界面输入邮箱名及密码，验证通过后，进入邮箱界面，如图 19-34 所示。

1. 收取信件并阅读邮件内容

用户点击网易邮箱界面左上方的"收信"按钮后，邮箱将"刷新"以接收新邮件。点击邮箱界面的左侧的"收件箱"，将进入邮件列表，从中点击一封邮件，将打开该邮件并显示内容，如图 19-35 所示。

2. 撰写新邮件

用户点击网易邮箱界面左上方的"写信"按钮（如图 19-34），将打开邮件编辑界面，如图 19-36 所示。需要编写收件人地址、主题及邮件内容。若需要发送附加，点击界面上的"添加附件"超链接，会打开一个文件对话框。用户可以利用它指定磁盘上的文件作为附件。编写完成后，点击"发送"按钮即可完成发送。

图 19‐34　网易邮箱界面

图 19‐35　阅读邮件内容

图 19‐36　网易邮箱撰写新邮件

19.2.2　使用 Foxmail 邮件软件

　　免费的 Web 邮箱虽然方便,但是对邮件的管理必须通过网页完成,存在处理速度较慢、邮件不能本地保存等缺点。对此,用户可以使用客户端的邮件软件。客户端邮件工具包括:微软 Outlook、Windows Live Mail、Foxmail、Gmail Notifier、网易闪电邮、Dreammail 等。其中,Foxmail 是一款优秀的免费中文电子邮件软件。Foxmail 的最新版本是 7.1 版,用户可以通过它的官方网站 Foxmail.com.cn 获得。本节将介绍它基本设置及使用。

　　一、认识 Foxmail 界面

　　Foxmail 启动后,即进入如图 19‐37 所示的操作界面。最上端是一排工具按钮栏,它们能方便用户的操作。主界面分成左右两个部分,左边是导航窗格,包括 4 个选项卡　　　　　,分别对应:邮箱、联系人、日历和 RSS 订阅。最常用的是邮箱选项卡页面,其中包括:"常用文件夹"和具体账号文件夹。在Fomail 中可以配置多个邮件账号,以实现对多个邮件的管理,"常用文件夹"可以统一查询各账号的邮件。具体账号默认有"收件箱"、"草稿箱""已发送邮件"、"已删除邮件"、"垃圾邮件"5 个文件夹。

图 19－37　Foxmail 主界面

二、设置邮件账号

Foxmail 首次启动即需要配置账户。在后续的使用中，用户也可以配置多个账户。邮件账户配置的作用是告知客户端邮件软件相关信息，包括：邮件的地址、密码及邮件服务器等信息。使得客户端邮件工具，如 Foxmail，可以帮助用户进行邮件管理。账号配置的步骤如下：

① 点击工具栏的 按钮，在菜单中选择"账号管理"命令，如图 19－38 所示。

② 打开"系统设置"对话框，如图 19－39 所示，点击其中"新建"按钮。

图 19－38　工具菜单

图 19－39　系统设置对话框

③ 打开"新建账号"对话框，如图 19－40 所示。在第一次打开 Foxmail 时，也会出现这个对话框。在这个对话框中，用户输入申请的 Email 地址和密码。E-mail 地址可以通过 ISP（Internet Service Provider），如网易、

新浪等,申请获得。很多企事业单位或组织具有自己的企业内部网(Intranet),它们往往为自己的员工提供了电子邮件信箱。例如:在电子邮件地址 benny@shtvu. edu. cn 中,其中 benny 为用户名,@后面的部分为邮箱域名。Foxmail 能识别大部的公共邮箱,并自动设置邮件服务器地址信息,并对用户信箱进行验证。若是 Foxmail 不能识别的信箱,点击"手动设置"按钮,通过"高级设置"对话框进行设置,如图 19-41 所示。

图 19-40 "新建账号"对话框　　　　图 19-41 "新建账号"高级对话框

④ 设置完毕后,点击"创建"按钮实现账号创建。系统给出创建成功提示,点击"完成"按钮,关闭"新建账号"对话框。返回到"系统设置"对话框,可以看到新创建的账号在账号列表中。

⑤ 在"设置"区域中,如图 19-42,用户可以对"账号名称"进行修改,方便用户自己识别。在"发信名称"编辑框中,用户输入自己的信息,在发送的邮件中将显示这个名称,方便接收者识别。在"高级"区域中,如图 19-43,用户可以设置邮件服务器信息及本地备份功能等。

图 19-42 账号信息设置　　　　图 19-43 账号信息高级设置

利用类似的方法可以在 Foxmail 中建立多个用户的电子邮件账户。这样,一方面不同的用户可以在同一台计算机上收取各自的电子邮件。另一方面,同一个用户可以通过 Foxmail 收取其各个不同账户的邮件,从而使邮件的管理更为灵活方便。

三、建立新邮件

通过 Foxmail 发送电子邮件,必须先要建立新邮件。新邮件中可以包含很多内容,包括:收件人、抄送人、附件等。建立新邮件的步骤如下:

① 在 Foxmail 主界面中,点击工具栏的 写邮件 按钮,打开新邮件对话框,如图 19-44 所示。

② 在"收件人"文本框内,输入收件人的 E-mail 地址。如果还需要发给其他人,则可在"收件人"框内

图 19－44　"新邮件"窗口

连续输入他(她)们的 E-mail 地址,中间用半角的",",或";"分隔。如果所发送的邮件需要抄送给他人,则可在"抄送"和"密件抄送"框内填写那些人的 E-mail 地址,如果没有,可以为空。

③ 在"主题"框内可以输入邮件的主题,也可以空白。"新邮件"窗口的标题会随主题的输入而发生变化。

④ 在"内容"框中,输入邮件的内容。若需要插入图片到内容中,点击"新邮件"窗口工具栏中的 图片 按钮。用户可以在弹出的"打开"对话框中,选择本地保存的图片。

⑤ 若邮件需要携带附件,点击"新邮件"窗口工具栏中的 附件 按钮。用户可以在弹出的"打开"对话框中,选择本地文件夹中的文件。一封邮件可以携带多个附件。

⑥ 点击 发送 按钮,邮件立即发送出去。发送过的邮件会保存在对应账号的"已发送邮件"文件夹中。

四、接收新邮件

在 Foxmail 中,当需要接邮件时,选中"邮件"选项卡的"常用文件夹",点击 Fomail 主界面的 收取 按钮,Foxmail 即开始接所有账号的邮件,如图 19－45 所示。若只需单独接收某个账号的邮件,则在"邮件"选项卡中选中指定的账号,再点击 收取 按钮。

图 19－45　接收邮件

五、查看及处理邮件

1. 查看邮件

在"常规文件夹"中用户可以查看所有未阅读的邮件。在各个邮件账号中的"收件箱"中用户也可以分别查看该账号接收到的邮件。用户可以对邮件的布局进行设置,在工具栏的下拉菜单中选择"界面布局",如图 19-46 所示,可从中选择:在底部预览邮件、在右边预览邮件和仅显示邮件列表。设置了"在右边预览邮件"的界面效果,如图 19-47 所示。

图 19-46　邮件界面布局菜单

图 19-47　新的邮件界面布局

图 19-48　保存附件快捷菜单

2. 保存附件

如果在收到的邮件中带有附件,如:图片或其他的电子文件,邮件前会出现 @ 标志。邮件内容框的底部将显示邮件所带的附件,对其右击鼠标,将弹出快捷菜单,如图 19-48 所示。用户选择执行相关命令,即可完成对附件的打开、另存及复制工作。

3. 回复发件人

收到来信后,通常需要回信,用户可以使用 Foxmail 主界面工具栏的 回复 按钮或者 回复全部 按钮进行回复。两者的区别在于,前者只回复给发件人,后者回复给原始邮件中的发件人及其他所有收件人。进入回复信件窗口,如图 19-49 所示。其中,收件人地址和主题不用输入,均由系

图 19-49　回复邮件窗口

统自动生成。用户只要在邮件内容编辑区中编写回信内容即可,工作效率将大大提高。回复的邮件中包含原邮件的内容,包括:发件和收件人地址、时间信息、主题和内容等信息。用户可以引用,也可以将它删去。

4. 转发邮件

对于收到的邮件,若需要转发给其他联系人,则首先选中该邮件,单击工具栏 ⇨ 转发 按钮,即会出现"转发"邮件窗口。这时用户只需要在"收件人"框内输入要转发的联系人邮件地址。如果需要转发给多个联系人,则输入各个邮件地址并用";"或",分割。在"主题"框内会自动出现"转发:"＋原来的主题。

5. 删除邮件

随着时间的推移,收到、发送的电子邮件会越来越多。对此需要经常清理"收件箱"、"已发送邮件"和"已删除邮件"文件夹,以避免被过多的无用邮件所占据。从"收件箱"和"已发送邮件"文件夹中,选定要删除的邮件(可以使用 Shift 或 Ctrl 键,来选中多个邮件),单击工具栏上的 ✕ 删除 按钮,便将选中的邮件全部移到了"已删除邮件"文件夹中。"已删除邮件"文件夹保留了用户删除的邮件。如果要真正删除这些邮件,可以在"已删除邮件"文件夹中执行删除操作。

6. 搜索邮件

随着邮件的增多,查找邮件也变得更加困难。这时可以使用界面右上角的搜索框。键入搜索内容后,Foxmail 可以按照关键字进行邮件的全文搜索,搜索的范围邮件的发件人、标题、内容附件等。图 19 - 50 显示了搜索含有"办公"关键字的邮件的搜索结果。

图 19 - 50　搜索邮件

7. 保存邮件

对于有保存价值的邮件,Foxmail 可以将其保存为以 eml 为扩展名的邮件文件。保存方法为:在邮件列表中对待保存的邮件右击鼠标,在弹出菜单中选择"导出邮件"命令,如图 19 - 51 所示。Foxmail 打开"邮件另存为"对话框,如图 19 -52 所示。选择适当位置和名称后,点击"保存"按钮实施保存。当用户编写邮件过程中需暂停编写时,可以使用"新邮件"窗口工具栏上的 💾 保存 命令,将未完成的邮件保存到"草稿"文件夹中,以便日后继续编写。

8. 管理联系人

随着邮件的往来,联系人不断增多,因此需要将联系的信息妥善地管理起来。Foxmail 提供了联系人管理功能。在 Fomail 主界面的导航窗口,选择"联系人"选项卡,如图 19 - 53 所示。在窗口中,点击工具栏 👤 新建联系人 按钮,打开"新建联系人"对话框,如图 19 - 54 所示。填入相关信息后,点击"保存"按钮,新添加的联系人将出现在图 19 - 55 所示联系人列表中。

图 19 - 51　快捷菜单

图 19-52　邮件"另存为"对话框

图 19-53　联系人管理界面

图 19-54　新建"联系人"对话框

图 19-55　联系人列表

　　将联系人按照"组"进行管理可以方便工作,这可以通过联系人组管理实现。在工具栏上点击 [新建组] 按钮,打开联系人组对话框,如图19-55所示。可以为联系人组添加一个名称,并利用"添加成员"按钮,在"选择地址"对话框中为组指定成员。有联系人及联系人组信息之后,再新建邮件时,就可以在 [收件人:] 中,点击右边的符号,打开"选择地址"对话框,从中选择收件人或联系人组,从而避免了繁琐的地址输入工作。

19.3　常用下载工具及通讯工具

　　Internet形成了一个庞大的资源库。资源共享及通讯是其提供的基本服务。实际应用中,直接利用IE进行下载会遇到速度慢、连接不稳的情况。此外,与他人实现通讯中,往往需要即时告知、即时回复,以达到工作的高效率。对此,本节介绍一下常用下载工具及通讯工具。

19.3.1　下载工具

　　下载工具能帮助用户从Internet上同时下载多个资源,从而提高工作效率。同时保证下载资源的稳定性、可靠性、无差异性。目前,常用的下载工具包括:网际快车FlashGet、迅雷、网络蚂蚁、电驴等。这些工具各具特色,有各自的优点。从采用的技术上分析,现有的下载工具采用的技术包括:多线程、P2P及混合方式。本节以迅雷为例,介绍其基本使用方法。其他的工具也有类似的工作方法。

一、获得及安装迅雷

　　推荐用户到各个下载工具的官方网站上进行下载，避免下载了带有病毒的软件。迅雷的官方网站地址是：http：//dl. xulei. com。截至 2013 年 6 月，其最新版本是 7.9 版，支持 32/64 位的 WinXP/Win7/Win8。双击下载得到的文件，启动安装向导，如图 19 - 56 所示。若需要自行设置安装位置，点击其中的"选项"按钮。设置完成后，按照向导要求逐步完成安装工作。在桌面双击 ![图标]，或者在开始菜单中找到迅雷命令，即可启动迅雷。启动后的迅雷界面如图 19 - 57 所示。

二、使用迅雷下载资源

　　针对在网页上的资源超链接，用户可以对其右击鼠标，在弹出菜单中选择"使用迅雷下载"命令，如图 19 - 58 所示。迅雷会打开任务对话框，如图 19 - 59 所示。用户可以修改保存路径，然后点击"立即下载"按钮，迅雷即开始下载任务。此外，用户也可以在迅雷的主界面上，点击 ✚ 新建 按钮，打开"新建任务"对话框，如图 19 - 60 所示，将 URL 地址复制在下载连接编辑框中，然后点击"立即下载"按钮启动下载任务。

图 19‑56　迅雷安装向导

图 19‑57　迅雷主界面

图 19‑58　在网页上启动迅雷下载

图 19-59　迅雷"新建任务"对话框 1

图 19-60　迅雷"新建任务"对话框 2

三、对迅雷进行设置

迅雷的下载设置项目很多,用户可以点击工具栏的 ✿ 按钮打开"系统设置"对话框,如图 19-61 所示。用户可以利用这个对话框设置资源的默认保存位置、同时运行的最大任务数、磁盘缓存、连接管理等信息。

图 19-61　迅雷"系统设置"对话框

19.3.2　网络电话 Skype

利用电话进行沟通是办公工作常用的沟通方式。但是若联络的对象远在异地,甚至跨越国境,就需要拨打长途电话,这就要产生昂贵的通讯费用。网络电话的出现,让电话联络更便捷、更经济。所谓网络电话,也称为 IP 电话、顾名思义是利用 Internet 来实现电话联系。网络电话包括语音、传真、视频传输等多种业务,因此不独占线路。同时网络电话对信号进行了压缩处理,因此比较传统的模拟电话通讯,网络电话占据带宽更小。目前,网络电话的软件有很多种,包括:Skype、阿里通网络电话、中华通网路电话、云话网络电话等。其中,Skype(中文名:讯佳普)是一款优秀的网络电话软件,其具备的功能包括:视频聊天、多人语音会议、多人聊天、传送文件、文字聊天等功能。它可以免费高清晰与其他用户语音对话,也可以拨打国内、国际电话,无论固定电话、手机、小灵通均可直接拨打,并且可以实现呼叫转移、短信发送等功能。本节我们以 Skype 为例介绍网络电话的使用。

一、获得及安装 Skype

Skype 中文版的官方网站地址是:http://skype.tom.com。Skype 软件分为 PC 版、安卓版、iPhone 版、iPad 版、Window Phone 版及 Symbian 版。截至 2013 年 7 月,在计算机上安装的 Skype 最新版本是 6.3。下载安装文件后,双击安装文件📄,打开安装向导,如图 19-62 所示。接受软件使用协议后,点击"下一步"按钮。之后按照向导的提示,分别进行程序位置设置、复制文件等工作,完成安装过程。安装完成后,在桌面上双击 Ⓢ 图标或者在"开始菜单"中找到 Ⓢ Skype 命令,即可启动 Skype。其登录窗口,如图 19-63 所示。

图 19-62　Skype 安装向导

图 19-63　Skype 登录界面

二、申请 Skype 账号

　　用户使用 Skype 必须首先申请 Skype 账号。在 Skype 网站上点击注册超链接,打开 Skype 账号注册页面,如图 19 - 64 所示。按照注册要求依次填写:账户名、密码、确认密码、邮箱及验证信息。点击"注册"按钮后,Skype 注册管理服务会给出注册成功提示。利用申请到的账户首次登录 Skype 需要检测、配置耳机、话筒及摄像头以方便使用。

图 19 - 64　Skype 账户注册

三、使用 Skype

1. 添加联系人

　　拥有了自己的 Skype 账户后,需要添加联系人。Skype 能添加两类联系人,一类 Skype 用户,另一类是普通电话或者手机用户。在"联系人"菜单中选择"添加联系人",在下级菜单中有"搜索 Skype 目录"及"保存电话号码"命令,能分别添加 Skype 用户联系人及普通电话联系人。其中,添加 Skype 用户联系人界面如图 19 - 65 所示。添加普通电话或者手机用户联系人界面如图 19 - 66 所示。

图 19 - 65　添加 Skype 联系人界面

图 19 - 66　添加电话联系人界面

2. 利用 Skype 进行通话

　　与 Skype 联系人通话,不需要支付费用,只要双方在线即可。与普通电话或者手机用户通话,需要预

图 19－67　向联系人拨号

先向 Skype 账户进行充值,具体请参见 Skype 的充值服务。在联系人列表选择一个联系人,在窗口右侧点击"拨打座机号码"按钮,如图 19－67 所示,在其下拉列表中,选择拨号方式。其中,"呼叫 Skype"是免费的 Skype 用户联系方式;利用"添加电话号码"功能添加普通电话或手机号码后,即是付费的通话方式。通话呼叫界面如图 19－68 所示。接收端点击"应答"按钮后,双方即可开始通话。

四、设置 Skype

用户可以对 Skype 进行相关设置,以更符合自己的使用习惯。在 Skype 界面的"工具"菜单中,选择"选项"命令,打开"选项"对话框,如图 19－69 所示。在该对话框中,用户可以对常规、隐私、提醒、呼叫、会话和短信属性进行设置。设置完毕后点击"保存"按钮即可完成设置。

图 19－68　Skype 通话呼叫界面

图 19－69　Skype 选项对话框

第 20 章　网络安全基础及系统优化

自从计算机系统成为人类社会发展不可缺少的角色以来,计算机的使用风险就一直威胁着使用者们。特别是在进入网络时代之后,人们对计算机的依赖程度越高,风险就越大。个人计算机系统采用开放式的系统设计,为计算机病毒和黑客的入侵在客观上创造了条件,网络的应用又为病毒的迅速传播提供了便捷。由此,网络安全问题造成的损失和破坏将是灾难性的。为此,计算机的安全操作和防范已经成为办公自动化领域中用户不可缺少的技能。

20.1　计算机不安全的主要因素

一、操作系统的不良使用

计算机操作系统是管理计算机各种资源使用的系统软件,对计算机的安全起到决定性作用。以 Windows 7 操作系统为例,其自身没有先天的安全弱点,只要恰当配置是可以安全使用的。但是,目前计算机应用者中有大量的初学用户,他们对操作系统的应用能力参差不齐,不能作为系统管理员来正确地配置和使用操作系统。因此,用户自身的脆弱性为计算机的安全带来巨大的隐患。此外 Windows 是一个开放的系统,微软公司为提高其产品在市场的竞争力不断地向操作系统中加入新功能,如:Internet 连接共享、远程桌面、远程自动连接管理器等。开放性所带来的问题是每个新服务都会引发一系列必须处理的新安全问题。另一个方面,对安全性而言,系统的复杂性从来不是一件好事,Windows 7 自身的规模和复杂性也为计算机的安全带来隐患,黑客可以利用 Windows 的复杂性进行攻击。

二、黑客(Hacker)

黑客曾一度是电脑发展史上的英雄,他们精通计算机系统的构造和操作,能找出系统的安全漏洞,促进计算机技术革命。但是随着时代的发展,一些人蜕变为黑客,侵入别人计算机系统获取利益,或进行破坏。过去,如果想要对网络进行攻击,黑客们需要具备网络拓扑结构和网络协议方面的丰富知识。但是当前,Internet 提供了大量的黑客工具,即使是一个刚入门的黑客新手(也就是所谓的"菜鸟"级黑客)也可以轻松找到计算机的系统漏洞并利用这些漏洞发动攻击。随着 Internet 服务和用户的不断增多,黑客攻击的数量肯定会随之继续增加。

三、恶意代码程序

代码指的是计算机程序代码,它可以完成特定的功能。恶意代码是黑客们编写的扰乱社会和他人的计算机程序,这些程序通称为恶意代码。恶意代码包括如下几种类型:计算机病毒(Computer Virus)、蠕虫(Worm)、木马程序(Trojan Horse)、后门程序(Backdoor)、逻辑炸弹(Logic Bomb)等等。限于版面篇幅,下面简要介绍常见的恶意代码。

根据《中华人民共和国计算机信息系统安全保护条例》,**计算机病毒**(Computer Virus)是指"编制或者在计算机程序中插入的破坏计算机功能或者破坏数据,影响计算机使用并且能够自我复制的一组计算机指令或者程序代码"。之所以称它们是病毒是因为它们类似于生物病毒,它能把自身依附在文件上或寄生在存储媒体里,能对计算机系统进行各种破坏；同时有独特的复制能力，能够自我复制；具有传染性可以很快地传播蔓延，当文件被复制或在网络中从一个用户传送到另一个用户时，它们就随同文件一起蔓延开来，但又常常难以根除。

蠕虫（Worm）具有病毒的共性特征，如：传播性、隐蔽性、破坏性等，此外蠕虫具有自己的特性。普通病毒的传染能力主要是针对计算机内的文件系统，而蠕虫不使用驻留文件即可在系统之间进行自我复制，蠕虫的传染目标是互联网内的所有计算机。此外，蠕虫会消耗内存或网络带宽，从而可能导致计算机系统及网络系统的崩溃。蠕虫病毒的危害比普通病毒要严重得多，典型的蠕虫病毒有"震荡波"、"尼姆达"、"恶邮差"和"妖怪"等。

木马（Trojan Horse）是从希腊神话里面的"特洛伊木马"得名的。"特洛伊木马"描述了古希腊人制造了一只装有士兵的巨大木马，并引诱特洛伊人将它运进城内，等到夜里马腹内藏匿的士兵与城外士兵里应外合，一举攻破了特洛伊城的故事。木马程序也是类似的机理，它将有控制能力、破坏能力的程序伪装成善意的、有用的程序，一旦用户接收，控制者就可以从远端控制被木马侵入的计算机。木马与病毒相比，一般不具有感染性和破坏性，它的主要目的是窃取用户的信息。为吸引用户下载执行，木马的传播途径可以包括：网站上提示用户下载的控件、邮件、MSN 或 QQ 传递的文件等。按照功能划分，木马可以分为：网络游戏木马、网银木马、即时通讯软件木马、网页点击类木马、下载类木马等。典型的木马有冰河、灰鸽子、网银大盗等。

20.2 保护计算机的基本措施

为避免计算机使用过程中的不安全因素，防止计算机系统受到恶意代码的侵袭和黑客的攻击，计算机的用户应该懂得和使用一些方法来提高计算机的安全性。

20.2.1 更新系统补丁

操作系统作为系统软件在设计过程中往往会有一些漏洞和不足之处，这些为日后的用户使用带来安全隐患。操作系统的生产商（如微软公司）会不断地发布"补丁程序"，来弥补这些不足。用户应当及时下载这些补丁程序，用以弥补漏及消除潜在的安全隐患。常用的两个获得操作系统补丁的途径包括：微软更新网站、第三方互联网安全软件。当前，很多的互联网安全软件产品，包括瑞星、金山毒霸、360 安全卫士等都提供操作系统的补丁更新服务。限于篇幅，这里以微软更新网站以及 360 安全卫士软件为例，介绍 Windows 7 更新操作系统补丁的过程。

一、利用 Windows Update 实现系统补丁

微软公司作为 Windows 7 的制造商，不断通过更新服务实现产品的实时更新。用户可根据自己的实际需要，选择性地安装微软发布的补丁。目前，微软对 Windows 7 发布的最全面的补丁包是 Service Pack 1。安装更新前，需要将计算机连入 Internet。

1. 执行 Windows Update 更新

以下是如何将计算机更新到最新状态的操作步骤，用户还可以使用这些操作说明来安装最新的非关键更新，如图 20-1～图 20-5 所示。

① 在"开始"菜单，选择 Windows Update 命令，如图 20-1 所示，系统会打开"Windows Update"窗口，如图 20-2 所示。另外两种打开方式是：在 IE 浏览器的"工具"菜单中选择 Windows Update 命令；在"控制面板"窗口中，在大图标查看方式下选择 Windows Update 命令。

② 若 Windows 7 没有开启自动更新功能，则需点击"启用自动更新"按钮，系统开始检查更新项目，如图 20-3 所示。若检测发现 Windows Update 程序需要更新，则首先更新 Windows Update 程序，在如图 20-4 所示。点击"现在安装"按钮更新 Windows Update 程序。

③ 更新完毕 Windows Update 程序之后，将检查其他的需要更新的内容，并给出提示如图 20-5 所示。用户可以点击"安装更新"按钮，安装所有的更新。用户也可以点击更新数量的文字，它实际是个超链接，如图 20-5 中的 22 个重要更新 可用 10 个可选更新 可用。系统打开更新内容列表，如图 20-6 所示。其中，分为"重要"和"可选"两类。对"重要"更新要全部选中，对"可选"更新内容根据用户需要进行选择。选择完成点击"确定"按钮。

图 20 - 1　开始菜单中的 Windows Update 命令

图 20 - 2　Windows Update 窗口

图 20 - 3　下载安装 Windows Update 软件

图 20 - 4　安装新的 Windows Update

图 20 - 5　安装更新

图 20 - 6　查看更新内容

④ Windows 在执行更新的过程中，可能需要多次重新启动计算机，并且需要用户确定接受相关协议，因此用户要确保计算机的电源和网络工作正常。较慢的网络速度可能需要几个小时下载所有建议的更新程序。下载时间长短取决于用户距离上一次更新的时间和连接的网络速度。要缩短下载时间，请在计算机没有执行其他与 Internet 有关的任务时运行。有些更新会在计算机关机和开机时执行需要用户耐心等待。

2. 检查 Windows Update 更新历史

在 Windows 执行了多次更新后，用户可以检查历次更新情况。在 Windows Update 窗口中的左侧导航栏中,选择"查看更新历史记录"超链接,如图20-7所示。打开"查看更新历史记录"窗口,如图20-8所示。在这个窗口中用户可以检查历次更新情况。

图 20-7 Windows Update 窗口

图 20-8 "查看更新历史记录"窗口

图 20-9 "更改设置"窗口

3. 设置 Windows Update 更新

由于 Windows 执行更新需要较长的时间,并且不是每个更新都必须安装,因此用户可以设置执行 Windows 更新的方式及时间。在 Windows Update 窗口中的左侧导航栏中,选择"更改设置"超链接,如图 20-7 所示,系统打开"更改设置"窗口,如图 20-9 所示。在"重要更新"下拉列表中,用户可以选择四种更新方式,对于初级用户建议使用"自动安装更新"选项。选择其他方式的用户需要及时了解系统提示的更新通知。选择"自动安装更新"后,用户可以设置更新的时间。建议用户选择在空闲的时间执行更新,如中午的午休时间。对于"推荐更新"内容,建议勾选"以接受重要更新的相同方式为我提供推荐的更新"复选框。若计算机有其他用户使用,建议勾选"允许所有用户在此计算机上安装更新"复选框。

安装更新之后,用户可能需要重新启动计算机。重新启动之后需要返回到 Windows Update,检查是否有其他需要下载的程序。用户可能需要反复执行此步骤。

二、使用第三方安全软件获得系统补丁

除了使用 Windows Update 实现系统更新外,很多第三方软件也提供了更新服务。其中 360 安全卫士就是一款有代表性的能辅助实现系统更新的软件。它是奇虎公司出品的互联网安全软件。截至 2013 年 7 月,360 安全卫士的最新版本是 v9.1。用户可以到 www.360.cn 上获得最新的版本,按照安装向导提示,用户可以便捷地完成安装工作。

启动"360 安全卫士"之后,可以使用两种方法进行操作系统补丁更新,步骤如下:

① "360 安全卫士"电脑体检:在界面上点击"电脑体检"按钮"360 安全卫士"马上全面检查系统的状况,包括:系统的漏洞、软件漏洞、启动项目、系统的垃圾文件等。检查结束后,给出一个评分,如图 20-10 所示。用户可利用"一键修复"按钮对系统进行修复。

图 20‑10　"360 安全卫士"电脑体检结果

②"360 安全卫士"修复漏洞：在界面上点击"漏洞修复"按钮，"360 安全卫士"马上开始检查检查系统的漏洞、软件漏洞等，并给出检查结果，如图 20‑11 所示。对于发现的漏洞，用户可以点击"立即修复"按钮。"360 安全卫士"开始进行系统补丁等的更新。

图 20‑11　"360 安全卫士"漏洞检查

20.2.2　更新软件补丁及升级

除了操作系统外，其他的应用软件如：QQ、迅雷、OFFICE 系列软件等，也需要及时更新及升级，弥补软件中的漏洞以及防止病毒的侵扰。常用的获得软件补丁及升级的途径包括：软件生产商的更新网站、软件自生的升级功能、第三方互联网安全软件。

一、利用软件本身提供的更新功能

软件自生的升级/更新是通过软件自带的功能实现更新，这是最便捷的升级更新方式。例如迅雷设置菜单的"检查更新"功能，如图 20‑12 所示。QQ 软件的"系统设置"中的"软件更新"功能，如图 20‑13 所示。用户只需执行软件提供的更新功能，就是实现软件的升级。

图 20‑12　迅雷设置菜单的检查更新　　　　图 20‑13　QQ 系统设置功的软件更新功能

二、利用 Windows Update 微软网站获得软件补丁

对于微软的产品,如 Office 系列的 Word、Excel、PowerPoint 等,由于和操作系统如 Windows 7、Windows 8 联系紧密,微软公司将它们的更新工作与 Windows Update 进行集成。在用户利用 Windows Update 进行更新时,它不仅会检查操作系统的更新内容,也会检查微软系列产品的更新内容。

三、利用第三方软件进行软件更新

目前为方便用户"傻瓜化"地管理计算机中的软件,很多软件公司都推出了电脑管理助手软件或者功能,包括:91 助手、腾讯电脑管家、金山卫士、360 安全卫士等。它们提供的软件管理基本功能包括:卸载软件、安装软件、发现更新、执行更新等。以"360 安全卫士"为例,在"360 安全卫士"同时会安装有"360 软件管家"。"360 软件管家"是一个实用的软件管理工具,使用它可以实现软件的升级、卸载,及常用软件的下载等。在"360 软件管家"界面中点击"软件升级"按钮,"360 软件管家"会检查并列出需要更新的软件,如图 20‑14 所示。用户可以选择需要升级的软件,点击对应的"升级"按钮,就可以实现软件的升级。

图 20‑14　"360 软件管家"窗口

20.2.3　使用防火墙

什么是防火墙呢？防火墙是一个软件或硬件，它有助于抵御企图通过 Internet 侵入用户的计算机的黑客、病毒、蠕虫等的攻击。如果用户的计算机连接到 Internet 上而未采取保护措施，则黑客就可能获取对用户的计算机上个人信息的访问权。他们可能会在用户的计算机上安装破坏文件或者导致故障的代码。他们还可能利用用户的计算机给连接到 Internet 的其他家庭和公司的计算机带来问题。防火墙有助于抵御多种恶意 Internet 通信量，防止它们进入用户的系统。有些防火墙还有助于防止其他人在用户毫无察觉的情况下使用用户的计算机攻击其他计算机。无论用户采用何种方式连接到 Internet，使用防火墙都很重要。

防火墙可以分为硬件防火墙和软件防火墙两种。对于普通用户来说多是使用软件防火墙保护计算机的安全。目前，很多前，适合个人使用软件防火墙产品很多，例如：Symantec、诺顿、金山独霸、瑞星、天网防火墙、360 防火墙等。限于篇幅，本章节介绍 Windows 7 自带的防火墙以及瑞星防火墙。

一、Windows 7 防火墙

Windows 7 防火墙是 Windows 7 系统自带的一款能够阻截所有未经请求传入的防火墙软件。它可以有效地保护系统的安全，帮助用户更好地保护电脑中的数据。

启动 Windows 7 防火墙的步骤如下：

① 打开"控制面板"窗口，在"小图标"查看方式下，找到并点击 🔲 Windows 防火墙 图标，打开"Windows 防火墙"窗口，如图 20－15 所示。用户可以查看当前系统的网络连接情况。

② 在"Windows 防火墙"窗口左侧窗格中，点击 🔲 打开或关闭 Windows 防火墙 。系统打开防火墙自定义设置窗口，如图 20－16 所示。在对应的网络位置中，选择"启用 Windows 防火墙"单选按钮，即可启用 Windows 防火墙；如果选择"关闭 Windows 防火墙(不推荐)"单选按钮，将会关闭 Windows 防火墙。点击窗口下方的"确认"按钮，返回"Windows 防火墙"窗口。再点击其中的"确认"按钮，完成设置。

图 20－15　Windows 防火墙窗口

图 20－16　防火墙自定义设置窗口

当 Windows 防火墙处于打开状态时，大部分程序都被阻止通过防火墙进行通信。如果您要允许某个程序通过防火墙进行通信，可以将其添加到允许的程序列表中。例如，在将 QQ 程序添加至允许的程序列表之前，它无法发送消息。若要将程序添加到此列表，请参阅允许程序通过 Windows 防火墙进行通信。

二、瑞星个人防火墙

瑞星个人防火墙是瑞星公司出品的一款较有特色的防火墙产品，截止到 2013 年 7 月，瑞星个人防火墙

的版本是 24.00.16.35，支持 Windows 2000/XP/2003/Vista/7/8/Server 2008。用户可以从瑞星的官方网站上免费获得，地址：http：//pc.rising.com.cn。瑞星个人防火墙启动之后界面如图 20-17 所示。

图 20-17　瑞星个人防火墙主界面

瑞星个人防火墙的特点包括：智能反钓鱼功能，利用反钓鱼引擎功能及大规模恶意网址库，实现对钓鱼网站的拦截能力；智能广告拦截，实时屏蔽视频、网页和软件广告；实用的联网小工具，如：网络诊断、流量统计、ADSL 优化、IP 自动切换、家长控制等。

20.2.4　使用防病毒软件

防病毒软件是一种防病毒的专用程序。它帮助用户保护计算机系统，杜绝病毒对计算机的侵害。然而，没有一种防病毒软件能百分百做到杜绝病毒的侵害。发现及消除病毒是一件比较复杂、费时的工作，涉及多个学科的工作。防病毒软件的优劣也与生产防病毒软件产品公司的自生研发能力有关系。用户利用防病毒软件实现最大限度地保护计算机，要注意以下几个方面的问题：

一、了解计算机是否安装了防病毒软件

许多计算机制造商都在新计算机中安装了常用防病毒软件。要查看它们，可以单击"开始"按钮，在"开始"菜单的"所有程序"中进行查找。在"所有程序"列表中查找带有 360、瑞星、金山毒霸、Norton 或 Symantec 这样的名称的项目。目前，防病毒软件软件的产品很多，如果用户还没有安装防病毒软件，可以参考访问以下防病毒软件公司的网站，了解其产品的特性择优选择。

- 奇虎公司：http：//www.360.cn
- Symantec 公司：http：//www.symantec.com
- 瑞星公司：http：//www.rising.com.cn
- 金山公司：http：//www.kingsoft.net
- 卡巴斯基：http：//www.kaspersky.com.cn/

不同公司的防毒软件安装在同一个计算机上，有时会发生冲突，从而影响使用。请务必在安装新产品之前先卸载当前的产品。限于篇幅，不能列举出更多的防病毒软件产品，用户可以参考相关的资料信息，择优选择。

二、确保防病毒软件是最新版本

　　过时的防病毒软件意味着该防病毒软件不完全具备防病毒能力,因此防病毒软件需要定期更新才能帮助预防最新的病毒威胁。如果不订阅这些更新,用户的计算机就极易受到攻击。用户需要确保已激活了订阅功能,来连续更新用户的防病毒软件。大多数防病毒软件会在用户连接到 Internet 时自动更新。为了确保用户的软件是最新的,请从"开始"菜单或任务栏通知区打开防病毒软件,然后查看更新状态。如果仍然不能确定自己的防病毒软件是否为最新的,可以与防病毒软件提供商联系。例如,"360 杀毒"窗口下方有一个"检查更新"按钮,点击它软件会更新至最新,如图 20 - 18 所示。用户也可以对杀毒软件设置自动更新,避免手动更新的繁琐,始终保持最新的版本。例如在"360 杀毒"的设置中,可以利用"升级设置"功能设置成自动更新,如图 20 - 19 所示。

图 20 - 18　360 杀毒在线升级

图 20 - 19　360 杀毒升级更新设置

三、正确设置防病毒软件以提供最佳保护

　　在安装防病毒软件后,应当启动计算机时也默认启动防病毒软件,以实现防护功能。如果用户因其他原因将其关闭,在连接到 Internet 之前务必先将其重新打开。一般情况下,用户应该打开防病毒软件的"自动"或"实时"扫描。在通知区域应该显示一个防毒软件的图标,表明该设置已经启用。此外,要利用防病毒软件"定期对硬盘进行扫描",并且大部分防病毒软件有扫描邮件病毒的功能,也应该启动"扫描电子邮件"功能。

　　值得一提的是,任何防毒、杀毒软件都不是万能的,新的病毒会不断出现,还会发现更多的系统安全漏洞,安全防范工作将是长期的、经常性的工作。

20.3　计算机系统的优化

　　在利用计算机办公的过程中,我们常常发现自己使用的计算机运行越来越慢,打开软件需要的时间越来越长,计算机使用越来越不流畅。很多用户认为这是计算机中病毒造成的,但是使用了杀毒软件检查后却没有结果,计算机使用慢的情况依然得不到缓解。其实,这种情况很可能是计算机没有很好地配置、系统没有很好地优化造成的。

20.3.1 计算机系统优化概述

前文介绍的杀毒软件及防火墙的使用,其目的是帮助用户建立一个安全的防线。在这个防线背后,如何使用好计算机就是用户自己安排的事情。如同有些优秀的办公人员将资料管理得整整齐齐、工作安排得井井有条,而有些办公人员资料管理马马虎虎、工作安排凌乱无章。对计算机的管理也需要合理安排,才可以发挥它的最大功效。

首先,让我们分析一下造成计算机慢下来的原因。造成计算机运行慢的因素很多,包括硬件配置逐步陈旧、软件规模不断增大、网络拥塞这些外在因素。排除这些外在因素,从自身角度分析我们对计算机的管理工作,我们会发现:系统中安装的软件越来越多,磁盘剩余空间越来越少,临时及陈旧文件积累越来越多,开机时同时启动的软件越来越多,联网使用的软件也越来越多等。这些往往是造成计算机或程序运行慢的主要因素。

针对上述问题,计算机系统优化的主要作用是:清理不必要的文件,释放出更多的硬盘空间;阻止一些程序开机自动执行,以加快开机速度;清理注册表里的垃圾文件,减少系统错误的产生;减少不必要的系统服务,回收处理资源;实现用户计算机使用的个性化等。计算机系统优化的目标是腾出更多的系统资源供用户支配,并且保证计算机系统本身的稳定性和安全性。

20.3.2 计算机系统优化的基本方法

计算机系统优化的内容及方法很多,包括:硬件优化、图形加速优化、网络优化、注册表优化等。这里我们从适合普通办公人员角度,给出一些操作简单、实用可靠的方法。

一、合理地分配及使用磁盘空间

新计算机开始使用时,硬盘可能只有一个 C:分区。合理的方法是将硬盘划分为至少三个分区进行使用。第一个分区安装操作系统,第二分区安装应用程序,第三分区用来保存用户的个人文件。第一个分区只安装操作系统是为了让操作系统有一个相对独立的环境,避免其他程序对操作系统的影响,有利于系统的稳定性。若系统有损坏需要恢复系统时,只需对第一个分区操作就可以了,不影响其他资料。将应用程序集中到第二个分区安装,有利于应用程序的独立运行。将用户资料保存在第三个分区,有利于用户资料的安全,便于查找及备份。同时,对第一个分区需要预留出一定量的空闲空间。因为操作系统运行时需要调用一定的磁盘空间作为虚拟内存。

二、清理及整理磁盘

对于磁盘上的临时文件需要及时清理,以释放出更多的磁盘空间。用户可以借助磁盘管理工具完成。

图 20-20 磁盘"属性"对话框"常规"选项卡

打开"资源管理器",在指定的分区符号上右击鼠标,在弹出菜单中选择"属性"命令,如图 20-20 所示。在"常规"选项卡中,点击"磁盘清理"按钮,系统开始检查系统中的临时文件并弹出"磁盘清理"对话框,显示磁盘中存在的临时文件情况如图 12-21 所示。点击"确定"按钮即可完成对临时文件的清理。在长期使用计算机后,磁盘上会出现"碎片",这是长期保存、更改或删除文件产生的。所谓"碎片"是指不连续的小的存储空间,它将降低磁盘及文件的使用效率。"碎片"的产生不可避免,但是需要对"碎片"进行及时整理。"磁盘碎片整理程序"是重新排列卷上的数据并重新合并碎片数据的工具,它有助于计算机更高效地运行。在 Windows 7 中,磁盘碎片整理程序可以手动运行也可以按计划自动运行。打开"磁盘属性"对话框,选择"工具"选项卡,如图 20-22 所示。点击其中的"立即进行碎片整理"按钮。系统打开"磁盘碎片整理程序"窗口,如图 20-23 所示。用户选择磁盘,点击"磁盘碎片整理"按钮,即可开始整理。此外,用户点击窗口中的"配置计划"按钮,可为磁盘整理工作指定一个工作计划,从而实现自动整理。

图 20‑21　"磁盘清理"对话框

图 20‑22　磁盘"属性"对话框"工具"选项卡

图 20‑23　"磁盘碎片整理程序"窗口

三、减少系统的启动项目

许多应用程序在安装后,都作为自动启动加载项目,在每次开机后都会自动运行。这不仅延长了启动时间,而且消耗了大量系统资源。在任务栏的通知区域中,用户会看到系统中运行的程序,如图 20‑24 所示。在通知区域中,用户可以右击程序图标,在弹出菜单中执行"退出"命令来关闭不必要的程序。更彻底的解决方法是减少启动项目。

系统自带的开机启动项设置方法如下:打开"控制面板"窗口,在"小图标"查看方式下,找到并点击中的 管理工具,在随后打开的"管理工具"窗口中,双击 系统配置,打开"系统配置"对话框,选择"启动"选项卡,如图 20‑25 所示。用户

图 20‑24　正在运行的程序

图 20‒25　系统配置对话框

从启动项目列表中，取消不必要的启动项前的复选按钮，然后点击"确定"按钮，即可实现启动项目的优化工作。

四、使用第三方优化工具

对于不了解系统设置的用户来说，可以借助第三方的优化工具来实现计算机系统的优化工作。目前很多软件厂商都设计了计算机系统优化软件或者工具，包括：Windows 优化大师、系统优化大师、魔方优化大师、鲁大师、超级兔子、360 安全卫士等。这些软件或者工具提供的系统优化内容包括：清理磁盘临时文件、清理启动项目、清理软件插件等。这些工具各有特点，用户可以根据自己喜好选择。以 360 安全卫士为例，在 360 主界面上点击"优化加速"按钮，打开系统优化功能窗口，如图 20‒26 所示。用户可以根据自己的实际情况，选择优化内容。

图 20‒26　360 安全卫士优化功能

第 21 章　办公新应用

　　随着信息技术的发展,云计算及移动应用已成为信息技术新的发展方向。办公自动化技术也需要随着信息技术的发展与时俱进。云计算为各类组织提供优质的软件服务的同时,也为他们节省了巨大的信息系统建设与维护的开支。移动应用的发展使得现代办公可以随时、随地开展,极大地提高了办公的效率。因此,了解这些新兴技术的应用,将提高办公人员的现代办公技能。

21.1　办公云应用

21.1.1　云存储的应用

　　"云存储"是"云"提供的重要服务之一。目前,提供云存储服务的软件包括:Google Drive、微软的SkyDrive、苹果 iCloud、Dropbox、金山快盘、115 云盘、阿里云、百度云盘、华为云盘等。上述云存储软件都各具特色,它们提供的基本服务包括:文件同步、文件备份和文件共享功能。此外,云存储服务逐步向各类平台覆盖,包括:Windows 、Mac OS、Android 、iOS 等。未来的使用趋势是,只要用户安装了云存储服务,在各类客户端上,包括电脑、手机、平板电脑之间,都能够直接跨平台互通互联。云存储为现代移动办公提供了有力的支持。

　　本节以桌面 SkyDrive 为例,介绍云存储的基本使用过程。SkyDrive 是由微软公司推出的一项云存储服务,提供免费的 7G 存储空间。用户可以通过自己的 Windows Live 账户进行登录,上传自己的图片、文档等到 SkyDrive 中进行存储,还可以进行 Office 文档编辑和协作。SkyDrive 的文件管理方式与 Windows 基本相同,在 SkyDrive 中可以建立多级目录,可对文件、文件夹进行移动、复制、共享、删除等操作。

一、获得及安装 SkyDrive

　　从微软的官方网站上可以获得 SkyDrive 桌面安装包,下载地址:http://windows. microsoft. com/zh-cn/skydrive/download。目前,支持的计算机客户端系统包括:Windows 7、Windows 8 和 Mac OS,但不支持 Windows XP。安装步骤如下:

　　① 双击下载的安装文件 ☁ ,即可打开安装向导,如图 21-1 所示。

　　② 点击"开始"按钮进入向导第二步,如图 21-2 所示,要求输入一个微软的账户,若用户没有可以点击"立即注册"超链接注册获得。

　　③ 登录验证通过后进入安装向导第三步,用户可以更改 SkyDrive 的位置。如图 21-3 所示。

　　④ 点击"下一步"按钮,进入向导第四步。这里选择需要 SkyDrive 同步的文件夹,这里选择所有文件和文件夹。

　　⑤ 点击"下一步"按钮,进入安装向导第五步,点击其中的"完成"按钮完成软件安装。

图 21 - 1 　 SkyDrive 安装向导 1

图 21 - 2 　 SkyDrive 安装向导 2

图 21 - 3 　 客户端 SkyDrive 窗口

二、使用 SkyDrive

在"开始"菜单点击 ![Microsoft SkyDrive] 命令,打开 SkyDrive 窗口,如图 21 - 4 所示。该窗口实际是资源管理器窗口,显示了磁盘上的 SkyDrive 文件夹的位置。SkyDrive 对文件管理方式延续了 Windows 基本形式,使得用户更容易使用。向 SkyDrive 目录中添加文件或者文件夹,当文件或者文件夹上出现一个 ![符号],表明该对象已经同步到云存储中,如图 21 - 4 所示。在 SkyDrive 窗口对文件或者文件的操作,包括添加、删除、复制、更名等,与普通文件夹操作方法相似。

对云中文件的访问,一种是安装客户端 SkyDrive,另外一种是通过 Web 访问。只要在另一台计算机上安装 SkyDrive 客户端,利用相同的账户登录,就可以同步云服务中的内容,实现对云存储内容的访问。通过网站访问云存储内容,可以在 IE 在地址栏中输入 SkyDrive.com,即可打开登录界面,如图 21 - 4 所示。输入验证信息验证通过后,进入 SkyDrive 页面,如图 21 - 5 所示,显示了当前云空间的存储情况。利用 SkyDrive 网站,用户可以查看文件内容、编辑内容、新建内容及上传新内容。

图 21 - 4 　 SkyDrive Web 登录窗口

图 21 - 5 　 SkyDrive Web 界面

1. 在网站中浏览云存储内容

点击 SkyDrive Web 界面左上角的 SkyDrive 标识,如图 21 - 5 所示,打开 SkyDrive Web 文件管理窗口,如图 21 - 6 所示。在这里用户可以浏览云存储中的详细内容。

2. 在网站中编辑云存储的内容

在 SkyDrive Web 文件管理窗口中,选中一个 Office 文件即可调用对应的 Web App 查看其内容。若需要对其进行编辑,点击工具栏上的"编辑文档"按钮,在下拉列表中提供了在"在 Word 中编辑"及"在 Word Web App 中编辑"两种方式,如图 21 - 7 所示。前

图 21 - 6　SkyDrive Web 文件管理窗口

者调用本机的 Word 软件进行编辑,后者调用 Word Web App 进行编辑,如图 21 - 8 所示。Web App 提供了强大的编辑功能,能够编辑 Word、Excel、Powerpoint、OneNote 文件。

图 21 - 7　在 SkyDrive Web 浏览文件

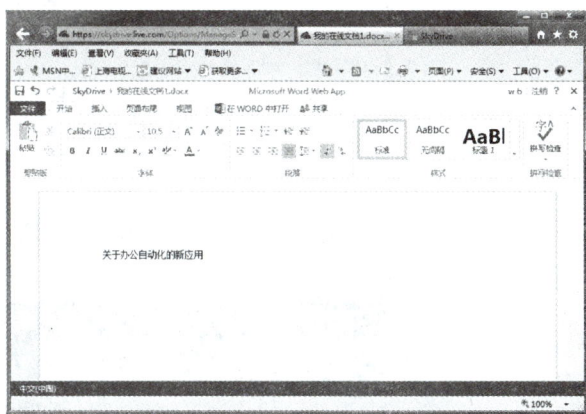

图 21 - 8　利用 Web App 编辑 Word 文件

3. 在网站中创建/上载新内容

在 SkyDrive Web 中可以直接创建文件,在工具栏中点击"创建"按钮,在下拉列表中可以选择创建的文件类型,如图 21 - 9 所示。用户甚至可以直接创建文件夹,如图 21 - 10 所示。利用工具栏的"上载"按钮,用户可以将本地文件上载到云存储中。用户创建的对象及上载的对象,都会同步到客户端的文件夹中。

图 21 - 9　创建新内容

图 21 - 10　创建新文件夹

4. 共享云内容

云存储的内容也可以共享给其他用户。在文件管理窗口中,选中一个对象,执行"共享"命令,如图 21 - 11 所示。点击"共享"后,打开发送共享链接对话框,如图 21 - 12 所示。在编辑框中填写一个微软账户联系人

地址。云服务将发送一封带有共享超链接的邮件给对方。对方接收邮件后，通过共享超链接访问共享内容。

图 21-11　设置文件共享

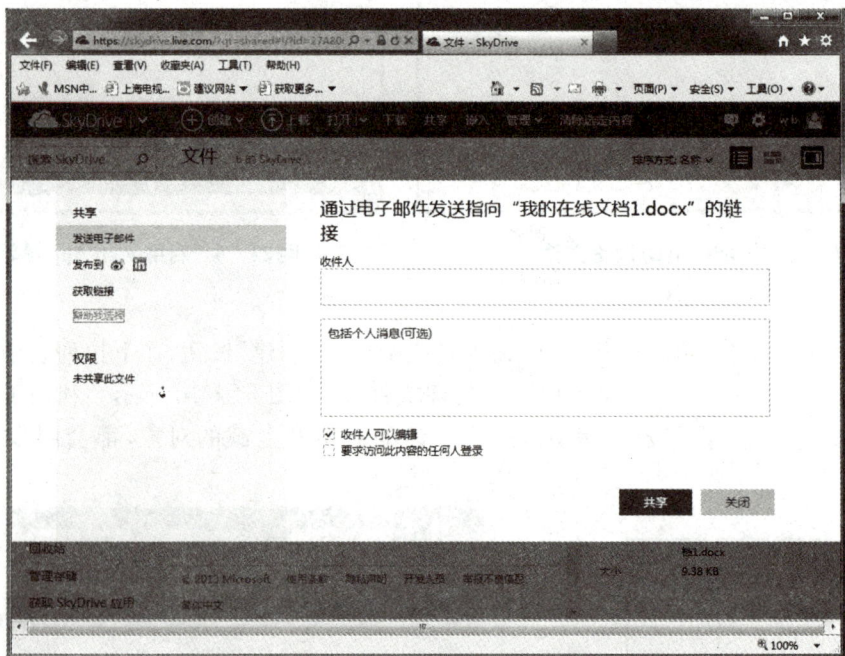

图 21-12　发送共享链接

21.1.2　云办公 Microsoft Office 365

随着"云"技术的发展与应用，很多厂商都提供了基于"云"的办公系统。在"云"办公系统的支持下，用户可以在电脑、智能手机、平板电脑和其他移动设备上进行移动办公。无论用户身处何处，都可以随时查阅文档、编辑文档、收取邮件与联系人交流，如同在办公室的工作环境一样，这极大地方便了用户的工作。目前，云办公系统包括：Google Docs、Office 365、Gleasy 一站式云办公平台、百会办公门户等。

本节我们以微软 Office 365 为例，简要介绍云办公软件的使用。Office 365 是微软公司推出的云计算产品。Office 365 的最大特点是一个基于 Web 并且与 Microsoft Office 完全兼容的服务。2012 年 6 月 28

日 Office 365 正式发布。微软 Office 365 网站的地址是：www. office. com，主页如图 21 - 13 所示。目前，Office 365 可以提供个人及企业的免费试用。

图 21 - 13　微软 Office 365 主页

图 21 - 14　Office 365 用户首界面

一、登录 Office 365

点击 Office 365 主页右上角的"登录"按钮，系统给出提示框，用户可以使用 Microsoft 账户或者机构账户登录，前者是用户个人在各类 Microsoft 服务中使用的账户，后者需要用户所在机构事先申请企业用户，并让管理员开设的账户。首次登录时，系统会提示更改密码。成功登录后的界面如图 21 - 14 所示。在界面的右上角有一排工具栏，包括：Outlook、日历、人脉、新闻源、SkyDrive 以及工具按钮。

二、安装 Office 365

用户客户端可以安装 Office 365 软件,更方便地在本地计算机上使用。安装 Office 365 的环境要求包括：操作系统要求是 Windows 7、Windows 8、Windows Server 2008 R2 或 Windows Server 2012,内存至少 1G,磁盘空间 3G。具体请参阅 Office 365 安装要求。在 Office 365 首界面中,点击"PC 和 Mac",进入安装界面,如图 21-15 所示。选择语言类型,点击"安装"按钮后,下载一个安装包。运行安装包后进入安装向导,在向导提示下用户可方便地完成软件安装。

图 21-15　安装 Office 365

图 21-16　Word 2013 启动首界面

三、使用 Office 365

在安装了 Office 365 之后,利用 Office 365 用户可以从"开始"菜单中看到最新的 Office 软件,包括 Word 2013、Excel 2013、PowerPoint 2013 等,Word 2013 首界面如图 21-16 所示。用户创建 Office 文件可以通过两种方式,一种是利用本机安装的 Office 365 系列软件,另一种是利用 Office 365 网站,使用 Web App 创建。这两种方式创建的文件,可以通过云服务共享、共用。

1. 利用本地 Office 系列软件创建文档

安装 Office 365 后,利用安装在计算机上的软件可以创建多种文档。这里以 Word 文件为例。打开本地的 Word 2013 软件,界面右边的窗格中提供了多种形式的模板文件,可以从中选择。图 21-17 显示了利用模板文件创建的 Word 2013 文件的编辑界面。编辑完毕后的文件,点击编辑界面左上角的"文件"按钮。打开另存为窗口,如图 21-18 所示。用户可以将文件保存在机构账户中、SkyDrive 账户中及本地计算机中。用户自己还可以添加新的保存位置。

图 21-17　编辑 Word 2013 文档

选择机构账户中或 SkyDrive 账户保存,既是将文件保存到在云服务器中。这样,在移动办公中用户可以通过 Office 365 的网站来查看文件。登录 Office 365 网站,点击工具栏中的"SkyDrive"图标,打开 Office 365 文档界面,即可查看到保存的文件,如图 21-19 所示。点击其中的 Word 文件,在浏览界面中选择"编辑文档"菜单,用户可从编辑文档菜单中选择"在 Word 中编辑"及"在 Word Web App 中编辑"两种方式,如图 21-20 所示。前者是调用用户本机安装的 Word 进行编辑,后者利用 Web App 进行在线编辑。Word Web App 提供的编辑功能十分强大,如同利用桌面的 Word。

图 21-18　Word 2013 另存为界面

图 21‑19　在 Office 365 网站中查看文件

图 21‑20　查看 Office 365 网站中文件

2．利用 Office 365 创建文档

在 Office 365 网站中可以直接创建 Office 文件。在登录 Office 365 网站，点击工具栏中的"SkyDrive"图标，打开 Office 365 文档界面，点击"新建文档"按钮，在弹出菜单中选择新建文档类型，如图 21‑21 所示。新创建的文档将保存在云服务器上。

对于 Office 365 网站创建的、保存在云中的文档，用户可以利用本地的 Office 软件打开并编辑。以 PowerPoint 文件为例。打开本地 PowerPoint 2013 软件，在"打开"功能中选择"机构(去例是"大学")"或者

图 21－21　在 Office 365 网站中创建新文档

图 21－22　本地 PowerPoint 软件打开功能

SkyDrive,既是从云服务器上打开文档。在随后的"打开"对话框中,选择云服务器上的文件,如图 21－22 所示。本地 PowerPoint 软件随即打开云中存储的文件,进入编辑状态用户在本地的编辑结果将会同步到云服务器上。

四、使用 OutLook

在 Office 365 网站用户首界面中,点击工具栏的"OutLook"按钮,进入用户 OutLook 界面,如图 21－23 所示。利用 OutLook 功能用户可以进行邮件管理,如同利用本地的邮件管理工具。用户也可以在本地计算机的"开始"菜单中启动 OutLook。

图 21‑23　Office 365 网站用户 OutLook 界面

五、其他 Office 365 应用软件

Office 365 提供了丰富的办公软件,除了前面介绍的软件外,安装在用户计算中的软件还包括：Lync 2013、OneNote 2013、Pubilsher 2013、SkyDrive Pro 2013、InfoPath Deigner 2013、InfoPath Filler 2013。其中,Lync 2013 是一个能提供了即时通信、网络电话、视频通讯、视频会议的集成通讯工具。其通讯方式与 Windows Live Messenger 及腾讯 QQ 十分相似。它可以为用户的办公提供高质量的通讯服务。

21.2　办公移动应用

随着移动应用的蓬勃发展,面向办公的移动应用也逐渐丰富起来。本章节将介绍几款面向办公的移动应用。

21.2.1　移动 Office 应用

随着移动应用的迅猛发展,很多软件公司都推出了移动版本的 Office 应用软件,可应用于 Android、iOS 及 Windows Phone 平台。这些**移动 Office 应用软件**包括：金山 WPS Office、Office 办公套件、金软 Office、Quickoffice 移动办公、Documents To Go 等。

本节我们以 Android 平台的 Polaris Office 为例,简要介绍一下移动 Office 应用软件的使用。Polaris Office 是由韩国的 INFRAWARE 公司针对移动终端开发的一款功能强大的移动办公软件。它可以查看和编辑 Word 文档、Excel 表格、PowerPoint 幻灯片等常用的办公文档。

一、启动 Polaris Office

在 Android 上,点击█图标即可启动 Polaris Office 软件。Polaris Office 的主界面如图 21‑24 所示,软件启动后首先进入"我的文档"界面。

二、浏览 Office 文件

启动 Polaris Office 软件之后,在"我的文档"界面中,通过在手机存储器的目录夹之间的切换,找到文档存储的文件夹,如图 21‑25 所示。点击指定的文件就可以浏览其中的内容。

图 21-26 显示了浏览 Word 文件的内容的效果。图 21-27 显示了浏览 PowerPoint 文件的内容的效果。图 21-28 显示浏览 Excel 文件的内容的效果。点击手机界面提供的返回按钮，就可以关闭文档。在 Polaris Office 的主界面点击"最近的文档"，就可浏览最近访问过的文件列表，如图 21-29 所示。

图 21-24　Polaris Office 主界面

图 21-25　浏览我的文档内容

图 21-26　浏览 Word 文件内容

图 21-27　浏览 PowerPoint 文件

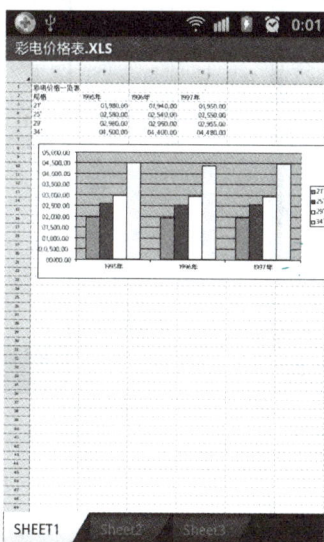

图 21-28　浏览 Excel 文件

图 21-29　浏览最近的文档

三、创建及编辑 Office 文件

Polaris Office 可以创建新的 Office 文档，也可以编辑已经存在的 Office 文档。在 Polaris Office 的主界面点击新建按钮，弹出新建列表，如图 21-30 所示，用户可以选择多种类型的文件。图 21-31 显示了新建 Word 文件后进行编辑的界面。在 Polaris Office 中，对 Word 文档的编辑功能包括：字体、字号、文字颜色、项目符号、剪贴板、插入图片等。其提供的功能非常齐全，满足了移动办公 Word 文档编辑的基本需要。图 21-32 显示了新建 PowerPoint 文件后进行编辑的界面。在 Polaris Office 中，对 PowerPoint 文件的编辑功能包括：幻灯片版式、插入图片、字体大小、文字颜色、剪贴板等。

四、发送文件

Polaris Office 编辑的文件可以保留在手机上，也可以通过发送功能发送到网络上。在编辑界面的"更多"功能中，选择"发送文件"命令，打开发送文件功能，如图 21-33 所示。用户可以将文件发送到 SkyDrive、Skype、电子邮件、蓝牙等多个应用中。如果手机上安装有 SkyDrive，Polaris Office 就可以直接发送到云存储中，如图 21-34 所示。点击界面下方的"上载"按钮即可以将文件保存到 SkyDrive 云存储中。

图 21-30 创建 Office 文件

图 21-31 编辑 Word 文件

图 21-32 编辑 PowerPoint 文件

图 21-33 发送文件界面

图 21-34 发送文件到 SkyDrive

21.2.2 移动云存储应用

"云"存储的运用除了桌面平台之外，也广泛应用于移动平台。各大云应用服务商都开发了针对移动平台的产品，包括：苹果 iCloud、Google 云端硬盘、SkyDrive、Dropbox、百度网盘等。本节我们以 Android 平台的 SkyDrive 为例，简要介绍一下**移动云存储**的应用。

一、启动移动 SkyDrive

在 Android 上，点击 ▣ 图标即可启动 SkyDrive 软件，如图 21-35 所示。首先进入登录界面，如图 21-36 所示。若没有 Microsoft 账号，可以点击登录页面中的"立即注册"进行申请。验证通过后，SkyDrive 界面如图 21-37 所示。界面显示了已经存储在 SkyDrive 中的文件夹信息及文件信息。若是首次登录则是空的列表。

SkyDrive 界面下面四个按钮的作用分别是：▣ 按钮用于改变文件的显示方式；▣ 用于上载文件，点击后将出现弹出菜单，其中包含"上载照片和视频"、"上载文件"两个命令；▣ 按钮用户创建一个新的文件夹；▣ 刷新界面。

二、查看 SkyDrive 中的文件

在移动 SkyDrive 中浏览文件是将文件从云存储中下载到手机上，然后利用手机上安装的 Office 软件或相关支持文件格式的软件打来浏览。以浏览 Word 文件为例,点击界面上的 Word 文件即开始从云存储中进行下载,如图 21‐38 所示。下载完成后,系统询问打开文件浏览的方式,如图 21‐39 所示。选择 Word To Go 后,浏览文件的内容如图 21‐40 所示。

图 21‐35　启动 SkyDrive

图 21‐36　SkyDrive 登录页面

图 21‐37　SkyDrive 主界面

图 21‐38　从 SkyDrive 下载文件

图 21‐39　选择浏览方式

图 21‐40　浏览文件内容

三、在 SkyDrive 上创建新文件夹

利用移动 SkyDrive 可以在云服务器中创建新文件夹。首先 SkyDrive 界面中选择新文件夹的位置。然后,在点击屏幕底部的 ▣ 按钮,打开创建文件夹对话框,如图 21‐41 所示。为文件夹命名后,点击"确定"按钮,就可以创建一个新文件夹。

四、上传文件到 SkyDrive 中

利用移动 SkyDrive 可以将文件上载到在云服务器中。点击屏幕下方的 ▣,在弹出菜单中可以选择"上载照片和视频"、"上载文件"两个命令,如图 21‐42 所示。前者会查找手机中的照片和视频文件,后者让用户指定文件夹及文件。选择"上载文件"命令后,打开上载文件选择功能,如图 21‐43 所示。点击需要的上载文件使其后面的小钩变亮,点击屏幕下方的"上载"按钮即可上载文件。

五、删除 SkyDrive 中的文件

利用移动 SkyDrive 可以删除云服务器中不需要的文件。进入文件所在的文件夹,点击文件图标并保持一下,被选中的文件会变成灰色,屏幕下方出现新的工具栏,如图 21‐44 所示。点击 ▣ 按钮,系统给出提示,如图 21‐45 所示。点击"确定"按钮即可完成删除。

图 21-41　创建新文件夹

图 21-42　上载文件到 SkyDrive

图 21-43　选择上载文件

图 21-44　选中删除的文件

图 21-45　执行删除

图书在版编目（CIP）数据

办公自动化/陈信主编. —7 版. —上海：复旦大学出版社，2013.8（2020.8 重印）
ISBN 978-7-309-09909-6

Ⅰ. 办…　Ⅱ. 陈…　Ⅲ. 办公自动化　Ⅳ. C931.4

中国版本图书馆 CIP 数据核字（2013）第 169220 号

办公自动化（第七版）
陈　信　主编
责任编辑/黄　乐

复旦大学出版社有限公司出版发行
上海市国权路 579 号　邮编：200433
网址：fupnet@ fudanpress.com　http://www.fudanpress.com
门市零售：86-21-65102580　团体订购：86-21-65104505
外埠邮购：86-21-65642846　出版部电话：86-21-65642845
大丰市科星印刷有限责任公司

开本 890×1240　1/16　印张 19.75　字数 621 千
2020 年 8 月第 7 版第 11 次印刷
印数 59 301—67 300

ISBN 978-7-309-09909-6/T·482
定价：46.00 元